T0194349

Sammlung Metzler
Band 159

Gerhard P. Knapp

Georg Büchner

3., vollständig überarbeitete Auflage

Verlag J.B. Metzler Stuttgart · Weimar

Für Julia, Cordelia, Elaine und Johanna
... und natürlich für Frances

»Friede den Hütten! Krieg den Pallästen!«
Der Hessische Landbote

Die Deutsche Bibliothek – CIP-Einheitsaufnahme

Knapp, Gerhard P.:
Georg Büchner / Gerhard P. Knapp.
– 3., vollst. überarb. Aufl.
– Stuttgart : Metzler, 2000
  (Sammlung Metzler ; M 159 : Abt. D, Literaturgeschichte)
  ISBN 978-3-476-13159-1

SM 159

ISBN 978-3-476-13159-1
ISBN 978-3-476-04123-4 (eBook)
DOI 10.1007/978-3-476-04123-4

ISSN 0558 3667

© 2000 Springer-Verlag GmbH Deutschland
Ursprünglich erschienen bei J. B. Metzlersche Verlagsbuchhandlung
und Carl Ernst Poeschel Verlag GmbH in Stuttgart 2000

Inhalt

Vorwort

Die zweite Auflage dieses Buchs (1984) stand unter keinem glücklichen Stern. Eine größere Anzahl wichtiger Studien war entweder
gleichlaufend erschienen oder befand sich kurz vor der Veröffentlichung und konnte derart nicht berücksichtigt werden. Bestimmte
Aspekte des Bandes waren somit bei seinem Erscheinen bereits überholt oder wurden durch den vermehrten Wissensstand der Folgezeit
revidiert. Einige Positionen waren, im Zug der damaligen allgemeinen scharfen Auseinandersetzungen innerhalb der Büchnerforschung, polemisch getrübt und haben sich in der Zwischenzeit von
selbst erledigt. In Anbetracht der enormen Vielzahl fundierter Ergebnisse, die die Büchnerforschung in den letzten beiden Jahrzehnten vorgelegt hat, mußte der vorliegende Band von Grund auf neu
erarbeitet werden. Den schärfsten Kritikern der letzten Auflage, den
Kollegen Theo Buck (Aachen) und vor allem Thomas Michael Mayer (Marburg), bin ich nicht nur für ihre Kritik in der Sache zu
Dank verpflichtet, sondern auch für den Initialanstoß, das gesamte
Büchner-Projekt neu zu überdenken.

Auch heute ist die Bemühung um ein adäquates Bild der Autorper-
sönlichkeit, um die Textlage und um die Deutung von Büchnertexten
alles andere als abgeschlossen. Die bei der Marburger Forschungsstelle
Georg Büchner in Vorbereitung befindliche Historisch-kritische
Ausgabe wird mit Sicherheit diverse noch offene textkritische und
quellengeschichtliche Fragenkomplexe klären. Die Ausgabe wird im
Verlag der Wissenschaftlichen Buchgesellschaft (Darmstadt) erscheinen. Förderer des Projekts ist ab 1. Januar 2000 die Akademie der
Wissenschaften und der Literatur (Mainz). Das Erscheinen von
Dantons Tod (4 Teilbände) ist für Ende 2000 vorgesehen. Die
nächsten Bände, die in etwa einjährigem Abstand erscheinen sollen,
sind: *Lenz, Leonce und Lena* sowie *Woyzeck*. Bereits jetzt liegen
Studien-, Faksimile- und Leseausgaben vor, die im Verein mit der
kritischen und kommentierten Edition des Deutschen Klassiker
Verlags Büchners Texte, den quellengeschichtlichen Hintergrund
und die historischen sowie die literarischen Bezugspunkte dieser
Texte in einem noch vor relativ wenigen Jahren kaum vorstellbaren
Ausmaß von Vollständigkeit und Genauigkeit zugänglich machen.

Soweit irgend möglich, wird im vorliegenden Band der neueste
Stand der textkritischen und quellengeschichtlichen Diskussion in

seiner vollen Bandbreite berücksichtigt oder zumindest angesprochen: auch da, wo Fragen gelegentlich offen bleiben müssen und
Desiderata der Forschung bloß aufgezeigt werden können. Durchgängig wird im Referat der Versuch unternommen, gesicherte Forschungsergebnisse deutlich von Kontroversen und Debatten um
(noch) nicht (vollkommen) abgestecktes und erschlossenes Terrain
bzw. von eigenen (Hypo)Thesen abzuheben. Die Abschnitte zur
Ästhetik und zu den Interpretationsperspektiven der Texte beziehen
sich affirmativ und/oder kritisch auf den jeweiligen Forschungsstand, der im Netz der Verweise immer greifbar bleiben sollte. Sie
bieten darüber hinaus die Resultate eigener Neulektüren der Texte,
die sich als Diskussionsbeitrag verstehen zum fortlaufenden Büch-
nerdiskurs, der beim Erscheinen dieses Bandes ins nächste Jahrtau-
send eingetreten sein wird. Auch dort, wo Fehler oder Mißverständnisse – stillschweigend oder manchmal mit direktem Quellenverweis
– zurechtgerückt werden, geschieht das nicht im Bewußtsein eigener
Besserwisserei. Wissenschaftlicher Fortschritt ohne kritischen Austausch ist ein Ding der Unmöglichkeit. Gerade aber die Geschichte
der Büchnerforschung (wenn sie einmal sine ira et studio geschrieben wird), ihrer Blüten und Scheinblüten, ihrer Triumphe und Niederlagen, könnte als Paradebeispiel der wissenschaftlichen schola hu-
militatis dienen. Der Unterzeichnete kann das bestätigen aus einer
bald dreißigjährigen Beschäftigung mit dem Autor.

Der Rest ist Dank. Der Deutsche Klassiker Verlag hat mir freund-
licherweise Einblick in die Korrekturen des zweiten Bandes der kritischen und kommentierten Edition *Georg Büchner. Sämtliche Werke,
Briefe und Dokumente* ermöglicht, der zur Zeit des Abschlusses der
Arbeiten an diesem Band noch nicht im Druck vorlag. Henri Poschmann und Rosemarie Poschmann sei für ihre freundliche Erlaubnis
und Vermittlung gedankt. Auch wenn die Ergebnisse dieses zweiten
Bandes nicht mehr in ihrer Gesamtheit aufgearbeitet werden konnten, finden sich seitenvergleichende Zitatbelege und wo immer
möglich Verweise auf den Kommentarteil der heute maßgeblichen
Ausgabe. Das University of Utah Research Committee hat mir für
die Zeit der letzten Konzeptionsphase des Buchs ein Forschungs-
semester bewilligt. Den Damen und Herren des Marriott Library
Interlibrary Loan wieder meinen Dank für unermüdliche Hilfe und
die Beschaffung auch der entlegensten Titel.

Jan-Christoph Hauschild (Düsseldorf), Whang-Chin Kim † (Seoul)
und Gerhard Schaub (Trier) danke ich für kollegiale Hilfe. In der
Phase der Überarbeitung des Buchs erreichte mich die Nachricht
vom plötzlichen Tod des Freundes und Kollegen Whang-Chin Kim.
Er hat sich wie nur wenige Vertreter der Auslandsgermanistik um

Werk und Rezeption Büchners verdient gemacht. Ihm sei an dieser Stelle gedacht. Dem Leiter der Forschungsstelle Georg Büchner, Burghard Dedner, sei gedankt für freundliche Auskunft und Vermittlung. Walter Hinderer (Princeton), Terence M. Holmes (Swansea) und Jochen Hörisch (Princeton/Mannheim) haben Teile des Manuskripts gelesen. Hierfür und für förderliche Kritik meinen Dank. Terence M. Holmes bin ich sehr verbunden für inspirierenden Austausch, nicht zuletzt über die Philosophiegespräche in *Dantons Tod* und den ›unverbesserlichen‹ Prinzen Leonce. Thomas Michael Mayer (Marburg) herzlichen Dank für die freundliche Übermittlung vieler zum Berichtszeitraum unveröffentlichter Forschungsergebnisse, die hier noch berücksichtigt werden konnten, und für seinen Beistand in der Schlußphase. Nicht genug danken kann ich Henri Poschmann (Weimar), Rodney Taylor (Kirksville, MO) und Herbert Wender (Saarbrücken) für ihre mehr als kollegiale Hilfe, für konstruktiven kritischen Dialog und für Encouragement. Herbert Wender hat mir großzügig Einblick gegeben in bislang unveröffentlichte Arbeiten, denen ich manchen Denkanstoß verdanke. Frances Hill danke ich für viel guten Zuspruch und Unterstützung auf der langen Durststrecke. All das ist diesem Projekt enorm zugute gekommen. Die Irrtümer und die Fehler, das versteht sich, habe ich selbst zu verantworten.

Gerhard P. Knapp

Abkürzungen und Siglen

B   *Georg Büchner. Werke und Briefe. Gesamtausgabe.* Fritz Bergemann (Hg.). Wiesbaden [8]1958ff.

B 1922   *Georg Büchners Sämtliche Werke und Briefe* [...]. Fritz Bergemann (Hg.). Leipzig 1922

DL   *Georg Büchner: Lenz* [...]. Burghard Dedner (Hg.). Frankfurt/M. 1998

GBJb   *Georg Büchner Jahrbuch.* Thomas Michael Mayer (Hg.). Frankfurt/M. 1981ff., ab Bd. 2 (1982) [=1983] Thomas Michael Mayer u. a. (Hgg.), ab Bd. 7 (1988/89) [=1991] Tübingen

H   Jan-Christoph Hauschild: *Georg Büchner. Biographie.* Stuttgart 1993; Berlin [2]1997 [zit. nach d. 1. Aufl.]

HA   *Georg Büchner. Sämtliche Werke und Briefe. Historisch-kritische Ausgabe* [...]. Werner R. Lehmann (Hg.). 2 Bde. [Hamburger Ausgabe] I Hamburg 1967 (*Dichtungen und Übersetzungen mit Dokumentationen zur Stoffgeschichte*); II Hamburg 1971 (*Vermischte Schriften und Briefe*); München [2]1979

HB   *Georg Büchner: Briefwechsel. Kritische Studienausgabe.* Jan-Christoph Hauschild (Hg.). Basel 1993 (zit. nach der jeweiligen Nummer)

HS   Jan-Christoph Hauschild: *Georg Büchner. Studien und neue Quellen zu Leben, Werk und Wirkung* [...]. Königstein/Ts. 1985

KM   *Georg Büchner. Leben, Werk, Zeit. Ausstellung zum 150. Jahrestag des »Hessischen Landboten«.* Katalog. Thomas Michael Mayer u. a. (Hgg.). Marburg 1985; [3]1987

MA   *Georg Büchner. Werke und Briefe* [...]. Karl Pörnbacher/Gerhard Schaub/Hans-Joachim Simm/Edda Ziegler (Hgg.). München 1980; [3]1992 [Münchner Ausgabe]

MC   Thomas Michael Mayer: »Georg Büchner. Eine kurze Chronik zu Leben und Werk«. In: *Text+Kritik: Georg Büchner I/II.* Heinz Ludwig Arnold (Hg.). München 1979; [2]1982, S. 357-425

MHL   Thomas Michael Mayer: »Büchner und Weidig - Frühkommunismus und revolutionäre Demokratie. Zur Textverteilung des ›Hessischen Landboten‹«. In: *Text+Kritik: Georg Büchner I/II.* Heinz Ludwig Arnold (Hg.). München 1979; [2]1982, S. 16-298

N   *Georg Büchner: Nachgelassene Schriften.* Ludwig Büchner (Hg.).
        Frankfurt/M. 1850
P   Henri Poschmann: *Georg Büchner. Dichtung der Revolution
        und Revolution der Dichtung.* Berlin 1983; ³1988
PW   Georg Büchner: *Sämtliche Werke, Briefe und Dokumente in
        zwei Bänden.* Henri Poschmann u. Mitarb. v. Rosemarie Posch-
        mann (Hg.). Bd. 1: *Dichtungen.* Frankfurt/M. 1992 (PW 1);
        Bd. 2: *Schriften, Briefe, Dokumente.* Frankfurt/M. 1999 (PW 2)
We   Herbert Wender: *Georg Büchners Bild der Großen Revolution.
        Zu den Quellen von* Danton's Tod. Frankfurt/M. 1988

Soweit nicht anders vermerkt, beziehen sich die in Klammern (und
ohne die voranstehende Abkürzung S.) gegebenen Seitenzahlen der
Belege von Büchnertexten grundsätzlich auf PW 1 bzw. PW 2. Das
gilt insbesondere für Büchners Briefe, die durchgängig nur mit Ziffer in Klammern nach PW 2 zitiert werden.

I. Der Autor

1. Kindheit und Familie 1813-1825

Karl Georg Büchner wird am 17. 10. 1813 in Goddelau als erstes Kind der Eltern *Ernst* Karl Büchner (1786-1861) und Sybille *Caroline* Friedericke Louise Büchner, geb. Reuß (1791-1858) geboren. Der Vater, der einer hessischen Ärztefamilie entstammt, hatte, ebenso wie vier seiner Brüder, die medizinische Laufbahn eingeschlagen. Der älteste Bruder Wilhelm Büchner läßt sich nach dem Militärdienst im niederländischen Gouda nieder und tritt als Verfasser medizinischer Arbeiten hervor. Auch Ernst Büchner beginnt seine Ausbildung als holländischer und französischer Militärchirurg. Nach seiner Entlassung studiert er in Paris und erhält wenig später die Stelle eines Assistenzarztes in Hofheim im Ried, dem heutigen Philippshospital. Dort lernt er Caroline Reuß kennen, die Tochter des Regierungsrats und Verwalters des Krankenhauses Hofheim Johann *Georg* Reuß (1757-1815) und seiner Frau Sophie *Louise* Philippine, geb. Hermani (1764-1846). Am 11. 11. 1811 legt Ernst Büchner an der Gießener Landesuniversität das medizinische Fakultätsexamen ab und promoviert in der Chirurgie und Gynäkologie. 1812 wird er Großherzoglicher Distriktarzt im Dorf Goddelau, das dem Hofheimer Hospital unmittelbar benachbart liegt. Am 28. 10. 1812 erfolgt die Eheschließung mit Caroline Reuß in Crumstadt, das heute, zusammen mit Goddelau und Philippshospital, zu Riedstadt gehört.

Durch seine Bestallung als Distriktarzt wird Ernst Büchner ins großherzoglich hessische Beamtenverhältnis aufgenommen. Damit legt er den Grundstein für seine weitere Karriere. Neben beruflicher Fähigkeit und Fleiß kommt ihm dabei wohl seine Loyalität dem großherzoglichen Haus gegenüber zugute. Die weiteren Daten des beruflichen und sozialen Aufstiegs: 1815 Promotion in Gießen auf dem Gebiet der Inneren Medizin. Von 1815 bis 1816 wohnt die Familie wohl in der heute am Altrhein gelegenen Nachbargemeinde Stockstadt (H S. 23). 1816 Übersiedlung in die Residenzstadt Darmstadt. Ernst Büchner erhält die Position des Darmstädter Amts- und Stadtchirurgen, 1817 den Rang eines Großherzoglichen Medizinalassessors. 1824 folgt die Ernennung zum Medizinalrat. Ab 1825 wohnt die Familie in der Grafenstraße 39. Später wird Büchner noch Obermedizinalrat und 1854 »Dirigent« des Großherzoglichen Medizinalkollegiums.

Die Tage um die Geburt Georg Büchners sind, abgesehen von der
Freude über das erste Kind, geprägt von der Spannung im Elternhaus, die
einen deutlichen Einfluß haben wird auf die Jugendentwicklung des Autors: der 17. 10. 1813 ist der zweite Tag der Leipziger Völkerschlacht, die
mit der Niederlage des napoleonischen Heeres und des mit Frankreich
verbündeten Hessen-Darmstadt endet. Für Büchners Vater ist dies ein
schwerer Schlag. Die Mutter, eine deutsche Patriotin, beeinflußt von den
romantischen Freiheitsidealen Theodor Körners und seiner Zeitgenossen,
sieht darin die Befreiung aus der Fessel des fremden Eroberers. Derart stehen sich in der im übrigen durchaus glücklichen Ehe der Eltern zwei für
die Gegensätze der Zeit typische Pole gegenüber: einerseits der Konserva-
tismus des Vaters, dessen Festhalten am monarchistischen Gefüge ihn
progressive Strömungen ablehnen läßt. Karl Emil Franzos nennt Ernst
Büchner allerdings zu Unrecht »reaktionär«: allein schon seine Begeisterung für die Revolution von 1789 spricht dagegen und deutet auf eine
gewisse Ambivalenz seiner politischen Position hin. Und auf der anderen
Seite der Liberalismus der musisch-literarisch begabten Mutter, die ein
geeintes und vielleicht ein demokratisches Deutschland erhofft. Die äußerst differenten Persönlichkeiten der Eltern sind in den Quellen angedeutet:

»Der Gegensatz zwischen der musisch-humanen, großzügigen und einfühlsa-
men, Autonomie und eigenständige Urteilsfähigkeit ihrer Kinder fördernden
Mutter und dem naturwissenschaftlich-exakten, illiberal-strengen, kleinlich
berechnenden und auf das zielstrebige Fortkommen seines Sohnes bedachten
Vater scheint [...] als eine Tendenz nachweisbar.« (KM S. 13)

Dem Ehepaar Büchner werden noch sieben weitere Kinder geboren: die
Schwestern Mathilde (1815-1888) und Elisabethe *Luise* Emma (1821-1877).
Die letztere wird bekannt als Frauenrechtlerin. Zu ihren politischen Schriften
zählen *Die Frauen und ihr Beruf* (Leipzig 1855ff.), *Practische Versuche zur Lösung der Frauenfrage* (Berlin 1870), *Ueber weibliche Berufsarten* (Darmstadt
1870). Auf dem Gebiet der Belletristik veröffentlicht sie neben dem Roman
Das Schloß zu Wimmis (Leipzig 1864) Novellen und Gedichte sowie die Anthologie *Weihnachtsmärchen* (Glogau 1868 [Repr. Darmstadt 1980: *Weihnachtsmärchen aus Darmstadt und dem Odenwald*]). Das Fragment eines
Schlüsselromans *Ein Dichter* (HS S. 354 datiert es in die sechziger Jahre) enthält, bei aller Idealisierung des Bruders, biographische Informationen. Der älteste Bruder *Wilhelm* Ludwig (1816-1892) wird Chemiker und Pharmazeut,
Erfinder des Ultramarinblaus und Besitzer chemischer Werke in Pfungstadt.
Als demokratischer Abgeordneter zieht er 1850 in den hessischen Landtag,
1877 in den deutschen Reichstag ein. Seine politischen Schriften haben ihn
nicht überlebt. Der am 1. 5. 1818 geborene Bruder Karl Ernst stirbt schon als
Säugling am 17. 9. 1818.

Friedrich Karl Christian *Ludwig* (Louis) (1824-1899), setzt die väterliche Tradition als Arzt fort. Ab 1852 ist er Privatdozent in Tübingen. Die einflußreiche,
vielfach wiederaufgelegte und übersetzte materialistisch-atheistische Schrift

Kraft und Stoff (Frankfurt/M. 1855ff.) kostet ihn zwar die Stellung, trägt ihm
aber in kurzer Zeit den Ruf eines Vorkämpfers des erwachenden Positivismus
ein. Als praktischer Arzt in Darmstadt verfaßt er: *Natur und Geist* (Leipzig
³1876), *Aus Natur und Wissenschaft* (Leipzig ³1874; Bd. II: 1884), *Das künftige Leben und die moderne Wissenschaft* (Leipzig ²1889) sowie: *Darwinismus
und Sozialismus* (Berlin 1894). Er ist der anonyme Herausgeber der *Nachgelassenen Schriften* von Georg Büchner (Frankfurt/M. 1850), die eine Biographie
des Bruders mit – in Anbetracht der Zensurbestimmungen der Zeit – freimü-
tigen Fingerzeigen zur Lokalisierung von dessen politischer Position enthalten.
Alexander Karl Ludwig (1827-1904), der jüngste (physiognomisch Georg und
der Mutter ähnlichste) Bruder, entwickelt ebenfalls literarische Ambitionen.
Er nimmt an der Revolution von 1848 teil, promoviert zunächst in Gießen in
der Jurisprudenz, habilitiert sich 1852 in der Literaturwissenschaft in Zürich
und tritt 1857 in den französischen Staatsdienst in Valenciennes. 1867 erhält
er an der Universität Caën eine Honorarprofessur für Literaturgeschichte,
1871 wird er ordentlicher Professor. Zu seinen zahlreichen Schriften zählt die
Novelle *Lord Byrons erste Liebe* (Leipzig 1862/63), ferner: *Geschichte der
englischen Poesie* (2 Bde., Darmstadt 1855), *Französische Literaturbilder aus
dem Bereich der Aesthetik, seit der Renaissance bis auf unsere Zeit* (2 Bde.,
Frankfurt/M. 1858), *Jean Paul in Frankreich* (Stuttgart 1863), *L'école roman-
tique et la jeune Allemagne* (Caën 1864), *Les comédies de Shakespeare* (Caën
1864), *Essai sur Henri Heine* (Caën 1881) und seine Autobiographie *Das »tol-
le« Jahr. Vor, während und nach. Von einem, der nicht mehr toll ist* (Gießen
1900). (Stammbaum der Familien Büchner/Reuß: Franz/Hauschild/Mayer I
23; KM S. 8f.; zur Familie: KM S. 13ff.; P S. 5ff.; H S. 2ff.; zum Vater T.M.
Mayer D 11, bes. S. 443ff.; Biographien der Geschwister in: E 7, S. 376ff.)

Der Tod des vier Monate alten Säuglings Karl traumatisiert sicher den
fünfjährigen Georg. Ob diese Erfahrung noch in Form von »untilgbare[n]
Spuren dieser Verstörung« (Hauschild I 30, S. 40) ins spätere Werk eingeht, ist schwer zu entscheiden. – Den prägenden Einfluß der ersten Le-
bensjahre Georgs (im Hessischen: Schorsch) hat die Mutter. Die warm-
herzige und gebildete Frau unterrichtet ihn im Lesen, Schreiben und im
Rechnen. Sie macht ihn vertraut mit den Märchen und der Sprache seiner Heimat. Auch ihre Mutter Louise Reuß, die nach dem Tod von Georg Reuß im Haus der Büchners wohnt, trägt zur Erziehung der Kinder
bei. Seiner Mutter verdankt Georg die ersten Begegnungen mit der Literatur seiner Zeit, insbesondere mit Schiller, Körner, Jean Paul, Tieck,
Herder und mit Friedrich von Matthisson, der zu ihren Lieblingsdichtern
zählt. Zur Lektüre des Gymnasiasten gehören dann Herders *Stimmen der
Völker, Des Knaben Wunderhorn,* Shakespeare, Texte der Antike und der
französischen Literatur. Auch die Liebe zur Natur und seine Musikalität
verdankt Büchner der Mutter, ebenso gründliche Bibelkenntnisse – Caroline Büchner ist eine gläubige Protestantin – sowie, im weiten Sinn des
Wortes, die idealistische Komponente seines Denkens.

Andererseits ist das Vorbild des Vaters nicht zu unterschätzen. Ernst
Büchner, »Positivist und Atheist« (H. Mayer G 6, S. 38), fördert das

analytisch-kritische Denken des Sohnes. Während der Gymnasialzeit und der ersten Studienjahre nimmt er an dessen geistiger Entwicklung regen Anteil. Er lenkt seine naturwissenschaftlichen Studien und weist ihn beim Präparieren an. Mehr noch: sein Interesse an der jüngsten geschichtlichen Vergangenheit, insbesondere der Großen Revolution (Ernst Büchner liest der Familie abends aus der von ihm abonnierten Revolutionsgeschichte *Unsere Zeit* vor) überträgt sich auf den Sohn ebenso wie seine Anteilnahme an aufsehenerregenden Gerichtsfällen der Zeit. Die ersten Quellen von *Dantons Tod* und des *Woyzeck* entstammen der väterlichen Bibliothek. Aus der Retrospektive von 1878 bezeichnet Wilhelm Büchner »diese Lektüre« von *Unsere Zeit* als den »Entstehungsmoment von ›Dantons Tod‹« (B S. 567). Die Intensität, mit der der Gymnasiast in seinen Schulschriften das Problem des Suizids reflektiert, dürfte auch durch Gespräche mit dem Vater entfacht worden sein, denn Ernst Büchner ist regelmäßig als gerichtsmedizinischer Gutachter tätig (vgl. seine Veröffentlichungen zur Gerichtsmedizin, darunter: »Versuchter Selbstmord durch Verschlucken von Stecknadeln« in: KM S. 24f.). Insgesamt sind es jedoch die Temperamente *beider* Eltern, die den Heranwachsenden lenken und seine intellektuelle und psychische Disposition prägen. Seine Persönlichkeit vereinigt in ihrer Vielfachbegabung glänzend die musisch-kreativen Anlagen der Mutter mit der Fähigkeit des Vaters zum analytischen Denken. Von der Mutter stammt die lebensbejahende, freudfähige und humorvolle Seite seines Temperaments, der Vater gibt ihm die Neigung zu Phasen der Depression mit auf den Lebensweg. Das Faszinosum dieser Persönlichkeit für viele Zeitgenossen und für die Nachwelt dürfte sich teilweise erklären durch diese seltene Kombination von Talenten und Anlagen.

Georg erhält sicher schon vor seiner offiziellen Einschulung Privatunterricht im Lateinischen. Ab Herbst 1821, als Achtjähriger, besucht er die Privatschule des Theologen Dr. Carl Weitershausen (1790-1837) in Darmstadt. Anläßlich der Abschlußfeier am 25. 3. 1823 hält er seinen ersten Vortrag in lateinischer Sprache: »Vorsicht bei dem Genusse des Obstes!« (H S. 69ff.) Am 26. 3. 1825, mit elfeinhalb Jahren, wird Büchner in die Tertia des 1629 gegründeten Darmstädter Großherzoglichen Gymnasiums, des sogenannten »Alten Pädagogs« (seit 1879: Ludwig-Georgs-Gymnasium) eingeschult, das er sechs Jahre lang besucht. Dort gilt seine Neigung weniger den ›humanistischen‹ Disziplinen (auch wenn er sich darin auszeichnet) als den Naturwissenschaften, die im Curriculum des Gymnasiums eine Nebenrolle spielen. Zu Ostern 1826 wird Büchner nach Sekunda versetzt, die er nur bis Herbst 1827 besucht und dann – da er wegen hervorragender Leistungen ein Semester überspringt – in die Prima versetzt. Ab Herbst 1829 besucht er die aus drei Semestern bestehende Selekta bis zum Schulabschluß Ostern 1831.

In die Gymnasialjahre fallen Büchners erste schriftstellerische Versuche. Erhalten sind: die Gedichte »Gebadet in des Meeres blauer Flut« (PW 2 S. 14f.); »Die Nacht« (1828; 15f.); »Leise hinter düstrem Nachtgewölke« (16f.); sowie das Fragment einer Erzählung, dem Vater zugedacht, das einen Schiffsuntergang beschreibt. Beigegeben ist eine Widmung an den Vater: »[...] bester der Väter [...]« (13f.).

Das Fragment einer Erzählung ist Büchners erste literarische Skizze. Es dürfte zum 3. 8. 1826, dem 40. Geburtstag des Vaters, entstanden sein und zeigt eine deutliche Abhängigkeit von abenteuerlicher Jugendlektüre der Zeit. »Gebadet in des Meeres blauer Flut« wurde zum 19. 8. 1828, dem 37. Geburtstag von Büchners Mutter geschrieben. Die Arbeit des noch nicht Fünfzehnjährigen ist stark von klassizistischen Vorbildern abhängig. Das gleiche betrifft »Die Nacht« und »Leise hinter düstrem Nachtgewölke«. Letzteres ist wohl als Fortsetzung von »Die Nacht« angelegt. Beide Texte sind um Weihnachten 1828 zu datieren und verweisen auf den Einfluß Schillers, Bürgers und Schubarts. Wörtliche Anklänge finden sich an Matthissons »Elegie« (Friedrich von Matthisson: *Gedichte. Ausgabe letzter Hand*. Stuttgart 1822, S. 23-26) und an andere Gedichte dieses Autors. So will es die Ironie der Literaturgeschichte, daß einige der Wendungen und Bilder des heute - von Beethovens »Adelaïde« op. 46 abgesehen - vergessenen Modedichters in der Schülerpoesie Büchners überleben. Büchners Gedichte sind typische Erzeugnisse heranwachsender Lyrik. Von Originalität kann hier kaum die Rede sein, auch nicht in Bezug auf die erhaltenen Marginalien und Glossen aus den Schulheften (vgl. B 1922 S. 760 ff.; B S. 458 ff.; T.M. Mayer M 11; PW 2 S. 44ff., 712ff.). Sie sind jedoch von biographischem Interesse. T.M. Mayer sieht in der »Weltschmerz-Säkularisierung« im Übergang vom wenig früheren Gedicht »Die Nacht« zu »Leise hinter düstrem Nachtgewölke« ein Anzeichen der »beginnende[n] Adoleszenzkrise des gut 15-Jährigen« (MC S. 362): eine Beobachtung, die sich an der differenten Bildlichkeit der beiden Gedichte exakt erhärten läßt.

2. Gymnasialzeit und Schulschriften 1825-1831

Das Darmstädter Pädagog stellt im 19. Jahrhundert nicht nur »die bedeutendste Gelehrtenschule des Großherzogtums Hessen« (Schaub M 1, S. 7) dar, es ist eine der vorzüglichen Bildungsanstalten des deutschsprachigen Raums. Zu den Lehrern Büchners zählen Dr. Julius Friedrich *Karl* Dilthey (1797-1857), 1826 mit der Verwaltung des Direktorats betraut und von 1827 bis zu seinem Tod Direktor der Schule, ferner der Altphilologe *Karl* Friedrich Weber (1794-1861), Büchners Klassenlehrer in der Prima, der Deutschlehrer und Subkonrektor *Karl* Wilhelm Baur (1788-1877) und der Altphilologe und Konrektor Ludwig Christian Zimmermann (1784-1838). Griechisch, Latein und Geschichte lernt Büchner von Dr. *Karl Ernst* Wagner (1802-1879), Religion bei dem »Rationalisten« Heinrich Palmer (1803-1862) und Musik bei Johann Christian Heinrich Rinck (1770-1846) (vgl. Schaub M 1, M 2; KM S. 47ff.; H S. 72ff.). Eine starke rhetorische Ausrichtung ist im Curriculum der Schule verankert. Anläßlich der Feierlichkeiten zum Semesterabschuß – Schul- bzw. Redeaktus genannt – können die Gymnasiasten mit selbstverfaßten Reden öffentlich auftreten. Büchner nimmt diese Gelegenheit zweimal wahr: zum Schulaktus im September 1830 hält er (am 29. 9.) seine deutsche »Rede zur Verteidigung des Kato von Utika«, am 30. 3. 1831 eine weitere, nicht erhaltene lateinische Rede auf der Abschlußfeier seiner Klasse. Im Programm der Schule ist vermerkt: »C. G. Büchner wird im Namen des Menenius Agrippa das auf dem heiligen Berg gelagerte Volk zur Rückkehr nach Rom in lateinischer Sprache mahnen.«

Die Erinnerungen der Mitschüler aus Büchners Gymnasialzeit Ludwig Wilhelm Luck (1813-1881) und Friedrich Zimmermann (1814-1884) sind nach Jahrzehnten auf Veranlassung von Karl Emil Franzos verfaßt und natürlich beeinflußt von der glorifizierenden Erinnerung an den frühverstorbenen Freund. Zimmermann erinnert sich an die Lieblingslektüre des Schülers:

> »Büchner liebte vorzüglich Shakespeare, Homer, Goethe, alle Volkspoesie, die wir auftreiben konnten, Äschylos und Sophokles; Jean Paul und die Hauptromantiker wurden fleißig gelesen. Bei der Verehrung Schillers hatte Büchner doch vieles gegen das Rhetorische in seinem Dichten einzuwenden. [...] Während er Herders ›Stimmen der Völker‹ und ›Des Knaben Wunderhorn‹ verschlang, schätzte er auch Werke der französischen Literatur. [...] Kein Werk der deutschen Poesie machte [...] auf ihn einen so mächtigen Eindruck wie der Faust« (B S. 553; zur Shakespeare-, Goethe- und Follenlektüre des Gymnasiasten 1831 vgl. T.M. Mayer M 11).

Luck betont die kritische Haltung des Gymnasiasten gegenüber dem Absolutismus: »Er war nicht gewillt, daß die Unwissenheit des Volks benützt werde, es zu betrügen oder zum Werkzeug zu machen, oder gar mit seinem Talent lukrative Spekulationen zu machen. - Es wurde damals schon erzählt, daß er und jener in Exzentrizität mit ihm Wetteifernde [sc. Büchners Freund und späterer Mitverschworener Karl Minnigerode (1814-1894)] [...] sich in der letzten Gymnasialzeit nur mit den Worten zu grüßen pflegten: Bon jour, citoyen...« (B S. 557). Büchner gehört seit dem Frühjahr 1828 mit Minnigerode und Luck, den Zwillingen Friedrich und Georg (1814-1881) Zimmermann sowie Georg *Karl* Neuner (1815-1882) einem Freundeskreis an, der sich zu Spaziergängen und gemeinsamer Lektüre vor allem von Shakespeare-Dramen trifft und der an der Tagespolitik Anteil nimmt und die Keimzelle der späteren »Gesellschaft der Menschenrechte« dargestellt haben dürfte (vgl. KM S. 56ff.; H S. 103ff.).

Die französische Juli-Revolution von 1830, die im Deutschen Bund einen enormen Nachhall hat, gibt Büchner einen entscheidenden politischen Denkanstoß. Die in kurzer Frist auf Belgien, Italien und Polen sowie auf verschiedene deutsche Staaten wie ein Lauffeuer übergreifende Revolution, die Anfang September Hessen erreicht, wirkt nicht nur mit Sicherheit auf die Überarbeitung der gerade konzipierten Cato-Rede (vgl. Schaub M 1) ein. Auch das bis dahin noch vage freiheitlich-republikanische Engagement des Schülers wird jetzt auf ein konkretes Modell gelenkt. Der konservative Schuldirektor Dilthey, der sich der Unruhe unter den Schülern des Gymnasiums bewußt ist, hatte schon am 1. 10. 1828 in einer Rede vor den geheimen Verbindungen an den Universitäten gewarnt (KM S. 58f.). In einer öffentlichen Schulrede im Herbst 1830 warnt er wieder vor oppositionellen Bestrebungen. Sicher tragen die obrigkeitsstaatlichen Tendenzen Diltheys und eines Teils des Lehrkörpers zur Verschärfung des Protests bei den kritischeren Schülern bei. Schaub stellt fest, daß »Büchners späteres politisches und soziales Engagement« ohne eine Kenntnis dieses Kräftespiels von Aktion und Reaktion »wohl nur unzureichend zu begreifen ist« (M 2, S. 10). Erhalten ist Büchners Abgangszeugnis (Exemtionsschein) vom 30. 3. 1831, in dem ihm Geläufigkeit im Lateinischen, Griechischen und Italienischen, »einzelne, von vorzüglicher Auffassungs- und Darstellungsgabe zeugende schriftliche Arbeiten« im Deutschen, »manche treffliche Beweise von selbständigem Nachdenken« im Fach Religion, aber, aufgrund »mangelnder Vorkenntnisse und kurzen Gesichts«, kaum zureichende Resultate in der Mathematik bescheinigt werden. Die Schlußbewertung Diltheys lautet:

> »[...] und von seinem klaren und durchdringenden Verstande hegen wir eine viel zu vortheilhafte Ansicht, als daß wir glauben könnten, er würde jemals durch Erschlaffung, Versäumniß oder voreilig absprechende Urtheile seinem eigenen Lebensglück im Wege stehen. Vielmehr berechtigt uns sein bisheriges Benehmen zu der Hoffnung, daß er nicht blos durch seinen Kopf, sondern auch durch Herz und Gesinnung das Gute zu fördern, sich angelegentlichst bestreben werde.« (PW 2 S. 639f.)

Der mahnende Grundton, der dem Temperament Diltheys entspricht, wurde als offener Tadel ausgelegt: »Offenbar hat die Schärfe und der Radikalismus dieses jugendlichen Geistes in der humanistischen Atmosphäre der Schule einiges Aufsehen gemacht und Unbehagen erregt.« (Viëtor G 7, S. 11) Die Annahme ist spekulativ, da keine weiteren Zeugnisse von einem auffallenden Verhalten des Schülers berichten. Man kann sich allerdings vorstellen, daß in einer Zeit der politischen Unrast, wie sie die beginnenden dreißiger Jahre darstellen, die konservativ humanistische alma mater manchem aufgeweckten Absolventen vergleichbares auf den Lebensweg gibt.

Neben einer Reihe von »Diktieraufsätzen« (vgl. etwa »Über die Freundschaft« [B S. 430f.]; zum Diktieraufsatz Lehmann F 1; Schaub M 1) sind
vier Aufsätze und Reden aus der Gymnasialzeit erhalten, die hier unter der
Rubrik *Schulschriften* zusammengefaßt werden:

der in Form einer Rede verfaßte Aufsatz »Helden-Tod der vierhundert
Pforzheimer« (Winter 1829/30; PW 2 S.18-28); der Aufsatz »Über den
Traum eines Arkadiers« (Frgm., 1829/30; 29); die Rezension eines Aufsatzes »Über den Selbstmord« (1831; 38-40); und die »Rede zur Verteidigung des Kato von Utika« (gehalten im Rahmen des öffentlichen Redeaktus des Gymnasiums am 29. 9. 1830; 30-38).

Das Fragment »Über den Traum eines Arkadiers«, eine im WS 1829/
30 verfaßte Auslegung von Marcus Tullius Ciceros Schrift *De divinatione*
(I, 27) zeigt wenig Eigenständigkeit. Die übrigen drei Texte sind wichtige
Zeugnisse für Büchners geistige Entwicklung. Zentralfrage ist das Ver-
hältnis von Freiheit und Tod, das hier scheinbar unabhängig von aller
Adoleszenzproblematik auf philosophischer Ebene betrachtet wird: als
»intellektuell-leidenschaftliche Erörterung eines großen philosophischen
Themas [...]« (H. Mayer G 6, S. 43). Der Abfassung der Aufsätze unmittelbar vorausgegangen sein muß Büchners Lektüre der derzeit von der
Zensur des Bundestags verbotenen *Reden an die deutsche Nation* (1808)
Fichtes. Der stilistische und gedankliche Einfluß der Reden ist bis ins
wörtliche Zitat zu belegen (vgl. Johann Gottlieb Fichte: *Reden an die
deutsche Nation*. Berlin 1808ff., insbesondere die 8. Rede »Was ein Volk
sei, in der höhern Bedeutung des Wortes, und was Vaterlandsliebe« und
die 14. Rede: »Beschluß des Ganzen«).

An chronologisch erster Stelle der erhaltenen Texte steht der Aufsatz
über den »Helden-Tod der vierhundert Pforzheimer«. Er ist im WS 1829/
30 verfaßt und folgt in seinem Aufbau dem Regelsatz antiker Rhetorik.
Neben Fichtes Reden hat Büchner die Denkrede »Dem Vaterlandstod der
vierhundert Bürger von Pforzheim« (1788) des revolutionsbegeisterten
Historikers und Karlsruher Gymnasialprofessors Ernst Ludwig Posselt
(1763-1804), Verfassers der zweibändigen, Büchner bekannten *Geschichte
der Deutschen* (Leipzig 1789/90), als Vorlage benutzt. Als Motto stellt er
dem Aufsatz die erste Strophe des Gedichts »Die Tode« (1792) von Bürger voran. In emphatischer Rede - der Einfluß Fichtes ist überdeutlich -
wird eine Episode des Dreißigjährigen Kriegs beschrieben, die im Detail
historisch nicht belegbar ist. In der Schlacht bei Wimpfen (6. 5. 1622)
sollen 400 Pforzheimer Bürger im Kampf gegen die Truppen Tillys unter
Führung ihres Bürgermeisters Deimling sich für den unterlegenen Mark-
grafen Georg Friedrich von Baden-Durlach geopfert haben. Sie fielen, so
Büchner, »für Rechte und Menschenfreiheit« (24). Der deutschtümelnde
Ton des Aufsatzes, seine noch unreflektierte Begeisterung für soldatische
Tapferkeit und seine Projektion eines heroischen Welt- und Geschichts-

bilds heben ihn deutlich von den differenzierteren wenig späteren Schulschriften ab. Zentralgedanke der Arbeit ist der »Welt-Erlöser-Tod« (26): die Aufopferung des einzelnen für individuelle Freiheit, für die Idee und somit auch für die Nachwelt: »sie wollen nicht Leben, sie wollen Unsterblichkeit« (20). Die Vermengung christlichen und patriotischen Gedankenguts im Text ist durchaus zeittypisch. In Frage kommt der Einfluß Klopstocks, auch der von Adolf Ludwig (1794-1855) und Karl Follen (1795-1840) und ihren Anhängern verbreitete Burschenschaftspatriotismus der Zeit (zu Spuren von Follen und Friedrich Ludwig Jahn [1778-1852] in den Schulschriften vgl. Holmes M 9, S. 79; vgl. auch T.M. Mayer M 11).

Der Gymnasiast tastet sich hier erstmals an eine Aufhebung des vom christlichen Dogma vorgegebenen Dualismus von Diesseits und Jenseits heran: »[...] so ist doch dies ewig wahr, daß mehr Himmel diesseits des Grabes [...] durch ihre Aufopferung in alles Leben der Folgezeit gekommen ist [...]« (25f.). Mit dieser verdeckten Absage an die christliche Heilslehre, die Büchner von Fichte übernimmt, stellt er sich in eine subversive »revolutionäre Tradition« (Sengle G 20, S. 287, Anm.), die in größeren Teilen des Deutschen Bundes Anfang der dreißiger Jahre beim liberalen und republikanischen Bürgertum, im linken Flügel proletarischer oppositioneller Kräfte und in der jakobinischen Bewegung fortlebt. Ganz folgerichtig vollzieht Büchner (mit Fichte) dann die Verklammerung von Reformation und Französischer Revolution: wo jene »der erste Akt« des Kriegs der Menschheit gegen ihre Unterdrücker war, wird diese als der zweite angesehen. Büchners (zum gegebenen Zeitpunkt gewagte) Feststellung, daß mit der Revolution von 1789 »Europas politische Freiheit« erkämpft wurde, führt jedoch »einen stehenden Topos parteilich weit über Fichte hinaus« (MC S. 363). In ihr blitzt das erwachende politische Bewußtsein des Sechzehnjährigen auf.

Die wohl im Winter 1831 verfaßte Rezension »Über den Selbstmord«, gedanklich die gewichtigste der erhaltenen Schulschriften, schließt thematisch an den »Helden-Tod« an. Sie gehört in den Umkreis der durch Gottscheds Drama *Der sterbende Cato* (1731) entfachten und bis weit ins 19. Jahrhundert hineinwirkenden ethisch-literarkritischen Suiziddebatte. Büchner kritisiert hier die Arbeit eines Mitschülers: ein im Lehrplan der Zeit verbreitetes Verfahren im Deutschunterricht (Schaub M 3, S. 225ff.; H S. 99ff.). Man kann davon ausgehen, daß »die Rezensionsübung Büchners vor allem eine Übung in rhetorischer Kritik ist« (Schaub ebd. S. 228). Der Verfasser des kritisierten Aufsatzes beruft sich auf die einflußreiche Schrift *Über den Selbstmord, seine Ursachen, Arten, medizinisch-gerichtliche Untersuchung und die Mittel gegen denselben* (1813) des Göttinger Professors der Geburtshilfe Friedrich Benjamin Osiander (1759-1822), die Büchner in der väterlichen Bibliothek vorfindet. Bezeichnend für den

Wissenschaftsbegriff des Gymnasiasten ist, daß er das induktive Vorgehen des Verfassers kritisiert und eine deduktive Beweisführung vorgezogen hätte. Der Kerngedanke der Rezension entstammt zwar der 8. Rede Fichtes, er ist aber in dieser Formulierung kennzeichnend für Büchners eigene derzeitige und spätere gedankliche Position: »[...] ich glaube aber daß das Leben *selbst Zweck* sei, denn: *Entwicklung* ist der Zweck des Lebens, das *Leben selbst* ist Entwicklung, also ist das Leben selbst *Zweck.*« (PW 2 S. 41). Auf diesen einfachen Syllogismus gründet der Schüler seine Absage an den christlichen Moralbegriff, insbesondere in der Prägung Schleiermachers (dessen Schrift *Grundlinien der Kritik einer bisherigen Sittenlehre* [1803] ihm bekannt ist) und die christliche Heilslehre, der spätere Naturwissenschaftler dann die Prinzipien der in seiner Probevorlesung *Über Schädelnerven* definierten naturphilosophischen Methode. Die »Gebrechen und Mängel des armen Sterblichen« (43), auf die der Schluß der Rezension nachdrücklich verweist und mit denen sie vom heroischen Weltbild des »Helden-Tods« zumindest partiell abrückt, sind es letzten Endes, denen die lebenslange Parteinahme Büchners gilt.

Schärfer noch wendet sich Büchner in der Cato-Rede gegen den christlichen Maßstab, der an den Selbstmord Catos angelegt wird. Was zählt zur Bewertung einer Tat, ist allein die *subjektiv* gültige Motivation im Rahmen einer gegebenen historischen Konstellation. Die auf Plutarchs *Bioi Paralleloi*, Marcus Annaeus Lucanus' Epos *Pharsalia* und die *Coniuratio Catilinae* Sallusts sowie auf Büchners eigene frühere Schularbeiten gegründete Rede zeigt noch deutliche Anlehnungen an Fichte. Daneben verwendet Büchner das geläufige Geschichtswerk des liberalen Historikers Heinrich Luden (1780-1847) *Handbuch der allgemeinen Geschichte der Völker und Staaten des Altertums* (Jena [3]1824). Zwischen den Zeilen des strengen, den Regeln antiker Rhetorik angepaßten Gefüges der Rede (rhetorische Analyse vgl. Schaub M 7; zum zeitgeschichtlichen Hintergrund vgl. Fleck M 8) ist – als Subtext – greifbar die Erregung über die Juli-Revolution und die in diversen deutschen Staaten aufflammenden Erhebungen. Büchner sagt hier nichts weniger als das: das Opfer des eigenen Lebens sei gerechtfertigt, wenn die Kollision des individuellen Freiheitsanspruchs mit der politischen Realität (der Tyrannei) es erfordert. Selbstmord ist somit eine vertretbare Alternative zur Unterwerfung unter die Tyrannei.

Man muß bedenken, daß er diese Rede hält, »während sich seit dem 24. September der bäuerlich-plebejische Aufstand gegen den Grundadel und die Zollstationen in Oberhessen ausweitet, Darmstadt im Alarmzustand und das gesamte großherzogliche Militär mobilisiert ist« (MC S. 364). Die Brisanz der Rede, wohlverpackt in der Tarnung von antikischem Pathos, und ihre Aktualität könnten, wie beabsichtigt, am Publikum der Abschlußfeier vorbeigegangen sein. Trotzdem wird mancher der

Zuhörer aufgehorcht haben (vgl. Holmes Q 64, S. 27f.). Aber »der Wirklichkeit und dem konkreten Inhalt der Kämpfe in diesem Augenblick« (P S. 18) kann Büchners Rede – im gegebenen thematischen und situativen Rahmen – natürlich nicht gerecht werden. Für die Freunde Büchners, so erinnert sich (die damals neunjährige!) Luise Büchner, war sie ein Funke, der sie schlagartig vereinte: sie »schlossen [...] sich fest zusammen wie noch nie, und als wollten sie damit einen geheimen Bund besiegeln, der der Gemeinheit, der Unterdrückung und Knechtschaft auf ewig den Krieg erklärte.« (V 18; hier nach T.M. Mayer U 44, S. 31)

Es steht dahin, inwieweit Büchner tatsächlich vom Rhetorischen fasziniert ist, denn dieses stößt ihn angeblich gerade ab an Schillers Texten. Jedenfalls vermitteln die Schulschriften Einblick in den Prozeß weltanschaulicher und politischer Bewußtwerdung des Heranwachsenden. Büchner übt sich hier bereits ein in der Kunst des subversiven Diskurses. Die Rhetorik und zugleich die Rhetorizität (im Sinn Paul de Mans) der Schulschriften läßt hier und da den *Hessischen Landboten* und *Dantons Tod* vage voraussahnen. Einige Komponenten des späteren Werks sind hier im Ansatz vorweggenommen: Büchners rigoroser Moralismus, seine Absage an die Transzendenz und sein radikaler Humanismus, der »die Gebrechen und Mängel des armen Sterblichen in der mildesten Form sehen läßt« und der immer auf der Freiheit zur Verwirklichung des Glücksanspruchs des Einzelnen besteht. Jancke stellt die relative Einheitlichkeit der Schulschriften fest (G 12, S. 14ff.). Ihr prononcierter Idealismus und ihre starke Abhängigkeit von den jeweiligen Vorbildern verbietet jedoch die Annahme einer *ungebrochenen* Kontinuität mit dem späteren Werk. Die entscheidenden Einsichten in die *materiellen* Grundbedingungen menschlicher Existenz gewinnt Büchner erst später.

3. Straßburg. Studium und Schule der Revolution 1831-1833

Ostern 1831 verläßt Büchner das Gymnasium. Auf Anraten des Vaters entscheidet er sich für das Studium der Medizin, da jenes, im Gegensatz zu den reinen Naturwissenschaften, gesicherten Broterwerb verspricht. Für den Studienort Straßburg sprechen die dort vorhandenen verwandtschaftlichen Bindungen ebenso wie Ernst Büchners frankophile Einstellung und die Tatsache, daß an der dortigen Akademie die Verbindung naturwissenschaftlicher und philosophischer Disziplinen gelehrt wird: eine Kombination, die Büchners Neigungen entspricht. Die Einschreibung als Student der medizinischen Fakultät der Straßburger Universität datiert vom 9. 11. 1831. Der erste erhaltene Brief aus Straßburg an die Eltern ist

auf den 4./5. 12. 1831 anzusetzen (357f.). Zwischen Schulabgang und
Studienbeginn verbringt er den Sommer in Darmstadt, wo er »im medizinischen Laboratorium des Vaters mit Vorbereitungen auf das medizinisch-
naturwissenschaftliche Studium beschäftigt« (MC S. 365) ist. Das großherzogliche Reglement gestattet einen Studienaufenthalt bis zu vier
Semestern außerhalb des Landes. Am 5. 9. 1831 ersucht Ernst Büchner
für seinen Sohn beim hessischen Innenministerium um Dispens von dem
obligaten zweijährigen Studienbeginn an der hessischen Landesuniversität. Das Gesuch wird am 9. 9. bewilligt. Georg Büchner trifft am 30. 10.
in Straßburg ein, wo er sich mit Hilfe seines Großonkels Edouard Reuss
(1804-1891) einrichtet. Reuss, ein Cousin von Caroline Büchner, ist pro-
testantischer Theologe und seit 1828 Privatdozent für biblische und ori-
entalische Wissenschaften am Seminaire protestant der Straßburger Akademie. 1834 wird er zum Professor ernannt. Er hat umfangreiche
Schriften zur Bibelforschung hinterlassen.

Quartier findet Büchner am 4. 11. in der Rue St. Guillaume 66 im
Haus des verwitweten Pfarrers Johann Jakob Jaeglé (1763-1837), »links
eine Treppe hoch, in einem etwas überzwergen Zimmer, mit grüner Tape-
te« (27. 1. 1837, 465). Jaeglés Tochter Louise *Wilhelmine* (Minna) Jaeglé
(1810-1880), drei Jahre älter als Büchner, führt ihrem schöngeistigen, politisch und demokratisch aktiven Vater den Haushalt. Sie wird Büchners
spätere Verlobte. In seinem Nekrolog vom 23. 2. 1837 erwähnt Wilhelm
Schulz, daß Minna Jaeglé den – wohl im Frühjahr 1832 – erkrankten
Büchner während einer »Unpäßlichkeit« (A 10,9) pflegt. Zu dieser Zeit
ist der Beginn der Liebesbeziehung anzusetzen. Um Mitte März 1834 erst
informiert Wilhelmine ihren Vater über die Beziehung. Ende März 1834
berichtet Büchner den Eltern aus Straßburg brieflich von der Verlobung.
Sein Vater ist vorübergehend außerordentlich aufgebracht. Im September
1834 besucht Minna Jaeglé mit ihrer Tante die Büchners in Darmstadt,
wo sie herzlich aufgenommen wird.

Jaeglé, der der Gemeinde St. Wilhelm vorsteht, verfügt über poetische
Ambitionen und bringt Büchner schnell mit Kreisen des elsässer Bürgertums in Kontakt. Der Student hört Vorlesungen über »Chemie, Physik,
Zoologie, Anatomie, Physiologie, *materia medica*« (N S. 2). Für den wissenschaftlichen Werdegang von Bedeutung sind die Kontakte mit dem
Anatomieprofessor Georges-Louis Duvernoy (1777-1855), einem Schüler
des »Großen« Cuvier und Spezialisten auf dem Gebiet der vergleichenden
Anatomie der Wirbeltiere und des Nervensystems der Mollusken, und
dem Physiologen und Anatomen Ernest-Alexandre Lauth (1803-1837),
einem Anhänger des Modefachs Naturphilosophie (für weitere akademische
Verbindungen vgl. HS S. 360ff.). Büchners zweigleisiges Interesse an der
exakten Wissenschaft und an ihrer eher spekulativen Anwendung bleibt
richtungweisend für seine späteren naturwissenschaftlichen Arbeiten.

Die deutsche Kulturenklave mitten im politischen Leben Frankreichs erlebt nach der Juli-Revolution von 1830 eine Turbulenz und Aktualität der Konflikte, wie sie in den deutschen Staaten nicht denkbar ist. Politische Flüchtlinge aus deutschen Ländern treffen täglich ein. Das Zusammentreffen diverser plebejischer und bürgerlicher oppositioneller Bewegungen gegen die restaurative Politik der Pariser Regierung mit der ökonomischen Notlage des Volks - die durch die geographische und damit handelstechnische Sonderstellung Straßburgs kraß zutage tritt - haben auf die politische und sozialkritische Entwicklung Büchners enormen Einfluß. Protektionszölle und damit verbundene Preissteigerungen führen zur weiteren Verarmung der elsässer Bevölkerung, dann am 25. 9. 1831 zum Straßburger »Rinderaufstand«. Vom 20. 11. bis 2. 12. 1831 erheben sich die Seidenweber in Lyon: die Schockwellen erreichen schnell das Elsaß. Resultat der ökonomischen Krisenlage ist die zunehmende Wirkung der seit dem Juli 1830 in ganz Frankreich tätigen »Gesellschaft der Volksfreunde« (Société des Amis du Peuple), die bis zum Sommer 1832 ein Sammelbecken oppositioneller Kräfte aus den verschiedensten Schichten darstellt, und der im Herbst 1832 sich konstituierenden, radikal-demokratischen und stellenweise militant organisierten »Gesellschaft der Menschenrechte« (Société des Droits de l'Homme et du Citoyen).

Am 12. 1. 1832 hält Louis-Auguste Blanqui (1805-1881) beim Pariser »Procès des Quinze« gegen 15 Mitglieder der »Société des Amis du Peuple« seine in Flugschriften verbreitete Verteidigungsrede (*Défense du citoyen Auguste Blanqui devant la Cour d'Assises*. Paris 1832. *Textes choisis*. Paris 1955, S. 71ff. Gekürzte dt. Übersetzung sowie andere relevante Texte in: Joachim Höppner/Waltraud Seidel-Höppner: *Von Babeuf bis Blanqui. Französischer Sozialismus und Kommunismus vor Marx*. 2 Bde. Leipzig 1975, II, S. 507ff.), in der er den »Krieg zwischen Reichen und Armen« als Klassenkampf zwischen Besitzenden und Besitzlosen, zwischen parasitären Privilegierten und Proletariern, und die materiellen Grundlagen der gegenwärtigen politischen Spannungen darlegt. Der Text wird in deutscher Übersetzung 1832 in Straßburg verbreitet (Auszüge KM S. 95f.; vgl. auch Schaub B 20, S. 90ff.). Er ist Büchner bekannt und stellt eine der Vorlagen des *Hessischen Landboten* dar.

Die »Société des Droits de l'Homme et du Citoyen« bildet eine nationale, in zahlreiche kleine lokale Sektionen aufgegliederte Front oppositioneller Kräfte. Im Sommer 1833 soll sie allein in Straßburg 3000 Mitglieder haben (H S. 157). Viele sind ehemalige Angehörige der »Société des Amis du Peuple«, andere Neojakobiner, wieder andere Anhänger der frühkommunistischen Lehren François Noël »Gracchus« Babeufs (1760-1797) und des Robespierristen Filippo Buonarroti (1761-1837), Verfassers der *Conspiration pour l'égalité, dite de Babeuf* [...] (2 Bde., Brüssel 1828; Paris 1830; Paris 1957): »Über Buonarrotis Vermittlung in Wort und Schrift und die Propaganda seiner Anhänger in Bildungszirkeln, Zeitungen und Flugschriften erlangte der alte Babouvismus, theoretisch bereichert durch die Einsichten des Fourierismus und Saint-Simonismus, als Neobabouvismus Einfluß in den Volksgesellschaften« (H S. 158). Als dem Neobabouvismus paralleler Diskurs vereinigt die ältere Bewegung des Saint-Simonismus noch zahlreiche Oppositionelle. Saint-simonistische Agitation erreicht in Straßburg Anfang der dreißiger Jahre einen »Höhepunkt« (P S. 20). Dabei sind es weniger die sozialutopischen Schriften Claude-Henri de Saint-Simons (1760-1825) selbst, wie etwa sein *Catéchisme des industriels* (1823), sondern es ist die Weiterführung seiner Lehren durch seine Schüler Barthélemy Prosper Enfantin (1798-1864) und Saint-Amand Bazard (1791-1832) (*Exposition de la doctrine de Saint-Simon.* 2 Bde. Paris 1829-1831), deren religiöser, evolutionärer Frühsozialismus besonders in bürgerlichen Kreisen Anklang findet. Büchner ist mit all diesen Diskursen vertraut. Er trifft im Mai 1833 auf dem Straßburger Münster A. René Rousseau, einen Jünger Saint-Simons und Enfantins, den er in seinem Brief an die Eltern um den 30. 5. 1833 mit liebenswürdiger Ironie charakterisiert (367f.). Zwischen den Zeilen wird jedoch klar, daß Büchner – auch wenn er Rousseau als ein Kuriosum betrachtet – *politische* Ziele des Saint-Simonismus durchaus unterstützt: »Bei den Simonisten sind Mann und Frau gleich, sie haben gleiche *politische* Rechte« (ebd.). Ähnlich dürfte er sich auch im Sommer 1833 gegenüber Alexis Muston geäußert haben (Fischer I 6, S. 82).

Ziel der »Société des Droits de l'Homme et du Citoyen« ist nicht nur eine *politische*, sondern eine *Sozial*revolution. Ihr politisches Programm stützt sich auf Robespierres Rede vom 24. 4. 1793, in der er die Menschen- und Bürgerrechte definiert. Gerechte Verteilung der Güter bzw. Gütergemeinschaft gehören zu den sozialen Forderungen der in der »Société« seit dem Herbst 1833 tonangebenden Neobabouvisten. Im Hinblick auf die wenig spätere revolutionäre Tätigkeit Büchners prägen ihn gerade die Einsichten Blanquis und Buonarrotis in die *materiellen* Grundlagen sozialer Mißverhältnisse und die vor allem durch Steuern betriebene Ausbeutung der arbeitenden Klassen sowie das auf Gütergemeinschaft zielende Programm der Neobabouvisten am stärksten. Seine Schulung als Revolutionär kann an keinem geeigneteren Ort stattfinden.

Büchners Kontaktnahme mit politischen Kreisen der Straßburger Studentenschaft vollzieht sich rasch. Bereits am 17. 11. 1831 wird er von seinem Studienfreund Eugène Boeckel (1811-1896) in die Studentenverbindung »Eugenia« (seit 1828) eingeführt. Zwischen November 1831 und Juli 1832 nimmt Büchner als ständiger Gast (hospes perpetuus) an acht Sitzungen der Verbindung teil (vgl. das Protokoll der »Eugenia« T.M. Mayer I 31). Häufig stehen politische Themen zur Debatte. Aufschlußreich für Büchners Engagement insbesondere die Protokolle vom 28. 6. und 5. 7. 1832. Im ersteren heißt es: »Es wird mit außerordentlicher Lebhaftigkeit [...] über die Strafgesetze, u. über das Unnatürliche unsers gesellschaftlichen Zustandes, besonders in Beziehung auf Reich u. Arm debattirt [...]«. Das zweite enthält den Eintrag: »Freund *Bügner* [!] [...]

schleudert einmal wieder, alle möglichen Blitze u Donnerke[i]le, gegen alles was sich Fürst u König nennt; u selbst die *constitutionelle* Verfassung unseres Vaterlands bleibt v ihm nicht unangetastet [...]« (ebd. S. 368). Anzunehmen ist seine Teilnahme an weiteren Treffen, auch im privaten Kreis im Elternhaus der Freunde August (1808-1884) und Adolph Stoeber (1810-1892), am Alten Weinmarkt 9, mit denen er ein herzliches Verhältnis hat. Zum Freundeskreis Büchners gehören Johann *Wilhelm* Baum (1809-1878), Jean-Moyse Lambossy (1810-1872) und Jean-Baptiste *Alexis* Muston (1810-1888). Vater der Brüder Stoeber ist der Advokat Daniel *Ehrenfried* Stoeber (1779-1835), demokratisch und sozial orientierter Publizist sowie deutschtümelnder elsässischer Dichter, Verfasser der *Vie de J[ean]-F[rédéric] Oberlin, pasteur à Waldbach* (1831). Hier also bereits ein Dokument für die Anteilnahme der Familie Stoeber an Oberlin, die von August Stoeber weitergeführt wird. Um diese Zeit ist Büchners erste Lenz-Rezeption und der Beginn seiner Auseinandersetzung mit Texten der französischen Romantik anzusetzen.

Ehrenfried Stoeber gehört zur radikalliberalen Oppositionsbewegung der Zeit und gibt die Flugschrift *Gradaus! Eine Volksschrift in Gesprächen* heraus. Er ist einer der Redakteure der Zeitung *Der Elsässer*, in der »das Fortbestehen der sozialen Ungerechtigkeit in der Julimonarchie« scharf kritisiert wird (Wetzel K 13, S. 370). Sein Bruder, der Anwalt Christian *Gottlieb* Stoeber (1786-1837), ist Sekretär der Straßburger Sektion der »Société des Amis du Peuple«. Er ist es wohl, der Büchner in die revolutionären Kreise einführt. Zu Ehrenfried Stoebers Veröffentlichungen zählen Gedichte (Basel 1814), eine *Kurze Geschichte und Charakteristik der schönen Literatur der Deutschen* (Straßburg 1826), Prosaschriften, ein Drama sowie eine deutsche Übersetzung (Straßburg 1834) der Büchner bekannten, religiös-demokratischen Streitschrift *Paroles d'un croyant* (Paris 1834ff.) des Theologen Félicité Robert de Lamennais (1782-1854). Auch die Gebrüder Stoeber haben zahlreiche Schriften hinterlassen. August, der zunächst Theologie studiert, dann Lehrer und, ab 1841, Professor der deutschen Literatur in Mülhausen ist, veröffentlicht u.a.: *Alsabilder* (zus. m. Adolph, Straßburg 1836), *Der Dichter Lenz und Fredericke von Sesenheim* (Basel 1842), *Geschichte der schönen Literatur der Deutschen* (Straßburg 1843). Adolph ist ab 1840 Pfarrer in Mülhausen, ab 1864 Präsident des dortigen reformierten Konsistoriums. Er veröffentlicht Gedichte, elsässer Sagen und theologische Abhandlungen.

Die Semesterferien des Sommers 1832 verbringt Büchner ab dem 3. 8. in Darmstadt (T. M. Mayer D11, S. 408f.). Er kehrt erst am 28. 10. nach Straßburg zurück, wo er »umgehend mit Präparationen in der Anatomie« beginnt (MC S. 367). Mit den Brüdern Stoeber und mit Boeckel bleibt er während des Sommers in brieflicher Verbindung. Nicht nur das gemeinsame Interesse an der Politik (trotz unterschiedlicher Anschauungen), auch literarische Neigungen verbinden die Freunde.

Der zunächst schwelende, dann offene Aufstand in Frankreich - er wird in Lyon im April 1834 von Regierungstruppen niedergeschlagen – greift nur vereinzelt auf deutschen Boden über (vgl. KM S. 97ff.). Daß Büchner sich über die deutschen Vorgänge berichten läßt und daß er daran intensiv Anteil nimmt, steht außer Zweifel. Die Verhältnisse sind hinlänglich bekannt: die Opposition, die in Frankreich von einer breiten Volksbewegung getragen wird, und die, aus der akuten Notsituation heraus, den Konflikt als eine Auseinandersetzung von Besitzenden und Besitzlosen begreift, bleibt in den deutschen Staaten vielfach isoliert. Die Führer gehören auch hier der Intelligenz an. Eine wirkliche Verbindung mit dem Volk fehlt allerdings. Revolutionäre Impulse flackern im Göttinger Studentenputsch vom 8. 1. 1831, im Hambacher Fest vom Mai 1832 vereinzelt auf, wiederum im Sturm auf die Frankfurter Hauptwache am 3. 4. 1833. Die plebejische und werktätige Opposition - wie sie sich in der Empörung der oberhessischen Bauern ab 1831 artikuliert - kann keine Breitenwirkung gewinnen. Strengere Verordnungen der Staaten und des Bundestags sorgen für Ruhe und Ordnung. Am stärksten betroffen sind die Universitäten als Brutstätten einer künftigen demokratischen Front.

Büchner erhält in Straßburg nicht nur Anschauungsunterricht im revolutionären Aktivismus, er bekommt auch bereits als Achtzehnjähriger Gelegenheit, einen Blick zu werfen auf jene »Paradegäule und Ecksteher der Geschichte«, die er gute zwei Jahre später im »Fatalismusbrief« vom Januar 1834 geißeln wird (377f.). Es handelt sich um die Demonstration anläßlich des Einzugs der geschlagenen polnischen Generäle Girolamo Ramorino, François Sznayde und Daniel Langermann mit Resten ihrer Truppen in Straßburg am 4. 12. 1831. Büchners Brief an die Eltern vom 4./5. 12., von der polen- und freiheitsbegeisterten Massenkundgebung inspiriert, ist ganz vom Schwung des Augenblicks getragen. Er schließt jedoch abrupt mit der skeptischen und distanzierenden Wendung: »[...] man ruft Vivat! – und die Comödie ist fertig« (357f.; vgl. Wetzel K 13; H S. 181ff.). Es scheint, daß Büchner sich schon während der Niederschrift der Theatralik und der Vergeblichkeit der geschilderten Vorgänge bewußt wird.

Die Briefe aus dieser Zeit an die Eltern sind aufschlußreich, obgleich im Hinblick auf die Sicht des Vaters wohl manches ungesagt bleibt. In eindeutiger Formulierung findet sich aber die entscheidende politische und soziale Schlußfolgerung, die Büchner als angehender Revolutionär aus seiner Sicht der Zustände in Frankreich und aus seiner Kenntnis der deutschen Lage – mit direkter Bezugnahme auf die Frankfurter Ereignisse – ziehen muß, gerade in einem Brief an die Eltern:

»[...] Meine Meinung ist die: Wenn in unserer Zeit etwas helfen soll, so ist es *Gewalt*. Wir wissen, was wir von unseren Fürsten zu erwarten haben. Alles,

was sie bewilligten, wurde ihnen durch die Notwendigkeit abgezwungen. [...]
Man wirft den jungen Leuten den Gebrauch der Gewalt vor. Sind wir denn
aber nicht in einem ewigen Gewaltzustand? [...] Was nennt Ihr denn *gesetzlichen Zustand?* Ein *Gesetz*, das die große Masse der Staatsbürger zum fronenden
Vieh macht, um die unnatürlichen Bedürfnisse einer unbedeutenden und verdorbenen Minderzahl zu befriedigen? Und dies Gesetz, unterstützt durch eine
rohe Militärgewalt und durch die dumme Pfiffigkeit seiner Agenten, dies Gesetz ist eine *ewige, rohe Gewalt*, angetan dem Recht und der gesunden Vernunft, und ich werde mit *Mund* und *Hand* dagegen kämpfen, wo ich kann.«
(um den 6. 4. 1833, 366f.)

Die Reaktion des Vaters muß bestürzt sein, denn schon im nächsten
Brieffragment heißt es beruhigend: »Wegen mir könnt Ihr ganz ruhig sein
[....]« (April/Mai 1833, 367). Im Juni 1833 schreibt Büchner den Eltern:
»[...] [ich] habe aber in *neuerer* Zeit gelernt, daß nur das notwendige Bedürfnis der großen Masse Umänderungen herbeiführen kann, daß alles
Bewegen und Schreien der *Einzelnen* vergebliches Torenwerk ist [...].«
Durch das Gewebe von Beruhigung wird wieder ein Blick frei auf die
Einsichten des künftigen Revolutionärs. In unverkennbarer Beschwichtigungsstrategie folgt der Satz: »Ihr könnt voraussehen, daß ich mich in die
Gießener Winkelpolitik und revolutionären Kinderstreiche nicht einlassen
werde« (369).

4. Gießen. Der Revolutionär 1833-1834

Neben der Geliebten Minna Jaeglé läßt Büchner seinen Freundeskreis
und eine ihm gemäße Lebenswelt in Straßburg zurück, als er ins Großherzogtum zurückkehrt. Insgesamt »gehörten« die zwei Jahre seines Straßburger Aufenthalts in der Nähe seiner dortigen Freunde und Angehörigen
»zu den frohsten« seines Lebens (an Edouard Reuss vom 31. 8. 1833,
371f.). Am 31. 7. 1833 verläßt er Straßburg und trifft wenig später in
Darmstadt ein, wo er – unter anderem mit Arbeiten im väterlichen Labor
– den Sommer verbringt. Während dieser Zeit besucht ihn sein Freund
Alexis Muston, dem Büchner bei Recherchen im Darmstädter Archiv
über die Geschichte der Waldenser in Deutschland behilflich ist. Mit
Muston besucht er das Landesmuseum, wo er den »Christus von Emaus«
des Carel van Savoy sieht (das Bild wird später im *Lenz* genannt). Auf
Wanderungen im Odenwald und an der Bergstraße diskutieren die Freunde religiöse, soziale und politische Fragen, darunter auch den Saint-Simonismus sowie gemeinsame Hoffnungen auf eine »république universelle«
und »états-unis de l'Europe«. Muston bezeichnet Büchner als glühenden
Verehrer der Großen Revolution (»idolâtre de la révolution française«; Fischer I 6, S. 81). Von Muston sind drei Porträtskizzen Büchners erhalten,

von denen eine auf der Ruine Frankenstein, eine andere im Felsenmeer
bei Reichenbach im Odenwald entstanden ist (ebd. S. 80). Um den 24.
10. 1833 reist Büchner nach Gießen ab. Quartier findet er zunächst bei
dem Kaufmann Karl Hofmann im Seltersweg 29. Ab Januar 1834 wohnt
er dann im Haus des Rentenamtmanns Bott im Seltersweg 46.

Seine Einschreibung in das Matrikelbuch der Gießener Landesuniversität Ludoviciana als Student der Medizin datiert vom 31. 10. 1833.
Er belegt vielleicht schon im WS 1833/34 eine Lehrveranstaltung bei
Friedrich Christian Gregor Wernekinck (1798-1835) über »Bau und die
Entwickelungsgeschichte des menschlichen Gehirns und der höheren Sin-
nesorgane«, mit Sicherheit im SS 1834 dessen Privatissimum über vergleichende Anatomie. Wahrscheinlich hört er auch Vorlesungen des Anato-
mie- und Physiologieprofessors Johann Bernhard Wilbrand (1779-1846).
Wilbrand, Anhänger der Schellingschen Naturphilosophie, lehrt im WS
1833/34 unter anderem Anatomie des Menschen und Allgemeine Physiologie. Der groteske Wilbrand, von seinen Studenten »das Äffken« genannt, läßt zur Demonstration der Ohrmuskeln seinen Sohn vor den Studenten die Ohren bewegen (vgl. den Doctor im *Woyzeck*). »Wilbrands
antiempirische Spekulationen bilden auch die äußerste Fluchtlinie der in
Büchners Züricher Probevorlesung [...] abgelehnten ›Anschauung des
Mystikers‹« (MC S. 370). Möglich ist, daß Büchner bei dem Chemiepro-
fessor und Empiriker Justus Liebig (1803-1873) studiert, der viel später
Ernährungsexperimente mit hessischen Soldaten durchführt, und daß er
Gerichtsmedizin und psychiatrische Lehrveranstaltungen belegt. Bekannt
ist er wohl mit dem Medizinprofessor Georg Friedrich Wilhelm Balser
(1780-1846), dem Pharmakologen und Chirurgen Philipp Friedrich Wilhelm Vogt (1786-1861) und mit dem Geburtshelfer Ferdinand August
Maria Franz von Ritgen (1787-1867), der die analytische mit der naturphilosophischen Methode vereint. Bei dem schöngeistigen, politisch oppositionellen Professor der Ästhetik, Philosophie, Psychologie und Literaturgeschichte Joseph Hillebrand (1788-1871) hört er »mit lobenswerthem
Fleiße« im SS 1834 Logik sowie »Naturrecht und allgemeine Politik«
(T.M. Mayer I 16, S. 195f.).

Neben seinen Universitätsstudien (zum Pflichtstudienplan vgl. Maaß
L 15) vertieft sich Büchner bereits 1833/34 in philosophische Texte. Insbesondere beschäftigt ihn jedoch das Studium der Revolution von 1789,
wahrscheinlich schon in Gießen, vor allem während der Rekonvaleszenz
in Darmstadt im November/Dezember 1833. An Wilhelmine Jaeglé
schreibt er Mitte Januar 1834:

> »Ich studierte die Geschichte der Revolution. Ich fühlte mich wie zernichtet
> unter dem gräßlichen Fatalismus der Geschichte. Ich finde in der Menschen-
> natur eine entsetzliche Gleichheit, in den menschlichen Verhältnissen eine un-
> abwendbare Gewalt, Allen und Keinem verliehen. Der Einzelne nur Schaum

auf der Welle, die Größe ein bloßer Zufall, die Herrschaft des Genies ein Puppenspiel, ein lächerliches Ringen gegen ein ehernes Gesetz, es zu erkennen das Höchste, es zu beherrschen unmöglich.« (377f.; zur Datierung Hauschild N 5, S. 526)

In diesem vielzitierten »Fatalismusbrief« reflektiert Büchner seine Lektüre des Thiers (zur »école fataliste« MC S. 372f.; der von Cyprien Desmarais [*Histoire des historiens de la Révolution Française*. Paris 1834] gebrauchte Begriff ist im Diskurs der Zeit geläufig) und den Historismus der bürgerlichen Geschichtsschreibung, die die Revolution von 1789 als ›schicksalhaftes‹ (frz. ›fatal‹) Übergangsstadium zum Kaiserreich und schließlich dem Konstitutionalismus Louis Philippes begreift, zugleich aber auch diese »fatalité« problematisierende zeitgenössische Theorien der Linken bis hin zu Blanqui sowie seine philosophische Lektüre (MC ebd.; MHL S. 88ff.; H S. 270ff.; PW 2 S. 1101ff.). Endgültig verabschiedet er hier das heroische Geschichtsbild der Schulschriften und das teleologische, immer auf das »große« Individuum (die »Paradegäule und Ecksteher der Geschichte« ebd.), die »Herrschaft des Genies« fixierte Konzept bürgerlicher Historiographie, damit auch das während der Adoleszenz prägende Geschichtsverständnis Ernst Büchners. Mit der »unabwendbare[n] Gewalt« und dem »eherne[n] Gesetz« bezieht er sich jetzt auf »den ewigen Kampf zwischen Unterdrückern und Unterdrückten« (H S. 272), den Krieg zwischen besitzenden und besitzlosen Klassen: Blanquis »la guerre entre les riches et les pauvres«, der die *materielle* Grundlage geschichtlicher Prozesse bildet. Sein revolutionäres Handeln läßt sich somit auch deuten als die Probe aufs Exempel: der von der Leidenschaft des revolutionären Denkers *und* vom Mitgefühl mit den Armen getragene Versuch, jenes »Gesetz« in der praktischen Aktion zu erforschen.

Büchners Rückkehr ins Großherzogtum ist gezeichnet von Krankheit und Depression. Anfang November 1833 erzwingt eine Meningitis einen Kuraufenthalt in Darmstadt: »5 Wochen brachte ich daselbst [in Gießen] halb im Dreck und halb im Bett zu. Ich bekam einen Anfall von Hirnhautentzündung; die Krankheit wurde im Entstehen unterdrückt, ich wurde aber gleichwohl gezwungen nach Darmstadt zurückzukehren [...]« (an August Stoeber am 9. 12. 1833, 376f.). Die Lage im Großherzogtum empört ihn zutiefst: »Die politischen Verhältnisse könnten mich rasend machen. Das arme Volk schleppt geduldig den Karren, worauf die Fürsten und Liberalen ihre Affenkomödie spielen. Ich bete jeden Abend zum Hanf und zu d. Laternen« (ebd.). Nach der Jahreswende 1834 kehrt Büchner, allem Anschein nach geheilt, nach Gießen zurück. Die Zeugnisse der Zeitgenossen aus der Gießener Zeit, vor allem die Erinnerungen Karl Vogts (1817-1895), des Naturwissenschaftlers und Reichsregenten von 1849, schildern ihn als düster und zurückgezogen. Am 8. 3. 1834 schreibt er an Minna Jaeglé: »Die Frühlingsluft löste mich aus meinem Starrkrampf. Ich erschrak vor mir selbst. Das Gefühl des Gestorbenseins

war immer über mir« (380ff.). Um diese Zeit beginnt Büchner mit der
Organisation der Gießener »Gesellschaft der Menschenrechte«.

Sein Verhältnis zur Geliebten, die vorübergehend erkrankt ist, scheint
– vor allem durch sein längeres Schweigen – getrübt. Das ist sicher einer
der Gründe für die eilige Reise Ende März 1834 nach Straßburg, die
Büchner ohne Wissen seiner Eltern unternimmt und für deren Finanzie-
rung er seinen Darmstädter Onkel Johann *Georg* Wilhelm Reuss (1795-
1849) um Geld bittet. Nach seiner Ankunft in Straßburg (27./28. 3.)
schreibt er dann den Eltern um den 30. 3. 1834:

> »Ich war im Äußeren ruhig, doch war ich in tiefe Schwermut verfallen; dabei
> engten mich die politischen Verhältnisse ein, ich schämte mich, ein Knecht
> mit Knechten zu sein, einem vermoderten Fürstengeschlecht und einem krie-
> chenden Staatsdiener-Aristokratismus zu Gefallen. Ich komme nach Gießen in
> die niedrigsten Verhältnisse, Kummer und Widerwillen machen mich krank.«
> (385f.)

Büchners Einschätzung der Lage im Großherzogtum ist klar. Im gleichen
Brief berichtet er den Eltern von der heimlichen Verlobung mit Minna
Jaeglé. Sein Vater fühlt sich überrumpelt und sieht den Lebensplan des
Sohnes infrage gestellt. Er befindet sich in »der äußersten Erbitterung«
und nimmt mit Edouard Reuss in Straßburg Briefkontakt auf, um ge-
naueres über die Beziehung Georgs und Wilhelmines zu erfahren. Als
Büchner dann um Mitte April nach Darmstadt zurückkehrt, wo er die
Osterferien verbringt (am 27. 4. beginnt der Gießener Vorlesungsbetrieb
wieder), muß er sich mit dem Vater auseinandersetzen. Unterdessen war
es Reuss schon gelungen, brieflich die Wogen weitgehend zu glätten (vgl.
seine Erinnerungen in: HS S. 325). Beim Besuch der Braut in Darmstadt
im September 1834 löst sich der Konflikt vollends in »Freude und Versöhnung« (ebd.) auf. Die Annahme, daß Vater und Sohn einen »Kompromiß« erzielten (»Fortsetzung des bisherigen Studienplans bei Zusicherung
einer wohlwollenden Aufnahme der Straßburger Verlobten« [H S. 329])
ist spekulativ (vgl. T.M. Mayer D 11, S. 425).

In der Gießener Zeit kommt Büchner mit der dortigen »Darmstädter
Kolonie« (H S. 241ff.) in Berührung, darunter Karl Stamm, Jacob Koch,
Ludwig (Louis) Nievergelter, Karl Minnigerode und Hermann Trapp.
Auch mit den Burschenschaften scheint sporadischer Kontakt zu bestehen, obgleich Büchner sich von bierseliger Burschenherrlichkeit distanziert. Immerhin sind Büchner und Ernst Elias Niebergall (1815-1843),
der Autor des *Datterich* (1841), in der Liste der revolutionär orientierten
»Germania« verzeichnet. Niebergall – er gehört wenig später einer »Palatia«-Gruppe an, die das politische Engagement der linken Oppositionellen mit Spott bedenkt – zu verdanken ist auch eine Stammbuchblattkari-
katur, die für die derzeitige Lage kennzeichnend ist: auf einem Esel sitzend
und mit Jakobinermütze und Polenrock versehen, erhebt ein Burschen-

schaftler ein Blatt mit den Anfangsworten der Marseillaise. Vier subversive Druckschriften sind auf den Esel geladen: Wilhelm Schulz' *Testament des deutschen Volksbotens, Censiertes Mancherlei, Wächter am Rhein* und Weidigs *Leuchter und Beleuchter* (u.a. in: KM S. 136). Ein Teil der »Palatia«, der sich um Weidig und seine Butzbacher oppositionellen Bürger und Handwerker gruppiert, ist jedoch politisch aktiv und verteilt Weidigs Flugschriften bei oberhessischen Bauern. Büchners engster Freund in Gießen ist August Becker (1814-1871), Theologiestudent, der als »etwas verlotterte[s] und verlumpte[s] Genie« gilt und wegen seines roten Bartes »der rote August« genannt wird.

Etwa Anfang 1834 lernt Büchner durch Beckers Vermittlung das Haupt der oberhessischen Opposition, den Pastor und Rektor der »Lateinschule« in Butzbach, Dr. Friedrich Ludwig Weidig (1791-1837) kennen. Weidig »ist von 1814 an eher dem linken, volksverbundenen Flügel des Republikanismus als der konstitutionellen Opposition zuzurechnen« (KM S. 128). Seine oppositionelle und revolutionäre Tätigkeit beginnt bereits 1811 und zeigt ihn als mutigen, kompromißlosen Demokraten und als Fürsprecher auch gewaltsamer Aktionen für die Armen und Entrechteten. Wilhelm Schulz über Weidig: »Er hatte jene ächt demokratische eiserne Ausdauer, die auch im engeren Kreise unablässig fortarbeitet [...] noch zur Stunde [1851] gehört die Mehrzahl der unmittelbaren und mittelbaren Schüler *Weidigs* zu den bestgestählten Demokraten im Hessenlande. [...] *Weidigs* ganzes Leben war ein ununterbrochenes Opfer der reinsten Hingebung an die Sache des Volks« (Grab K 15, S. 72). Weidig ist einer der Organisatoren des Frankfurter Wachensturms. Er leitet oppositionelle Turnergruppen und Waffenübungen, nimmt sich der verhafteten Wachensturm-Beteiligten an und engagiert sich 1833/34 öffentlich im Wahlkampf um die Zusammensetzung des VI. Landtags. Wenn die Gegenmaßnahmen Ludwigs II. (Landtagsauflösung, Entlassung liberaler Abgeordneter, verstärkte Pressezensur) weitere offene Aktionen unmöglich machen, verlegt Weidig seine Tätigkeit in den Untergrund. Mit fünf Nummern einer selbstgedruckten Flugschrift »Leuchter und Beleuchter für Hessen, Oder der Hessen Nothwehr« wendet er sich primär an die Landarmut Oberhessens (zur Biographie sowie zum politischen Standort vgl. MHL S. 159ff.).

Georg Büchner gründet um Mitte März 1834 die Gießener »Gesellschaft der Menschenrechte«: »die erste frühkommunistisch orientierte Geheimorganisation in Deutschland« (P S. 25; zu den politischen Zusammenhängen vgl. MHL). Zu ihren Mitgliedern gehören Becker, Trapp, wenig später auch Minnigerode, die Studenten Ludwig Christian (Louis) Becker, Gustav Clemm und Jacob *Friedrich* Schütz sowie die Handwerker Georg Melchior Faber und David Schneider. Geleitet wird die Gesellschaft von Louis Becker und Schütz. Mitte April gründet Büchner eine

Darmstädter Sektion der »Gesellschaft der Menschenrechte«. Ihr gehören in der Gründungsphase die Studenten Louis Nievergelter und Hermann Wiener sowie die Handwerker Johann *Jacob* Koch, Christian Kahlert, Johann *Georg* Müller und Wilhelm Wetzel an. Bemerkenswert ist das Bündnis von Handwerkern und Intellektuellen in den Gesellschaften. Insgesamt haben die Gießener und die Darmstädter Gesellschaften »rund 25 Mitglieder und Helfer« (KM S. 144). Schon im März hat Büchner seinen Gießener Mitverschworenen die Abfassung einer Flugschrift in Aussicht gestellt. Gleichzeitig übergibt ihm Weidig das statistische Quellenmaterial der geplanten Flugschrift (vgl. unten S. 69). Wenig später entsteht der Entwurf des *Hessischen Landboten*.

Ende März reist Büchner nach Straßburg. Dort besucht er nicht nur die Geliebte, sondern er nimmt seine Kontakte mit revolutionäre Kreisen wieder auf. Er eignet sich in Form von Flugschriften die Statuten der »Société des Droits de l'Homme et du Citoyen« vom Oktober 1833 an, die er dann der Darmstädter »Gesellschaft« zugrundelegt. Das »wenigstens in der Gießener ›Gesellschaft‹ vertretene Programm der ›Gütergemeinschaft‹ (communauté des biens) oder des Vermögens als ›Gemeingut‹ (bien commun)« (MC S. 376) muß sich durch Vertiefung seiner Rezeption neobabouvistischer Theorien zu dieser Zeit erklären. Die politischen und ökonomischen Ziele der »Gesellschaft« sind mit ihren französischen Vorbildern identisch: auf der Basis einer *Erklärung der Menschenrechte* garantiert eine *republikanische Staatsform* die *Gemeinschaft der Güter* (MC S. 43ff.; Ruckhäberle K 7, S. 103ff.; K 14, S. 454).

Im April 1834 ist die Arbeit am *Hessischen Landboten* abgeschlossen. Becker fertigt eine Reinschrift an, die er und Clemm zu Weidig nach Butzbach bringen. Auf einer Versammlung an der Ruine der Badenburg bei Lollar findet am 3. 7. eine Aussprache von Vertretern unterschiedlicher oppositioneller Gruppen statt (Ruckhäberle K 7, S. 104f.; MC S. 380ff.). Büchners inzwischen von Weidig auf eine Abschwächung der materiellen zugunsten der sozial-ständischen Klassengegensätze hin bearbeitetes Manuskript wird von der Koalition zum Druck gebilligt. Büchner, so Becker, »war über die Veränderung, welche *Weidig* mit der Schrift vorgenommen hatte, außerordentlich aufgebracht, er wollte sie nicht mehr als die seinige anerkennen und sagte, daß er ihm gerade das, worauf er das meiste Gewicht gelegt habe und wodurch alles andere gleichsam legitimirt werde, durchgestrichen habe« (Schaub B 20, S. 110; vgl. unten S. 71f.). Die Flugschrift wird in der Druckerei Carl Preller in Offenbach gedruckt. Ein von dem Marburger Arzt Leopold Eichelberg (1804-1879) bearbeiteter zweiter Druck erfolgt illegal durch den Faktor L. A. Rühle in Marburg bei Elwert im November 1834. Die Drucklegung verzögert sich bis zum 30. 7. 1834. Die Verteilung der etwa 1200 bis 1500 Exemplare wird von Karl Minnigerode, Friedrich Schütz (1810-1877) und Carl Zeuner übernommen. Inzwischen ist die Aktion schon von dem bezahlten Polizeispitzel Johann *Conrad* Kuhl (1794-1855) verraten worden. Kuhl, ein Vertrauter Weidigs und wie dieser aus Butzbach stammend, hat sich früh in den Kreis der Verschwörer eingeschlichen. Er verrät die »Gesellschaft« und das *Landboten*-Projekt an die Untersuchungsbehörden. Am 1. 8. wird Minnigerode am Gießener Stadttor verhaftet. In seinem Besitz finden sich 139 Exemplare der Flugschrift. Seine Versicherung gegenüber der Polizei, er habe diese lediglich den Behörden übergeben wollen, wird nicht glaubhaft.

Als Büchner von der Verhaftung Minnigerodes erfährt, eilt er sofort nach Butzbach, um Zeuner und Weidig zu warnen. Von dort aus geht er über Friedberg nach Offenbach, warnt zunächst Schütz und entfernt mit Preller die restlichen Exemplare des *Hessischen Landboten* aus der Druckerei. Er kehrt über Frankfurt (wo er sich mit Boeckel trifft) und Butzbach nach Gießen zurück. Dort ist sein Zimmer inzwischen von der Polizei durchsucht und ein erster Steckbrief gegen ihn erlassen worden. Er reicht geistesgegenwärtig, in gut gespielter Empörung und unter Berufung auf sein Alibi-Treffen mit Boeckel (Lehmann/Mayer N 2, S. 182ff.), Beschwerde gegen den Universitätsrichter und Regierungskommissar Konrad Georgi (1799-1857) ein. Diese wird, wie zu erwarten, abgewiesen. Büchners Rolle bleibt den Behörden jedoch bis auf weiteres unklar, da er seine diversen Reisen Anfang August verschleiern kann. Die schon angeordnete Verhaftung unterbleibt. Ernst Büchner indessen argwöhnt seine Beteiligung an der Aktion und erzwingt seine Heimkehr Mitte September 1834 nach Darmstadt. Unterdessen wird der nicht entdeckte Teil der *Landboten*-Exemplare verteilt. Die Wirkung auf die Landbevölkerung ist so stark, daß noch im November der erwähnte zweite Druck unternommen wird.

Inzwischen werden weitere Mitglieder der Gruppe verhaftet, im April 1835 auch Becker und Weidig, der nach zweijähriger qualvoller Untersuchungshaft und Folter am 23. 2. 1837 unter nie ganz geklärten Umständen ums Leben gebracht wird. Sicher ist, daß sadistische Quälerei durch Georgi und eine schwere Verwundung zu seinem Tod führen. Eichelberg – verhaftet aufgrund der Denunziation von Gustav Clemm – verbüßt eine dreizehnjährige inhumane Gefängnisstrafe. Becker wird nach langer Untersuchungshaft zu neun Jahren Gefängnis verurteilt und 1839 durch die allgemeine Amnestie befreit. Später ist er Korrespondent der von Karl Marx herausgegebenen *Rheinischen Zeitung,* hessischer Landtagsabgeordneter und schließlich Feldprediger eines New Yorker Regiments im amerikanischen Sezessionskrieg. Auch Minnigerode geht nach zweijähriger zermürbender Folter und Einzelhaft 1839 nach Amerika. Dort spielt er, als Freund des Präsidenten Jefferson Davis und »Beichtvater der Sezession«, in Richmond, der Hauptstadt der Confederate States of America,

eine wichtige Rolle. Weder Weidig noch Minnigerode haben ihre Mitverschworenen preisgegeben, trotz Prügel, Folter und Ketten. Nievergelder
und Zeuner gehen ebenfalls in die USA, viele Mitglieder der »Gesellschaften« ins Exil in der Schweiz.

Büchners Anteil an der Verschwörung wird erst allmählich bekannt.
Inzwischen ist er keineswegs untätig. Nicht nur rezipiert er weitere Quellen seines Erstlingsdramas und betreibt unter väterlicher Anleitung anato-
mische Studien. Er widmet sich auch dem Ausbau der Darmstädter Sektion der »Gesellschaft«, insbesondere paramilitärischen Übungen (N S. 19).
Im Herbst/Winter 1834/35 erreicht diese einen starken Aufschwung, der
sie die Gießener Gruppe überflügeln läßt. Waffen- und Munitionsvorräte
werden angelegt. Man plant die Anschaffung einer modernen Drucker-
presse für künftige Flugschriftenaktionen und sammelt Geld für die Ge-
fangenenbefreiung. Nachschlüssel für die Zellen der Inhaftierten werden
angefertigt, Kontakte mit Wachsoldaten (insbesondere dem wenig später
entlassenen Friedberger Jacob Laurent) werden geknüpft (T.M. Mayer K
17, S. 184; Gillmann/Mayer/Pabst/Wolf N 6, S. 64f.; T.M. Mayer I 34,
dort detaillierte Angaben zur Zeit vor der Flucht). Sein Bruder Ludwig
berichtet von Georgs Zustand der höchsten Nervosität: »Die fortwähren-
de Angst vor Verhaftung, verbunden mit der angestrengtesten Arbeit an
›Danton‹, hatten ihn in der letzten Zeit seines Darmstädter Aufenthalts in
eine unbeschreibliche geistige Aufregung versetzt; er sprach selten, aß wenig und zeigte immer eine verstörte und stiere Miene.« (N S. 21) Da sich
inzwischen Minnigerode, Zeuner und seit Februar Preller in Haft befinden, verschärft sich die Bedrohung Büchners täglich. Er war bereits im
Dezember 1834 als Zeuge nach Friedberg vorgeladen worden, wohl im
Januar/Februar 1835 dann nach Offenbach, schließlich wird er »aller
Wahrscheinlichkeit nach um den 20. zum 25. Februar vor das Stadtgericht« (T.M. Mayer I 34, S. 81) Darmstadt vorgeladen. Der achtzehn-
jährige Bruder Wilhelm meldet sich dort an seiner Stelle, um festzustel-
len, ob ein Haftbefehl vorliegt. Die Behörden lassen sich Zeit: »Es
genügte, die Verschwörer durch verschiedene Vorladungen zu lähmen, bevor die Beweise gegen sie sicher ausreichen würden [...]« (T.M. Mayer
K 17, S. 185). Anfang März entschließt sich Büchner zur Flucht.

Unbegreiflich bleibt, wie während dieser Monate des psychischen
Drucks, der Bedrohung und der ständigen Verstellung dem Vater gegenüber Büchner die Kraft findet, *Dantons Tod*, das Drama der Revolution,
zu schreiben. Die Niederschrift hat nach Büchners eigener Angabe in einem Brief an Karl Gutzkow (1811-1878) »höchstens fünf Wochen« (21.
2. 1835, 392f.) in Anspruch genommen. Während des Herbst/Winter
1834/35 entleiht er eine Reihe von Quellentexten aus der Darmstädter
Hofbibliothek, womit sich die Konzeptionsphase des Texts auf Anfang
Oktober 1834 bis Mitte Januar 1835 datieren läßt. Die literarische Ästhe-

tik Büchners ist in seinem Erstling bereits voll entfaltet. Büchner schreibt nichts ohne Quellen. Seine Ästhetik des Widerspruchs ist begründet in der Antithetik zu seinen Vorlagen. Am 21. 2. 1835 schickt er das gerade fertiggestellte Manuskript an den Frankfurter Verleger Johann David Sauerländer (1789-1869), gleichzeitig einen Brief an Gutzkow, einen prominenten Schriftsteller der Zeit, Exponenten der Jungdeutschen und Literaturredakteur des von dem gemäßigt liberalen Literaten Eduard Duller (1809-1853) begründeten und herausgegebenen fortschrittlichen *Phönix. Frühlingszeitung für Deutschland*, dem er den Text dringend zur Lektüre empfiehlt. Gutzkow verwendet sich nicht nur für das Drama bei Sauerländer, er faßt zugleich ein lebhaftes Interesse am Autor selbst. Ein von Gutzkow im Hinblick auf die Zensur bearbeiteter Vor- und Teilabdruck in Fortsetzungen erfolgt unmittelbar in den Nummern des *Phönix* vom 26. 3. bis 7. 4. 1835. Im Juli 1835 liegt die Buchausgabe bei J.D. Sauerländer in Frankfurt am Main vor: mit dem *Hessischen Landboten* und den Hugo-Übersetzungen Büchners einziger zu Lebzeiten veröffentlichter Text. Duller fügt ihr den reißerischen und zugleich tendenziös die politische Brisanz des Stückes unterlaufenden Untertitel *Dramatische Bilder aus Frankreichs Schreckensherrschaft* bei.

Am 7. 3. trifft in Darmstadt das von Gutzkow in Aussicht gestellte Honorar von 10 Friedrichsd'or ein. Ernst Büchner bestätigt den Eingang, ohne im mindesten zu wissen, worum es sich handelt (7. 3. 1835, HB 100). Er erwartet den Sohn »längstens innerhalb einiger Tage zurück«. Er wird ihn nie wiedersehen. Georg Büchner ist wohl am Vortag, »wahrscheinlich unter dem detaillierten Vorwand, er habe in Friedberg etwas Bestimmtes zu erledigen« (T.M. Mayer I 34, S. 87), nach Friedberg aufgebrochen. Von dort aus führt ihn sein Weg zur Grenze bei Weißenburg. Am 9. 3. 1835 befindet er sich in Frankreich.

5.   Exil und Tod. Straßburg und Zürich 1835-1837

Die Rückkehr nach Straßburg und sein zweiter dortiger Aufenthalt (März 1835 bis Oktober 1836) bedeuten für Büchner relative äußere Sicherheit. Die von Karl Braubach beigetragene Summe von 20 Gulden aus der Kasse der »Gesellschaft« (T.M. Mayer I 34, S. 45ff.) sichert ihm anfangs gerade das materielle Überleben. Der von der großherzoglichen Regierung am 13. 6. 1835 erlassene, von dem inzwischen zum Hofgerichtsrat avancierten Kommissar Georgi ausgefertigte Steckbrief hat wenig Belang auf französischem Boden. Wegen der großen Anzahl deutscher Spitzel in Straßburg ist jedoch Vorsicht geboten. Büchners Wohnsitz der ersten Monate ist bis heute unbekannt (zu der M. Lutzius-Legende und Kontroverse vgl.

H S. 475ff.; T.M. Mayer K 22; Reinhard Pabst: »Wer war ›Mr. Lucius‹?«
in: *GBJb* 8 [1990/94] [=1995] S. 213-216; T.M. Mayer D 11, S. 410f.,
478f.). Ab Ende 1835 wohnt er in der Rue de la Douane 18 beim Wein-
händler Siegfried. Durch seine Darmstädter Familie hat er verlauten lassen,
er sei nach Zürich geflohen: eine Angabe, die von den Behörden geglaubt
wird. Im Herbst 1835 erhält er durch Vermittlung Eugène Boeckels und
seines Bruders Dr. Théodore Boeckel (1802-1869) sowie der Professoren
Duvernoy und Lauth einen Sicherheitsausweis (*carte de sûreté*), der ihm
im Fall eines Ausweisungsantrags einigen Schutz gewährt. Seine akademischen Lehrer verschaffen ihm Zugang zu Forschungseinrichtungen und
weitere Förderung. Die äußere Entspannung und die Wiedervereinigung
mit der Verlobten leiten in eine glücklichere Lebensphase über. Ernst
Büchner freilich stellt auf längere Zeit den Kontakt ein, er läßt dem Sohn
aber die notwendige finanzielle Unterstützung zukommen (T.M. Mayer
D 11, bes. S. 448). Der erzwungenen Abstinenz von revolutionärer Aktion
– Büchner nimmt dabei an politischen Ereignissen diesseits und jenseits
der Grenze intensiv Anteil und korrespondiert u.a. mit seinen inzwischen
im Züricher Exil lebenden Mitverschworenen Wilhelm Braubach und
Georg Geilfuß (428, 445f.; vgl. Gillmann/Mayer/Pabst/Wolf N 6) – geht
die Wiederaufnahme des Studiums und eine Konzentration auf die reine
Naturwissenschaft einher. Das Brotstudium der Medizin gibt Büchner
auf. Darmstadt und die Familie vermißt er. Das Schicksal seiner inhaftierten Mitverschworenen liegt ihm auf der Seele:

> »Es liegt schwer auf mir, wenn ich mir Darmstadt vorstelle; ich sehe unser
> Haus und den Garten und dann unwillkürlich das abscheuliche Arresthaus.
> Die Unglücklichen! Wie wird das enden? Wohl wie in Frankfurt, wo Einer
> nach dem Andern stirbt und in der Stille begraben wird. Ein Todesurteil, ein
> Schaffott, was ist das? Man stirbt für seine Sache. Aber so im Gefängnis auf
> eine langsame Weise aufgerieben werden! Das ist entsetzlich!« (16. 7. 1835,
> 408)

Büchners Forschungsinteresse lenkt sich – sicher schon durch Anregungen Wernekincks in Gießen – auf die vergleichende Anatomie bzw. Morphologie. Die erste größere wissenschaftliche Arbeit legt die Ergebnisse
seiner morphologischen Studien während des Winters 1835/36 vor: *Mémoire sur le système nerveux du barbeau (Cyprinus Barbus L.)*. Die Studie
wird von Büchner in den Sitzungen der »Société du Muséum d'histoire
naturelle de Strasbourg« am 13. und 20. 4. und am 4. 5. 1836 in Anwesenheit Duvernoys, Lauths und des Zoologen und späteren Dekans der
naturwissenschaftlichen Fakultät, Dominique-Auguste Lereboullet (1804-
1865), vorgetragen. Sie wird posthum im April 1837 in (bis Ende Mai
1836) überarbeiteter Fassung in den *Mémoires* der Gesellschaft veröffentlicht. Büchner wird am 18. 5. 1836 als korrespondierendes Mitglied

(*membre correspondant*) der Gesellschaft aufgenommen. Die Arbeit Büchners, die von dem Naturforscher Thomas Henry Huxley (1825-1895) (*On the Theory of the Vertebrate Skull*, London 1859) in ihrer Prämisse überholt wird, gilt noch heute als beispielhaft: »Büchner gewann alle Ergebnisse durch manuelle Präparation. [...] Büchners Abhandlung verdient aus heutiger Sicht – was Mühe, Sorgfalt, literarische Ausrüstung, was Selbstkritik und geistige Leistung betrifft – höchstes Lob« (Doerr L 14, S. 289).

Im Herbst/Winter 1835 betreibt Büchner auch weitere philosophische Studien, in der Hoffnung, seine Chancen bei einer Züricher Berufung durch den zweifachen Nachweis in unterschiedlichen Disziplinen zu verbessern. Er reicht das *Mémoire* im August 1836 bei der Philosophischen Fakultät der drei Jahre früher gegründeten Universität Zürich ein. Am 3. 9. 1836 erhält er von dort den Doktorgrad. Mitglieder des Promotionsausschusses sind der Gründungsrektor der Universität, Lorenz Oken (1779-1851) sowie der Botaniker Oswald Heer (1809-1893), der Chemiker Karl Jakob Löwig (1803-1890) und der Mediziner Heinrich Rudolf Schinz (1777-1861). Mit der Promotion wird er nach Zürich zu einer Probevorlesung eingeladen um, falls diese erfolgreich verläuft, zum Privatdozenten ernannt zu werden.

Nachdem Büchner die Einreise in die Schweiz bewilligt wird, hält er, nach seiner Ankunft am 24. 10., am 5. 11. 1836 an der Universität Zürich vor der Philosophischen Fakultät und deren Dekan Johann Georg Baiter (1801-1877) seine Probevorlesung *Über Schädelnerven* und wird sofort zum Privatdozenten ernannt. Die Ernennung wird vom akademischen Senat am 23. 11. ratifiziert. Durch Oken, der von ihm sehr beeindruckt ist, wird Büchner in die Züricher wissenschaftlichen Kreise eingeführt. Er lernt den Anatomen und Physiologen Philipp *Friedrich* Arnold (1803-1890) und den Pathologen und Direktor der Universitätsklinik Johann Lukas Schönlein (1793-1864), einen Wachensturmteilnehmer, kennen. Beide stellen ihm ihre Bibliotheken, Schönlein auch seine Präparate zur Verfügung. Zu dieser Zeit richtet Büchner sich in Zürich ein. Quartier findet er in der damaligen Steingasse, heute Spiegelgasse 12 im Haus des liberalen und sozial engagierten Arztes Dr. Hans Ulrich Zehnder (1798-1877), des späteren Bürgermeisters von Zürich.

Mit der beruflichen Anerkennung ergibt sich in den letzten Lebensmonaten des Dreiundzwanzigjährigen auch die Versöhnung mit dem karrierebewußten Vater. Ernst Büchner übersendet dem Sohn eine Kiste mit Fachliteratur und zugleich seine freundliche Wiederaufnahme in den Familienschoß:

> »Es ist schon lange her, daß ich nicht persönlich an Dich geschrieben habe [die doppelte Verneinung ist im Darmstädter Stadtdialekt der Zeit üblich: Verf.] [...] Nach dem Du nun aber mir den Beweis geliefert, daß Du diese

Mittel [den Unterhalt] nicht mutwillig oder leichtsinnig vergeudet, sondern
wirklich zu Deinem wahren Besten angewendet und ein gewisses Ziel erreicht
hast, [...] sollst Du auch so gleich wieder den gütigen und besorgten Vater um
das Glück seiner Kinder in mir erkennen. [...] Ich bin recht begierig zu hören,
wie es Dir bisher mit Deinen Vorlesungen ergangen und worauf besonders
Dein weiterer Plan gerichtet ist. Zoologie und vergleichende Anatomie sind
Felder worin noch viel zu lernen ist und wer Fleiß darauf verwendet dem
kann es nirgends fehlen, *merks tibi.*« (18. 12. 1836, 458ff.)

Dies ein sprechendes Dokument für die Mentalität des Vaters, der ja zum
Zeitpunkt dieser Versöhnungsgeste keineswegs ein »alter« Mann (Sengle
G 20, S. 291) ist: Ernst Büchner ist kaum über fünfzig Jahre alt. Zu berücksichtigen sind freilich auch patriarchalische Rollenmuster der Zeit,
die, wohl im Verein mit einer gewissen Sprödigkeit, den Ton des Briefs
prägen. Caroline Büchner versichert in ihrem Brief vom 30. 10. 1836:
»ich kann Dir gar nicht sagen wie sehr er [der Vater] sich freute« (455)
über das wohlbehaltene Eintreffen des Sohnes in der Schweiz. Dem gleichen Brief legt der fürsorgliche Vater dem Sohn ein »Recept« für seine
»Nase« (456), also für eine Schnupfenmedizin, bei. Vor einer Negativpro-
filierung Ernst Büchners sollte man sich ebenso hüten wie vor der Annahme
eines (etwa gar traumatisierenden) Dauerantagonismus in der Vater-Sohn-
Beziehung (wie in H; dagegen T.M. Mayer D 11, S. 396f., 446ff.).

Inzwischen hat sich Büchner, auch auf Anregung Gutzkows, weiter
mit literarischen Arbeiten beschäftigt. Zwei Übersetzungen von historischen Prosadramen Victor Hugos entstehen wohl im Mai 1835: die *Lucretia Borgia* (253ff.) und die *Maria Tudor* (327ff.). Sie werden durch die Vermittlung Gutzkows im Auftrag Sauerländers für die deutsche
Gesamtausgabe der Werke Hugos erstellt und als Band sechs der Reihe im
Oktober 1835 veröffentlicht. Nicht geklärt ist, ob Büchner als Grundlage
seiner Übersetzungen die Originalausgaben (*Lucrèce Borgia. Oeuvres de Victor Hugo. Drames.* V. Paris 1833 und *Marie Tudor. Oeuvres de Victor Hugo.
Drames.* VI. Paris 1833) und/oder einen der zahlreichen Nach- bzw. Raub-
drucke (Hübner-Bopp O 7, S. 236ff.) herangezogen hat. Hübner-Bopp erbringt den Nachweis, daß die Übersetzungen, von denen *Maria Tudor* die
»genauere«, d.h. dem Originaltext nähere ist, sich insgesamt auf einem höheren Niveau von Texttreue bewegen als andere zeitgenössische Hugo-Über-
tragungen. Büchners Veränderungen gegenüber dem Original »sind immer
solche nach ›unten‹, die die Sprache umgangssprachlicher gestalten« (ebd.
S. 219). Das Übersetzungsprojekt ist nur ein Teilaspekt von Büchners Auseinandersetzung mit Hugo und der französischen Romantik. Wenn er Hugo
(in einer Mitteilung an Gutzkow) vorhält, daß jener nur »aufspannende Situationen« gibt, versucht er seinerseits gelegentlich, durch »Auslassung von
Fragen oder Ausrufen, die Hugo zur Steigerung der dramatischen Spannung dienen« (Hübner-Bopp O 6, S. 283), das dramaturgische Gefüge ab-

zuglätten. Büchners Hugo-Rezeption ist zweifellos schon früher anzusetzen. Mit Sicherheit kennt er die »Préface de Cromwell« (1827). Als Vertreter des französischen Romantikdiskurses der Zeit (vgl. We S. 149ff.), zusammen mit Alfred de Musset, Charles Nodier, Théophile Gautier und anderen, »tritt Hugo, mit seinem Anteil schwer abgrenzbar, in Büchners Werk als Einflußfaktor [...] in Erscheinung« (PW 1 S. 876).

Am 12. 5. 1835 erwähnt Gutzkow in einem Brief an Büchner den Plan einer »Novelle Lenz« (404f.). Der Briefwechsel mit Gutzkow deutet auf eine Entstehungszeit des *Lenz* zwischen dem Frühjahr und dem Winter 1835 hin. Die stark unter dem Eindruck Spinozas stehende Naturschilderung im Text könnte diesen relativ nahe an die Spinoza-Studien rücken. Es ist anzunehmen, daß Büchner den *Lenz* in einem stark »fortgeschrittenen Entwurfstadium« (Gersch) zugunsten anderer Arbeiten zurückstellt, da er sich unter extremem Zeitdruck befindet. Die biographische Erzählung reflektiert nicht nur seine betroffene Parteinahme für eine Künstlerpathographie, sondern auch seine programmatische Absage an die Ästhetik und die Herrschaftsdiskurse des Idealismus. Der *Lenz* wird erst 1839, nachdem Gutzkow ihn in einer Abschrift von Jaeglé erhält, im Hamburger *Telegraph* posthum veröffentlicht.

Am 16. 1. 1836 schreibt der Verlag Cotta in der Augsburger *Allgemeinen Zeitung* erstmals einen Preis von 300 Gulden für »das beste ein- oder zweiaktige Lustspiel in Prosa oder Versen« aus. Die Ausschreibung wird im Cottaschen *Morgenblatt für gebildete Stände* wiederholt, das Minna Jaeglé regelmäßig liest. Wenig später wird der ursprünglich auf den 15. 5. angesetzte Einsendeschluß auf den 1. 7. verschoben (vgl. T.M. Mayer I 16, S. 201ff.; HS S. 343ff.). Die Ausschreibung ist eine Wiederholung eines Preisausschreibens aus dem Jahr 1801, für das Clemens Brentano seinen *Ponce de Leon* eingereicht hatte, allerdings erfolglos. Büchner sendet hierfür *Leonce und Lena* ein, das er in kurzer Frist während des Sommers niedergeschrieben hat. Die Aufgabe, ein subversives Lustspiel – sein Subtext ist die beißende Anklage des Absolutismus und seiner parasitären Existenz – gleichsam unter den Augen der Zensur nach Deutschland einzuschmuggeln, muß ihn ebenso gereizt haben wie der Preis: dieser hätte seiner Mittellosigkeit abgeholfen. Büchner weiß genau, daß die in der Ausschreibung nicht genannten Preisrichter (August Lewald, Georg von Reinbeck und Karl Seydelmann) dem sanktionierten Kulturbetrieb angehören. Insofern ist die Strategie seines Texts von vornherein auf die bei dem Gremium nötige Camouflage angelegt. Seit den Schulschriften hat sich Büchner in der indirekten, codierten Kommunikation eingeübt. Es ist aber nicht Wolfgang Menzel (1798-1873), seit 1826 Redakteur des *Literaturblatts* zum *Morgenblatt*, Feuilletonpapst und Denunziant des Jungen Deutschland sowie von Gutzkows *Wally* (1835), der im Auftrag Cottas die Auswahl trifft, sondern Lewald selbst.

Büchners Manuskript trifft verspätet bei Cotta ein: das Kuvert wird ungeöffnet zurückgesandt. Ludwig Büchner: »Seine Trägheit im Abschreiben des Concepts ließ ihn leider die Zeit versäumen; er schickte das Manuscript zwei Tage zu spät, und erhielt es uneröffnet zurück« (N S. 37). Dem Sprachgebrauch der Zeit gemäß könnte »Trägheit« sowohl ›Säumigkeit‹ als auch ›Langsamkeit‹ bedeuten. Gemeint ist wohl, daß der kurzsichtige Büchner sich schwertut mit der Anfertigung einer Reinschrift. Denn Trägheit im Sinn von Faulheit wird ihm wohl keiner nachsagen können: in den Sommer- und Herbstmonaten 1836 »arbeitet Büchner – kurz nach der Anstrengung für das ›Mémoire‹ wieder bis an den Rand seiner Kräfte – offenbar mehr oder weniger gleichzeitig, d.h. entweder abwechselnd oder in kurzer Folge nacheinander« (MC S. 411) an seinem Lustspiel, möglicherweise an dem *Pietro Aretino* – einem nicht erhaltenen vierten Bühnentext über den gleichnamigen italienischen Renaissance-Dichter (1492-1556; vgl. N S. 39f.) –, an Entwürfen der Tragödie *Woyzeck*, an philosophischen Ausführungen und schließlich an der Probevorlesung *Über Schädelnerven*, die ja bis zu seiner Abreise nach Zürich Mitte Oktober fertiggestellt sein muß. Hätte das Lustspiel überhaupt Chancen gehabt, den Preis zu erhalten? Wohl kaum. Eine seichte Gemeinschaftsproduktion *Die Vormundschaft* von Wolfgang Adolf Gerle (1781-1846) und Uffo Daniel Horn (1817-1860) trägt den Preis davon.

In die Sommermonate 1836 fällt auch der Besuch der Mutter, die Büchner zusammen mit der Schwester Mathilde in Straßburg nach langer Trennung wiedersieht. Bei diesem Besuch soll er, der seine Gesundheit unter der enormem Arbeitsbelastung nicht schont, die Befürchtung geäußert haben, er werde »nicht alt werden«, dennoch »ließen sein angeborner Lebensmuth und die Aussicht in eine ruhmreiche Zukunft ihn oft sehr heiter sein.« (N S. 33)

In Zürich lebt Büchner, so sein damaliger Hörer, der spätere Kantonalstabsarzt Dr. August Lüning (1813-1896), »sehr zurückgezogen« (B S. 572). Freundschaftlichen Umgang hat er vor allem mit dem Darmstädter demokratischen Schriftsteller und Politiker *Wilhelm* Friedrich (1797-1860) und seiner Frau Caroline (1801-1847) Schulz, die im gleichen Haus Spiegelgasse 12 wohnen und mit ihm schon seit dem Frühjahr 1835, seinem zweiten Straßburger Aufenthalt, befreundet sind, sowie mit seinem hessischen Freund, dem Exilanten Wilhelm Braubach. Schulz, der in Zürich als Privatdozent Statistik und Verfassungskunde lehrt, ist als republikanischer Widerstandskämpfer aus hessischer Haft in Babenhausen ebenfalls nach Straßburg geflohen und 1836 an die Züricher Universität berufen worden. Büchners engster Freund der letzten Monate ist Carl Schmid (1811-1843), Mitglied der Gießener »Gesellschaft«, politischer Flüchtling und in Zürich Medizinstudent und »Gehülfe«. Bekannt ist er mit Johann Jakob Tschudi (1818-1889), Umgang hat er wohl auch mit dem Schulzschen Kreis, »einige[n] von früherher bekannte[n] hessische[n] Familien« und mit Wilhelm und Emilie Sell aus Darmstadt (HS S. 283f.).

Zu dieser Zeit ist auch seine (Wieder)Begegnung mit dem englischen Schriftsteller Thomas Lovell Beddoes (1803-1849), dem Verfasser der anarchistischen Revolutionstragödie *Death's Jest Book* (1850 posth.) anzusetzen. Beddoes hat sich schon nach dem 21. 7. 1833 in Straßburg aufgehalten, eine frühere Bekanntschaft ist möglich. In Zürich – er wohnt in der benachbarten Trittligasse 19 – ist Beddoes Schönleins Freund und Assistent: er teilt sich mit ihm nach Büchners Erkrankung in dessen Behandlung. Beddoes wäre auch als Autorkollege und literarische Bezugsfigur denkbar. Spuren von dessen Büchner-Kontakt sind jedoch weder in seinen Werken noch in seinen Briefen nachzuweisen.

Bei einer Unterredung mit dem Dekan Baiter gleich nach der Ankunft in Zürich um den 25. 10. entschließt Büchner sich, die vorbereitete Vorlesung über Philosophie zurückzustellen und im bereits angelaufenen WS 1836/37 ein Kolleg mit dem Titel »Zootomische Demonstrationen« anzubieten. Die zu spät angezeigte Lehrveranstaltung findet nur fünf Hörer, darunter die Freunde Tschudi und Schulz. Büchner kann sie auf seinem Zimmer abhalten. Für das SS 1837 kündigt er »Vergleichende Anatomie der Wirbelthiere« an. August Lüning, der zu den Zuhörern der Probevorlesung zählt, diese aber 40 Jahre später in seinen Erinnerungen mit den »Zootomischen Demonstrationen« verwechselt, berichtet über den Dozenten:

»Der Vortrag Büchners war nicht geradezu glänzend, aber fließend, klar und bündig, rhetorischen Schmuck schien er fast ängstlich, als nicht zur Sache gehörig, zu vermeiden, was aber diesen Vorlesungen vor allem ihren Wert verlieh und was dieselben für die Zuhörer so fesselnd machte, das waren die fortwährenden Beziehungen auf die Bedeutung der einzelnen Teile der Organe und auf die Vergleichung derselben mit denen der höheren Tierklassen, wobei sich Büchner aber von den damaligen Übertreibungen der sogenannten naturphilosophischen Schule [...] weislich fernzuhalten wußte« (B S. 572; vgl. auch HS S. 379ff.). Lüning: »wer mit dieser Feuerseele einmal in Berührung kam, dem schwand sie nicht wieder aus der Erinnerung« (B S. 574).

Büchners Ausarbeitungen zur Philosophie haben erst in jüngerer Zeit das verstärkte Interesse der Forschung gefunden. Auch wenn kein Abschluß der philosophischen Schriften mehr zustandekommt, bezeugen die größtenteils zwischen Juni/Juli und Oktober 1836 niedergeschriebenen (zur Datierung vgl. T.M. Mayer F 20) Notizen und Studien zu einer geplanten Vorlesung über Descartes und Spinoza Büchners kritische Rekonstruktion der Neubegründungen der Philosophie als Wissenschaft (mit Wiedergaben des Originaltexts und eigenen Übersetzungen) sowie eine radikale Auseinandersetzung mit den Positionen des frühen Rationalismus und des

Spinozismus (vgl. PW 2 S. 703, 949-960). Daneben kommt den früheren
Exzerpten aus Tennemann zur griechischen Philosophie und aus Herbart
relativ geringere Bedeutung zu.

> Vgl. Descartes (PW 2 S. 173-279); Spinoza (PW 2 S. 280-352) und: *Geschichte
> der griechischen Philosophie. Exzerpte aus dem Tennemann* (HA S. 303-409). Ge-
> meint ist das zu Büchners Zeit geläufige Schulwerk Wilhelm Gottlieb Tenne-
> mann: *Grundrisse der Geschichte der Philosophie für den akademischen Unterricht.*
> 11 Bde., Leipzig 1798-1819. In Frage kommen Bde. 1-3 (1798-1801) für die
> griechische Philosophie und Bd.10 (1817) für Descartes und Spinoza (PW 2 S.
> 613ff.). Als weitere philosophische Quellen zieht Büchner Schriften des Philoso-
> phen Johann Friedrich Herbart (1776-1841) heran: mit Sicherheit die *Allgemei-
> ne Metaphysik, nebst den Anfängen der philosophischen Naturlehre* (2 Bde., Kö-
> nigsberg 1828/29; Exzerpt aus Herbart zu Spinoza in: PW 2 S. 618ff.),
> möglicherweise Herbarts *Lehrbuch zur Einleitung in die Philosophie* (Königsberg
> 1815ff.). Bekannt sein dürfte ihm auch dessen *Psychologie als Wissenschaft, neu
> begründet auf Erfahrung, Metaphysik und Mathematik* (2 Bde., Königsberg 1824/
> 25). Belegt ist Büchners Kenntnis der Schrift *Jacobi und die Philosophie seiner
> Zeit. Ein Versuch, das wissenschaftliche Fundament der Philosophie historisch zu er-
> örtern* (Mainz 1834) des katholischen Theologen und Philosophen Johannes
> Kuhn (1808-1887), der 1832-1837 Professor der Theologie in Gießen ist und
> möglicherweise zu den dortigen akademischen Lehrern Büchners gehört. Die
> Kuhn-Rezeption ist mit der Anfertigung der Cartesius-Studie anzusetzen: vgl.
> das erste Kuhn-Zitat PW 2 S. 173, 12ff.; vgl. auch Marburger Denkschrift F6,
> S. 162ff.). Büchner kennt auch Friedrich Heinrich Jacobis (1743-1819) *Über
> die Lehre des Spinoza in Briefen an Mendelssohn.* Breslau ³1789; zu den philo-
> sophischen Schriften vgl. PW 2 S. 924ff.

Bereits an den Cartesius-Studien läßt sich die für Büchner – wie für Descartes – selbstverständliche, übergangslose Verbindung von Philosophie
und Naturwissenschaft ablesen. Vor allem die »Anmerkungen« in den
Spinoza-Studien beweisen ein ausgezeichnetes Textverständnis und systematische weiterführende Kritik. Büchners Annäherung an die beiden frühen Rationalisten ist dekonstruktiv: indem er das rationalistische Weltbild
und insbesondere Spinozas pantheistischen Determinismus aufarbeitet,
verweist er durchgängig auf dessen Grenzen und Aporien. Zugleich tastet
er sich an das von ihm in *Über Schädelnerven* umschriebene holistische
Weltbild heran, das materialistisch fundiert ist. Taylor erbringt den Nachweis der Schlüsselstellung der philosophischen Schriften im Übergang
vom Dualismus des Rationalismus einerseits und idealistischer Metaphysik andererseits zu Ansätzen eines materialistischen Weltbilds: »The con-
nection, found in the philosophical notebooks, between his objections to
the rationalism of Descartes and Spinoza – with his accusation, in the
Probevorlesung, that these thinkers had invented a theory that could never
approach ›life‹ – represents« Büchners espousal of a materialist viewpoint«
(J 12, S. 203). Büchners äußerste philosophische Position, die in *Dantons*

Tod bereits aufscheint und in der Probevorlesung umrissen wird, läßt sich zwischen Relikten des spinozistischen Pantheismus, Feuerbachs späterem Materialismus und der Ideologiekritik des jungen Marx der *Ökonomisch-philosophischen Manuskripte* lokalisieren.

Schon früh, so Luck, hat sich Büchner von der Teleologie im Denken Hegels abgewendet: »Daher sein vernichtender, manchmal übermütiger Hohn über Taschenspielerkünste Hegelischer Dialektik und Begriffsformulationen [...]« (B S. 557). Insgesamt ist Büchners progressive Ablehnung von hergebrachten – rationalistischen wie auch abstrakt teleologischen – philosophischen Systemen nicht nur philosophie- bzw. ideologiekritisch motiviert. Ebenso deutlich wird ihre *politische* Komponente: als Herrschaftsdiskurse abgelebter Gesellschaftsordnungen verkörpern diese Systeme Abstraktionen des politischen status quo oder, anders ausgedrückt, Legitimationen der bestehenden Unterdrückungsverhältnisse (vgl. auch Kuhnigk J 13, S. 281). Nicht umsonst läßt Büchner in den »Philosophiegesprächen« in *Dantons Tod* (III,1; III,7; IV,5) die herrschenden philosophischen Diskurse der Zeit Revue passieren, während die Gefangenen ihrer Hinrichtung entgegensehen. Nicht umsonst stellt er durch König Peter im Lustspiel und durch den Hauptmann und den Doctor im *Woyzeck* – in der Karikatur erfaßte Unterdrücker – in der gesellschaftlichen Praxis angewandte Teleologie in der inhumanen Parole bloß. Schließlich sollte noch die *ästhetische* Komponente seiner Philosophiekritik zur Sprache kommen. Schon in einem Brief an August Stoeber vom 9. 12. 1833 vermerkt er bündig: »Ich werfe mich mit aller Gewalt in die Philosophie, die Kunstsprache ist abscheulich, ich meine für menschliche Dinge, müßte man auch menschliche Ausdrücke finden; doch das stört mich nicht, ich lache über meine Narrheit, und meine es gäbe im Grunde genommen doch nichts als taube Nüsse zu knacken« (375ff.).

In die Wintermonate 1836/37 fällt auch die intensive Arbeit an den *Woyzeck*-Entwürfen. Die Verbesserungen in den Entwurfsstufen und Büchners Schriftbild legen Zeugnis ab für die nervöse Hast, mit der er an der Fertigstellung des Textes arbeitet. Sicher nötigt ihn die im Frühstadium vorhandene Typhuserkrankung, die Feder aus der Hand zu legen. Schmid erbringt den Nachweis, daß keine Reinschrift bzw. kein druckfertiges Manuskript mehr zustande kommt (B 13, Kommentar, S. 53f.).

Mitte Januar 1837 zwingt eine Erkältung Büchner zur Unterbrechung seiner Lehrtätigkeit. Am 20. 1. berichtet er der Braut, daß nach einiger Bettruhe sein Zustand sich verbessert habe (464f.). Der Brief vom 27. 1. ist der letzte erhaltene an Jaeglé. Büchner teilt ihr mit, daß er wieder wohlauf sei: »aber *ich* habe keine Lust zum Sterben und bin gesund wie je« (465f.). Über den Verlauf der tödlichen Krankheit und über die letzten Tage Büchners geben die Aufzeichnungen von Caroline Schulz (B S. 575ff.), Wilhelmine Jaeglé (B S. 587f.), Wilhelm Baum (I 32) sowie Wilhelm Schulz' Nekrolog (A 10,9) und peripher dessen Rezension der *Nachgelassenen Schriften* (Grab K 15, S. 51ff.) Aufschluß. Schulz deutet den frühen Tod Büchners bzw. seine Anfälligkeit gegenüber der Krankheit als Folge von Überarbeitung, der Ausgrenzung aus dem vormärzlichen Deutschland und seiner Lage als Emigrant: »Büchner, der Proletarier der geistigen Arbeit und das Opfer derselben, hatte sich lächelnd zu Tode gearbeitet« (ebd. S. 67). Anfang Februar stellen sich Symptome einer akuten Typhuserkrankung ein. Doerr nimmt an, daß Büchner sich bei den Präparationen »frischer Fische [für seine Vorlesung »Zootomische Demonstrationen«] infiziert hatte« (L 14, S. 290). Büchners Zustand verschlechtert sich rapid. Wilhelm und Caroline Schulz vor allem kümmern sich unermüdlich um den Sterbenden. Seine Gießener Freunde Wilhelm Braubach und Carl Schmid teilen sich in die Pflege. Dr. Zehnder übernimmt zunächst die ärztliche Betreuung. Später besucht Beddoes Büchner und erklärt sich »mit den von Dr. Zehnder verordneten Mitteln ganz einverstanden« (B S. 578). Am 15. 2. diagnostiziert Schönlein, Spezialist und Verfasser wissenschaftlicher Arbeiten über Typhuskrankheiten, dann »das Faulfieber«, also *Typhus abdominalis*. Bereits am 10. 2. hat Caroline Schulz auf Büchners Bitte an Minna Jaeglé geschrieben: Büchner sei an gastrischem Fieber erkrankt. Der Kranke fügt mit eigener Hand hinzu: »Adieu mein Kind. Dein Georg«. Minna Jaeglé, in großer Sorge um Büchner, reist am 15. 2. aus Straßburg ab, am gleichen Tag, als Caroline Schulz ihr einen weiteren Brief mit der Typhusdiagnose schreibt. Jaeglé trifft am 17. 2. in Zürich ein. Büchner, obwohl zeitweise bereits im Koma, kann sie noch erkennen und mit ihr sprechen. Am Sonntag, den 19. 2. 1837, gegen 15:30, stirbt Georg Büchner.

Die Aufzeichnungen von Caroline Schulz enthalten auch Büchners letzte überlieferte, an Wilhelm Schulz gerichtete Äußerung: »Wir haben der Schmerzen nicht zu viel, wir haben ihrer zu wenig, denn durch den Schmerz gehen wir zu Gott ein! Wir sind Tod, Staub, Asche, wie dürften wir klagen?« (B S. 580)

Am 21. 2. 1837, nachmittags um 16:00, findet die Beerdigung auf dem Züricher Friedhof am Zeltberg statt. Mehrere hundert Personen, darunter die Lehrenden der Universität sowie die beiden Bürgermeister der Stadt, geleiten Büchner zu seiner letzten Ruhe. Am 4. 7. 1875 werden, anläßlich einer bescheidenen Büchner-Feier, die Überreste Georg Büchners auf den »Hochbuck« bzw. den Germaniahügel am Zürichberg überführt.

6.   Der Naturwissenschaftler

Büchners kritisches Interesse, wenn man vom Umfang der hinterlassenen Manuskripte und auch von seinen eigenen beruflichen Plänen schließen möchte, gilt zunächst der Philosophie und den ihr innewohnenden epistemologischen Zugängen zur *Natur*. Von hier aus ergibt sich ein nahtloser Übergang zu seinem naturwissenschaftlichen Erkenntnisinteresse. Die philosophischen Studien liefern derart das Fundament der spezialisierten naturwissenschaftlichen Forschungen. Büchners Dissertation (PW 2 S. 69ff.; vgl. die Übersetzung von Döhner L 18; PW 2 S. 504ff.) und die Probevorlesung *Über Schädelnerven* (PW 2 S. 157ff.) werden von Forschern der Zeit mit großem Interesse aufgenommen. Oken, der Gründungsrektor der Züricher Universität, ist »entzückt« (N S. 38) von der letzteren. Der Anatomieordinarius Friedrich Arnold, seit 1835 in Zürich, später in Freiburg und Tübingen, einer der hervorragenden Spezialisten seiner Zeit auf dem Gebiet des zentralen Nervensystems des Menschen, stellt ihm seine Bibliothek zur Verfügung. Schönlein - dessen spätere »naturhistorische« Schule einen Ausgleich zwischen spekulativer und exakter Wissenschaft anstreben wird und der über die Metamorphose des Hirns promoviert hat - leiht dem jungen Privatdozenten seine Präparate. Alles scheint auf eine glänzende naturwissenschaftliche Karriere hinzudeuten »und man hatte sogar im Züricher Erziehungsrathe die Absicht, sehr bald für ihn eine Professur der vergleichenden Anatomie zu creiren.« (N S. 38)

Das philosophische und das naturwissenschaftliche Erkenntnisinteresse Büchners entspringen identischen Denkvoraussetzungen. So verdankt er seiner Rezeption Descartes' die philosophische Fundierung der Einsicht, daß die Natur nicht vermittels einer *von außen* an sie herangetragenen Zweckmäßigkeit zu erfassen ist, ferner die »Überzeugung [...], daß das Leben nur sich selbst zum Zweck hat« (PW 2 S. 934). Damit befindet er sich auf der Höhe des zeitgenössischen Wissenschaftsdiskurses. Richtungweisend ist hier der Wissenschaftsbegriff Goethes. Daß Büchner dessen Methode der vergleichenden Morphologie studiert hat, läßt sich aus seiner Dissertation ablesen. Der Homologiebegriff Goethes - er stammt ab von dem französischen Naturphilosophen Etienne Geoffroy Saint-Hilaire (1772-1844), dem Verfasser der *Philosophie anatomique* (Paris 1818) und (mit Cuvier) einer siebenbändigen Naturgeschichte der Säugetiere (1820-1842) - wird dargelegt in seiner Schrift *Erster Entwurf einer allgemeinen Einleitung in die vergleichende Anatomie, ausgehend von der Osteologie* (Jena 1795). Der Text erscheint 1833 in der *Ausgabe letzter Hand*. Hier formuliert Goethe seine Zurückweisung einer teleologisch orientierten Naturwissenschaft: jede von außen herangetragene Funktionalität vermag nicht den Sinn und die Bestimmung eines lebenden Organismus zu erfassen. Diese sind *im lebenden Wesen selbst* beschlossen (zur »Goethenähe« und »Goethedifferenz« vgl. Dedner H 30, S. 202ff.). Auch Schellings Gedanken, insbesondere der von ihm postulierte Primat der Wirklichkeit gegenüber der Vernunft und seine Begründung der Naturphilosophie (*Ideen zu einer Phi-*

losophie der Natur [Leipzig 1797ff.]), dürften zumindest als kritischer Bezugspunkt auf Büchner eingewirkt haben.

Büchners wissenschaftliche Position vereinigt exakt analytische und spekulativ-holistische Tendenzen, die beide wiederum repräsentativ für konkurrierende wissenschaftliche Diskurse der Zeit sind. Eine Synthese wird punktuell ermöglicht (vgl. den Eingang der Probevorlesung PW 2 S. 157ff.) durch den *Totalitätsanspruch* dieses Denkens, das weit über den engeren wissenschaftlich-philosophischen Rahmen hinausgreift und alle Seinsbereiche einzubeziehen versucht. Die Legitimation von Büchners naturphilosophischem Denken ist letztlich aber nicht eine wissenschaftliche, sondern eine humane. Dies bedeutet, daß gesellschafts-politische Einsicht fließend in das wissenschaftliche Denken hinüberwirkt und daß beide sinnvoll nicht zu trennen sind. Entsprechend zweigleisig, zugleich aber auf einen synthetischen Ausgleich hintastend, orientiert sich der Student der Naturwissenschaften schon frühzeitig. In Straßburg studiert er Anatomie bei dem Cuvier-Schüler Duvernoy, einem Anhänger der materialistisch-exakten Richtung, Physiologie dagegen bei Lauth, der spekulative Neigungen fördert. In Gießen vervollkommnet er seine Fähigkeiten im Präparieren im Privatissimum des von der vergleichenden Anatomie Cuviers und Meckels geprägten Wernekinck. Dieser »dürfte also bei Büchner die schon in Straßburg empfangenen Eindrücke vertieft haben, und zwar mit Schwerpunkt auf der vergleichenden Anatomie. Dies könnte Anregung gewesen sein für die später [...] ausgeführte Arbeit über das Wirbeltier-Nervensystem« (Maaß L 15, S. 152). Mit einiger Wahrscheinlichkeit hört er aber auch Vorlesungen über Psychiatrie, ohne die seine Psychopathographien Lenzens und Woyzecks nicht ohne weiteres denkbar wären. Zu bedenken ist, daß die Psychiatrie der Zeit zu den spekulativsten Zweigen der Humanmedizin zählt.

Exakte Methodik und spekulativer Geist verbinden sich in der Dissertation *Mémoire sur le système nerveux du barbeau*. Gründet sich die »partie descriptive« der zweigeteilten Arbeit auf den damaligen Forschungsstand der zoologischen Anatomie und auf eigene Beobachtungen bei der Präparierung von mehr als 100 Barben, Hechten und anderen Fischarten, so lehnt sich die »partie philosophique« programmatisch an die homologischen Prinzipien der naturphilosophischen Schule an. Die Beobachtungen gipfeln »in der Feststellung des Schädelaufbaus aus sechs Wirbeln, die auf Grund der korrespondierenden Hirnnervenzahl gewissermaßen bestätigt werden« (Strohl L 1, S. 649). Ganz am Ende schließt Büchner dann geradezu apotheotisch: »La nature est grande et riche, non parce qu'à chaque instant elle crée arbitrairement des organes nouveaux pour de nouvelles fonctions; mais parce qu'elle produit, d'après le plan le plus simple, les formes les plus élevées et les plus pures« (140). Auch hier schließt er an

Descartes und dessen »Methode, vom Erfassen des Einfachsten aus Schritt für Schritt analytisch vorzugehen« (PW 2 S. 934) an. Zugleich nimmt er einen der Kerngedanken der Probevorlesung vorweg und verweist direkt auf den Homologiebegriff der naturphilosophischen Schule: »Büchner, der sich als Schüler von Duvernoy auf der Seite von Cuvier von Gott und Rechts wegen zu halten gehabt hätte, ging seinen *eigenen* Weg: Er fand *seine* Methode der Analogien, wie Goethe und wie damit der große Gegenspieler in Paris Etienne Geoffroy de St. Hilaire« (Doerr L 13, S. 21). Im Schluß des *Mémoires* und im Anfangsteil der Probevorlesung liegt auch eine Wirkungsspur von Hugos »Préface de Cromwell« vor. Die dort gegebene Unterscheidung des Schönen und des Häßlichen scheint direkt in den Büchnerschen Formbegriff hineinzuwirken:

> »Le beau n'a qu'un type; le laid en a mille. C'est que le beau, à parler humainement, n'est que la forme considérée dans son rapport plus simple, dans sa symétrie la plus absolue, dans son harmonie la plus intime avec notre organisation. [...] Ce que nous appelons le laid, au contraire, est un détail d'un grand ensemble qui nous échappe, et qui s'harmonise, non pas avec l'homme, mais avec la création tout entière.«

Um die Methode der Studie und ihre Resultate in Form der Demonstration anatomischer Zusammenhänge des Nervensystems zu verdeutlichen, ist ein Blick auf die wissenschaftlichen Vorläufer Büchners nötig. Zitiert werden dort u.a. Arbeiten von Georges de Cuvier (1769-1832), dem nach dem Chevalier de Lamarck (1744-1829) einflußreichsten Vertreter der exakten französischen Schule (vgl. von Cuviers Arbeiten v. a. die *Leçons d'anatomie comparée* [5 Bde., Paris 1800-1805]), und von Johann Friedrich Meckel (1781-1833), der (zusammen mit Ludwig Friedrich von Froriep [1779-1847], dem bekannten Anatomen, Chirurgen und Geburtshelfer) Cuviers *Vergleichende Anatomie* (4 Bde., Leipzig 1809-1811) übersetzt und sich selbst auf dem Gebiet der vergleichenden Anatomie ausgewiesen hatte (vgl. sein *Handbuch der menschlichen Anatomie* [4 Bde., Halle 1815-1820] und *System der vergleichenden Anatomie* [5 Bde., Halle 1821-1833]). Daneben beruft sich Büchner schon eingangs auf den Dresdner Mediziner, Physiologen, Maler und Philosophen Karl Gustav Carus (1789-1869), den Verfasser der für die naturphilosophische Schule einflußreichen Schrift *Von den Ur-Theilen des Knochen- und Schalengerüstes* (Leipzig 1828), der auf Oken stark eingewirkt hat und in seiner Arbeit *Lehrbuch der vergleichenden Zootomie. Mit stäter Hinsicht auf Physiologie ausgearbeitet, und durch zwanzig Kupfertafeln erläutert* (2 Bde., Leipzig ²1834) die für Büchner richtungweisenden Aufgaben der Zootomie umreißt: »[...] eine Geschichte der stufenweise sich vervollkommnenden Organisation in der Beschreibung des verschiedenen Baues der einzelnen thierischen Geschöpfe zu geben« (ebd. I, S. v). Büchner beruft sich ferner auf den Carus-Schüler Friedrich Arnold (vgl. *Der Kopftheil des vegetativen Nervensystems beim Menschen, in anatomischer und physiologischer Hinsicht* [Heidelberg 1831], *Über das Auge des Menschen* [Heidelberg 1832] u.a.m.). Er zitiert auch den Berliner Anatomen und Physiologen *Johannes* Peter Müller (1801-1858), von dessen *Handbuch der Physiologie des Menschen für Vorlesungen* (2 Bde., Koblenz 1833-1840) ihm nur der erste Band (²1835) vorliegt. Mit Sicherheit ist er mit Müllers Arbeit *Zur vergleichenden Physiologie des Gesichtssinns* (Leipzig 1826) vertraut (denkbar ist auch ein Einfluß von dessen psychologischer Schrift *Über die phantastischen Gesichtserscheinungen* [Koblenz 1826] auf den *Woyzeck*). Die Methode Müllers könnte für Büchner »richtungweisend« (PW 2 S. 915) sein. Müller rezensiert übrigens 1837 Büchners Arbeit in dem von ihm herausgegebenen *Archiv für Anatomie, Physiologie und wissenschaftliche Medicin* (PW 2 S. 607ff.). Die Zweisträngigkeit und damit der zeitgebundene Dualismus der naturwissenschaftlichen Position Büchners läßt sich grob veranschaulichen mit den Entwicklungslinien Cuvier – Meckel – Duvernoy – Wernekinck einerseits und Saint-Hilaire – Goethe – Lauth – Carus – Müller – Oken andererseits: »Die Linie des französischen Aufklärungsmaterialismus und die deutsche idealistische Morphologie konvergieren beispielhaft in der Naturauffassung Georg Büchners, ohne daß ihr Spannungsverhältnis etwa schon gelöst wäre.« (Döhner L 10, S. 130)

Von entscheidendem Einfluß auf die programmatische Vorauserklärung der Probevorlesung ist das Denken von Lorenz Oken. Mit Arnold und Schönlein – dem späteren Entdecker der Pilzflechten der Haut - vertritt Oken, einer der bedeutendsten Naturforscher der Zeit, an der jungen Züricher Universität die naturphilosophische Schule deutscher Prägung. Oken hat sich in Göttingen habilitiert und lehrt ab 1807 Zoologie, Physiologie und vergleichende Anatomie in Jena. Durch die von ihm herausgegebene Zeitschrift *Isis*, vor allem durch seinen eigenen dort veröffentlichten Kommentar zum Burschenschaftsfest auf der Wartburg (1817), fällt er in Weimar in Ungnade und muß seine Professur zur Verfügung stellen. 1832 geht er von München an die neu gegründete Universität Zürich als Professor der Naturgeschichte, Naturphilosophie und Physiologie und zugleich als Gründungsrektor der Akademie. Bereits der Zweiundzwanzigjährige veröffentlicht, noch stark unter dem Einfluß des Mediziners, Philosophen und Theologen Franz Xaver von Baader (1765-1841), der seinerseits eine Synthese von Theologie und Philosophie anstrebte, eine *Übersicht des Grundrisses des Systems der Naturphilosophie* (1802). Zwei Jahre später liegt der komplette *Grundriß* vor. Okens in seiner von Schelling beeinflußten Jenaer Antrittsvorlesung *Über die Bedeutung der Schädelknochen* (Jena 1807) vertretene These »Der ganze Mensch ist nur ein Wirbelbein« rückt ihn wissenschaftlich in die Nähe Goethes, mit dem er sich aber über der Frage der Priorität dieser Erkenntnis entzweit. Er gründet die »Gesellschaft deutscher Naturforscher und Ärzte« (1822) und legt einen wichtigen theoretischen Grundstein der naturphilosophischen Methode in seinem *Lehrbuch der Naturphilosophie* (3 Bde., Jena 1808-1811; [2]1831). Die wissenschaftliche Darlegung dieser Methode erfolgt dann in Okens *Lehrbuch der Naturgeschichte* (3 Bde., Leipzig 1813-1827). Bei Oken läßt sich jener Totalitätsanspruch der Naturphilosophie beobachten, der scheinbar übergangslos die Bereiche der Wissenschaft und der Philosophie mit der politisch-gesellschaftlichen Erkenntnis verbindet. Es liegt auf der Hand, daß Büchner in dem älteren Oken ein wissenschaftliches Vorbild findet und daß gegenseitige Sympathie beide verbindet.

Im Geist Okens – und damit in der Tradition der naturphilosophischen Schule – steht die philosophisch-methodische Begründung der Probevorlesung Büchners. Ihr Ausgangspunkt ist ein Angriff auf die in England und Frankreich beheimatete »teleologische« Schule, deren einziges Gesetz in der »größtmöglichste[n] Zweckmäßigkeit« eines Organismus bzw. seiner Teile liege. Im Gegensatz hierzu sei die Aufgabe der »philosophischen« Methode nicht, »Zwecke« zu erforschen, sondern »Wirkungen«: »Das Gesetz dieses Seins [d.h. der Selbstgenügsamkeit der Natur] zu suchen, ist das Ziel der, der teleologischen gegenüberstehenden Ansicht, die ich die *philosophische* nennen will. Alles, was für *jene* Zweck ist, wird für *diese* Wirkung. Wo die teleologische Schule mit ihrer Antwort fertig ist, fängt die Frage für die philosophische an« (158). Büchners Erklärung »Die Natur handelt nicht nach Zwecken [...]; sondern sie ist in allen ihren Äußerungen sich unmittelbar *selbst genug*« (ebd.) hat programmatischen Charakter für sein Denken *im ganzen*. Seine Teleologiekritik verweist nicht nur zurück auf die frühe Lebensdefinition des Gymnasiasten in der Rezension »Über den Selbstmord«, sie durchzieht wie ein roter Faden die Positionen seiner Philosophiekritik, seiner Ästhetik (vgl. Meier J 10, S. 150ff.) und seines revolutionären und politischen Engagements.

So liest man etwa in den Spinoza-Studien: »Mit andern Worten; da der Definition nach, die Substanz den *Grund* ihres Seins enthält, so kann ich mir den Grund nicht denken ohne die Folge d.h. ohne das Sein« (285) oder: »das Charakteristische der Substanz ist ja grade das, daß sie selbst der Grund ihres Seins ist« (288) oder: »Alles was ist, ist entweder in sich oder in etwas anderm. Das was in sich ist, kann nur durch sich selbst begriffen werden, es ist der Grund seiner selbst, sein Wesen involviert Dasein. Es ist ewig, weil es den Grund seines Daseins in sich trägt« (295). Unter Berufung auf Spinoza wendet Büchner sich dort auch gegen eine mystische Betrachtung der Phänomene, die rationales Erkennen von vornherein ausschließt: »Aber jetzt kommt die eigentümliche Wendung des Spinozismus, diese Erkenntnis soll nicht das absolute Anschauen des Mystikers, es soll eine *intellektuale* Erkenntnis sein« (331). Die Brücke zwischen rationalem Erkennen und dem Schluß auf das Absolute bildet die Analyse: »die *Demonstration* ist ihm [Spinoza] das einzige Band zwischen dem Absoluten und der Vernunft« (ebd.). Entsprechend schroff ist Büchners Absage in der Probevorlesung an die »Anschauung des Mystikers«: haltlose Spekulationen etwa vom Schlage seines verschrobenen Gießener Lehrers Wilbrand (vgl. H S. 253ff.). Ebenso klar ist seine Absage an den »Dogmatismus der Vernunftphilosophen«: »Die Philosophie a priori sitzt noch in einer trostlosen Wüste; sie hat einen weiten Weg zwischen sich und dem frischen grünen Leben, und es ist eine große Frage, ob sie ihn je zurücklegen wird« (159). In seinem exakt analytischen und systematischen Vorgehen bei der Untersuchung der Schädelnerven läßt Büchner allerdings Goethe und Oken weit hinter sich zurück (PW 2 S. 892ff.).

Von Bedeutung ist der von Büchner in Anlehnung an Carus, Arnold und Oken entwickelte Begriff der *Form.* In seiner Definition scheint nicht nur Büchners *wissenschaftliche* Position, sondern auch der *humane* und der *politische* Anspruch dieses Denkens auf, das immer auf die *Totalität* allen Seins zielt:

> »[...] so wird für die philosophische Methode das ganze körperliche Dasein des Individuums nicht zu seiner eigenen Erhaltung aufgebracht, sondern es wird die Manifestation eines Urgesetzes, eines Gesetzes der Schönheit, das nach den einfachsten Rissen und Linien die höchsten und reinsten Formen hervorbringt. Alles, Form und Stoff, ist für sie an dies Gesetz gebunden.« (158)

Ein »Urgesetz« bestimmt alle Wirkungen der Natur. Deren Zusammenspiel ist wiederum »nichts weiter, als die notwendige Harmonie in den Äußerungen eines und desselben Gesetzes« (ebd.). Ihm auf die Spur zu kommen, scheint Büchner am ehesten möglich im Bereich der »einfachen« Form, die er folglich zum Untersuchungsgegenstand seiner Vorlesung und zur »Konstruktionsidee« (Engelbert Schramm) seiner wissenschaftlichen Arbeit macht. Als greifbare wissenschaftliche Folgerung wird der an den Fischen aufgezeigte nervliche Grundaufbau mit dem der höheren Wirbeltiere verglichen. Daß über Büchners naturwissenschaftlichen Arbeiten die Forschung weiter- und hinweggegangen ist, versteht sich allein schon aus der zeitbedingten Unzulänglichkeit der Untersuchungsmittel. In der analytischen Beweisführung Büchners jedoch, in der bestechenden »Autopsie«, in seiner Zuordnung von »Form und Stoff« und in seinem Insistieren auf den »Wirkungen« und der dahinter verborgenen Gesetzmäßigkeit zeichnen sich wiederum die Umrisse eines materialistischen Weltbilds ab. Der hier umrissene Begriff der Form liefert darüber hinaus einen konkreten Schlüssel zum Verständnis von Büchners Ästhetik. Er begegnet dem Leser unter anderem im *Lenz,* wo die These des Naturwissenschaftlers von einem harmonischen Urgesetz der Natur mit den Axiomen einer realistischen Kunstauffassung verschmilzt: »Nur eines bleibt, eine unendliche Schönheit die aus einer Form in die andre tritt, ewig aufgeblättert, verändert« (234f.).

7. Nachwirkung

Die literaturgeschichtliche Forschung hat sich, anschließend auch an Ergebnisse der Exilforschung, eingehend auseinandergesetzt mit den Verges-

sens-, Verdrängungs- und Erinnerungsprozessen der literarischen Kanon-
bildung und ihren jeweiligen Gründen. Büchner ist eines der flagranten
Beispiele der Verdrängung vor allem in seiner Frührezeption. Eine zunächst verdeckte innerliterarische Wirkung im 19. Jahrhundert beschränkt sich vorwiegend auf *Dantons Tod*. Um die Jahrhundertwende
setzt dann die starke literarische Wirkung von Büchnertexten ein. Seine
Spätrezeption, die etwa mit den fünfziger Jahren des 20. Jahrhunderts beginnt und heute noch anhält, ist getragen von einer stürmischen Auseinandersetzung im öffentlichen Diskurs, von stetig zunehmenden Aufführ-
rungen seiner Stücke auf deutschsprachigen und internationalen Bühnen,
von einer innerliterarischen Wirkung, die buchstäblich die gesamte Dra-
menproduktion und nachweisliche Einwirkung auf andere Genres der
Moderne und der Postmoderne nicht nur im westlichen Kulturkreis betrifft, und von einer lebhaften literaturwissenschaftlichen Debatte, deren
jeweiliger zeit- und diskursgeschichtlicher Hintergrund, im Verein mit der
relativen ›Offenheit‹ von Leben und Werk des Frühverstorbenen, ein breites Spektrum von Deutungen und Zuordnungen zu erlauben scheint. Die
Geschichte dieser internationalen Rezeption, »der Verwandlung Büchners
von einem Aussätzigen der Literatur in so etwas wie einen Klassiker«
(Poschmann) nachzuzeichnen ist, trotz einer Anzahl wichtiger Studien
und Dokumentationen noch heute kaum möglich. Stichworte müssen genügen (vgl. HS S. 161ff. zur Wirkung 1834-1900; Goltschnigg U 11, 12,
56; Klotz U 13; Fischer U 20; Bohn U 23; Riewoldt U 29; Kaufmann U
40, 50; Büchner-Preis-Reden U 8, 34, 42, 61; T.M. Mayer U 44; Beckers
U 46; Dedner U 55; Hermand U 57; Keith-Smith U 58, 59; Hauschild
V 27 u.a.m.).

Von den Hugo-Übersetzungen abgesehen, erscheint allein *Dantons Tod*
zu Lebzeiten unter Büchners Namen im Druck, verstümmelt durch Gutzkows und Dullers Vorzensur. Gutzkow schreibt auch die erste, begeisterte
Rezension (*Phönix* vom 11. 7. 1835; Goltschnigg U 11, S. 63ff.). Weitere
Kritiken (vgl. Bohn U 23 und seine Dokumentation in E 3, S. 99ff.; HS
S. 183ff.) nehmen das Stück eher beiläufig und mit wenig Verständnis
auf. Mit dem endlosen Verriß (»Philippica«) des pseudonymen Felix Frei
(28. 10. 1835 im *Literarischen Notizenblatt* der Dresdner *Abend-Zeitung*),
der Vorläufer der am 11. 9. 1835 begonnenen konzertierten Aktion Men-
zels gegen das Junge Deutschland ist (MC S. 398, 404) und sich direkt
auf Gutzkows Initialrezension bezieht, wird jeder weiteren sachlichen
Aufnahme zunächst der Riegel vorgeschoben. Die Anwürfe (»Schmuz«,
»Gemeinheit«, »Zügellosigkeit«, »Musterkarte von Anstößigkeiten«,
»Brandmal für deutsche Literatur«, »Auswüchse der Unsittlichkeit«, »Pest-
beulen der Frechheit«, »Inbegriff aller Indecenz«, »Lästerungen des Heiligsten« etc. [KM S. 200f.]) sollen »hinter Büchner dessen Protektor Gutzkow treffen« (MC S. 404). Insgesamt ist diese Kritik der Anstoß für die

folgende Phase der Verdrängung und des Verschweigens. Die wenigen weiteren vormärzlichen Rezensionen und Erwähnungen stellen nur ein Nachspiel dar.

Dennoch erweist sich *Dantons Tod* im Verlauf des 19. Jahrhunderts als (un)eingestandenes Leitbild oder Gegentext einer Reihe von Revolutionsdichtungen. Unter dem Eindruck Büchners steht die einzige weitere Dramatisierung des Stoffs der Vormärzzeit, Rudolf Gottschalls (1823-1909) Drama in fünf Aufzügen *Robespierre* (Neisse 1845). Gottschall, der auch eine Literaturgeschichte der ersten Hälfte des 19. Jahrhunderts verfaßt (Breslau 1855), gelangt trotz seines Vorsatzes, sich von Büchners »genialen Revolutionsskizzen« »ohne alle Harmonie und Rundung« abzuheben, nicht zu einer eigenständigen Durchdringung des Stoffs. Sein Drama, technisch als Fortsetzung von *Dantons Tod* angelegt, fällt weit hinter dessen revolutionäre und ideologiekritische Positionen zurück. Erst dem Roman Theodor Mundts (1808-1861) *Robespierre* (3 Bde., Berlin 1859), der geistig noch der Vormärztradition angehört, gelingt eine Analyse des Jakobinismus sowie der politischen und sozialen Antinomien der Zeit.

Die Jahre nach der Revolution von 1848 bringen eine verstärkt einsetzende literarische Rezeption des Stoffs, die jetzt entweder im Zeichen der bürgerlichen Konterrevolution oder des Historismus steht. Die Revolutionsgeschichten von Carlyle und Lamartine gewinnen gegenüber den älteren Quellentexten, insbesondere Thiers und Mignet, zusehends an Einfluß. Die nachmärzliche Literatur erkennt - aus jeweils unterschiedlichem Blickpunkt – das gegenüber Danton ungleich größere dramatische Potential der Robespierre-Figur. Von einigen Ausnahmen abgesehen, bleibt sie für die Folgezeit verbindlich. Das Drama Büchners bildet den offenen oder verdeckten Maßstab praktisch aller Bearbeitungen des Stoffs im 19. Jahrhundert. So will es die Ironie der Literaturgeschichte, daß dem bedeutendsten Geschichtsdrama der Epoche, das von der Kritik und der Leserschaft seiner Zeit höchst beiläufig zur Kenntnis genommen wurde, eine starke innerliterarische Wirkung beschieden ist.

Der Stoff verdankt seine Etablierung auf den Bühnen des 19. Jahrhunderts Wolfgang Robert Griepenkerl (1810-1868). Sein Drama *Maximilian Robespierre* (Leipzig 1850ff.) gründet stofflich auf Lamartines *Histoire des Girondins* (1847). Das eigentliche Vorbild Griepenkerls ist jedoch *Dantons Tod*, von dem er sich bis zur Übernahme wörtlicher Zitate beeinflussen läßt. Griepenkerls Stück, das zum Theatererfolg der Saison des Jahres 1850 an einer Reihe größerer Bühnen wird, begründet seinen Ruf als »deutscher Shakespeare«. Einem zweiten Trauerspiel, das die Vorgeschichte von Ende März bis Ende Oktober 1793 behandelt (*Die Girondisten*), ist weniger Erfolg vergönnt. Es lohnt noch heute, Griepenkerls Robespierre-Drama nachzulesen: als keineswegs untalentierter Versuch, das Revolutionsgeschehen seiner politischen Brisanz weitgehend zu entkleiden und es in ein größeres Historiogramm des Übergangs zum Kaiserreich und danach einzubinden, ist der Text sowohl für den Bewußtseinsstand des bürgerlichen Revolutionärs von 1848 als auch für die Rezeptionsgeschichte Büchners aufschlußreich. Wirkungsspuren von *Dantons Tod* finden sich in Marie von Ebner-Eschenbachs Drama *Marie Roland* (1867; Hinweis von Raleigh Whitinger). Auch das »Buchdrama« des Österreichers Robert Hamerling (1830-1889) *Danton und Robespierre* (Hamburg 1871ff.), ein umfangreicher, auf der Schwelle zur deutschen Reichsgründung verfaßter Text, verdient als meist*gelesene* Stoffadaption der Zeit Beachtung. Seine Aufführung scheitert an den enormen Schwierigkeiten, die das Stück einer Inszenierung aufgibt, und am Verbot der Zensur.

Wie Hamerling, so ist auch Karl Bleibtreu (1859-1928), einer der Wegbereiter und Programmatiker des Naturalismus, von Büchner beeinflußt. Seine historische Tragödie *Weltgericht* (Leipzig 1888) dramatisiert die Vorgänge vom Bastillensturm bis zum 9. Thermidor in 59 Auftritten. Bei aller Akzentuierung der sozialen Aspekte des Revolutionsgeschehens verfolgt Bleibtreu eine im ganzen konterrevolutionäre Tendenz. Seine mythisierende und psychologisierende Durchdringung des Stoffs ist für eine relativ starke Bühnenwirksamkeit des Stückes verantwortlich und bleibt nicht ohne Einfluß auf eine Reihe von Bearbeitungen der Folgezeit. Auch Bleibtreu verkennt das Talent Büchners – dem sein Drama viele Anleihen verdankt – völlig. So denunziert er ihn als »unfertiges Fragmentchen«, dem jede »Gestaltungsgabe fehlt«, der sich dagegen durch koketten »Salon-Cynismus« auszeichne (*Wiener Rundschau* vom 15. 12. 1900). Auch dies eine aufschlußreiche Wirkungsspur Büchners. Unter den Bühnenautoren der Wilhelminischen Ära liefert vor allem der Mannheimer Theodor Alt (1858-1935) ein peinlich illustratives Exempel der anhaltenden innerliterarischen Büchner-Rezeption. Sein Drama *Freiheit!* (in: *Völkerdämmerung. Zwei Dramen.* Mannheim 1896) möchte den Stoff der Großen Revolution psychologisch durchdringen und ihn für eine »realistische« - d.h. ahistorische - Darstellung auf der Bühne nutzbar machen. In Wahrheit plündert die Zitatenmontage sowohl *Dantons Tod* (Büchner lehnt auch dieser Autor ausdrücklich ab) als auch Bleibtreus *Weltgericht* schamlos aus und läßt die Revolutionäre als feige Schurken auf der Bühne paradieren. Revolution wird hier zum historischen Gruselkabinett (vgl. Knapp Q 15).

Eine von Gutzkow geplante Gesamtausgabe der Werke kommt nicht zustande. Lediglich ein Teilabdruck des Lustspiels wird 1838 mit verbindenden Inhaltsangaben im Hamburger *Telegraph für Deutschland* veröffentlicht. Dort wird 1839 auch *Lenz* abgedruckt. Gutzkow ist die treibende Kraft dieser Initialphase der Büchner-Rezeption. Es trifft zu, daß »auf seiner literarischen Wertskala das Drama *Dantons Tod* an erster, das Erzählfragment *Lenz* an zweiter und das Lustspiel *Leonce und Lena* an dritter Stelle rangiert« (Schaub B 16, S. 93). Diese Einschätzung hat sich lange gehalten. Nach vergeblichen Anläufen der Sichtung und Herausgabe des Nachlasses unternimmt, im Rahmen einer Familieninitiative, schließlich der damals fünfundzwanzigjährige Ludwig Büchner die Ausgabe der *Nachgelassene[n] Schriften* (Frankfurt/M: Sauerländer 1850; zur Entstehung HS S. 75ff.). Sie vermittelt einen verstümmelten *Danton*-Text, gibt einen unzuverlässigen Abdruck des Lustspiels, rezensiert – mit Rücksicht auf die Zensur – den . . . . .*schen* [!] *Landboten* zur harmlosen Inkohärenz und läßt die *Woyzeck*-Entwürfe vollends entfallen. Der Grund: der schlechte Zustand der Manuskripte, vor allem der geschmacklich nicht tragbare Inhalt (HS S. 84ff.). Der Absatz und das Interesse an den *Nachgelassenen Schriften* ist gering (Rezensionen HS S. 211ff.).

So verbindet sich, von verstreuten Erwähnungen wie etwa bei Hebbel einmal abgesehen, die adäquate Frührezeption Büchners primär mit den Namen von Gutzkow und Georg Herwegh, der das Talent des Jungverstorbenen erkannte und mit Wilhelm und Caroline Schulz befreundet war, die Rezeption des Nachmärz dann mit Ludwig Büchner und dem großen Büchner-Essay von Wilhelm Schulz aus dem Jahr 1851 (Grab K 15). Erst das erste Büchner-Porträt von Karl Emil Franzos (1848-1904) – der Büchner als Schriftsteller *und* als Revolutionär begreift – in der Wiener *Neuen Freien Presse* vom 4. 7. 1875 und eine Serie publizistischer Beiträge läßt das öffentliche Interesse am Werk Büchners erwachen. Der Absatz der Ausgabe Ludwig Büchners steigt, und Franzos wird von der Familie mit der Herausgabe des Nachlasses beauftragt. Ein Auszug des von ihm als *Wozzeck* entzifferten Fragments erscheint im November 1875 in der *Neuen Freien Presse*, ein gleichermaßen extrem fehlerhafter Gesamtabdruck in der Berliner Zeitschrift *Mehr Licht!* am 5., 12. und 19. 10. 1878. Im Jahr 1879 veröffentlicht Franzos eine erste Gesamtausgabe (*Sämmtliche Werke*) abermals bei Sauerländer in Frankfurt. Die der Ausgabe beigegebene Biographie, ebenso wie die rund vierzig Büchner-Essays von Franzos haben entscheidend zum Beginn einer breiteren Büchner-Rezeption beigetragen (zu Franzos' Büchnerprojekt HS S. 107ff.).

Noch im späten 19. Jahrhundert ›entdecken‹ Autoren wie Gerhart Hauptmann und die Naturalisten sowie Frank Wedekind Büchner: als Vorläufer, als Zeitgenossen und als Visionär. Den Uraufführungen der Stücke – *Dantons Tod* 1902, *Leonce und Lena* 1895 und *Woyzeck* 1913 und ihrem Durchbruch auf der Bühne noch vor dem Ersten Weltkrieg – geht die starke Wirkung Büchners im früheren 20. Jahrhundert einher, die sich an zahlreiche Autoren knüpft. Nur wenige seien herausgegriffen: Rilke, Tucholsky, Alfred Döblin und zahlreiche Expressionisten, die in ihm einen Vorläufer und geistig-politisch-ästhetischen Zeitgenossen sehen, darunter Kurt Pinthus, Georg Heym, Georg Trakl, Georg Kaiser, Kasimir Edschmid und Ernst Toller. Brecht, Wolfgang Borchert und Ödön von Horváth sind von ihm beeinflußt, das Drama der Moderne bis hin zu Max Frisch, Peter Weiss, Heiner Müller, Dürrenmatt (der Büchner als Spielleiter in seiner postmodernen quasi-historischen Komödie *Achterloo* [1983] auftreten läßt), Tankred Dorst und zahllosen anderen, weit über den deutschen und den europäischen Kulturkreis hinaus. Diverse stark an Büchner angelehnte Revolutionsdramen des 20. Jahrhunderts sind im außerdeutschen Sprachraum entstanden. Aleksej Tolstoj (1883-1945) verfaßt seine Tragödie *Smert' Dantona* (1919) unter dem Eindruck der Oktoberrevolution und unterzieht sie später (1923) einer grundlegenden Überarbeitung (vgl. Dietze Q 5). Romain Rolland (1866-1944) versucht in den beiden Texten *Danton* (Paris 1900) und *Robespierre* (Paris 1939) den Revolutionsimpuls im Rahmen eines »Volkstheaters« zu aktualisieren und in die Gegenwart hineinwirken zu lassen. Autoren des Dokumentartheaters und anderer dokumentarischer Genres berufen sich zurecht auf Büchner (vgl. Wender in E 12, S. 117). Oft zitiert wird sein Realismusbrief vom 28. 7. 1835 (409ff.). Jüdisch-deutsche und, in neuester Zeit, türkisch-deutsche Autor/innen erkennen in seiner Biographie und in seiner Figur Lenz einen Ausdruck des Deplaziert- und Ausgegrenztseins, das eigenen Erfahrungen vergleichbar scheint. Büchners unverminderte Aktualität, seine ›Gegenwärtigkeit‹, die viele Aspekte der Moderne und der Postmoderne vorwegzunehmen scheint, sein Facettenreichtum und seine schillernde Persönlichkeit ermöglichen die differentesten Projektionen. Als künstlerisches und als persönliches Identifikationsangebot wirkt er in die Gegenwart und in die Zukunft hinein.

In der Weidstraße 9 in Goddelau wird am 26. 10. 1997 feierlich das Büchnerhaus eröffnet: mehr als 160 Jahre nach dem frühen Tod des Gefeierten im Züricher Exil. Mit dem – anders gelagerten aber vergleichbaren – Fall Heine zeigt die absurd späte Ehrung Büchners, wie schwer Deutschland sich tut, seinen posthumen zeremoniellen Frieden zu schließen mit revolutionären Söhnen.

Im ersten Drittel des 20. Jahrhunderts setzen auch mit Alban Bergs *Wozzeck* (1925) und Julius Weismanns *Leonce und Lena* (1925) die Vertonungen von Büchners Stücken, seiner Hugo-Übersetzung *Maria Tudor* und seines Lebens ein, die bis 1990 – mit Friedrich Schenkers *Die Gebeine Dantons* – fünfzehn Musikdramen umfassen (vgl. Petersen/Winter U 63, ebd. v. a. der Überblick der Hgg. S. 7ff.). Zu den bekannteren rechnen: Gottfried von Einems *Dantons Tod* (1947), Kurt Schwaens *Leonce und Lena* (1961), *Blind Man's Buff* (1972), ebenfalls eine *Leonce und Lena*-Vertonung von Peter Maxwell Davies, *Jakob Lenz* (1979) von Wolfgang Rihm und *Leonce und Lena* (1979) von Paul Dessau. Untersuchungen der zahlreichen Vertonungen bestätigen den Befund, daß Büchnertexte aufgrund ihrer Ästhetik, insbesondere ihrer Sprache, sich dem Medium der Musik besonders gut aneignen: daß sozusagen eine natürliche Affinität besteht zwischen Worttext und Tontext.

Ebenfalls im frühen 20. Jahrhundert entstehen die ersten von zahlreichen außerfamiliären Fiktionalisierungen von Büchners Leben. Auch seine Figuren, vor allem Lenz, haben diverse Nachdichtungen inspiriert. Namen wie Robert Walser (1912), Franz Theodor Csokor (1913, 1929), der des späteren Darmstädter Oberbürgermeisters Heinz Winfried Sabais (1948, Repr. 1989) und Hans Jürgen Geerdts (1956, 1987) müssen hier genügen. In der Phase der Spätrezeption, insbesondere während der sechziger Jahre und danach, kommen viele weitere Büchnerdichtungen und Texte mit Büchnerbezügen dazu, u.a. von Peter Hacks (1963), Paul Celan (1959, 1971), Gaston Salvatore (1972), Peter Schneider (1973), Heiner Müller (1956, 1974), Volker Braun (1979), Erich Fried (1981), Frederik Hetmann (1981), Hermann Bräuning-Oktavio (1987) und Georg Seidel (1988) (vgl. Hauschilds Anthologie V 28; zu Aufführungen, Rezeption u. Wirkung seit 1977 die umfassenden, zuverlässigen Bibliographien des *GBJb*).

Während der ersten Phase der Büchner-Rezeption des 20. Jahrhunderts erscheint 1922 die erste kritische Gesamtausgabe von Fritz Bergemann. Der große Aufschwung der Büchnerforschung datiert jedoch viel später: im Gefolge der fragmentarisch gebliebenen Ausgabe Werner R. Lehmanns (1967ff.) und mit der Gründung der Georg Büchner Gesellschaft (1979) und der Forschungsstelle Georg Büchner – Literatur und Geschichte des Vormärz – der Philipps-Universität Marburg sowie der Institutierung des *Georg Büchner Jahrbuchs* (1981ff.) sind Pionierleistungen der Forschung (Arbeiten von Thomas Michael Mayer, Erich Zimmermann, Henri Poschmann, Gerhard Schmid, Jan-Christoph Hauschild, Hubert Gersch, Herbert Wender, Burghard Dedner u.v.a.m.) in den letzten zwei Jahrzehnten veröffentlicht worden. Die erste großangelegte Biographie Georg Büchners mit wissenschaftlichem Anspruch legte Jan-Christoph Hauschild 1993 vor (zur Kritik in wesentlichen Aspekten vgl. T.M. Mayer D 11), seine hinsichtlich der Editionsprinzipien nicht unproblematische Ausgabe der erhaltenen und »erschlossenen« Korrespondenz 1994. Der erste Band der heute maßgeblichen, zuverlässig kommentierten Gesamtausgabe der *Werke, Briefe und Dokumente* von Henri Poschmann unter Mitarbeit von Rosemarie Poschmann erschien 1992, der zweite liegt 1999 vor. Eine Historisch-kritische Ausgabe der Forschungsstelle Georg Büchner befindet sich derzeit in Vorbereitung (vgl. Vorwort).

In der Zeit von 1933 bis 1945 stagniert in Deutschland die Büchner-Rezeption, da den Nationalsozialisten die Einvernahme des widerständigen Autors ebenso schwer wird wie seine Ausgrenzung (Goltschnigg U 56). Im Exil wird Büchner weiter erforscht (vgl. etwa Lukács H 2) und aufgeführt. Tatsächlich sind es die Büchner-Studien Hans Mayers (1946) und Karl Viëtors (1949), beide zumindest teilweise im Exil geschrieben, die der Nachkriegsforschung aus jeweils unterschiedlicher Richtung entscheidende Denkanstöße geben. Die nicht problem- und schmerzlose Aneignung des Büchnererbes in der DDR wird u.a. von Riewoldt (U 29), Tate (U 32), Kaufmann (U 40, U 50) und Masanetz (U 53) untersucht. Der ursprünglich 1923 gestiftete Georg-Büchner-Preis, der von 1932 bis 1945 brachlag, wird in der BRD 1951 von der neu gegründeten Darmstädter »Deutschen Akademie für Sprache und Dichtung« übernommen. Die Reden der Preisträger sind teilweise eindrucksvolle Zeugnisse für die jeweilige Auseinandersetzung des bzw. der Geehrten mit Leben und Werk Büchners, darüber hinaus auch wichtige Diskursaugenblicke, die den Blick freigeben auf den aktuellen tagespolitischen und ästhetischen Hintergrund der Stunde und den jeweiligen Stand der Büchner-Rezeption. Zu den Preisträgern zählen: Gottfried Benn (1951), Marie Luise Kaschnitz (1955: »dieser Riese des Leidens und der Auflehnung«), Erich Kästner (1957: »die Ungleichzeitigkeit des Gleichzeitigen«), Max Frisch (1958: »so ist das Politische nicht Illustration, sondern seine [Büchners] Leidenserfahrung selbst«), Günter Eich (1959; »Um die Kritik der Macht geht es«), Paul Celan (1960), Hans Magnus Enzensberger (1963), Günter Grass (1965), Heinrich Böll (1967: »Ich kann mich nicht entschließen, Büchners ästhetische Gegenwärtigkeit von seiner politischen zu trennen«), Peter Handke (1973), Reiner Kunze (1977), Christa Wolf (1980: »Büchner wieder lesen heißt, die eigne Lüge schärfer sehn«), Martin Walser (1981: »Büchners Empfindlichkeit schloß andere nicht aus, sondern entstand durch sie«), Peter Weiss (1982), Heiner Müller (1985: »Woyzeck ist die offene Wunde«), Friedrich Dürrenmatt (1986), Erich Fried (1987: »Büchner bedarf unserer Ehrungen nicht!«), Tankred Dorst (1990), Wolf Biermann (1991), Peter Rühmkorf (1992: »Deutschland, ein Lügenmärchen«), Sarah Kirsch (1996) und Elfriede Jelinek (1998). 1988 wird der »Alternative Büchnerpreis« von Walter Steinmetz gestiftet und 1989 an Walter Jens verliehen. Unter den weiteren Preisträgern sind: Gerhard Zwerenz (1991) und Robert Jungk (1992).

Auch dem Medium Film gegenüber besitzen Büchners Werk und Leben »erhebliche Affinitäten« (Albrecht U 41, S. 408). Verantwortlich hierfür ist in erster Linie die evokative Sprachbildlichkeit der Texte und das Unabgeschlossene der Autorenbiographie, das, wie gesagt, zu Spekulationen und Projektionen einzuladen scheint. Nach frühen Verfilmungen von Dmitri Buchowetzki (1921) und Hans Goldberg/Hans Behrendt (1931) wird *Dantons Tod* zweimal von Fritz Umgelter verfilmt (1963, 1986). Die beiden Verfilmungen werden auch von den deutschen Fernsehanstalten gesendet. In dem hervorragenden polnisch-französischen Film DANTON (1982, Regie Andrzej Wajda), der nicht direkt auf *Dantons Tod* basiert, ist das Drama Büchners dennoch, als Sub- oder Gegentext zum Drehbuch Wajdas, greifbar. Unter den *Woyzeck*-Adaptionen für den Film (WOZZECK 1947 SBZ, Regie Georg C. Klaren; 1962 BRD,

Regie Bohumil Herlischka; 1964 BRD, Regie Marcel Bluwal; 1966 BRD,
Regie Rudolf Noelte; 1971 BRD, Regie Joachim Hess; und die im Ruhr-
gebiet situierte zeitgenössische Adaption WODZECK 1984 BRD, Regie
Oliver Herbrich) ragt die von Werner Herzog mit Klaus Kinski in der Ti-
telrolle (BRD 1979) heraus. Herzogs Ästhetik trägt dem Fragmentcharakter des Texts ebenso Rechnung wie dem vollkommenen Ausgeliefertsein
Woyzecks an Umstände und Unterdrückungsmechanismen, die außerhalb
seiner Kontrolle liegen. In anderen Aspekten bildet die Verfilmung jedoch
auch einen Gegentext zu Büchners Tragödie. Mit STROSZEK (1977) hat
Herzog sich bereits an sein WOYZECK-Projekt herangetastet. Die *Lenz*-
Verfilmungen der amerikanischen Regisseure George Moorse (BRD
1971) und Alexandre Rockwell (USA 1982) sind gelungene Adaptionen
des Büchnertexts. Unter den Filmen, die das Leben Büchners dar- bzw.
entstellen, seien nur erwähnt: ADDIO, PICCOLA MIA (BRD 1978, Regie Lothar Warnecke); der auf Kasimir Edschmids Roman aufbauende
Film EINE DEUTSCHE REVOLUTION (BRD 1981, Regie Helmut
Herbst) und die Puppenspielmontage EIN ASYLANT AUF DEM WEIH-
NACHTSMARKT – GEORG BÜCHNER IN STRAßBURG (BRD 1987,
Regie Norbert Beilharz). In Sachen Büchner und der Film ist mit Sicherheit das letzte Wort noch lange nicht gesprochen.

II. Die Texte

1. Das Briefwerk

1.1 Voraussetzungen

Büchners Briefe zählen in der Werkerforschung und in seiner Rezeption zu den meistzitierten Texten des Autors. Das erklärt sich durch ihren hohen Grad an Prägnanz und dadurch, daß sie eine Vielzahl von – immer aufeinander bezogenen – Aussagen zu seinen weltanschaulichen, politischen und ästhetischen Positionen enthalten. Oft liefern sie den einzigen Schlüssel für das Verständnis bestimmter Stadien der Biographie, der Beziehungen und der Konzeption der Werke. Werke und Briefe sind sowohl thematisch als auch in ihrer Ästhetik beständig intertextuell aufeinander bezogen. Nicht zuletzt sind Büchners Briefe die einzigen erhaltenen Zeugnisse seines reifen persönlichen Stils. Das Briefwerk, so wie es heute als Torso vorliegt (vgl. Marburger Denkschrift F 6, S. 171-181; HS S. 61ff.; S. Lehmann F 15; HB S. VIIff.; PW 2 S. 1050ff.) und noch immer durch neue Funde bereichert wird (Gillmann/Mayer/Pabst/Wolf N 6; dort S. 147ff. eine »Vergleichende Übersicht zu den Brief-Datierungen«), ist ungenügend erforscht. Mit der stellenweise problematischen »Studienausgabe« der Korrespondenz von Hauschild (HB; kritische Anmerkungen bei T.M. Mayer D 11, S. 275ff.; F 20, S. 289f.), der Studie von T.M. Mayer (N 4) und der kommentierten Ausgabe in PW 2 sind die Voraussetzungen gegeben für seine eingehende Erforschung. Hier ein Umriß des Problemfelds. Zitiert werden die Briefe nach PW 2/parallel mit der jeweiligen Nummer in HB.

Erstens ist die Anzahl der erhaltenen Briefe bzw. Fragmente von und an Büchner (98 bzw. 99) im Vergleich mit anderen Autoren der Zeit außerordentlich gering, auch dann, wenn man die in HB erschlossenen Texte hinzunimmt. Mayer (N 4, S. 274) und Hauschild gehen davon aus, daß Büchner zwischen 1831 und 1837 »Hunderte« (HB S. IX) von Briefen schrieb und erhielt. Die Zeit, die Umstände und die beteiligten Personen (PW 2 S. 1052-1064) sind mit dem brieflichen Nachlaß verheerend verfahren (HB S. VIIff.). Erschwerend kommt hinzu, daß die meisten Briefe Büchners im Auszug und nicht immer zuverlässig hinsichtlich Datierung, Chronologie, Textlage und Wortlaut in den *Nachgelassenen Schriften* überliefert sind. Ludwig Büchners Editionsprinzipien – de facto eine Vorzensur der ihm bereits seleiert zuhandenen Texte – konzentrieren

sich zudem auf die Wiedergabe derjenigen Texte, die den politischen
Werdegang Büchners und seine revolutionären Positionen kennzeichnen
(N S. 49f.).

Zweitens sind die Briefe vielfach naiv als direkte, unreflektierte Stellungnahmen des Autors oder, auf der anderen Seite des Spektrums, als
ausgeklügelte Machwerke gelesen worden. Beides trifft nicht zu. Die moderne Erzählforschung hat den Nachweis erbracht, daß auch scheinbar
›unverstellte‹ narrative Texte – mündliche und schriftliche Berichte von
Ereignissen, Tagebücher, Briefe etc. – zwangsläufig jeweils unterschiedliche Fiktionalisierungsprozesse durchlaufen. Das bedeutet, daß der Verfasser eines Briefs sich selber und das Dargestellte bis zu einem gewissen
Grad fiktionalisiert. Fiktionalisierung vollzieht sich vermittels verschiedener Gestaltungsmittel, die bewußt oder auch nicht bewußt eingesetzt werden, wie etwa: a) Auswahl des Materials (aus einer Vielzahl von ›Stoffen‹);
b) rhetorische, chronologische, kausale Organisation des Materials; c)
Auslassungen bzw. Informationslücken; d) Literarisierung (Objektivierung, Verbildlichung, Kontextualisierung vermittels von Zitaten oder Allusionen etc.) des Ich und anderer Personen durch den Erzählvorgang; e)
offene und/oder verdeckte Strategien. Es versteht sich, daß bei Briefen
dem oder den Adressaten besonderes Gewicht zukommt. Im Fall derjenigen Briefe Büchners, die noch in der heutigen Editionspraxis nach dem
Vorbild der Ausgabe Ludwig Büchners unter der Rubrik »an die Familie«
subsumiert werden, müßte der korrekte Adressat »an die Eltern« lauten,
der uneingestandene Empfänger häufig »an die Mutter« (Mayer N 4, S.
264), in den späteren karrierebezogenen Fragmenten des Exils »an den
Vater«. Bedenkt man diesen von der Briefform her vorgegebenen Fiktio-
nalisierungsprozeß, dann dürfte klarwerden, daß Büchners Briefe weder
das Produkt eines skrupellos zur Lüge greifenden »Chamäleons« noch kal-
kulierte Machwerke eines »elitären« Revolutionärs sind. Beide Positionen
wurden in der Forschung vertreten.

Um die Schwierigkeiten einer sachgerechten Analyse des Briefwerks zu
umreißen, sei drittens auf die folgenden Aspekte verwiesen. Die Briefkonventionen des frühen 19. Jahrhunderts wären, soweit es die vorwiegend
fragmentarische Überlieferung der Textzeugen zuläßt, zu berücksichtigen
(Literatur bei Mayer N 4, S. 275, Anm. 183; vgl. auch die von Mesenhöller mitgeteilten Dieffenbach-Briefe [N 7]). Das gleiche betrifft die rhetorische Organisation der Briefe (vgl. Schaub M 4, S. 192ff.), wiederum
mit dem *caveat*, daß die Zahl der Originaltexte sehr gering ist und bei
den überlieferten Fragmenten oft jeder Aufschluß über die Textstruktur
im ganzen fehlt.

Die Vielschichtigkeit der immer wieder aufblitzenden Spontaneität
des jugendlichen Verfassers ist ein wesentlicher Faktor im Textgefüge, andererseits aber auch die unvermittelte Wendung von der spontanen Aus-

sage zur distanzierten Stellungnahme. Der Wechsel von einer affektiven Lage zur anderen (Fischer I 6, S. 100f. gebraucht den Begriff des »Szenenschnitts«) bestimmt oft die Textgestalt und erweckt den Eindruck von Widersprüchlichkeit (vgl. oben S. 16 zum Romarino-Brief; zur Namensform PW 2 S. 1068). Tatsächlich handelt es sich jedoch um in ihrer Arbitrarität *gleichwertige* Aussagen. Weiterhin sind die jeweils durch den Kontext bedingten kommunikativen Strategien von Wichtigkeit. Das betrifft nicht nur Beschwichtigungs- und Präventivstrategien bzw. die »Argumentationslist« (Mayer) gegenüber den Eltern. Jede Form der subversiven bzw. getarnten Mitteilung gehört unter diese Rubrik. Im Fall der Eltern wird dieser Aspekt schon in den Alibi-Briefen vom August 1834 und dann nach der Flucht Anfang März 1835 ganz akut, da zahlreiche Briefe durch die Post gingen und auch die durch Boten überbrachten nicht sicher vor dem Zugriff der Behörden waren. Vieles bleibt da ungesagt. Anderes wird, mit Rücksicht auf die Stellung Ernst Büchners und die Sicherheit der Familie, verschlüsselt ausgedrückt. Die Codierung von privaten und öffentlichen Mitteilungen versteht sich in Polizeistaaten von selbst. Auch das gezielte Verschweigen, Umschreiben oder das Vorhandensein von ›Leerstellen‹ im Text, die Duplizität und die intendierte Mehr- oder Vieldeutigkeit zählen zu den argumentativen Strategien. Hier zielt Büchner, insbesondere im Dialog mit Caroline Büchner, oft auf »das Verständnis ›ad libitum‹« (Mayer N 4, S. 254 u.ö.) ab: auf einen präsumtiv vorgegebenen Verständnishorizont, der eine bestimmte Interpretation der unexakten oder lückenhaften Aussage nahelegt, die einerseits den Empfänger schont und andererseits dem Verfasser des Briefs eine direkte Lüge erspart.

Am anderen Ende des Skala kommunikativer Strategien stehen Büchners Witz und seine Ironie sowie das vielfach gebrauchte sprachbildliche Stilmittel der Karikatur, die noch weithin unerforscht sind. Die geringe Anzahl von erhaltenen Repliken schließlich erschwert die Analyse zusätzlich. Das Fehlen von Gegenbriefen gleicht der Situation, in der man einem Dialog zu folgen versucht, dessen einen Part man nicht hören kann. Damit fehlt die diskursive Verständnisbrücke, die sich aus der Intertextualität aufeinander bezogener Mitteilungen für den Leser ergibt. Intertextualität verbindet jedoch auch, so fragil sie hier und da sein mag bei allen Lücken und Verlusten, das Briefwerk Büchners *im ganzen*: durch das Netzwerk seiner aufeinander bezogenen persönlichen, politischen und werkdeutenden Stellungnahmen. Insofern ist es legitim, vom Brief*werk* zu sprechen.

Die Korrespondenz wurde gemeinhin in vier chronologisch geordnete, den biographischen Stationen folgende Gruppen eingeteilt:
- Straßburg Herbst 1831 bis Sommer 1833;
- Gießen/Darmstadt Herbst 1833 bis zur Flucht März 1835;
- Straßburg April 1835 bis Oktober 1836;
- Zürich Oktober 1836 bis Februar 1837.

Die Neustrukturierung des Briefwerks nicht in chronologische, sondern
in Adressatengruppierungen schlägt Schaub vor: »Im Zentrum der Brief-
analysen müßte [...] die durchgängige Adressaten-, Wirkungs-, Situati-
ons- und Persuasions-Bezogenheit der Büchnerschen Briefe stehen« (M
4, S. 192f.) und strebt damit »eine neue Typologie des Briefwerks«
(ebd.) an. Ein anderes, potentiell damit zu verbindendes Ordnungsprin-
zip wäre die Entfaltung der diversen, das Briefwerk durchziehenden
Themenkomplexe, wiederum innerhalb des jeweiligen Adressatenbezugs
und unter Blickrichtung auf chronologische Entwicklungen. Welchen Zugang man wählen mag, die Einzelanalyse von Briefen stellt immer ein
notwendiges, aber den intertextuellen Bezugsrahmen des ganzen erhaltenen Briefkorpus aufbrechendes dekonstruktives Verfahren dar. Dem
spricht nichts entgegen, solange die Ergebnisse wiederum auf den gesamten Briefkomplex zurückbezogen werden.

1.2   Wilhelmine Jaeglé

Die Briefzeugnisse, die relativ direkt Büchners persönlichen Stil repräsentieren und vergleichsweise geringer rhetorisch geformt bzw. durch Defen-
siv-, Präventiv- oder Schutzstrategien verschleiert sind, müßten als Bausteine des Persönlichkeitsbilds genauer erforscht werden. Hierzu gehören
etwa die Briefe an Edouard Reuss (358ff./17; 371f./42), an die Stoebers
(360f./18; 364f./23; 375ff./52), an Boeckel (436ff./155) und an den elf-
jährigen Ludwig Büchner (421f./142). In diesem Komplex verdienten die
wenigen erhaltenen und ihrerseits von der Empfängerin rigoros selegier-
ten (»konnten leider nur *zum kleinsten Theile* benutzt werden« [N S. 50;
vgl. HS S. 61ff.; 80ff.]) Briefe an Wilhelmine Jaeglé eine Sonderstudie.
Die fünf Gießener Briefe von Mitte Januar bis Mitte März 1834 (377f./
54; 380/57; 380ff./58; 382f./60; 384/59) belegen direkt die psychisch-
physische und indirekt die politisch-weltanschauliche Krise Büchners im
Winter 1834 (MC S. 370ff.; H S. 263ff.), zugleich sein Verhältnis zur
Geliebten plastischer als jedes andere erhaltene Zeugnis. Im Vergleich zu
anderen Briefen erscheinen sie weniger strukturiert, oft von freier Assozia-
tion und Arbitrarität geprägt.
    Büchners rhetorische Selbstkritik (Briefkonventionen der Zeit) eta-
bliert die Intertextualität dieser weitgehend spontanen Briefe: »Dieser
Brief ist ein Charivari« (378/54); »Lies meine Briefe nicht [...] so schleppe
ich dich in meine wüsten Irrgänge« (381/58); »Wie gefällt dir mein Bed-
lam?«; die Selbstfiktionalisierung im »Larifari« (382/60). Intertextuell sind
die lediglich in den *Nachgelassenen Schriften* überlieferten Fragmente derart eng verflochten, daß sie sich wie Fortsetzungen eines einzigen Briefs
lesen. Die Struktur der Exzerpte weist hier und da Brüche und Uneben-

heiten auf, auch die Chronologie erscheint nicht immer zwingend. Eine Detailanalyse dieser Texte könnte zu überraschenden Ergebnissen, auch zum Editions- bzw. Montageverfahren Ludwig Büchners, führen. Die Anzahl von »Klartextpassagen« zur Beziehung mit Wilhelmine ist hoch. Das bedeutet keineswegs, daß Büchner sich nicht fiktionalisiert (Bericht von der noch nicht auskurierten Hirnhautentzündung und der erneuten Fiebererkrankung [377f./54; 380ff./58], Landschaftsschilderung mit synoptischen Bezügen auf seine psychische Disposition [Aus- und Einblicke], Verweise auf die *facies hippocratica*, antike Mythologie, E. T. A. Hoffmann und andere literarische Bezugspunkte wie den Larifari, die als Zitat bzw. Anspielung in den Briefen ebenso wichtig sind wie in den literarischen Texten), oder daß keine kommunikativen Strategien zum Tragen kommen. Letztere zielen bei oberflächlicher Betrachtung vor allem auf Beruhigung und Trost der um seine Gesundheit besorgten und ihrerseits unter der Trennung leidenden Geliebten ab. Zugleich aber sind sie in ihrer Rhetorizität und stellenweisen Theatralisierung des Verhältnisses Ausdruck der eigenen Sehnsucht, manchmal bildhafte Andeutungen der gemeinsamen Intimität, wie etwa in der Metonymie der Fieberphantasien, der »seligen Empfindung« und des Blumengrußes:

> »Und ich ließ Dich warten! [...] Könnte ich aber dies kalte und gemarterte Herz an Deine Brust legen! B.[oeckel] wird Dich über mein Befinden beruhigt haben, ich schrieb ihm. [...] Ich glühte, das Fieber bedeckte mich mit Küssen und umschlang mich wie der Arm der Geliebten. Die Finsternis wogte über mir, mein Herz schwoll in unendlicher Sehnsucht, es drangen Sterne durch das Dunkel, und Hände und Lippen bückten sich nieder. [...] Du frägst mich: sehnst Du Dich nach mir? Nennst du's Sehnen, wenn man nur in einem Punkt leben kann und wenn man davon gerissen ist, und dann nur noch das Gefühl seines Elendes hat? Gib mir doch Antwort. Sind meine Lippen so kalt?« (377f./54)
>
> »Du sitzest jetzt im dunkeln Zimmer in deinen Tränen allein, bald trete ich zu dir. Seit vierzehn Tagen steht dein Bild beständig vor mir, ich sehe dich in jedem Traum. Dein Schatten schwebt immer vor mir, wie das Lichtzittern, wenn man in die Sonne gesehen. Ich lechze nach einer seligen Empfindung, die wird mir bald, bald, bei dir.« (381f./58)
>
> »Sieh, ich schicke dir Küsse, Schneeglöckchen, Schlüsselblumen, Veilchen, der Erde erste schüchterne Blicke ins flammende Auge des Sonnenjünglings. Den halben Tag sitze ich eingeschlossen mit deinem Bild und spreche mit dir. Gestern Morgen versprach ich dir Blumen; da sind sie. Was gibst du mir dafür?« (382/60)

Der erste erhaltene dieser Briefe, der »Fatalismusbrief«, ist bereits Mitte Januar 1834 entstanden (zur Datierung, zur Frage der »fatalité« und den darin reflektierten Problemkreisen vgl. S. 18f.) und vielleicht das erste Lebenszeichen nach der Meningitis und der Rückkehr nach Gießen. Das französische Zitat (»Prouves-moi que tu m'aimes encore beaucoup en me donnant bientôt des nouvelles«) aus Jaeglés vorausgehendem Brief stellt eine direkte Replik dar und ist somit der einzige überlieferte Satz aus ihren Briefen an Büchner. Die in HB gegebene Folge der Nummern 59 und 60 (die N S. 285 bzw. S. 286f. entspricht) muß (wie MA S. 289-291; PW 2 S. 382-384) umgestellt werden, da der längere, offensichtlich frühere Brief 60 noch Unentschlossenheit gegenüber einer direkten Fahrt nach Straßburg (»Fast hätte ich Lust [...]«), der kürzere, damit spätere Brief 59 schon den Entschluß ausdrückt (»Ich werde gleich von hier nach Straßburg gehen [...]«). Es wäre im Rahmen einer Analyse genauer zu untersuchen, inwieweit die Bildlichkeit des Gestorbenseins, des Starrkrampfs, die die Briefe durchzieht und die mit der Sprachbildlichkeit des Lichts, der Blumen, des Frühlings (Vogelgesang »Ein einziger forthallender Ton aus tausend Lerchenkehlen« [380/58]) korrespondiert, den Krisenverlauf in seiner Chronologie exakt dokumentiert:

> »Ich bin ein Automat; die Seele ist mir genommen.« (378/54)
> »Ich bin allein, wie im Grabe [...] Es ist dies eine Augenwassersucht, die auch beim Starrsehen oft vorkommt.« (380/57)
> »Der erste helle Augenblick seit acht Tagen. [...] Die Frühlingsluft löste mich aus meinem Starrkrampf. [...] Das Gefühl des Gestorbenseins war immer über mir. Alle Menschen machten mir das hypokratische Gesicht, die Augen verglast, die Wangen wie von Wachs [...].« (380f./58)
> »Wie ich hier zusammenschrumpfe, ich erliege fast unter diesem *Bewußtsein* [...].« (384/59)

In den Briefen an die Geliebte kommen zuvorderst drei Komplexe dieser außerordentlich vielschichtigen, die gesamte Existenz Büchners erschütternden Krise *direkt* zur Sprache: a) körperliche Krankheit, b) seelischer Schmerz durch Vereinsamung, Sehnsucht und nicht näher bezeichnete Faktoren, schließlich c) das Leiden an der Gießener Umgebung. Die körperliche Krankheit wird wieder akut um Anfang März (ein Meningitis-Rückfall oder ist Büchner wirklich »streßkrank«? [H S. 276; dagegen T.M. Mayer D 11, S. 392ff., F 20, S. 304ff.; PW 2 S. 1095f.]), bis er am 8. 3. der Geliebten mitteilt: »Der erste helle Augenblick seit acht Tagen. Unaufhörliches Kopfweh und Fieber, die Nacht kaum einige Stunden dürftiger Ruhe. Vor zwei Uhr komme ich in kein Bett, und dann ein beständiges Auffahren aus dem Schlaf und ein Meer von Gedanken, in denen mir die Sinne vergehen.« (380/58) Fieber, Schlaflosigkeit und das wirre, an Delirium grenzende »Meer« von Gedanken und Eindrücken deuten vielleicht auf einen zweiten, leichteren Meningitis-Schub hin.

Das Leiden an der Gießener Umgebung wird, von den metonymisch zu lesenden Eingangssätzen des »Fatalismusbriefs« abgesehen, weitgehend umschrieben. Umschrieben wird auch der tiefgehende politische Grund sowie die philosophische Dimension (PW 2 S. 1103) der Krise im gleichen Brief mit der Fatalitätsdebatte und mit den auf Anhieb schwer zu

deutenden Sätzen: »Ich gewöhnte mein Auge ans Blut. Aber ich bin kein
Guillotinenmesser.« (377/54; vgl. MHL S. 88ff.) Die Bedeutung des ersten Satzes bleibt in der Schwebe: wie »gewöhnte« sich Büchners »Auge
ans Blut«? Konkret bei den Sektionen des Vaters in der Darmstädter Mor-
gue oder in den Gießener Anatomiekursen? Wohl kaum. Imaginativ beim
Studium der Revolutionsgeschichte? Prospektiv bzw. teleskopisch mit
dem Gedanken an sein eigenes revolutionäres Engagement? Eine Kombination der beiden letzteren Deutungen liegt nahe, wenn man die aus dem
Diskurs der Geschichte der Großen Revolution stammende Metapher des
Guillotinenmessers in den Bedeutungszusammenhang einbezieht (zu
Büchners Einschätzung der revolutionären Gewalt vgl. Schulz in Grab K
15, S. 76ff.). Büchner fährt fort: »Das *muß* ist eins von den Verdammungsworten, womit der Mensch getauft worden. Der Ausspruch: es
muß ja Ägernis kommen, aber wehe dem, durch den es kommt, – ist
schauderhaft. Was ist das, was in uns lügt, mordet, stiehlt?« (ebd.) Die
Montage zweier Bibelzitate (Bark H 37, S. 487ff.) verweist in ihrer Intertextualität mit *Dantons Tod* II,5, indirekter auch mit I,6 (vgl. PW 1 S.
518, 542) auf den Komplex von Fragen, Skrupeln und Zweifeln, der ihn
auf der Schwelle zur revolutionären Aktion beschäftigen dürfte. Büchner
muß hier an einen Verständniskontext der Adressatin anknüpfen, der sich
aus dem Wortlaut des Briefs selber nicht entnehmen läßt – einmal vorausgesetzt, daß dieser nicht defekt bzw. lückenhaft überliefert ist. Erst in
der retrospektiven Lektüre und im Intertext des Dramas erschließt sich
die Briefstelle in ihrer vollen Bedeutung. Andeutungen auf diesen Komplex finden sich auch im Brief vom 8. 3. (die Bilder der »armen schreienden Musikanten, das Stöhnen auf unsrer Folter«, der »Peryllusstier« [381/
58]).

Wenn man aber der fragmentarischen Überlieferung der Texte glauben
kann und keine weitere Vorzensur oder Kontamination stattgefunden hat,
dann wird dieser wohl am schwersten wiegende *politische* Krisenkomplex
(der die oben angeführte Starrkrampf- und Todesbildlichkeit überhaupt
erst in vollem Ausmaß rechtfertigt) in den Briefen an Wilhelmine Jaeglé
an keiner Stelle explizit ausgeführt. Offenbar kommen also noch zusätzliche, erst der genauen Lektüre sich erschließende kommunikative Strategi-
en zum Tragen (Schonung der Geliebten, Selbstschutz im Hinblick auf
mögliche Briefkontrolle), die sich in der Auslassung manifestieren. Denn
Büchners Schritt in die revolutionäre Aktion, die Gründungsphase der
Gießener »Gesellschaft der Menschenrechte«, muß recht genau mit dem
Brief an die Geliebte vom 8. 3. 1834 zusammenfallen. Inzwischen hat er
auch durch Becker Weidig kennengelernt und die Abfassung einer Flugschrift versprochen (MC S. 373f.; H S. 276ff.). Die Überwindung der
Krise ist also ausgelöst primär durch seinen Entschluß zur Aktion und
nur sekundär durch die bevorstehende heimliche Reise nach Straßburg.

Auch hier überlagern sich die Bedeutungs- und Bezugsebenen im arbiträren Textgefüge. Ein Verständnis »ad libitum« wird gleichwohl angestrebt, denn Minna mußte annehmen, daß die Aussicht auf ein baldiges Wiedersehen für die Genesung Büchners verantwortlich sei.

Wir wissen nicht, inwieweit er mit der Geliebten über politische Fragen überhaupt unverschlüsselt korrespondierte. Dagegen schreibt Büchner durchaus im Klartext schon viel früher, am 9. 12. 1833, an August Stoeber: »Die politischen Verhältnisse könnten mich rasend machen. Das arme Volk schleppt geduldig den Karren, worauf die Fürsten und Liberalen ihre Affenkomödie spielen. Ich bete jeden Abend zum Hanf und zu d. Laternen« (376f./52) und gibt damit den Blick frei auf den politischen Entscheidungsprozeß, der der Aktion vorausgeht. Auch an die Eltern schreibt er schon im Februar 1834 Sätze wie den folgenden: »Der Aristocratismus ist die schändlichste Verachtung des heiligen Geistes im Menschen [...]« (378f./56). Im gleichen Brief umreißt er auch explizit die Konturen eines für die Zeit durchaus revolutionären Sozialdeterminismus, der Theorien von Comte, Taine und Marx vorausahnen läßt: »Ich *verachte Niemanden*, am wenigsten wegen seines Verstandes oder seiner Bildung, weil es in Niemands Gewalt liegt, kein Dummkopf oder kein Verbrecher zu werden, – weil wir durch gleiche Umstände wohl Alle gleich würden, und weil die Umstände außer uns liegen.« (ebd.) Wenig später schreibt er aus Straßburg an die Eltern den schon oben (S. 20) zitierten »Knecht mit Knechten«-Brief über die Verhältnisse in Gießen, in dem er genau den psychosomatischen Grund seiner Krise benennt: »Ich komme nach Gießen in die niedrigsten Verhältnisse, Kummer und Widerwillen machen mich krank« (385f./67).

In seiner anderen Korrespondenz finden sich also in Form von zerstreuten, aber immer aufeinander bezogenen Klartextaussagen deutliche Indizien für das politisch-soziale Programm, mit dessen Formulierung er gerade befaßt ist. Nur eine vage Andeutung auf diesen für seinen weiteren Lebensplan so enorm wichtigen Problemkreis und dessen mögliche Konsequenzen steht am Schluß des Brieffragments an Jaeglé Mitte März 1834: »[...] die gewisse Aussicht auf ein stürmisches Leben, vielleicht bald auf fremdem Boden!« (383/60) Wiederum fragt man sich, ob ihr diese Andeutung ohne Kontext verständlich sein konnte. Die Stichworte müssen genügen. Sie dürften die Schwierigkeiten verdeutlichen, denen sich die Erforschung auch nur einer kleinen Gruppe erhaltener Briefzeugnisse gegenübergestellt sieht. Die hier angewendete dekonstruktive Lektüre als gleichwertig betrachteter Textpassagen führt nur bis zu einem gewissen Punkt in der Erklärung des Textgefüges. Von dort aus müßten die gewonnenen Ergebnisse auf den Gesamttext des Briefwerks bezogen werden.

1.3 Die Eltern

Unter den Briefen Büchners, die sich zu ästhetischen Fragen äußern, nimmt der zweite Realismusbrief vom 28. 7. 1835 an die Eltern eine Zentralstellung ein. Büchner hatte die Eltern bereits in gleicher Strategie am 5. 5. 1835 auf *Dantons Tod* vorbereitet: »Im Fall es [mein Drama] euch zu Gesicht kommt, bitte ich euch, bei Eurer Beurteilung vorerst zu bedenken, daß ich der Geschichte treu bleiben und die Männer der Revolution geben mußte, wie sie waren, blutig, liederlich, energisch und cynisch. Ich betrachte mein Drama wie ein geschichtliches Gemälde, das seinem Original gleichen muß« (403/112). Der zweite Brief enthält dann stellenweise programmatische Aussagen zum Drama, die durch die Präventiv- und Beschwichtigungsstrategien durchschlagen:

> »der dramatische Dichter ist in meinen Augen nichts, als ein Geschichtsschreiber, steht aber *über* Letzterem dadurch, daß er uns die Geschichte zum zweiten Mal erschafft und uns unmittelbar, statt eine trockne Erzählung zu geben, in das Leben einer Zeit hinein versetzt, uns statt Charakteristiken Charaktere, und statt Beschreibungen Gestalten gibt. Seine höchste Aufgabe ist, der Geschichte, wie sie sich wirklich begeben, so nahe als möglich zu kommen. Sein Buch darf weder *sittlicher* noch *unsittlicher* sein, als die *Geschichte* selbst [...].« (410f./124).

Man beachte, daß Büchner die Vorrangstellung der Ästhetik über die Historiographie bündig postuliert, daß er aber *beide* dem Primat der Geschichte, d.h. der empirischen Wirklichkeit unterordnet. Die anti-idealistische, materialistische Grundlage seiner Ästhetik ist damit evident. Das hier formulierte Programm eines ostentativ autonomen Realismus, das Büchner mit einem ›offenen‹, nicht auf eine bestimmte Lehre fixierten didaktischen Anspruch erweitert (»die Leute mögen dann daraus lernen, so gut, wie aus dem Studium der Geschichte und der Beobachtung dessen, was im menschlichen Leben um sie herum vorgeht« [ebd.]) und in eine Kritik der klassizistischen Ästhetik überleitet (»Was noch die sogenannten Idealdichter anbetrifft [...]« [ebd.]), hat er im Text seines Revolutionsdramas per Quellenmontage betrieben. Er überholt es aber durchgängig in seiner Revolutionsbegeisterung und in seiner Kritik des Jakobinismus von 1794. Seine »Abscheu oder Bewunderung« (ebd.) für seine Figuren kommen in der kritischen Vertextung der Quellen zumindest implizit zum Tragen. Die Klartextäußerung der beiden Realismusbriefe beschreibt somit wieder nur *einen Teil* des Sachverhalts, diesen freilich präzis. Auch hier ist also der Auslassung, der Mitteilungslücke besondere Aufmerksamkeit zu widmen. Dies umso mehr, als er die erhoffte subversive *Wirkung* des Revolutionsdramas schon Mitte März 1835 an Gutzkow metonymisch so umschreibt: »Mein Danton ist vorläufig ein seidnes Schnürchen und meine Muse ein verkleideter Samson.« (398/102) Das seidene Schnürchen ist, wie man weiß, im alten China die Aufforderung zum Selbstmord, die vor der Exekution an in Ungnade gefallene Würdenträger ergeht. Sanson ist der Familienname der Pariser Scharfrichter. In der Rhetorizität enthüllt sich die Wirkungsabsicht als ästhetische Einladung zum Suizid an das verrottete System und als verhüllte Guillotinenklinge in Dramenform. Sicher ist das textstrategisch im Hinblick auf den Empfänger hyperbolisch formuliert. Aber als Aussage zur intendierten Wirkung ist die Stelle ernstzunehmen. Wiederum wird der Kontext erst durch die Intertextualität des ganzen erhaltenen Briefwerks ersichtlich.

In der »Argumentationslist« (vgl. Mayer N 4, S. 255f. besonders auch zum Brief vom 5. 5. 1835) verfängt er sich aber nicht nur im Eingangsteil des zweiten Realismusbriefs (dort auch die haarsträubende Behauptung »Außerdem hat mir der Corrector einige Gemeinheiten in den Mund gelegt, die ich in meinem Leben« nicht gesagt haben würde« [409ff./124], die er Ernst und Caroline Büchner sicher nicht weismachen konnte, auch nicht »ad libitum«), sondern nochmals gegen Ende. Da versichert er den Eltern: »Daß übrigens noch die ungünstigsten Kritiken erscheinen werden, versteht sich von selbst; denn die Regierungen müssen doch durch ihre bezahlten Schreiber beweisen lassen, daß ihre Gegner Dummköpfe oder unsittliche Menschen sind.« Büchner weiß sehr genau, daß ein ›wertneutrales‹, von revolutionärer Tendenz freies Drama (das die »Banditen der Revolution« lediglich in ihrer »Liederlichkeit« und »Gottlosigkeit« »schildern wollte«) und das nicht durch diverse »Gemeinheiten« Anlaß zur sittlichen Entrüstung gab, keineswegs automatisch aus dem Lager der konservativen Kritik »die ungünstigsten« Rezensionen zu erwarten gehabt hätte. Tatsächlich spielt in der Frührezeption zu Lebzeiten sein Status als Systemgegner und politischer Flüchtling keine große Rolle. Daß seine vermeintliche Allianz mit dem Jungen Deutschland – tatsächlich auch per Gutzkows Förderung – zu einem der Angelpunkte der Menzelschen »Kampagne« (MC S. 398, 403f.) werden sollte, kann er im Juli 1835 wohl nicht ahnen.

Bestimmte begriffliche bzw. thematische Integrationspunkte durchziehen das Briefwerk. Einige treten leitmotivisch öfter und an bestimmten Schnittpunkten auf, andere finden sich seltener in den hinterlassenen Texten. Hierzu einige Beispiele.

Der Begriff der *Komödie* gehört zu den seltener genannten. Nur an vier Stellen erscheint er in Verweisfunktion:

> »Darauf erscheint Romarino auf dem Balkon, dankt, man ruft Vivat! – und die Comödie ist fertig.« (358/9) [vgl. auch den intertextuell auf diesen Komplex bezogenen Brief vom 19. 11. 1833 (375/50)]
> »[...] das Ganze ist doch nur eine Komödie. Der König und die Kammern regieren, und das Volk klatscht und bezahlt.« (365/24)

»Die politischen Verhältnisse könnten mich rasend machen. Das arme Volk schleppt geduldig den Karren, worauf die Fürsten und Liberalen ihre Affenkomödie spielen. Ich bete jeden Abend zum Hanf und zu d. Laternen.« (376f./ 52)
»Will ich etwas Ernstes tun, so komme ich mir vor, wie Larifari in der Komödie; will er das Schwert ziehen: so ist's ein Hasenschwanz.« (382/60)

Der oben (S. 16) bereits zitierte Romarino-Brief steht relativ früh in Büchners politischem Reifungsprozeß. Er illustriert das Umschlagen von spontaner Polenbegeisterung in kritische Distanz. Büchner tritt sozusagen arbiträr zurück aus der eigenen Spontaneität und sieht das Spektakel als das, was es ist: ein lachhaftes und vergebliches – eben komödiantisches – Ritual. Im zweiten Beleg, der sich auf die französischen Verhältnisse Ende 1832 bezieht, ist die Semantik des Komödienbilds scharf umrissen: ein empörendes Ritual wird inszeniert, in dem das »Volk« geduldig die ihm zugewiesene Rolle spielt. Durchaus schwingt hier schon mit »[the] exasperation at the lack of a revolutionary response to injustice« (Holmes Q 64, S. 50). Noch schärfer profiliert ist der Begriff der »Affenkomödie« dann im Brief an August Stoeber vom 9. 12. 1833. Zu diesem Zeitpunkt formuliert Büchner seine politischen Grundeinsichten. Die Metonymie des »Karrens« läßt klar die »Pflug«-Bildlichkeit des *Hessischen Landboten* vorausahnen, das »arme« Volk verrät jetzt die starke Parteilichkeit des Verfassers, mit den »Fürsten und Liberalen« wird die Gruppe der Unterdrücker und Nutznießer identifiziert. Im Bild der Komödie erscheint nunmehr ein unhaltbarer Zustand, dem nur durch Gewalt (»Hanf« und »Laternen«) abzuhelfen ist. Rudi Dutschke, wenn auch im Blick auf 382f./60, schließt richtig, daß für Büchner jetzt, »im ›gräßlichen Fatalismus‹ der deutschen Geschichte«, »›Komödie‹ und ›Tragödie‹ identisch wurden« (U 35, S. 28). Das Bild des Larifari ist der einzige fiktional verschlüsselte Beleg. Büchner ist derzeit durchaus im Begriff, »etwas Ernstes [zu] tun«: er hat sich in diesen Tagen zur Abfassung einer Flugschrift verpflichtet. Sein selbstironischer Blickpunkt drückt die Ungewißheit über das Resultat der gerade begonnenen revolutionären Aktion aus, vielleicht auch seine Ungeduld, das Projekt abzuschließen. Insofern gehört dieser Beleg nur peripher zu den anderen. Was dieses hier abgesteckte Begriffsfeld für die Ästhetik Büchners und seine Einschätzung der Komödie als *literarische* Form bedeutet, läßt sich vorerst nur andeuten (vgl. zur Ästhetik von *Dantons Tod* und *Leonce und Lena* S. 106f.; 160ff.).

In den Briefen an die Eltern steht das Begriffspaar *Gesetz* und *Gewalt* im Zentrum eines fortlaufenden Diskurses. Die Begriffe sind Argumentations- und Persuasionstermini in einem nur einseitig erhaltenen Dialog: Ausdruck von Betroffenheit, Empörung und zunehmender Selbstvergewisserung. Zudem stehen sie im Zeichen des stetigen Bemühens um elterliches Verständnis für die eigenen Entscheidungen. Wenn man Büchners

Alter und seine Persönlichkeit bedenkt, ist dies ein nachvollziehbares Bedürfnis. In erster Linie belegen sie, im durchgängigen Bezug aufeinander
und auf andere Stellen des Briefkorpus, die Entwicklung der politischen
Positionen. Einige Passagen seien zitiert:

> »Wenn in unserer Zeit etwas helfen soll, so ist es *Gewalt*. Wir wissen, was wir
> von unseren Fürsten zu erwarten haben. Alles, was sie bewilligten, wurde ih-
> nen durch die Notwendigkeit abgezwungen. [...] Man wirft den jungen Leu-
> ten den Gebrauch der Gewalt vor. Sind wir denn aber nicht in einem ewigen
> Gewaltzustand? [...] Was nennt Ihr denn *gesetzlichen Zustand*? Ein *Gesetz*, das
> die große Masse der Staatsbürger zum fronenden Vieh macht, um die unna-
> türlichen Bedürfnisse einer unbedeutenden und verdorbenen Minderzahl zu
> befriedigen? Und dies Gesetz, unterstützt durch eine rohe Militärgewalt und
> durch die dumme Pfiffigkeit seiner Agenten, dies Gesetz ist eine *ewige, rohe
> Gewalt*, angetan dem Recht und der gesunden Vernunft [...].« (366f./31; dies
> die bereits oben [S. 16f.] zitierte erste erhaltene Grundsatzäußerung, mit der
> Büchner seine revolutionäre Absicht im Klartext erklärt)
> »Die liberale Partei kann sich darüber grade nicht beklagen; man vergilt
> Gleiches mit Gleichem, Gewalt mit Gewalt.« (367/34)
> »Ich werde mit einigen Rechtskundigen sprechen und sehen, ob die Gesetze
> für eine solche Verletzung Genugtuung schaffen!« (388/80)
> »Das Gesetz sagt [...] Ihr selbt, wie man das Gesetz auslegt [...] Eine solche
> Gewalttat [...] Es ist Gewalt, der man sich fügen muß, wenn man nicht stark
> genug ist, ihr zu widerstehen [...].« (389f./81)
> »[...] wie weit man es in der *gesetzlichen Anarchie* gebracht hat [...] Es sind also
> *drei Verletzungen des Gesetzes* vorgefallen [...] das Gesetz sei aufgehoben und
> eine Gewalt an seine Stelle getreten, gegen die es keine Appellation, als Sturm-
> glocken und Pflastersteine gebe.« (390f./82)
> »Die Regierung weiß sich nicht zu mäßigen; die Vorteile, welche ihr die Zeit-
> umstände in die Hand geben, wird sie auf's Äußerste mißbrauchen, und das
> ist sehr unklug und für uns sehr vorteilhaft.« (407/117)
> »übrigens kann der Mißbrauch, welchen die Fürsten mit ihrer wiedererlangten
> Gewalt treiben, nur zu unserem Vorteil gereichen.« (414/127)

Im ersten Beleg kontrastiert Büchner den »gesetzlichen Zustand«, der auf
das »Gesetz«, dieses wiederum auf die »ewige, rohe Gewalt« der Herrschenden gegründet ist, mit der legitimen revolutionären (Gegen)Gewalt.
Auf dieses hier exakt dargelegte, notwendige permanente Wechselverhält-
nis von repressiver Gewalt und revolutionärer Gegengewalt verweist auch
367/34. Auf die beständige Reglementierung und den »selbstgerechten,
gängelnden Bürokratismus der Bürokratie« (Eckhart G. Franz) deutet
auch das Fragment vom 19. 3. 1834 hin: »Die Regierung muß aber doch
etwas zu tun haben! Sie dankt ihrem Himmel, wenn ein paar Kinder
schleifen oder Ketten schaukeln!« (384/61; »schleifen« in der Mundart:
auf gefrorenen Gehwegen schlittern, also sie verbotenerweise noch glatter
machen. Die Emendation »Kugeln« in HB ist verfehlt. Gemeint ist: auf
den Ketten zwischen den Steinpfeilern vor dem Darmstädter Schloß

schaukeln.). Dieses gleichsam physikalische Verhältnis von Druck und Gegendruck wird dann im *Hessischen Landboten* weiter thematisiert. Dort wird auch der Gesetz-Gewalt-Diskurs konsequent durchgezogen. In den drei Briefen vom August 1834, »die in ihren überlieferten Stücken nicht weniger als ein Dutzend mal dieses ›Gesetz‹ doch reklamieren« (Mayer N 4, S. 269), nimmt Büchner dann eine Defensivposition ein, die ihn legalistisch auf eben jenes »Gesetz« rekurrieren läßt, das er selbst viel früher schon als Repressionsinstrument entlarvt hat. Seine »Argumentationslist« überschneidet sich hier mit der vom Kontext her gebotenen Fiktionalisierung: der um seine »heiligsten Geheimnisse« (388/80) und seine »heiligsten Rechte« (389f./81) mit »dieser Gewalttat« von einer »Herde Banditen« Gebrachte stellt sich unter den »Schutz« des Disziplinargerichts »gegen die Willkür des Universitätsrichters« (ebd.). Aus Selbstschutz muß Büchner hier im Rahmen seiner Defensivstrategie sozusagen rhetorisch die Seiten wechseln und sich auf die geltenden Gesetze berufen. Weder wollte er den Eltern zu diesem Zeitpunkt seine Beteiligung an der *Landboten*-Aktion offenbaren, noch konnte er das brieflich tun: die Gefahr der Briefzensur war gegeben und jedes weitere Indiz – erst recht ein Geständnis aus eigener Hand – hätte seine sofortige Verhaftung erwirkt. Daß diese briefliche Beschwichtigungskampagne und der Drahtseilakt aus Halb- und Unwahrheiten gegenüber den Eltern (Mayer N 4, S. 266ff.) ihn mehr emotionale Überwindung kostet als die gewohnte Korrespondenz, versteht sich.

Ein Blick wird frei auf den Streß dieser Tage in zwei atypischen Ausrutschern in den Darmstädter Stadtdialekt. Büchner verwendet, wenn man der Überlieferung trauen kann, im Gegensatz zu seinen Eltern (vgl. 454ff./172; 458ff./181) praktisch durchweg die Schriftsprache seiner Zeit. Im Brief vom 8. 8. 1834 heißt es »[...] vernommen bin ich nicht weiter geworden [!]«, weiter unten dann: »[...] daß die Haussuchung nur vorgenommen worden, weil ich nicht liederlich und nicht sklavisch genug aussehe, um für keinen [!] Demagogen gehalten zu werden« (389/81). Nicht nur schleicht sich hier die mundartliche Doppelverneinung ein, der Satz ergibt so keinen Sinn. Das komplexe Textgefüge aus Halbwahrheit und Fiktionalisierung gleitet Büchner hier aus der Hand. Auch das Stichwort vom »Demagogen« gibt mehr her, als er intendiert. – Die beiden Stellen 407/117 und 414/127 datieren vom Ende Juni 1835 und vom 17. 8. 1835. Sie belegen das Festhalten Büchners an der Hoffnung auf eine *zukünftige* revolutionäre Veränderung, *an der er sich selbst beteiligt sieht*. An seiner Einschätzung des Verhältnisses von Druck und Gegendruck als Reagenz der Revolution hat sich nichts geändert.

Bei der Lektüre der Alibi-Briefe vom 3. und 5. 8. 1834, insbesondere der scheinbar allzu exakten Reisebeschreibung des ersteren, drängt sich die Vermutung auf, die Briefe seien nicht nur an die Eltern, sondern auch an den Briefzensor gerichtet. Warum sonst würde Büchner so genau die *nächtliche* Reise, die diversen Transportwege (»Teils zu Fuß, teils fahrend mit Postillonen und sonstigem Gesindel«) und die indirekte, nämlich nicht am Stadttor ausweispflichtige Route nach Offenbach beschreiben? Spuren der selben Persuasionsstrategie an die Zensur finden sich im Brief aus Weißenburg vom 9. 3. 1835: »Nur die dringendsten Gründe konnten mich zwingen, Vaterland [!] und Vaterhaus in der Art zu verlassen. [...] Ich konnte mich unserer politischen Inquisition stellen; von dem *Resultat einer Untersuchung* hatte ich nichts [!] zu befürchten, aber Alles von der Untersuchung selbst« (396/101; meine Hervorhebung GPK). Dies dürfte auf längere Zeit der letzte Brief Büchners an die Eltern sein, der durch die Post gegangen ist. Im direkten Widerspruch heißt es dann schon am 27. 3. 1835: »Ich fürchte sehr, daß das *Resultat der Untersuchung* den Schritt, welchen ich getan, hinlänglich rechtfertigen wird« (399/105; meine Hervorhebung GPK).

Sukzessive folgt dann das Eingeständnis von Büchners maßgeblicher Beteiligung an der Verschwörung: nicht in der Substanz (das wäre in Anbetracht der auch per Boten unsicheren Korrespondenzwege verfehlt), aber im Hinblick auf die Konsequenzen. Hier hat der Verweis auf das Schicksal der Mitverschworenen und auf das Darmstädter Arresthaus Schlüsselbedeutung: »Ich habe von Glück zu sagen und fühle mich manchmal recht frei und leicht, wenn ich den weiten, freien Raum um mich überblicke und mich dann in das Darmstädter Arresthaus zurückversetze« (406/117; vgl. 408/118: »das abscheuliche Arresthaus«). Explizit zu Anfang August 1835: »Ich danke dem Himmel, daß ich voraussah, was kommen würde, ich wäre in so einem Loch verrückt geworden« (412f./125). Nochmals am 20. 9. 1835: »Mich schaudert, wenn ich denke, was vielleicht mein Schicksal gewesen wäre!« (417/133). Auch das implizite Eingeständnis, daß er sich in Straßburg nicht vollkommen sicher fühlt, muß den Eltern seine exponierte Rolle in der Verschwörung signalisieren. Nicht ohne Grund bittet er sie zweimal: »Sagt, ich sei in die Schweiz gegangen« (406/116) und: »Sprengt [...] aus, ich sei nach Zürich gegangen« (412/125). Dies natürlich im Klartext, »da ihr seit längerer Zeit keine Briefe von mir durch die Post erhalten habt« (ebd.).

1.4   Gutzkow

Ein letzter Komplex des Briefwerks sei angesprochen. Der Briefwechsel zwischen Büchner und Gutzkow (21. 2. 1835 bis 10. 6. 1836) steht für sich. Einmal ergibt sich aus den Briefen an (7) und von (13) Gutzkow immerhin punktuell auf der Grundlage erhaltener bzw. erschlossener Textzeugen eine gewisse Intertextualität der Repliken, die dem übrigen

Briefkorpus weitgehend fehlt. Zum anderen belegt diese Korrespondenz die Freundschaft und gegenseitige Achtung der beiden Autoren, die sich trotz ihrer politischen Divergenzen bis in die letzte erhaltene Zeile nachweisen läßt. Den Eltern schreibt Büchner am 1. 1. 1836: »*Gutzkow* hat bisher einen edlen, kräftigen Charakter gezeigt, er hat Proben von großem Talent abgelegt [...] hat in seiner Sphäre mutig für die Freiheit gekämpft«. Hier folgt jedoch eine grundsätzliche Kritik, die intertextuell (zumindest) auf Büchners letzten Brief an Gutzkow (439f./156) bezogen ist: »Nur ein völliges Mißkennen unserer gesellschaftlichen Verhältnisse konnte die Leute [Gutzkow und die Jungdeutschen] glauben machen, daß durch die Tagesliteratur eine völlige Umgestaltung unserer religiösen und gesellschaftlichen Ideen möglich sei« (422f./141).

Der Gegensatz zwischen »Aufklärung und Revolution« (H. Mayer G 6, S. 436), dem bildungsbürgerlichen Emanzipationsprojekt Gutzkows und dem materialistischen Egalitarismus Büchners durchzieht diese Korrespondenz. Vielleicht ist das Versickern dieses Briefwechsels der Krise der revolutionären Entwicklung nach 1835 zuzuschreiben (vgl. Poschmann: »Büchner und Gutzkow – eine verhinderte Begegnung«. In: Helmut Bock/Renate Plöse (Hgg.): *Aufbruch in die Bürgerwelt* [...] Münster 1994, S. 234-246). Vielleicht wurde eine Sackgasse erreicht aufgrund letztlich unvereinbarer Auffassungen. Vielleicht läßt Büchner, der in diesem hektischen Sommer alle Hände voll zu tun hat, die Korrespondenz schleifen – oder auch Gutzkow, der sich mit der deutschen Misere zu arrangieren versucht, 1836 heiratet und 1837 nach Hamburg ziehen wird, wo er den *Telegraphen* übernimmt, in dem er sich für die literarische Hinterlassenschaft Büchners einsetzt.

Die erhaltenen Briefe Büchners an Gutzkow zeigen eine deutliche Entwicklung. Anfangs sind sie den Briefkonventionen der Zeit deutlich angepaßt und enthalten einen hohen Grad von Rhetorizität und Selbstfiktionalisierung. Gerade die briefliche Selbstfiktionalisierung Büchners (die ebenfalls eine Sonderstudie verdiente) ist aufschlußreich, da sie als ästhetisches Programm eine direkte Brücke zu den Dichtungen herstellt. Büchners Figuren fiktionalisieren sich ebenfalls oft selbst. Dieser »Doppelaspekt von Handeln und Darstellen« (PW 1 S. 528; P S. 27ff.) ist ein Grundpfeiler seiner Ästhetik, von dem noch die Rede sein wird. Später tendieren die Briefe an Gutzkow zur persönlichen, kaum mehr literarisch stilisierten Stellungnahme. Die Korrespondenz enthält explizite Äußerungen Büchners zu politischen Fragen, die man – im Zusammenhang mit den Klartextäußerungen an die Eltern und wenige andere Korrespondenten – als Zentralargumente der revolutionären Programmatik lesen muß.

Büchners erster Brief an Gutzkow (392f./93) ist von der Notlage vor der Flucht diktiert. Insgesamt ist er ein rhetorisches Meisterstück (vorhanden sind *narratio*, *petitio* und *peroratio*), das seinen Zweck der »Beein-

druckung eines Schriftstellerkollegen« (Schaub M 4, S. 194) mehr als erfüllt. Büchner fiktionalisiert zunächst seine Lage, dann sich selbst in diesem Text (»a kind of desperate monodrama« Holmes Q 64, S. 120; Gutzkow: »die kleine Affektation«) in nicht weniger als sechs aufeinander
bezogenen Kontexten und Bildern. Der rhetorisch aufgebaute Rahmen
des nicht genauer bezeichneten, überwältigenden »Elend[s]« wird scheinbar konterkariert mit der Alternative des Selbstmords, diese jedoch zu-
rückgewiesen durch den Vergleich mit dem »erblindeten Hauptmann«.
Dieser vorbereitende Teil der *narratio* bleibt noch vieldeutig in der
Schwebe, bis Büchner zur direkten Selbstfiktionalisierung überleitet: »Sie
werden wohl einsehen [...] und werden sich also nicht wundern, wie ich
Ihre Türe aufreiße, in Ihr Zimmer trete, Ihnen ein Manuscript auf die
Brust setze und ein Allmosen abfordere.« Dem folgt die *petitio*, die wiederum mit der topischen Bescheidenheitsformel abgeschlossen wird: »daß
ich alle Ursache habe, der Geschichte gegenüber rot zu werden«. Der Verweis auf den poetischen Maßstab Shakespeares ist auch auf den jungdeutschen Diskurs abgestimmt, entspricht jedoch der eigenen Orientierung.
In der *peroratio* schließlich wird die melodramatische Metapher des Ein-
brechers und Bittstellers in komplexer vierfacher Rollenvariation – und in
pointiert unterschiedlicher sozialer Akzentuierung – aufgegriffen und weiter durchgespielt: Büchner möchte lieber als Bettler »in Lumpen« auftreten denn als Bittsteller »im Frack«, lieber ein Straßenräuber sein als sich
im Dankeszeremoniell eines Gnadenakts demütigen.

Psychologisch gesehen, ist die »stilisierte Gebärde« distanzierender
Selbstfiktionalisierung sicher auch »Bestandteil einer wirksamen Überle-
bensstrategie« (Schwann J 22, S. 204). Aber die hier skizzierten Briefanaly-
sen haben den Nachweis erbracht, daß sie – ganz unabhängig von Persuasionsstrategien und der jeweiligen Bezugsperson – *integraler Bestandteil* von
Büchners Briefstil ist. In den Briefen an Gutzkow, den einzigen seiner Korrespondenten mit entsprechendem literarischem und stilistischem Horizont, ist der Fiktionalisierungsanteil der erhaltenen früheren Briefe erwar-
tungsgemäß hoch. Hierzu der Wortlaut von 397f./102, in dem Büchner
sich arbiträr mit seiner ungewissen Zukunft befaßt und diese in zumindest
fünf verschiedenen Rollensketchs fast wie musikale Variationen eines Themas anspielt. Gutzkow erkennt zwar die komplexe Bildlichkeit der Texte,
schreibt sie aber der Notlage (»daher das Pistol und die unschuldige Ban-
ditenphrase«) bzw. der jugendlichen Bilderfülle des Verfassers zu: »Der
wilde Geist in diesen Briefen ist die Nachgeburt Dantons. [...] Der Ausdruck ist ihm wichtiger als die Sache« (Nachruf im *Telegraph* A 10,9).

In den letzten drei erhaltenen Briefen ändert sich jedoch die Stillage.
Der Wendepunkt ist 420/137. Dieser Brief vom Ende November 1835,
der Gutzkow Stoebers *Alsa-Bilder* empfiehlt, ist, im Hinblick auf sein An-
liegen und auf Büchners Liebe zum Elsaß, kaum literarisiert. Sogar der

Schlußsatz (der wiederum mit dem Schlußabschnitt von 422ff./141 an die Eltern zum »Christkindelsmarkt« korrespondiert) beläßt den flüchtigen Ansatz zur Fiktionalisierung im Konjunktiv und schließt mit der Feststellung: »so aber friert man erbärmlich« (420/137). Man wird kaum fehlgehen, wenn man sie konkret auslegt: es ist winterlich kalt, Büchner praktisch mittellos. Darauf spielt auch schon die Klartextpassage des Briefs von Mitte März an: »Aber sie sollen noch erleben, zu was ein Deutscher nicht fähig ist, wenn er Hunger hat« (397/102). Der nächste erhaltene (423f./144) sowie ein weiterer, erschlossener Brief raten dem inzwischen seine Haftstrafe in Mannheim verbüßenden Gutzkow dringend zur Flucht aus Deutschland. Dieser möchte den Rat »noch nicht befolgen«. Die »deutschen Affairen« der jüngsten Zeit (Verordnungen des Bundestags, den Schlag gegen das Junge Deutschland) umschreibt er so: »Eine Kette von Nichtswürdigkeiten und Dummheiten: die gänzliche innre Auflösung Deutschlands charakterisierend« (429/148). Danach folgt eine vier Monate lange Pause in der Korrespondenz, in der Büchner seine »Abhandlung« (*Mémoire sur le système nerveux du barbeau*) verfaßt, druckfertig macht und an seinem Lustspiel arbeitet. Sein Schweigen erklärt er Anfang Juni 1836 (439f./156). Gutzkow antwortet postwendend am 10. 6. Dann bricht die Korrespondenz ab.

Zwei divergente Persuasionsstrategien durchziehen den Briefwechsel. Gutzkow versucht, Büchner über das Hugo-Projekt hinaus zu literarischen Arbeiten zu bestimmen. Büchner argumentiert politisch. Gutzkow geht darauf nur flüchtig und indirekt ein. Derart ergibt sich der Eindruck sich überkreuzender kommunikativer Strategien, die nicht erst am Ende »nicht mehr argumentativ aufeinander bezogen« (Mayer N 4, S. 262) sind, sondern schon früher am jeweiligen Adressaten vorbeigreifen. Zentrale politische Äußerungen Büchners sind überliefert. In seinem Brief vom 17. 3. 1835 rät Gutzkow Büchner die Teilnahme an seinem subversiven literarischen Aufklärungsprogramm: »Treiben Sie wie ich den Schmuggelhandel der Freiheit: Wein verhüllt in Novellenstroh, nichts in seinem natürlichen Gewande: ich glaube, man nützt so mehr, als wenn man blind in Gewehre läuft« (398/104). Büchner antwortet mit einer glasklaren Einschätzung der politischen Lage und mit seiner neobabouvistischen Position des »einzige[n] revolutionäre[n] Element[s]« im Kampf zwischen Arm und Reich: »Die ganze Revolution hat sich schon in Liberale und Absolutisten geteilt und muß von der ungebildeten und armen Klasse aufgefressen werden; das Verhältnis zwischen Armen und Reichen ist das einzige revolutionäre Element in der Welt [...] Ein *Huhn* im Topf jedes Bauern macht den gallischen *Hahn* verenden« (400/106; zu Büchners Einschätzung der »Liberalen« vgl. B S. 463; zu den »Absolutisten« vgl. unten S. 111). Der Brief ist intertextuell bezogen auf das Fragment vom Sommer (?) 1835 an Wilhelm Büchner:

»Ich habe mich seit einem halben Jahre vollkommen überzeugt, daß Nichts zu tun ist, und daß Jeder, der *im Augenblicke* sich aufopfert, seine Haut wie ein Narr zu Markte trägt. [...] ich weiß, wie schwach, wie unbedeutend, wie zerstückelt die liberale Partei ist [...]« (402/103); vgl. auch die Intertextualität mit dem frühen Fragment vom Juni 1833: »[...] daß nur das notwendige Bedürfnis der großen Masse Umänderungen herbeiführen kann« (369/35).

Im letzten erhaltenen Fragment Büchners an Gutzkow vom Anfang Juni 1836, einem der wichtigsten Briefzeugnisse, übt er auf der Grundlage seines materialistischen Weltbilds prinzipielle Kritik an der jungdeutschen Position:

»Übrigens; um aufrichtig zu sein, Sie und Ihre Freunde scheinen mir nicht den klügsten Weg gegangen zu sein. Die Gesellschaft mittelst der *Idee*, von der *gebildeten* Klasse aus reformieren? Unmöglich! Unsere Zeit ist rein *materiell*, wären Sie je direkter politisch zu Werke gegangen, so wären Sie bald auf den Punkt gekommen, wo die Reform von selbst aufgehört hätte. Sie werden nie über den Riß zwischen der gebildeten und ungebildeten Gesellschaft hinauskommen.« (440/156) [zur Verwendung des Begriffs »materiell« vgl. MHL S. 61ff.].

Obgleich er vorerst konziliant nur die *Modalitäten* dieser Position (den »Weg«) kritisiert, fährt er dann ohne Umschweife fort:

»die gebildete und wohlhabende Minorität, so viel Concessionen sie auch von der Gewalt für sich begehrt, wird nie ihr spitzes Verhältnis zur großen Klasse aufgeben wollen. Und die große Klasse selbst? Für die gibt es nur zwei Hebel, materielles Elend und *religiöser Fanatismus*. [...] man muß in socialen Dingen von einem absoluten *Rechts*grundsatz ausgehen, die Bildung eines neuen geistigen Lebens im *Volk* suchen und die abgelebte moderne Gesellschaft zum Teufel gehen lassen.« (ebd.) [Mit dem Erwecken eines geistigen Lebens »im Volk« schließt Büchner sicher an das jakobinische, u.a. von St. Just, den Pariser Sektionen und Babeuf vertretene Programm einer *éducation commune* an.]

Der Affront gegen Gutzkow ist ebenso unübersehbar wie die politische Kluft, die die Korrespondenten trennt. Gutzkow antwortet umgehend versöhnlich am 10. 6. 1836 (mit einer interessanten poetologischen Beobachtung von Büchners »Force« in Form seiner medizinischen »Autopsie«) und erklärt seine »Resignation« unter Berufung auf die »heutigen« Verhältnisse, »wo die Massen schwach sind und das Tüchtige nur aus runden und vollkommenen Individualitäten geboren werden kann« (441/157). Unter dieser Einschätzung versteht sich sein kaum vedeckter Rat an Büchner von selbst, politische »Berührungen« in der Schweiz zu vermeiden. Die Büchner-Korrespondenz und ihre spätere Edition ist auch ein Stück Wirkungsgeschichte in der durch Traumatisierung und Erniedrigung erschütterten Biographie des ja nur gute zweieinhalb Jahre älteren Zeitgenossen Gutzkow, auf das hier nicht eingegangen werden kann.

Die Lektüre der Büchnerbriefe, wie sie hier teilweise als dekonstruktives Verfahren praktiziert wurde – eine Lektüre ›gegen den Strich‹ von Chronologie und Biographie – führt wieder zum Befund der immer aufeinander einwirkenden und in die Dichtungen übergreifenden Intertextualität zurück. Gerade im Hinblick auf die heißdiskutierten politischen Positionen – das ist hier gezeigt worden – geben die Briefe sehr viel her. Ein genaues Lesen ist Voraussetzung für jede Annäherung an Büchner. Es könnte durchaus dazu verhelfen, »die mühselige Interpretationsakrobatik nicht stets zu wiederholen« (Sengle G 20, S. 300). Durchweg erstaunt dabei die »Aktualität« (Benjamin) dieser Texte: »Büchners Briefe lesend, muß man sich mitunter mit Gewalt erinnern, daß es nicht die eines Zeitgenossen sind« (Braun N 3, S. 11). Nicht nur ihre Ästhetik besticht immer wieder von neuem, auch die politischen Positionen sind heute so brisant wie damals: »Solange eine Gesellschaft, sie mag mittlerweile wie immer heißen, auf Gewalt beruht, [...] bedarf es der Gegengewalt, sie zu verändern« (ebd. S. 13). Rudi Dutschkes letztes Manuskript, der große Essay zu Büchner und Peter-Paul Zahl, ist einer der wichtigsten und sicher in vieler Hinsicht der anrührendste Text in der Spätrezeption der Briefe.

2.   »Der Hessische Landbote«

Politische Flugschrift. Entstehung: März bis Juli 1834. Verändernde, nicht autorisierte Bearbeitung durch Friedrich Ludwig Weidig. Handschrift nicht erhalten. Druck: *Der Hessische Landbote. Erste Botschaft. Darmstadt, im Juli 1834* [Offenbach: Karl Preller] (A 10,1). Ein zweiter, abermals redigierter und nicht von Büchner autorisierter Druck: *Der hessische Landbote. Erste Botschaft. Darmstadt, im Nov. 1834* [Marburg: N. G. Elwert; illegal von Rühle besorgt] (A 10,2). Zur Textlage: Schaub B 8, S. 36ff.; B 20, S. 194ff.; PW 2 S. 804ff.; zur Textkritik Holmes F 8. Zitiert wird der *Hessische Landbote* nach B 20/PW 2.

2.1   Entstehung, Voraussetzungen, Textlage und Quellen

Büchners Krise der Wintermonate 1834 (vgl. oben S. 19f., 54ff.) endet mit der Gründungsphase der Gießener »Gesellschaft der Menschenrechte«, also »unmittelbar nach dem 9.-12. März« (MC S. 373). Die »Gesellschaft« orientiert sich am Vorbild der »Société des Droits de l'Homme et du Citoyen«, die mit der politischen eine soziale Revolution anstrebt und in der seit dem Herbst 1833 neobabouvistische Tendenzen dominieren.

Um die Jahreswende hat Büchner wohl Weidig kennengelernt. Von hier aus ist seine direkte Beteiligung an der oberhessischen Oppositionsbewegung nur eine Frage der Zeit. Die Briefzeugnisse belegen den Prozeß der politischen Bewußtwerdung vom ersten Straßburger Aufenthalt bis hin zum Entschluß zur revolutionären Aktion (vgl. v.a. um den 6. 4. 1833 [366f.]; 30. 5. 1833 [367f.]; Juni 1833 [369]; 9. 12. 1833 [375ff.]; Mitte Januar 1834 [377f.]; Februar 1834 [378ff.]; Mitte März 1834 [382f.], dann noch um den 30. 3. 1834 [385f.]). Entscheidende Verweispunkte finden sich im zentralen Gesetz/Gewalt-Brief (366f.), im Fragment vom Juni 1833: »[...] daß nur das notwendige Bedürfnis der großen Masse Umänderungen herbeiführen kann« (369), im »Aristokratismus«-Brief (378ff.) und im »Knecht mit Knechten«-Brieffragment: »Ich komme nach Gießen in die niedrigsten Verhältnisse, Kummer und Widerwillen machen mich krank« (385f.).

Zwei der Stellungnahmen, die seine politische und revolutionäre Position und *retroaktiv* gewisse gedankliche Voraussetzungen des *Landboten*-Projekts umreißen, finden sich im Briefwechsel mit Gutzkow. Da sie oben bereits analysiert wurden, muß ein kurzer Auszug genügen: »das Verhältnis zwischen Armen und Reichen ist das einzige revolutionäre Element in der Welt, der Hunger allein kann die Freiheitsgöttin und nur ein Moses, der uns die sieben ägyptischen Plagen auf den Hals schickte, könnte ein Messias werden. Mästen Sie die Bauern, und die Revolution bekommt die Apoplexie« (400; aus Straßburg, 1835) und: »Und die große Klasse selbst? Für die gibt es nur zwei Hebel, materielles Elend und *religiöser Fanatismus*. Jede Partei, welche diese Hebel anzusetzen versteht, wird siegen« (440; Anfang Juni 1836). Zu bedenken ist allerdings, daß die Sätze *im Rückblick* auf das Resultat der *Landboten*-Aktion formuliert sind. Weiterhin ist offenkundig, daß Büchner *selbst* nie auf religiösen oder irgendwelchen anderen »Fanatismus« setzt.

Im Straßburg der Jahre unmittelbar nach der Juli-Revolution von 1830 – einer Revolution, die schon mehr als »einen Hauch von Klassenkampf« (Helmut Böhme) trägt – erkennt Büchner, daß nur der Kampf der Klasse der Besitzlosen gegen die der Besitzenden als revolutionäre Dynamik die bestehenden Unterdrückungs- und Ausbeutungsverhältnisse beseitigen könnte. Dies ist, auf die einfachste Formel gebracht, seine politische Theorie, die dann, wenn auch nicht unverwässert, in die Flugschrift eingeht.

Der Plan zur Abfassung einer Flugschrift, die sich in erster Linie an die oberhessische Landarmut wenden will, wird von Büchner in der Gründungsphase der Gießener »Gesellschaft« gefaßt und mit Weidig sowie den anderen Mitgliedern der Gruppe vereinbart (zu den Ereignissen um den *Landboten* und den politischen Positionen Büchners nach wie vor maßgeblich: T.M. Mayer MC, MHL, K 17, P 9, P 10; vgl. auch Schaub

B 8; B 20, S. 181ff.; H S. 275ff.; die Verhöraussagen Beckers in: Noellner P 1, S. 420ff.; vgl. PW 2 S. 646ff.; zu Noellner und den Strafverfolgungen vgl.: Reinhard Görisch/Thomas Michael Mayer [Hgg.]: *Untersuchungsberichte zur republikanischen Bewegung in Hessen 1831-1834.* Frankfurt/M. 1982; sowie KM S. 89ff.). Während seines ersten Straßburger Aufenthalts und danach hat Büchner ein breites Spektrum politischer Flugschriftenliteratur rezipiert, das von dem dialogisch strukturierten Flugblatt *Gradaus! Eine Volksschrift in Gesprächen* Ehrenfried Stoebers über saint-simonistische und neobabouvistische Texte, wie etwa Charles-Antoine Testes (1783-1848) *Projet de constitution républicaine et Déclaration des Principes fondamentaux de la Société, précédés d'un exposé des motifs* (1833), die darauf gestützte *Erklärung der Menschen- und Bürgerrechte* des Pariser »Deutschen Volksvereins« (Februar 1834) und vorher schon Blanquis in deutscher Übersetzung (KM S. 95f.) in Straßburg 1832 veröffentlichte Verteidigungsrede im »Procès des Quinze« reicht. Mit dem deutschen, spezifisch dem hessischen Flugschriftenkontext von Friedrich Wilhelm Schulz' anonym veröffentlichten *Frag- und Antwortbüchlein über Allerlei was im deutschen Vaterlande besonders Noth tut. Für den deutschen Bürger- und Bauersmann.* Frankfurt/M. 1819 (B 20, S. 77ff.); *Das Testament des deutschen Volksboten. Ein Buch für Bürger, Bauern und Andere, die es lesen wollen* (Offenbach 1833) über Weidigs *Leuchter und Beleuchter für Hessen, Oder der Hessen Nothwehr* bis zu dem ab Januar 1834 erscheinenden *Bauern-Conversations-Lexicon* ist Büchner vertraut (zum Flugschriftenkontext Ruckhäberle K 7, K 8; zur hessischen Misere KM S. 127ff.; Schaub B 8, S. 90ff. sowie die Beiträge von Eckhart G. Franz und Michael Keller in: E 7). Als Muster einer auf periodisches Erscheinen angelegten Schrift dient sicher der von Weidig besorgte *Leuchter und Beleuchter.* nicht in der Tendenz, so doch im Hinblick auf die angesprochene Zielgruppe der verarmten oberhessischen Landbevölkerung sowie auf die schlagartig rasche, schwerpunktmäßige Verteilung.

Büchners Text ist bis Ende März 1834 entstanden. Weidig, der zu den Abonnenten des Kompendiums zählt, überläßt ihm früher das statistische Quellenmaterial in Form von Georg Wilhelm Justin Wagners *Statistisch-topographisch-historische Beschreibung des Großherzogthums Hessen. Vierter Band: Statistik des Ganzen.* Darmstadt 1831. Büchner kennt Wagner schon aus dem Gymnasialunterricht (PW 2 S. 724, 731, 826f.). Argumentationsgrundlage der Flugschrift ist die statistische Auflistung des Staatshaushalts, und, darauf gegründet, der Nachweis der gewaltsamen fiskalischen Ausbeutung der Landbevölkerung. Büchner hat sich diesen Agitationsmodus von Babeuf und insbesondere von Blanqui, vielleicht auch in der Flugschrift *Unser Glück* der »pfälzischen Liberalen Friedrich Schüler und Philipp Jakob Siebenpfeiffer« (Schaub P 8) angeeignet. Hierauf beständig bezogen ist die biblische Persuasionsstrategie des Texts. Die

Aussagen Adam Kochs im 1842 vorgelegten *Bericht der Bundes-Zentralbehörde* über die »Gesellschaft der Menschenrechte« belegen diese Position Büchners zum Zeitpunkt der Erarbeitung des *Hessischen Landboten* 1834:

> »Georg *Büchner* [...] betrachtete eine republikanische Verfassung als die einzige, der Würde des Menschen angemessene [...] als Mittel zur Erreichung dieses Zwecks [Errichtung einer Republik] bezeichnete er [Büchner] die Verbreitung von in diesem Sinne verfaßten Flugschriften und die durch diese zu erreichende Einwirkung auf die niederen Volksclassen, indem er der Ansicht war, das materielle Elend des Volks sey es, wo man den revolutionären Hebel der geheimen Presse ansetzen müsse; die aus ihr hervorgegangenen Flugschriften müßten ihre Ueberzeugungsgründe aus der Religion des Volks hernehmen, in den einfachen Bildern und Wendungen des neuen Testaments müsse man die heiligen Rechte der Menschen erklären« (B 20, S. 125). [Man beachte die differenzierte Formulierung »Ueberzeugungsgründe aus der Religion des Volks« (die durchaus von Büchner stammen könnte), die nichts mit »Fanatismus« gemein hat.]

Die Intertextualität mit den oben zitierten politischen Briefpassagen Büchners ist frappant. Auch die vom Georgi-Nachfolger Noellner protokollierten Aussagen Beckers zu Büchner belegen exakt diesen intertextuellen Bezug:

> »Soll jemals die Revolution auf eine durchgreifende Art ausgeführt werden, so kann und darf das bloß durch die große Masse des Volkes geschehen, durch deren Ueberzahl und Gewicht die Soldaten gleichsam erdrückt werden müssen. Es handelt sich also darum, diese große Masse zu gewinnen, was vor der Hand nur durch *Flugschriften* geschehen kann. [...] Sollte es den Fürsten einfallen, den *materiellen Zustand des Volkes* zu *verbessern*, [...] *dann ist die Sache der Revolution* [...] *in Deutschland* auf immer *verloren* [...] Die Tendenz der Flugschrift läßt sich hiernach vielleicht dahin aussprechen: sie hatte den Zweck, die *materiellen Interessen* des *Volks* mit denen der *Revolution zu vereinigen*, als dem einzigen möglichen Weg, die letztere zu bewerkstelligen« (ebd. S. 421f.; B 20, S. 105ff.).

Die in der Forschung lange für ein Novum gehaltene agitatorische Verwendung statistischer Daten ist keineswegs Büchners Erfindung. Ihre *konsequente persuasive Integration* in den Text ist jedoch neu: »Im Unterschied aber zu allen Flugschriften und Publikationen, die finanzstatistisch argumentierten, machte Büchner davon nicht nur punktuellen Gebrauch, sondern nahm die fiskalische Ausbeutung zum Ausgangspunkt« (H S. 290) und führt diese Wirkungsstrategie durch – bis dem Punkt, wo sie sich in der von da an zusehends dominierenden Textschicht Weidigs verliert (22,1/60,4; greifbar noch in 26,31-34/62,31-34; 32,34f./65,19f. und 36,4f./65,34f.). Zudem stellt sie eine direkte Verbindung zu seinen französischen Vorbildern im Neobabouvismus her. Büchner reist Ende März nach Straßburg. Dort rezipiert er weitere Texte aus dem Umkreis Testes

und Blanquis, »egalitaristische und frühkommunistische Gesellschafts-
theorien«, die sowohl in der Gießener als auch in der im April 1834 begründeten Darmstädter Sektion der »Gesellschaft der Menschenrechte«
»diskutiert« (KM S. 144) werden. Unterdessen hält Becker das Manuskript in Gießen versteckt. Er fertigt eine Reinschrift an, die dann von
Büchner durchgesehen wird. Becker und Clemm bringen sie dann zu
Weidig nach Butzbach. Von diesem Augenblick an nimmt das Geschick
der Flugschrift seine abenteuerliche Wendung, die nicht nur Büchner
selbst, sondern der Büchnerphilologie zu schaffen gemacht hat. Weidig
erhebt Einwände, wenn nicht gegen den Inhalt, so doch gegen die klas-
sendifferenzierende Stoßrichtung. Seine Befürchtung, nach der Aussage
Beckers: »daß die konstitutionellen Revolutionärs [!] sich von uns trennen
würden, wenn sie die heftigen Invektiven gegen die Reichen läsen, und
daß daher diese, sowie auch die Ausfälle gegen die landständische Opposition ausgelassen und durch Anderes ersetzt werden müßten.« (MHL S.
163). Auszüge aus Beckers Verhören illustrieren die Tendenz der Weidigschen Bearbeitung:

> »[...] daß bei solchen Grundsätzen kein ehrlicher Mann mehr bei uns aushalten
> werde. (Er meinte damit die Liberalen) [...] Indessen konnte *Weidig* der Flug-
> schrift einen gewissen Grad von Beifall nicht versagen und meinte, sie müsse
> *vortreffliche Dienste* thun, wenn sie verändert werde. Dieß zu thun, behielt er
> sie zurück *und gab ihr die Gestalt, in welcher sie später im Druck erschienen ist.*
> Sie unterscheidet sich von dem Originale namentlich dadurch, daß an die
> Stelle der *Reichen*, die *Vornehmen* gesetzt sind und daß das, was gegen die s. g.
> *liberale* Partei gesagt war, weggelassen und mit Anderem, was sich bloß auf die
> Wirksamkeit der constitutionellen Verfassung bezieht, ersetzt worden ist, wo-
> durch denn der Charakter der Schrift *noch gehässiger* geworden ist [...] *Die
> biblischen Stellen so wie überhaupt der Schluß,* sind von Weidig« (Noellner P 1,
> S. 423; B 20, S. 109).

Ob Weidig »gleichzeitig entzückt und entsetzt« (H. Mayer G 6, S. 178)
ist, wissen wir nicht. Tatsache ist, daß seine Einwände primär taktischer
Natur sind. Denn im Gegensatz zu Büchner hofft er auf eine große Koalition aller oppositioneller Kräfte – unter Einbeziehung des republikanischen Bürgertums – für die angestrebte revolutionäre Erhebung. Büchners
Text steht dem entgegen. Weidig unterzieht ihn einer drastischen Überarbeitung. Den Aussagen Beckers zufolge kommt es zu heftigen Diskrepan-
zen zwischen Büchner und Weidig. Über Büchners kritisches Verhältnis
zum Liberalismus gibt das Briefkapitel (oben S. 65ff.) Auskunft. Weidig
hält er entgegen, »es sei keine Kunst, ein ehrlicher Mann [ein Liberaler]
zu sein, wenn man täglich Suppe, Gemüse und Fleisch zu essen habe«
(Noellner P 1, S. 423; B 20, S. 109). Diese Differenzen spitzen sich bei
dem geheimen Treffen der oppositionellen Gruppen am 3. 7. 1834 auf
der Badenburg bei Lollar zum offenen Konflikt zu. Neben strategischen

Fragen der Verbreitung illegaler Flugschriften, über die man sich einigen
kann, wird die ideologische Differenz der verschiedenen Lager offenbar.
Weidigs »kleinbürgerlich philanthropische Vorstellungen von einer quasi-
jakobinischen, brüderlichen Harmonie der verschiedenen bürgerlichen
und subbürgerlichen« oppositionellen Klassen wird flankiert rechts von
dem »bourgeoisrepublikanische[n] Revolutionarismus« (MHL S. 381) der
besitz- und bildungsbürgerlichen Demokraten um Eichelberg, links dagegen von der egalitaristischen Position Büchners und Clemms.

Weidig als »Integrationsfigur« (Hauschild) in der oberhessischen Oppositionsbewegung nimmt eine Mittlerrolle ein in dieser heterogenen und
schwankenden Koalition. Er setzt sich mit seiner Überarbeitung der Flugschrift durch. Dieser Text, nunmehr durch Mehrheitsbeschluß sanktioniert, wird am 5. 7. 1834 von Büchner und Schütz in Butzbach abgeholt
und nach Offenbach zum Drucker Preller gebracht. Büchner, so Becker,
über die Veränderungen Weidigs »außerordentlich aufgebracht« und nicht
mehr willens, die Flugschrift »als die seinige an[zu]erkennen« (B 20, S.
110), beteiligt sich dennoch aktiv an den weiteren Stadien des Projekts.
Das ist festzuhalten. Denn dieser »Mischmasch« (H. Mayer), das erzwungene Gemeinschaftsprodukt wider Willen Büchners in Form der zumindest stellenweisen Reduktion einer blanquistisch antikapitalistisch-klas-
senkämpferischen Agitation auf eine moderat antikapitalistische, militant
antimonarchistische Streitschrift bildet von nun an *einen* Text und *eine*
Wirkungseinheit: »er ist Büchner und Weidig in einem, Koalitionspolitik
und kompromißlose Frontstellung zur gleichen Zeit« (H. Mayer, G 6, S.
179). Daß er immer noch »alles andere als ein eigentumsfreundlicher, ›liberaler‹ Text« (T.M. Mayer K 17, S. 178) ist, haben die Behörden durchaus erkannt.

Bei Preller wird der *Hessische Landbote* ausgedruckt und von Schütz,
Minnigerode und Zeuner zu den intendierten Verteilungsstellen transpor-
tiert. Minnigerode wird, unmittelbar nach dem Verrat Kuhls, bereits am
1. 8. 1834 verhaftet. Die verbleibenden Exemplare der Flugschrift werden
im August/September verteilt. Offenbar ist die Resonanz so stark, daß
noch im November 1834 der von Leopold Eichelberg abermals bearbeite-
te, von Ludwig August Rühle bei Elwert in Marburg besorgte zweite
Druck erfolgt (MC S. 377ff.; Schaub MA S. 444f.).

An Versuchen der Differenzierung zwischen den Anteilen von Büchner und Weidig in der Textgestalt der Flugschrift hat es nicht gefehlt.
Nicht ohne Einschränkungen und einen abgesicherten Stellenkommentar
vertretbar ist die durch verschiedene Drucktypen gekennzeichnete editorische Hervorhebung der mutmaßlichen Autorenanteile (B S. 333-345), da
sie einen philologischen Befund vorgibt, der in dieser Form nicht existiert. Keine der Handschriften ist erhalten. Zudem täuscht sie über die
im Endeffekt *erzwungene* Einheit des Texts als de facto »Gemeinschafts-

arbeit zweier Autoren« (Schaub B 8, S. 39) und als Wirkungsstruktur *im ganzen* hinweg. Denn aus Büchners Originaltext und den Veränderungen Weidigs im ersten, der Textschicht Weidigs und den Spuren Büchners im zweiten Teil ist ein komplexer, wenn auch nicht homogener Mischtext entstanden, der so und nicht anders seine Adressaten erreicht.

Dennoch sind, aufgrund der Zeugenaussagen und durch die philologische Analyse, gewisse Schlüsse auf die Herkunft von Einzelteilen möglich und legitim. Der Titel *Hessischer Landbote* stammt von Weidig (Bekker). Der Name »Bote« ist im Flugschriftenkontext der Zeit etabliert und suggeriert nach dem Muster des »Württembergischen Landboten« ein »harmlose[s] Bauernblättche[n]« (Schaub). Auch den »Vorbericht« hat man zumeist dem in der Flugschriftenpraxis erfahrenen Weidig zugeschrieben. Gerade aber in der Verfänglichkeit dieser Anweisungen könnte ein Indiz dafür liegen, daß er vielleicht doch »Büchners Handschrift« (Promies P 11, S. 89f.) trägt. Dafür könnte auch sprechen, daß er im Novemberdruck gestrichen wird. Mehr oder weniger stillschweigend ging man von der (nur auf Beckers Aussagen gegründeten [vgl. Noellner P 1, S. 420ff. wie oben]) Annahme aus, daß die Bibelzitate überwiegend aus der Feder Weidigs stammen. Dies ist keineswegs erwiesen. Weder kann an der Bibelfestigkeit Büchners Zweifel bestehen, noch an der von ihm intendierten Wirkungsabsicht der Flugschrift bzw. am zweifachen »Hebel«, den sie bei ihrer Zielgruppe ansetzt: »materielles Elend« und »Ueberzeugungsgründe aus der Religion des Volks«. Auch wenn Büchner mit der »Religion des Volks« auf lange Sicht vielleicht nicht »den eingefleischten und eingehirnten Christenglauben« (Promies ebd. S. 96) unterstützt hätte, so steht, vor allem wenn man die von der Flugschrift 1834 angesprochene hessische Landbevölkerung im Blick behält, vorerst eben keine aufgeklärtere Alternative zur Verfügung. Für sie ist die Bibel und die sonntägliche Predigt das einzige vertraute literarische Begriffssystem. Da die Bibelzitate vor allem im ersten Teil des Texts so fest in die materielle Persuasions- und Wirkstrategie der Flugschrift eingebunden sind, wird man Beckers Aussage mit Skepsis begegnen müssen (vgl. oben *Bericht der Bundes-Zentralbehörde*; B 20, S. 124ff.). Das Motto »Friede den Hütten! Krieg den Pallästen!« »tendiert zur babouvistischen Formel vom ›Krieg der Reichen gegen die Armen‹« (Ruckhäberle K 7, S. 225) und stammt von Büchner. Er hat es bereits viel früher in *Unsere Zeit* gefunden (Pabst Q 47, S. 264). Daß es über die Parole »Guerre aux châteaux! Paix aux chaumières!« (Nicolas Chamfort [1741-1794]) an die Große Revolution und ostentativ auch an fortbestehende jakobinische Traditionen anschließt, dürfte es bei Weidig und den Marburgern legitimiert haben.

Die Untersuchung T.M. Mayers kommt zu dem Schluß, daß der Text »nach dem genuin Büchnerschen Bild von den *Lampen, aus denen man mit dem Fett der Bauern illuminirt* [20,10f./59,15f.] [...] einen derart tie-

fen Bruch [verrät], daß sich vorstehend auf ein [...] überarbeitetes Manuskript Büchners schließen läßt, nachstehend auf ein integrales Manuskript
Weidigs« (MHL S. 267). Mit einem neuen Weidig-Porträt (»Weidig, der
die *Reichen* und die *liberale Partei* ebenfalls nicht sonderlich liebte«, vertritt »in etwa eine ›jakobinische‹ Position« [ebd. S. 244], sein »biblische[r]
wie zugleich rousseauistische[r]« Antikapitalismus berührt sich mit
»Büchners neobabouvistische[r] Opposition gegen den *Geldaristokatis-
mus*« [ebd. S. 273]) unterbaut Mayer detaillierte philologische und quellengeschichtliche Studien, die in einer historisch-kritischen Ausgabe für
eine urheberdifferenzierende Edition zu berücksichtigen sein werden (vgl.
dagegen PW 2 S. 807ff., 841). Die Texte Weidigs liegen gesammelt vor
(Hans-Joachim Müller [Hg.]: *Friedrich Ludwig Weidig: Gesammelte Schriften.* Darmstadt 1987). Zusammenfassend lassen sich die differenten Textschichten der Flugschrift mit T.M. Mayer so umreißen: Weidigs Text-
anteile erscheinen »als eine in sich homogene Schicht moralischer
Anprangerung und revolutionstheologischer Begründungen«, die auch gezielte Invektiven auf »Volksverräter«, »meineidige Männer«, »Heuchler«,
»feige Memmen« in die Argumentation einbezieht. Er »durchsetzte den
Text mit einem systematischen Zusammenhang revolutionseschatologi-
scher Bibelzitate« und »legitimierte das auch für ihn im wesentlichen sozial und politisch begründete Widerstandsrecht« [...] »spezifisch theologisch
bzw. häretisch« (K 17, S. 176f.). Büchners Argumentation dagegen muß
im Originaltext auf die konsequente Propagierung einer egalitären Güterverteilung abgezielt und die Landstände »als die künftig herrschende
›Geldaristokratie‹ porträtiert haben« (ebd.). Ihm geht es um die *materiellen* Grundlagen der Ausbeutung (»Unsere Zeit ist rein *materiell*« [440])
und um den institutionalisierten Zusammenhang von *Gesetz* und *Gewalt*,
der diese Ausbeutung überhaupt erst ermöglicht. Im folgenden wird der
Versuch unternommen, bei der Analyse des Texts den Spuren des Büchnerschen Diskurses im Konglomerat des *Hessischen Landboten* weiter
nachzugehen, so wie sie sich in dem Büchner-Weidigschen Mischtext –
gleichsam wie sich überlagernde Relikte zweier verschiedener Kulturen am
gleichen Ausgrabungsort – ausmachen lassen. Dies ist ebenso sehr ein ar-
chäologisches wie ein philologisches Unternehmen. Zunächst aber noch
zu einigen Grundsatzfragen.
    Über Büchners Motive für die Abfassung einer Flugschrift sagt Becker
aus:

> »*Büchner*, der bei seinem mehrjährigen Aufenthalte in Frankreich das deutsche
> Volk wenig kannte, wollte [...] sich durch diese Flugschrift überzeugen, in wie
> weit das *deutsche Volk* geneigt sei, an einer *Revolution* Antheil zu nehmen. [...]
> wollte er vor der Hand nur die Stimmung des Volks und der deutschen Revo-
> lutionärs erforschen« (Noellner P 1, S. 424; B 20, S. 111f.).

Sicher ist die Aktion auch ein Test. Aber für Büchner geht es um mehr.
Das »eherne Gesetz« zu erforschen, das der scheinbaren Fatalität geschichtlicher und revolutionärer Entwicklungen zugrunde liegt (zur Deutung des »Fatalismusbriefs« Mitte Januar 1834 vgl. oben S. 18f.; MHL
S. 88ff.; PW 2 S. 1101ff.), ist ihm ebenso wichtig wie ein Akt der Solida-
risierung mit der notleidenden Landbevölkerung Hessens. Büchner ist sich
der Tatsache bewußt, daß die Flugschrift *allein* keine sofortige revolutionäre Erhebung hervorrufen würde. Er sieht sie aber sicherlich als einen
Schritt in Richtung Emanzipation der »großen Masse«. Ebenso ist ihm
das Risiko seiner Aktion klar. Dafür spricht die im überlieferten Briefkon-
text kryptische Andeutung »die gewisse Aussicht auf ein stürmisches Leben, vielleicht bald auf fremdem Boden« (383) im März 1834 an Wilhelmine Jaeglé. Bedenkt man all diese Faktoren, dann beantwortet sich die
Frage, warum er den Text trotz der radikalen Überarbeitung Weidigs zum
Druck freigibt, geradezu von selbst: der Kompromiß liegt ihm näher als
die Resignation. Außerdem trifft zu, daß mit dem *fait accompli* einer
nunmehr mehrheitlich gebilligten Flugschrift »eine Rücknahme der Text-
›genehmigung‹ außerhalb jeder Diskussion und Möglichkeit gestanden
haben dürfte« (T.M. Mayer K 17, S. 176). Büchners weiterer Aktionsplan
sieht mit zukünftigen »Botschaften« der Flugschrift ohnehin eine Kampagne voraus, in deren Verlauf er sich von der Gängelei Weidigs lösen
könnte. Noch im Herbst/Winter 1834/35 drängt er mit der Darmstädter
Sektion der »Gesellschaft« auf die Anschaffung einer modernen Druck-
presse. Bei zukünftigen Flugschriftenaktionen mit eigener Presse wäre sein
Handlungsspielraum ungleich größer gewesen.

Rückschlüsse auf die im *Originaltext* Büchners vertretenen Positionen
finden sich bei MHL im Detail. Im Rahmen dieser Analyse müssen
Stichworte genügen. Wilhelm Schulz verweist auf den für Büchner zentralen materiellen und intellektuellen Gegensatz von Arm und Reich als
Ursache aller gesellschaftlichen Mißstände:

> »Sie [Büchners Kennzeichnung als »Socialist«] ist dagegen vollkommen rich-
> tig, wenn man, wie man sollte, alle Diejenigen Socialisten heißt, die in der
> ungleichen Vertheilung der materiellen *und* geistigen Güter, die vor Allem in
> den schneidenden Gegensätzen des Reichthums und der Armuth die Quelle
> *aller* Uebel erkennen und darum auf's tiefste überzeugt sind, daß ohne radika-
> le Besserung von diesem Punkte aus immer und immer nur vom Läppchen
> in's Tüchelchen gewickelt wird.« (Grab K 15, S. 73)

Büchners Anschluß an blanquistische und andere neobabouvistische
Theorien, die er in Straßburg rezipiert, sei durch einige kurze Exzerpte
belegt, die als Bezugspunkte für den Argumentationsmodus und die gedankliche Struktur des *Hessischen Landboten* naheliegen:

aus Filippo Buonarroti: *Conspiration pour l'égalité, dite de Babeuf* [...]. (2 Bde.,
Brüssel 1828; Paris 1830; Paris 1957, II, S. 99ff.), aus der »Analyse der Lehre
Babeufs«: »Die Natur hat jedem Menschen ein gleiches Recht auf den Genuß
aller Güter gegeben« [...] »Die Natur hat jedem die Pflicht zu arbeiten aufer-
legt« [...] »Arbeiten und Genüsse müssen gemeinsam sein« [...] »Unterdrük-
kung herrscht, wenn der eine sich durch Arbeit erschöpft und an allem Mangel
leidet, während der andere im Überfluß schwimmt, ohne etwas zu tun« [...]
»Ungleichheit und Unterdrückung sind gleichbedeutend. Jemanden unterdrücken
heißt, ihm gegenüber ein Gesetz verletzen.« [...] »Jemanden unterdrücken bedeutet, entweder seine Fähigkeiten einzuengen oder seine Lasten zu erhöhen.
Genau das tut die Ungleichheit, die die Lebensgenüsse desjenigen vermindert,
dessen Pflichten sie vermehrt.« [...] »Unglück und Sklaverei kommen von der
Ungleichheit und diese vom Eigentum. Das Eigentum ist also die schlimmste
Geißel der Gesellschaft, es ist in der Tat ein Verbrechen an der Allgemeinheit.«
[...] »In einer wahren Gesellschaft darf es weder Reiche noch Arme geben.«
[...] »Das Ziel der Revolution besteht darin, die Ungleichheit zu vernichten
und das gemeinsame Glück wiederherzustellen.« [...] »Die Revolution ist nicht
beendet, denn die Reichen reißen alle Güter an sich und gebieten allein, wäh-
rend die Armen wie wahre Sklaven arbeiten, im Elend umkommen und im
Staate nichts zu sagen haben.« Zit. nach: Joachim Höppner/Waltraud Seidel-
Höppner: *Von Babeuf bis Blanqui. Französischer Sozialismus und Kommunismus
vor Marx.* 2 Bde. Leipzig 1975, II, S. 92ff.

aus Blanqui: *»Jawohl, meine Herren, dies ist der Krieg zwischen Reichen und Armen; die Reichen haben es so gewollt, denn sie sind die Angreifer.«* [...] »daß sie
[die Proletarier] von den Steuern zugunsten der Privilegierten erdrückt werden. *Die Privilegierten hingegen, die vom Schweiß des Proletariers in Saus und
Braus leben«* [...] »Dreißig Millionen Franzosen, die der Staatskasse anderthalb
Milliarden zahlen und den Privilegierten fast ebensoviel. Die Besitzenden aber,
die die ganze Gesellschaft mit ihrer Macht beschützen soll, das sind zwei- oder
dreihunderttausend Müßiggänger« [...] »Die Regierungsorgane wiederholen
mit Vorliebe, den Beschwerden des Proletariats stünden genügend Wege offen
und die Gesetze böten ihnen legale Mittel, um ihre Interessen durchzusetzen.
Das ist reiner Hohn. Da ist der Staatssäckel, der sie mit aufgesperrtem Rachen
verfolgt. Sie müssen arbeiten, Tag und Nacht arbeiten, um diesen unersättli-
chen Schlund fortwährend zu füllen, und noch froh sein, wenn ihnen einige
Brocken bleiben, um den Hunger ihrer Kinder zu betäuben.« Zit. nach Höpp-
ner/Seidel-Höppner, II, S. 509f. (vgl.: Louis-Auguste Blanqui: *Textes choisis.*
Paris 1955, S. 71ff.; Arno Münster [Hg.]: Louis-Auguste Blanqui: *Schriften
zur Revolution, Nationalökonomie und Sozialkritik.* Reinbek 1971; Auszüge aus
einer zeitgenössischen Übersetzung B 20, S. 90ff.).

Als Anregung aus dem Bereich der heimischen revolutionären Tradition dient
Schulz' *Frag- und Antwortbüchlein* [...] (B 20, S. 77f.; vgl. H S. 288), an das
sich die Argumentation der Flugschrift stellenweise deutlich anlehnt.

Bei alledem ist zu berücksichtigen, daß Büchner nicht daran gelegen sein
kann, im *Hessischen Landboten* seine politischen Überzeugungen in voller
Offenheit darzulegen. Eine unverhohlen eigentumsfeindliche Tendenz

verbietet sich im Hinblick auf die eigentumsbewußten angesprochenen Bauern von selbst. Im Vordergrund steht immer die *adressatenorientierte* Wirkungsstrategie des Texts.

2.2 Wirkungsstrategie und Bildlichkeit

Die Wirkungsstrategie der Flugschrift liegt für Büchner im zweifachen »Hebel« der statistisch nachgewiesenen, gewaltsamen fiskalischen Ausbeutung der Landbevölkerung und in dem im Eingangssatz (»Im Jahre 1834 siehet es aus, als würde die Bibel Lügen gestraft«) konjunktivisch ins Bild gebrachten ›idealen‹ Bezugsrahmen biblischer Autorität. Der für ihn entscheidende *materielle* Gegensatz zwischen Besitzenden und Besitzlosen bildet, auch wenn er terminologisch durch die Bearbeitung Weidigs abgeschwächt wird, *die durchgängige Argumentationsbasis der ersten Hälfte des Texts* bis hin zu 20,11/59,15f. Abgesehen also von Retuschen und »größeren neuformulierten Einschüben« (MHL S. 268) Weidigs scheint die erste Hälfte des *Hessischen Landboten* in Stil und Wirkungsstruktur – mit allen notwendigen Einschränkungen – ein vorwiegend authentischer Büchnertext. Man kann darüber hinaus den radikal egalitären und klassenkämpferischen Charakter des Originaltexts nur mutmaßen, wenn es zutrifft, daß Weidig »ihm [Büchner] gerade das, worauf er das meiste Gewicht gelegt habe und wodurch alles andere gleichsam legitimirt werde, durchgestrichen habe« (Becker nach Noellner P 1, S. 424; B 20, S. 110). Denn was Weidig stehen läßt, geht schon weit über den politischen Agitationshorizont der hessischen und süddeutschen Kampfschriften der Zeit hinaus. Mit 20,11/59,16 folgt ein theologischer Einschub Weidigs, der in der bildhaften Auferstehung Deutschlands als »Freistaat« (20,35f./60,3) gipfelt. Hierauf wird noch einmal unvermittelt die Büchnersche Strategie der fiskalischen Dokumentation aufgegriffen: »Für die Landstände 16,000 Gulden« (22,1/60,4). Das Argument hängt aber jetzt in der Luft und wird nicht, wie vorher, parteilich narrativ weiter ausgeführt (»Dafür habt ihr«, »Damit werden« etc.). Sondern es folgt der historische Exkurs zur Großen Revolution von 1789, mit oder wahrscheinlich nach dem die zweite, primär Weidig zuzuschreibende Textschicht einsetzt. Ein Bruch zwischen den zwei Textschichten liegt also genau an dieser Stelle: im *non sequitur* der statistischen Ziffer zu den Landständen.

Das wird bestätigt durch Beckers oben zitierte Aussage, daß Weidig darauf besteht, gerade die »Ausfälle gegen die landständische Opposition« zu streichen. Dieser Streichung fällt zunächst Büchners narrative Ausführung der Verwendung der »16,000 Gulden« zum Opfer. Mit den Streichungen beginnt Weidig dann, die entstandenen Lücken auszufüllen und lange Texteinheiten selbständig weiterzuschreiben. Hier entsteht ein differenter Kontext. Dies betrifft die historisch-theologischen Passagen des dominant Weidigschen Teils und das dort gegebene »heilsgeschichtlich-triadische Muster« (T.M. Mayer K 17, S. 177f.) und wohl auch den Schluß. Dennoch, das wird zu zeigen sein, bleiben Elemente der Büchnerschen Argumentation in der Weidigschen Schicht erhalten (vgl. PW 2 S. 811ff., 837-841). Damit verschiebt sich die Strategie des Textes im zweiten Teil zu Ungunsten des Hebels der materiellen Ausbeutung der »großen Masse« und zugunsten der revolutionstheologischen Komponente, die jetzt auch mit staatsrechtlichen und national-teleologischen Argumenten angereichert wird (zu der natürlich auch Büchner seit der Schulzeit bekannten 3. »Rede an die deutsche Nation« Fichtes vgl. PW 2 S. 838f.). Spuren der Büchnerschen Textschicht werden im zweiten Teil des *Landboten* sukzessive spärlicher. Ein Beispiel ist der spätere fiskalisch-polemische (und durchaus anti-konstitutionelle!) Argumentationssplitter zu den »Landständen«, der stehengeblieben sein muß und von Weidig abrupt seiner verfassungsrechtlichen Polemik anmontiert wird:

> »Was ist von Ständen zu erwarten, die an eine solche Verfassung gebunden sind? [...] Was ist von Ständen zu erwarten, die kaum die elenden Fetzen einer armseligen Verfassung zu vertheidigen vermögen! – Der einzige Widerstand, den sie zu leisten vermochten, war die Verweigerung der zwei Millionen Gulden, die sich der Großherzog von dem überschuldeten Volke wollte schenken lassen zur Bezahlung seiner Schulden.« (26,24ff./62,25ff.)

Im Bruch des Textes exakt beim Büchnerschen Angriff auf die Landstände liegt zugleich der ideologische Bruch in der oberhessischen Oppositionskoalition der Zeit: die nicht per Kompromiß zu schlichtende »Kontroverse um die Auslegung der Gleichheitsforderung« (P S. 73). Büchners Ablehnung eines »Geldaristokratismus« nach französischem Muster hätte ihn auf Dauer nicht mit Weidig, erst recht nicht mit den Marburgern um Eichelberg paktieren lassen. Das zeigen nicht zuletzt die Streichungen in der Novemberfassung, die nicht nur den »Vornehmen«, sondern der sprechenden Bildlichkeit Büchners und seinem Nachweis der gesetzlich sanktionierten Auspressung der Armen galten. Hier tut sich die Kluft auf zwischen Neobabouvismus und den verschiedenen Varianten des vormärzlichen Republikanismus: eine Kluft, die Büchner nie hätte überbrücken können. Hierzu noch einmal Beckers Aussagen:

> »Er [Büchner] glaubte nicht, daß durch die *constitutionelle* landständische Opposition ein wahrhaft freier Zustand in Deutschland herbeigeführt werden könne. Sollte es diesen Leuten [den Liberalen] gelingen, sagte er oft, die deutschen Regierungen zu stürzen und eine allgemeine Monarchie oder auch Republik einzuführen, so bekommen wir hier einen Geldaristokratismus wie in Frankreich, und lieber soll es bleiben, wie es jetzt ist.« (Noellner P 1, S. 425; B 20, S. 112) (Vgl. auch den Brief um den 6. 4. 1833: »Unsere Landstände

sind eine Satyre auf die gesunde Vernunft [...]« und weitere Bezugspunkte auf die dem Liberalismus entgegengesetzte Position Büchners [366].)

Eine Neulektüre des Texts kann also davon ausgehen, daß bei allen Abschwächungen in Terminologie und Substanz *im ersten Teil eine dominant Büchnersche Persuasions- und Wirkungsstruktur* vorliegt, *im zweiten eine dominant Weidigsche*. Letztere ist jedoch vom Duktus der Textschicht Büchners bei alledem noch immer stark geprägt, da sie einerseits auf die getilgte – d.h. im Endprodukt dem Leser nicht mehr sichtbare – ursprüngliche Struktur Büchners argumentativ aufbaut, andererseits Relikte dieser Struktur stehenläßt. Anders gesagt: ohne den gestrichenen Textanteil Büchners wäre die Weidigsche Textschicht *so* nicht ausgefallen. Als Subtext bleibt Büchners Anteil bis zur letzten Zeile wirksam. Die folgende kurze Analyse wird diesen Vorgang veranschaulichen. Sie beschränkt sich auf Aspekte der Bildlichkeit und bestimmte Diskurselemente, die im Briefkapitel entwickelt und mit Hinweisen zu Büchners politischen Positionen ergänzt wurden. Auf stilistische Kriterien wird von Fall zu Fall eingegangen.

Bereits in den ersten Sätzen der Flugschrift wird das klassenkämpferische Verhältnis zwischen den »Fürsten und Vornehmen« und dem »Volk«, spezifischer: den verarmten »Bauern« und »Handwerker[n]«, den Tagelöhnern und Gelegenheitsarbeitern abgesteckt. Entscheidend ist freilich die Differenz: Weidigs Substitution »Vornehme« für Büchners »Reiche« reduziert die gegnerische Klasse auf den Adel, größere Landbesitzer, Offiziere und das Beamtentum und nimmt somit den »Geldaristokratismus« aus. Durch den konjunktivisch »elastisch« (Klotz) eingebrachten Bezugsrahmen biblischer Autorität (»siehet es aus, als«) wird der Leser unmittelbar in den Argumentationsduktus einbezogen. Dieser Bezugsrahmen wird im folgenden durch biblische Verweise beständig aktiviert. Die häretische Umbiegung der Genesis durch den gesellschaftlichen Tatbestand (»als hätte Gott die Bauern und Handwerker am 5ten Tag, und die Fürsten und Vornehmen am 6ten gemacht«) betont den radikalen Klassengegensatz, der auch nach Aufhebung der Leibeigenschaft im Großherzogtum (1812, in Preußen schon 1807, in Württemberg 1817, in Bayern 1818) durch fiskalische Auspressung weiterbesteht: »und als hätte der Herr zu diesen gesagt: Herrschet über alles Gethier, das auf Erden kriecht, und hätte die Bauern und Bürger zum Gewürm gezählt« (6,24ff./53,24ff.). Die konjunktivisch indizierte Invektive ist deutlich aus dem Blickpunkt der Herrschenden projiziert und soll den Widerstand der Angesprochenen wekken. Gleich zu Anfang wird derart das »einzige revolutionäre Element in der Welt« im unversöhnlichen »Verhältnis zwischen Armen und Reichen« (400) angesprochen: die gegebene Voraussetzung zum Klassenkampf. Dieser Klassenkampf wird freilich vorerst, von vereinzelten Erhebungen von

Bauerntum und Landproletariat abgesehen, nur von Seiten der Unterdrücker geführt. Die Unterdrückten als in ihrer Selbstverteidigung aktive und dynamische Partei für diesen Kampf zu mobilisieren, ist das Ziel der Flugschrift.

Büchner arbeitet unter anderem mit »zwei Hauptmitteln: 1. mit Dokumentation, 2. mit sprachbildlicher Veranschaulichung« (Klotz P 7, S. 390). Betrachtet man den Bereich der bildhaften »Veranschaulichung«, die Verwendung von Vergleichen, Metaphern, Metonymien und Allegorien also, genauer, dann wird ersichtlich, daß der erste Teil des Texts weit über das Ziel der Verbildlichung des dokumentarischen Nachweises der fiskalischen Ausbeutung hinausgeht. Büchner bedient sich der Bildsprache derart gekonnt, daß er mit wenigen Strichen komplexe Sachverhalte in eindrucksvollen Sprachbildern komprimiert, die den jeweiligen Kontext aufsprengen und im Gedächtnis der angesprochenen Bauern haften bleiben. *Praktisch alle Sprachbilder Büchners gelten dem Kontrast der Armen und der Reichen und sind somit integraler Bestandteil der Wirkungsstrategie der ersten Textschicht.* Gleich eingangs, noch bevor die statistische Dokumentation einsetzt, wird der Sachverhalt des einseitigen Klassenkampfs in das kontrastierende Doppelbild der grundverschiedenen Existenz der beiden Klassen gefaßt:

> »Das Leben der Vornehmen ist ein langer Sonntag, sie wohnen in schönen Häusern, sie tragen zierliche Kleider, sie haben feiste Gesichter und reden eine eigne Sprache; das Volk aber liegt vor ihnen wie Dünger auf dem Acker. Der Bauer geht hinter dem Pflug, der Vornehme aber geht hinter ihm und dem Pflug und treibt ihn mit den Ochsen am Pflug, er nimmt das Korn und läßt ihm die Stoppeln. Das Leben des Bauers ist ein langer Werktag; Fremde verzehren seine Aecker vor seinen Augen, sein Leib ist eine Schwiele, sein Schweiß ist das Salz auf dem Tische des Vornehmen.« (6,26ff./53,26ff.)

Das Bild bleibt ganz in der Begriffswelt der angesprochenen Bauern und überfordert die Adressatengruppe an keiner Stelle. Es verdeutlicht den Vorgang der tagtäglichen, brutalen Ausbeutung in der abrupten Umblende von der parasitären Existenz der Müßiggänger zum unwürdigen Dasein und der Sklavenarbeit der Bauern, die eben nur der Erhaltung dieser ausbeuterischen Klasse dient (vgl. die Anklänge an die Zitate aus Buonarroti und Blanqui bis hin zum »Schweiß des Proletariers«, der von Büchner metaphorisch in Salz verwandelt wird; vgl. auch die Karren-Metapher im Brief an Stoeber vom 9. 12. 1833, die jetzt mühelos ins Bild vom Pflug überführt wird). Zugleich trifft es zu, daß »die Schlüsselelemente der Auffassung von Arbeit und Muße und ihrer Wechselbeziehung« für das »Gesamtwerk« Büchners hier angelegt sind (Amstrong H 26, S. 64), denn dieser Diskurs wird in *Dantons Tod, Leonce und Lena* und *Woyzeck* weitergeführt. Die sprachbildliche Titelvignette des Texts vermittelt in äußerster Gedrängtheit bereits dessen *gesamte* Argumentation – zumindest bis zum Auslaufen von Büchners Textschicht. Zugleich stellt sie die Weichen für die weitere Rezeption, denn die folgenden Bilder Büchners sind fast ausnahmslos auf *diese* Allegorie des ausbeuterischen Klassenkriegs intertextuell bezogen. Das Akzessoir der »zierliche[n] Kleider« wird z. B. direkt wieder aufgegriffen in 14,1ff./56,28ff.; 18,29f./58,35ff. und 20,1f./ 59,6f. Man vergleiche die folgenden Bilder der Büchnerschen Textschicht und ihre Verankerung im bäuerlichen Erfahrungsbereich:

1. »Das Volk ist ihre [der Regierung] Heerde, sie sind seine Hirten, Melker und Schinder; sie haben die Häute der Bauern an, der Raub der Armen ist in ihrem Hause; die Thränen der Wittwen und Waisen sind das Schmalz auf ihren Gesichtern; sie herrschen frei und ermahnen das Volk zur Knechtschaft« (10,12ff./55,6ff.); [vgl. in direktem Anschluß an dieses Bild auch 14,2ff./ 56,29ff.: das Volk als Lastvieh]
2. »Die Justiz ist in Deutschland seit Jahrhunderten die Hure der deutschen Fürsten. Jeden Schritt zu ihr müßt ihr mit Silber pflastern, und mit Armuth und Erniedrigung erkauft ihr ihre Sprüche.« (12,7ff./55,36ff.)
3. »Dafür kriegen eure Söhne einen bunten Rock auf den Leib, ein Gewehr oder eine Trommel auf die Schulter [...] Mit ihren Trommeln übertäuben sie eure Seufzer, mit ihren Kolben zerschmettern sie euch den Schädel [...]« (14,9ff./56,35ff.)
4. »Der Fürst ist der Kopf des Blutigels, der über euch hinkriecht, die Minister sind seine Zähne und die Beamten sein Schwanz. Die hungrigen Mägen aller vornehmen Herren, denen er die hohen Stellen vertheilt, sind Schröpfköpfe, die er dem Lande setzt.« (18,20ff./58,26ff.)
5. »Geht einmal nach Darmstadt [...] von den zierlichen Bändern, die aus den Schwielen ihrer Hände geschnitten sind [...] von den stattlichen Häusern, die aus den Knochen des Volks gebaut sind [...] durch die geöffneten Glasthüren das Tischtuch sehen, wovon die Herren speisen und die Lampen riechen, aus denen man mit dem Fett der Bauern illuminirt.« (18,33ff./59,2ff.)

Das Bild (1) mit seiner Entlehnung aus Jean Pauls Roman *Hesperus* folgt mittelbar dem ersten statistischen Posten, der die Einnahmen des Großherzogtums (»der Blutzehnte«) auflistet. Direkt geht es aus dem wichtigen Einschub zu Gesetz und Ordnung hervor, von dem noch die Rede sein wird. Es ist zumindest durch Jes. 3,14 und Hes. 34,1ff. biblisch im religiösen Diskurs der Flugschrift verankert. Wiederum rückt hier der Komplex der (Fron)Arbeit in den Blickpunkt. Das zweite Bild folgt aus der narrativen Auswertung der Aufwendungsstatistik für »das Ministerium des Innern und der Gerechtigkeitspflege«, wiederum als Illustration einer Grundsatzäußerung zu Gesetz und Eigentum. Die Bilderfolge (3) wird direkt der Statistik zum Militärhaushalt abgeleitet. Die komplexe Allegorie (4), einer der eindrucksvollsten Bildtexte, wieder mit Anleihen aus dem *Hesperus*, ist eingebettet in diverse biblische Referenzpunkte (B 20, S. 56f.). Wieder wird Ausbeutung als ein wechselseitiger *Prozeß* sichtbar: »Indem Büchner das Bild des Blutegels benutzt, setzt er dem [...] Bild

vom Bauern als Arbeitstier ein Pendant entgegen. [...] Das Reich des *lan-gen Sonntags* kann nur durch das Dasein als *Blutigel* erkauft werden«
(Armstrong H 26, S.69). Bei den Nachbarpassagen unmittelbar vorher
(18,14-20/58,20-26) und nachher (18,25-29/58,31-35) kann man, auf
Grund des Stils und der moralisch-theologischen Färbung, auf einen Zu-
satz Weidigs schließen.

Die lange narrative Passage der Bilderfolge (5) ist eine glänzende Fü-
gung von Metaphern und Metonymien, »kooperative Sinnbildnerei zwischen dem ›Landboten‹ und seinem Publikum«: »ein komplizierter Sachverhalt geht ein in einen sinnlichen Gegenstand, der durch einen andern
sinnlichen Gegenstand veranschaulicht wird« (Klotz P 7, S. 394). Mit
diesem Bildtext, der die *materiellen* Auswirkungen des Ausbeutungszu-
sammenhangs auf einen breiten und handgreiflichen Nenner bringt (und
auf *Dantons Tod* I,2 und *Leonce und Lena* III,2 intertextuell bezogen ist),
erreicht die Büchnersche Argumentation ihren Höhepunkt. Der Bildtext
schließt direkt an das Eingangsbild (6,26ff./53,26ff.) an in der jetzt noch
schärferen Differenzierung der Ausbeutungs- und Besitzverhältnisse.
Ebenfalls auf das Eingangsbild bezogen ist die bildliche Entmystifizierung
der königlichen Hoheit als sterbliches Menschenkind (18,2ff./58,8ff.).
Durch die Metonymie des Pflugs wird dieser Bezug hergestellt und zugleich der Kontext der Ausbeutung scharf wieder ins Blickfeld gerückt:
»und doch hat es seinen Fuß auf eurem Nacken, hat 700,000 Menschen
an seinem Pflug« (18,6f./58,12f.). Durchweg rückt die Bildsprache Büchners gerade die Funktion der *Arbeit* neobabouvistisch scharf in den Blick:
»Es ist die Funktion dieser Sprache, hinter dem abstrakt gewordenen gesellschaftlichen Zusammenhang wieder die Arbeit sichtbar zu machen, die
allen Dingen Leben einhaucht; sichtbar zu machen, daß die Arbeit um
ihr Eigentum, um das Eigentum an ihrem Produkt betrogen wird« (Jancke G 12, S 92f.). Dem gegenüber bleibt das Bild von der »fürstliche[n]
Puppe« (16,17f./57,24; wieder ein intertextueller Bezug zum Lustspiel)
für die bäuerlichen Leser wenig greifbar. Mit der Bildfolge 18,33ff./
59,2ff. erreicht die dominante Textschicht Büchners allmählich ihr Ende.

Der zweite Teil des *Hessischen Landboten* ist von weitgehend konven-
tioneller, biblischer Bildlichkeit durchsetzt. Das dichte Netz aufeinander
bezogener, samt und sonders den Ausbeutungskontext und den Klassengegensatz erläuternder Bilder des ersten Teils entfällt. Der Poetizitätsgrad
der Flugschrift geht damit stark zurück. Als Beispiel mag genügen das mit
Sicherheit Weidigsche (im Diskurs der Zeit geläufige) Bild vom deutschen Volk als einem Leib: »daß der Gott, der ein Volk durch Eine Sprache zu Einem Leibe vereinigte [man beachte die archaische emphatische
Großschreibung], die Gewaltigen die es zerfleischen und viertheilen, oder
gar in dreißig Stücke zerreißen« (30,9ff./63,32ff.), das gegen Ende wieder
aufgegriffen wird: »Das deutsche Volk ist Ein Leib ihr seyd ein Glied die-

ses Leibes [...] und der ganze Leib wird mit euch aufstehen« (36,11ff./
66,3ff.). Im Gegensatz zu Büchner, der die Armen meint, wenn er vom
»Volk« spricht, gebraucht Weidig den Begriff im Sinn der Nation. Büchnersche Bildlichkeit findet sich noch in zwei Rückgriffen auf die Blutigel-
Allegorie (18,20ff./58,26ff.): »daß sie Bürger und Bauern peinigten und
ihr Blut aussaugten« (30,26f./64,12ff.) und »Hebt die Augen auf und
zählt das Häuflein eurer Presser, die nur stark sind durch das Blut, das sie
euch aussaugen und durch eure Arme [babouvistischer Verweis auf Ar-
beit], die ihr ihnen willenlos leihet. Ihrer sind vielleicht 10,000 im Groß-
herzogthum und Eurer sind es 700,000« (36,1ff./65,31ff.; auch die kurze
›statistische‹ Zahlenangabe dürfte von Büchner stammen), wohl auch am
Schluß: »Ihr wühltet ein langes Leben die Erde auf, dann wühlt ihr euren
Tyrannen ein Grab.« (36,21f./66,13f.)

2.3   Textschichten Büchners und Weidigs

Die direkt der Lebenswirklichkeit der Landbevölkerung entlehnte Bildsprache des Texts, die in Büchners Textschicht den klassenkämpferischen
Antagonismus von Arm und Reich beredt illustriert, ist nicht allein verankert in einem Netz biblischer Bezüge. Wichtiger noch für die textinterne
Stringenz als die biblische Autorität ist im ersten Teil der Flugschrift ein
theoretischer Diskurs, den Büchner seinem Studium neobabouvistischer
Schriften verdankt: der bereits in seinem Brief um den 6. 4. 1833 klar
herausgearbeitete Kausalzusammenhang von *Gesetz* und *Gewalt*, die Lega-
lität brutaler Ausbeutung im Rahmen der bestehenden Herrschaftsverhältnisse:

> »Was nennt Ihr denn *gesetzlichen Zustand?* Ein *Gesetz*, das die große Masse der
> Staatsbürger zum fronenden Vieh macht, um die unnatürlichen Bedürfnisse
> einer unbedeutenden und verdorbenen Minderzahl zu befriedigen? Und dies
> Gesetz, unterstützt durch eine rohe Militärgewalt und durch die dumme Pfif-
> figkeit seiner Agenten, dies Gesetz ist eine *ewige, rohe Gewalt*, angetan dem
> Recht und der gesunden Vernunft [...]« (366f.).

Es ist *dieser* Diskurs, der Büchners Korrespondenz mit den Eltern durchzieht und der jetzt bereichert wird durch einen scharf kontrastierten abstrakten Begriff von *Recht* oder *Gerechtigkeit*, der die bildhafte Wirkungs-
ebene des *Hessischen Landboten* argumentativ untermauert und einen
direkten Zusammenhang zu französischen frühkommunistischen Theori-
en herstellt. Denn sowohl Buonarroti als auch Blanqui gründen ihre
Rechtfertigung der sozialen Notwehr auf den *gesetzlichen Zustand* sanktio-
nierter Ausbeutung. Büchners Verwendung der Begriffe »Gesetz« und
»Ordnung« im Text bezeichnet praktisch ausschließlich eben jenen für

ihn rechts*widrigen* Ausbeutungszusammenhang. Sein Gebrauch der Begriffe steht damit auf der entgegengesetzten Seite des Spektrums von der liberalen Presse, die sich evolutionär auf bestehende Gesetze bezieht. Gesetze, die freilich nicht angewendet oder umgebogen werden: »Nicht zufällig dominieren in den liberalen Zeitungen die Begriffe ›Gesetz‹ und ›Ordnung‹« (Ruckhäberle K 7, S. 173). Verfolgt man diesen Diskurs durch die erste Textschicht der Flugschrift, so fällt die Häufigkeit der Verwendung der Begriffe auf. »Gewalt« wird mit »Gesetz« bzw. »Ordnung« gleichgesetzt. Ihnen gegenüber stehen »Recht«, »Menschen- und Bürgerrechte«, die von Büchner synonym gebraucht werden, bzw. »Gerechtigkeit«. Gleich nach dem ersten statistischen Posten der Einnahmen des Großherzogtums erfolgt die Definition der Begriffe, die den wünschenswerten Zustand hart auf die Realität prallen läßt: »Der Staat also sind *Alle*; die Ordner im Staate sind die Gesetze, durch welche das Wohl *Aller* gesichert wird, und die aus dem Wohl *Aller* hervorgehen sollen [...]«, und hier der radikale Gegensatz: »In Ordnung leben heißt hungern und geschunden werden.« (8,28ff./54,24ff.) Der erste Satz stimmt so nicht. Aber Büchners Argument kommt durch: nur Gesetze, die aus dem Willen »Aller« hervorgehen, können auch das Wohl »Aller« garantieren (das zweite »Wohl« ist sicher ein Überlieferungsfehler; vgl. PW 2, S. 863f.).

Noch deutlicher dann: »Das Gesetz ist das Eigenthum einer unbedeutenden Klasse von Vornehmen und Gelehrten [...]« (10,28ff./55,21ff.). Hier stellt Büchner subversiv, aber im Wortspiel greifbar, den systemimmanenten Zusammenhang von »Gesetz« und »Eigenthum«, also *Besitz* her. Gesetze werden von Besitzenden festgeschrieben, also schreiben sie den Besitz fest. Kein Wunder, daß dieser Satz im Novemberdruck gestrichen wird. Andere für den Diskurs wichtige Stellen: »diese Gerechtigkeit ist nur ein Mittel, euch in Ordnung zu halten« (10,31f./55,24f.); »daß diese Willkühr Gesetz heißt« (12,20f./56,12); »die gesetzlichen Mörder, welche die gesetzlichen Räuber schützen« (14,20f./57,8ff.); »bei der regelmäßig eingerichteten Schinderei [...], die man Ordnung und Gesetz heißt« (14,26f./57,15f.); »ihre Gerechtigkeit ist Schinderei« (20,21f./59,26f.). Die Beispiele genügen, um die Zentralstellung dieser Argumentationsebene zu verdeutlichen.

Auch die Verwendung des »agitatorischen Imperativs« (Klotz) ist in der Büchnerschen Textschicht fester Bestandteil der Veranschaulichungsstrategie. Beständig auf die Bildtexte und auf den Diskurs der im »Gesetz« verankerten Ausbeutung bezogen, richtet Büchner das Augenmerk und die Gedanken der Bauern auf die materiellen Grundlagen des rechtlosen Zustands. Man vergleiche: »Seht«, »Denkt«, »klagt«, »tretet«, »Geht« etc. Die visuellen, kognitiven und gestischen Imperative stellen in ihrer Aufforderung zur »Autopsie«, zum Selbstschauen oder Selbsttun einen intertextuellen Bezug zu Büchners literarischen und philosophisch/naturwissenschaftlichen Texten her (vgl. Wülfing H 36; vgl. unten zur Ästhetik von *Dantons Tod* S. 105). Dieser imperativische Argumentationsgestus wird dann mit biblischer Akzentuierung im Weidigschen Textteil effektiv weitergeführt.

Betrachtet man nun die zweite, vorwiegend Weidig zugeschriebene Textschicht, ergibt sich der Befund, daß der Büchnersche Diskurs zumindest von der Wortwahl her, bis weit ins zweite Drittel des *Hessischen Landboten* aktiv bleibt. Die textinterne Evidenz stützt diesen Befund (den H S. 323 lediglich vermutet). »Gewalt«, »Gesetz/Ordnung« und »Recht/Gerechtigkeit« gehören auch hier zu den meistgebrauchten Argumenten des Texts. Im historischen Exkurs zur Großen Revolution, den T.M. Mayer in der vorliegenden Formulierung primär Weidig zuschreibt (MHL S. 256ff.), wird der Büchnersche Diskurs am Beispiel der revolutionären Maßnahmen vom 26. 8. 1789 an frappant weitergeführt: im Gegensatz zum Jahr 1834, wo Gewalt sich aufs Gesetz gründet und beide dem Recht flagrant entgegenstehen, fallen die »Rechte des Menschen« und das »Recht« (3 Stellen 22,9ff./60,12ff.) mit dem Akt der Konstituante jetzt in eins mit der »Gewalt in dem Willen Aller oder der Mehrzahl« (22,12/60,15f.) und dem »Gesetz«: »Dieser Wille ist das Gesetz« (22,13/60,16). »Gewalt« erscheint jetzt in der positiven Konnotation von ›Machtbefugnis‹, »Gesetz« ist nunmehr identisch mit »Recht«. Somit wird der vorher antithetische Bedeutungsgehalt der Begriffe jetzt synthetisch aufgelöst in der Aufschwungphase der Revolution und der Etablierung eines »Freistaat[s]«. Daß dieser der Büchnerschen Vorstellung einer nachrevolutionären Republik am ehesten entspricht, kann man annehmen. Wie in der vorausgehenden Bildfolge »Geht einmal nach Darmstadt« (18,33ff./59,2ff.), so wird hier im argumentativen Gefüge des Diskurses legaler Ausbeutung ein Höhepunkt erreicht. Die angesprochene Chronologie – Abschaffung der Monarchie, Erklärung des allgemeinen Wahlrechts etc. – deutet genau auf die Zeitspanne vom August 1793 bis Juli 1794 (Jancke G 12, S. 94).

Ich vertrete die These, daß dieser Exkurs – in teils anderer Formulierung und vielleicht an anderer Stelle im Originaltext – noch Bestandteil der Büchnerschen Textschicht ist. Ein Relikt, das von den Schriftzügen Weidigs stellenweise überdeckt ist, das aber den blanquistischen Argumentationsduktus Büchners durchscheinen läßt. Diese These läßt sich einmal stützen durch die Intertextualität einer Passage gegen Ende des Exkurses (»Und zitternd vor Furcht warfen sie einige Brocken hin und sprachen von ihrer Gnade.« [24,28f./61,29f.]) mit dem Gesetz/Gewalt-Brief um den 6. 4. 1833: »Und selbst das Bewilligte wurde uns hingeworfen, wie eine erbettelte Gnade« (366). Direkt nach dem Exkurs wird auch die Verklammerung »Bürger- und Menschenrechte« (26,3f./62,4f.) zum letzten Mal gebraucht, die Büchners egalitaristisches Verständnis der

Rechte des Menschen (»Gesellschaft der *Menschenrechte*«) anklingen läßt. Noch eine Spur des Büchnerdiskurses, mit direktem Anschluß an 14,26f./ 57,15f., findet sich gegen Ende: »denn die Ordnung, in der ihr lebt, ist eitel Schinderei« (32,33f./65,18f.).

Denkbar ist, daß im Revolutionsexkurs die politischen Positionen Büchners und Weidigs sich – zumindest an der Oberfläche des historischen Vorgangs – relativ enger berühren als in anderen Passagen des Texts. Büchner bejaht die Große Revolution. Weidig sieht »bestimmte Tendenzen des Robespierrismus durchaus als beispielhaft« an (MHL S. 261). Auch von den »fatalen« historischen Folgen, die die Errungenschaften der Revolution aufgegeben und ein neuerliches Unterdrückungsverhältnis etabliert haben, ist die Rede: »da wendete dennoch das befreite Frankreich sich abermals zur *halberblichen* Königsherrschaft« etc. (24,16ff./61,18ff.). Natürlich wird nicht vom Büchnerschen »Geldaristokratismus« gesprochen, sondern von der Weidigschen »Zuchtruthe«. Greifbar ist jedoch der Befund der *unfertigen* Revolution, der durch Konstitutionalismus, Scheinkonzessionen und Restauration gründlich um ihr Recht betrogenen »großen Masse«. Die Frage bleibt, ob der an drei Stellen im Text genannte »Freistaat« (zwei davon von Weidig: 20,32/59,37 und 30,22/64,8) potentiell in 22,29/60,32, wo er im Sinn Büchners synonym mit der Republik von 1793/94 steht, eine Art von nicht näher differenziertem, stillschweigendem Kompromiß- bzw. Konvergenzpunkt der beiden Textschichten darstellt. Das dort gegebene Ineinsfallen von »Gesetz«, »Recht« und »Gewalt«, das oben demonstriert wurde, bezieht jedenfalls den Freistaat-Begriff *direkt* in den Büchnerschen Diskurs ein. Es versteht sich allerdings, daß ein »Freistaat« Büchners absolut kein »Sozialstaat« (H S. 282), sondern ein *egalitäres* Gemeinwesen auf der Grundlage der »*Gütergemeinschaft*« (MHL S. 102) ist.

Die zahlreichen Nennungen der Büchnerschen Begrifflichkeit in der zweiten Hälfte der Flugschrift zeigen, wie nachhaltig die erste Textschicht auf die Weidigsche zweite *terminologisch* eingewirkt hat. Betrachtet man jedoch den jeweiligen Kontext genauer, wird ersichtlich, daß die Signifikanz der Begriffe sich deutlich ändert. Der von Büchner postulierte und demonstrierte systemgegebene Zusammenhang von »Gewalt« und »Gesetz« als Unterdrückungsinstrument, das dem »Recht« des Einzelnen entgegensteht, wird nach dem Revolutionsexkurs nicht weitergeführt. Statt dessen werden bereits vor und dann nach dem Exkurs die Begriffe »Gewalt/die Gewaltigen« zur »Fürstengewalt« hin verengt (vgl. 20,19/59,24; 26,19/62,19 und 26,22f./62,22ff.; 30,5/63,28; 30,10/63,33; 30,23ff./ 64,9ff.). Wenn der Begriff »Gesetz« gebraucht wird, so ist nicht von Büchners gesetzlicher Legitimation der Ausbeutung, sondern von spezifischen Gesetzen (26,2ff./62,4; 26,14ff./62,15ff.) die Rede. Auch der Begriff des »Rechts« wird nunmehr im Sinn der liberalen Presse gebraucht, nämlich mit Bezug auf bestimmte inadäquate Rechtsgrundlagen des status quo, wie etwa »genügende Rechte« für die Landstände (28,11f./ 62,34ff.), oder der Begriff wird ins Theologische umgebogen (30,1/63,24; 30,5/63,28). Nur ein einziges Mal kommt Büchners Text begrifflich durch: eben in den »Verletzungen der Bürger- und Menschenrechte« (26,3f./62,4f.).

Ein weiteres Argument für die These, daß der Revolutionsexkurs ursprünglich noch Bestandteil der Büchnerschen Textschicht ist, liegt darin, daß er gleichsam unorganisch in die Entfaltung des Weidigschen triadischen Historiogramms einmontiert ist. Gleich nach dem Büchnerschen Bild »mit dem Fett der Bauern illuminirt« (20,11/59,16) setzt nämlich erstmals Weidig zur Darlegung der ersten Stufe eines »ursprünglich freie[n] Zustand[s]« (T.M. Mayer K 17, S. 177f.) an: »die rechtmäßige Obrigkeit, den deutschen Kaiser, der vormals vom deutschen Volke frei gewählt wurde« (20,11ff./59,20ff.). Diese Darstellung wird jedoch dann ohne ersichtlichen Grund durch den Revolutionsexkurs unterbrochen und erst mit 28,19ff./63,5ff. bis 30,29/64,15 weitergeführt. Dort wird dann die zweite Epoche des Niedergangs des deutschen Volkes in Sünde, Knechtschaft und Versklavung durch »Volksmörder und Tyrannen« (30,12/63,34f.) beschrieben und am Beispiel Ludwigs I. von Bayern verdeutlicht. Abrupt steht das modifizierte Zitat aus Bürgers Gedicht »Der Bauer. An seinen durchlauchtigen Tyrannen« (1773) mitten im narrativen Teil. Auch hier könnte man sich die Transplantierung eines Fragments aus Büchners Textschicht denken. Die dritte Stufe der Auferstehung eines geeinten, von der Tyrannenherrschaft befreiten Deutschland, der Übergang vom »Leichenfeld« zum »Paradies« (36,10/66,3), setzt dann mit 34,7ff./ 65,26ff. ein und bestimmt mit ihrer theologischen Legitimation einer gewaltsamen revolutionären Erhebung (erstmals angesprochen in 18,14-20/ 58,20-26) den Tenor des Schlusses. Auch wenn man hier nur noch versprengte Spuren der Büchnerschen überlegenen Bildsprache findet (wie wahrscheinlich 36,1-6/65,31-36), ist dies ein in bezug auf die angesprochenen oberhessischen Bauern überaus wirksamer Schluß.

Büchners blanquistischer Nachweis der gesetzlich festgeschriebenen und menschlich entwürdigenden fiskalischen Ausbeutung, der nur durch revolutionäre Veränderung abzuhelfen ist, wird durch die Argumentation Weidigs gleichsam transzendental, mit göttlicher Bestimmung und der heilsgeschichtlichen Teleologie, legitimiert. Die propagierte Revolution ist jetzt aus zweifachem Grund notwendig: »Einmal aus sozialer Not [...] Sodann aus dem Geheiß Gottes, dessen Schöpfungsordnung gegen ihre obrigkeitlichen Entsteller wieder durchzusetzen sei« (Klotz P 7, S. 403). Die Weidigsche Textschicht geht wie Büchner davon aus, daß nur *Gewalt* den status quo verändern kann und daß das Ziel dieser Veränderung in einer noch näher zu definierenden *Republik* liegt: hier die Klammer, die die

divergenten Programme textuell zu einer Wirkungseinheit zusammen-
zwingt. Der blanquistische Egalitarismus Büchners wird am Ende mit der
radikalen Revolutionseschatologie Weidigs untermauert. Was bleibt, ist
die bedeutendste revolutionäre Flugschrift des deutschen Vormärz.

3.   »Dantons Tod«

Drama in vier Akten à sechs, sieben, zehn und neun Szenen. Entstehung:
Anfang Oktober 1834 bis Mitte Januar 1835 Vorarbeiten und erste Ent-
würfe. Endgültige ausfüllende Niederschrift: nach Mitte Januar bis vor
dem 21. Februar 1835. Druck: Vor- und Teildruck in 10 Fortsetzungen
in: *Phönix. Frühlingszeitung für Deutschland* vom 26. 3. bis 7. 4. 1835
(Inhaltsangaben der Lücken von Karl Gutzkow [A 10,3]). Buchausgabe
Danton's Tod Frankfurt/M.: J.D. Sauerländer 1835 mit dem Untertitel
Eduard Dullers *Dramatische Bilder aus Frankreichs Schreckensherrschaft.*
Überlieferung: Neben Gutzkows redigiertem Vorabdruck und der Buchausgabe, die Eingriffe Gutzkows und wohl auch Dullers aufweist, liegen
eine vollständige Handschrift und zwei Dedikationsexemplare für die
Brüder Stoeber (A 11) und für Johann Wilhelm Baum (A 10,4) mit Kor-
rekturen von Büchners Hand vor. Uraufführung: 5. 1. 1902 durch die
Neue Freie Volksbühne Berlin. Zitiert wird *Dantons Tod* nach PW 1.

3.1   Textlage, Quellen, Entstehung, Voraussetzungen

Die einzige erhaltene Handschrift ist die autorisierte Fassung des Texts.
Sie zeigt noch deutliche Spuren des Arbeits- bzw. Ausfüllungsprozesses.
Mit Eingriffen Gutzkows stellt sie die Textgrundlage des Teildrucks im
Phoenix und der Buchausgabe dar. Die Eingriffe betreffen vor allem die in
sexuellen Belangen eindeutige Sprache. T.M. Mayer nimmt als Druckvorlage zumindest des Teildrucks die Zwischenstufe »einer redigierenden Abschrift Gutzkows oder einer von Gutzkow bearbeiteten Schreiberrein-
schrift« (A 10,3, Nachwort S. 2; vgl. Zimmermann A 11, S. 169) an. Den
beiden Widmungsexemplaren des Erstdrucks kommt als Überlieferungsträger besondere Bedeutung zu. Umfangreiche – wenn auch nicht im
Sinn einer die Druckvorlage revidierenden Ausgabe ›letzter Hand‹ konsequente – handschriftliche Einträge des Autors belegen seine Reaktion auf
die Bearbeitung seiner Handschrift (zur Textlage PW 1 S. 426ff.).
   Büchners Interesse an der Großen Revolution wird früh entfacht. Verantwortlich ist das abendliche Vorlesen Ernst Büchners aus der von ihm
abonnierten Heftreihe Carl Strahlheims=Johann Konrad Friederichs *Unse-*

re Zeit (1826ff.), in dem Wilhelm Büchner später den »Entstehungsmoment« des Dramas gesehen hat. Während der Gymnasialjahre führt er die Lektüre des populären Geschichtswerks selbständig weiter. Wirkungsspuren gehen in seine Schulschriften ein (Pabst Q 47). In der ersten Straßburger Zeit muß er dann Thiers und andere französische Revolutionsgeschichten rezipiert haben. In einem Brief nach Darmstadt vom 3. 9. 1833 teilt ihm Eugène Boeckel mit: »Endlich den Thiers, hist. d. la révolution geendigt« (373). Vermutlich läßt diese Mitteilung auf ein gemeinsames, von Büchner angeregtes Leseprojekt der Freunde schließen (vgl. Hauschild N 5, S. 527f.). Etwa gleichzeitig liest er Buonarrotis *Conspiration pour l'égalité, dite de Babeuf* [...], worin die kritische Phase der Revolution im Frühjahr 1794 nachzeichnet wird, und die »zwar nicht [als] Zitat-, wohl aber als Inspirationsquelle« für das spätere Drama (We S. 11) in Frage kommt. Insgesamt ist der Straßburger Kontext mit seinen tagespolitischen Impulsen und einer Vielzahl von Lektüreangeboten als Diskursrahmen für Büchner nicht zu unterschätzen. In diesem Umkreis könnte sich auch noch eine bis dato nicht identifizierte »republikanische Revolutionsdarstellung« als »*Konzeptions*quelle« (ebd. S. 204) lokalisieren lassen.

Anfang November 1833 bis zur Jahreswende 1834 kuriert Büchner in Darmstadt eine Meningitis aus. In diesem Zeitraum ist seine zweite, *intensive* Beschäftigung mit Texten zur Großen Revolution anzusetzen. Sie fällt mit der Krise zusammen, die von seiner Rückkehr ins Großherzogtum ausgelöst wird. Der gedankliche Konfliktstoff, den er seinen historischen und philosophischen Studien entnimmt, schlägt sich im »Fatalismusbrief« Mitte Januar 1834 nieder, hier mit Bezug auf die »école fataliste« der bürgerlichen Historiographie der Restaurationszeit. Daneben werden das cartesianische Weltbild und der gedankliche Hintergrund des Spinozismus reflektiert (PW 2 S. 1101-1105). Inwieweit sich zu diesem Zeitpunkt der Plan des Revolutionsdramas konkretisiert hat, ist nicht zu belegen. Nicht nur die Intertextualität zwischen Flugschrift (vgl. auch den Exkurs zur Großen Revolution im *Hessischen Landboten*) und Drama, auch die gemeinsamen und oft identischen gedanklichen Voraussetzungen von politischer Aktion und ästhetischer Form rücken beide Texte in unmittelbare Nachbarschaft: sie sind »unterschiedliche Momente eines einheitlichen, obschon in sich widerspruchsvollen Aktionszusammenhangs« (P S. 44). Nach dem Bekanntwerden der ersten Verhaftung und dem Beginn der Ermittlungen im Zusammenhang mit der *Landboten*-Aktion in seinem Freundeskreis erwirken die Eltern Büchners Rückkehr nach Darmstadt Mitte September 1834.

Anna Jaspers (1922) und Karl Viëtor (1933) haben nachgewiesen, daß Büchner eine Reihe von Quellentexten für das Drama zwischen dem 1. 10. 1834 und dem 12. 1. 1835 aus der Großherzoglichen Hofbibliothek entleiht (zu den Quellen im folgenden vgl. Richard Thieberger [1953];

Adolf Beck [1963]; T.M. Mayer Q 6, dessen quellensynoptische Studienausgabe B 10; Hinderer C 5; insbes. We; Dedner Q 43, 57, 58; Bark H
37; Pabst Q 47; Pohjola Q 48; Zeller H 43). Während dieser dritten Phase der *systematischen* (Wieder)Aneignung von Quellentexten ist die Konzeption des Revolutionsdramas anzusetzen. Büchners Arbeit am Drama –
wie vorher seine Verfasserschaft der Flugschrift – bleibt den Eltern verbor-
gen. Auch im Subversiven ihrer Entstehung berühren sich die beiden Texte. Hinzu kommt, daß *Dantons Tod*, wie zuvor der *Landbote* durch die
Eingriffe Weidigs, erst in der von Gutzkows Redaktion entstellten Form
in Druck geht. Wenn Büchner später Gutzkow mitteilt, die »Darmstädti-
schen Polizeidiener« (N S. 21) seien seine »Musen« (in der Zensurfassung
von Gutzkows Nachruf: »die NN'schen Polizeidiener« [A 10,9]) bei der
Niederschrift gewesen, so kennzeichnet die Metonymie sehr genau seine
Lage in diesen wenigen Wochen der fieberhaften Arbeit, der weiteren Organisation der Darmstädter »Gesellschaft«, der Verstellung und dem immer gezielteren Zugriff der Behörden. Dazu Ludwig Büchner:

»Büchner's Arbeiten geschah im Verborgenen und war mannigfach gestört;
während an seinem Arbeitstische die anatomischen Tafeln und Schriften obenauf lagen, zog er furchtsam unter denselben die Papierbogen hervor, auf denen
er seine Gedanken mit einer gewissen geistigen Hast niederwarf.« (N S. 21)

Die Hauptquellen des Dramas sind:

– L[ouis] A[dolphe] Thiers [et Félix Bodin, Bd. I-II]: *Histoire de la Révolution
française*. 10 Bde. Paris 1823-1827 [vorwiegend Bd. VI]
– *Unsere Zeit, oder geschichtliche Uebersicht der merkwürdigsten Ereignisse von
1789-1830* [...] *bearbeitet von einem ehemaligen Officier der kaiserlich französischen Armee* [Hefttitel]. = *Die Geschichte Unserer Zeit*. Bearbeitet von Carl
Strahlheim [=Johann Konrad Friederich] [...] [Bandtitel]. 30 Bde. (120 Hef-
te). Stuttgart 1826-1830 [am häufigsten: Bd. XII sowie Supplement-Heft V:
»Denkwürdigkeiten aus den Pariser Gefängnissen während der Schreckens-
Zeit« (Stuttgart 1828)]

Weiter werden herangezogen:

– *Galerie historique des Contemporains, ou nouvelle Biographie, seule édition,
dans laquelle se trouvent réunis les hommes morts ou vivans, de toutes les nations,
qui sont fait remarquer a la fin du 18me siècle et au commencement de celui-ci*
[...]. 8 Bde. und 2 Suppl. Bruxelles 1818-1826 [Bd. IV, VIII]
– [Louis-Sébastien] Mercier: *Le nouveau Paris*. 6 Bde. Paris [1799]
– Charles Nodier: *Œuvres complètes*. 12 Bde. Paris 1832-1837 [Bd. VII: *Le
dernier banquet des Girondins. Etude historique suivie de Recherches sur
l'éloquence révolutionnaire* (1833), Bd. VIII: *Souvenirs et portraits* (1833)] (zu
Nodier vgl. We S. 25ff.; Zeller H 43, S. 94ff.; We S. 28 weist eine zeitgenössische Übersetzung von A. Kaiser nach in: »Zeitschrift für die elegante Welt«,
Nr. 162 vom 20. 8. bis Nr. 192 vom 1. 10. 1833; vgl. PW 1 S. 464)

Büchners Verhältnis zu den historischen Quellen ist insofern zu proble-
matisieren, als diese (von Buonarroti abgesehen) seiner politischen Position und seiner eigenen Verarbeitung des zeitgenössischen »Fatalismus«-
Diskurses zuwiderlaufen. Dies ist ersichtlich aus Briefzeugnissen und aus
seinem neobabouvistisch-egalitär orientierten Programm. Somit bedeutet
Quellenselektion und -aneignung, so wie sie sich in Revolutionsdrama
(und durchgängig in den späteren Texten) niederschlägt, immer *Kritik* an
diesen Quellen: ein zwiespältiges und oft widerständiges Einbringen ten-
denziöser historischer Überlieferung in einen Kontext, der programmatisch diese Tendenz konterkariert.

Unter möglichen Zusatzquellen könnte für Büchners Aneignung der gesellschaftlichen, ökonomischen und klassenspezifischen Verhältnisse der Revoluti-
onsjahre in Frage kommen: F[rançois] A[uguste Marie] Mignet: *Histoire de la
Révolution française, depuis 1789 jusqu'en 1814*. 2 Bde. Paris ²1824. Ein direkter
oder indirekter Einfluß zahlreicher anderer Texte läßt sich belegen. Zu diesen
zählen, neben weiteren französischen Memoiren- und Quellentexten, Shakespeares *Hamlet* und *Romeo and Juliet*, Grabbes *Napoleon oder Die hundert Tage*,
Heines *Salon* II, Goethes *Faust* (T.M. Mayer M 11, S. 19ff.), *Egmont, Götz von
Berlichingen* und *Die Leiden des jungen Werthers*, Lenzens Stücke *Der Hofmeister* und *Die Soldaten* sowie Brentanos Roman *Godwi oder Das steinerne Bild
der Mutter*. Der Titel *Dantons Tod* verweist als Anspielung auf Schillers *Wallen-
steins Tod*, vielleicht auch auf Platens Einakter *Marats Tod* (1820). Auch Mussets im August 1834 veröffentlichtes Drama *Lorenzaccio* – ein exemplarischer
Text der Avantgarde der Zeit – könnte Spuren im Stück hinterlassen haben,
wie überhaupt der Diskurs der französischen Romantik oft greifbar und von
Wichtigkeit für die Beurteilung der revolutionären Ästhetik Büchners ist. Zu
literarischen Bezugspunkten wie Schlegels *Lucinde*, Herders *Brutus* (I,6), dem
130. Fragment der Sappho, das Büchner entweder direkt (in I,l) übernimmt
oder, was näher liegt, Herders öfters herangezogenen *Stimmen der Völker* verdankt, und Tieck (Dedner Q 57) vgl. PW 1 S. 464 und den Stellenkommentar S. 477ff. sowie die oben genannten Studien. Weitere Quellennachweise
werden noch immer erbracht.

Das Stück wird in unglaublich kurzer Zeit zu Papier gebracht. Büchners
Angabe, er habe es »in höchstens fünf Wochen« (393) geschrieben, dürfte
sich auf die Reinschrift beziehen. Dedner rekonstruiert die Genese des
Texts in fünf »Entwurfsstufen«. Derart »basiert« der erste Entwurf auf
Thiers und »wurde während oder gleich nach der Ausleihzeit (1.-5. Oktober) geschrieben« (Q 58, S. 135). Er wird dann im zweiten Entwurf »erweitert«, »indem er [Büchner] ihn mit Quellenteilen aus *Unsere Zeit* (nur
Hauptreihe) verschmilzt« (ebd.). In der zweiten Stufe dient *Unsere Zeit*
»sowohl als Stoff- und Textquelle wie auch als sekundäre Strukturquelle«
(ebd. S. 140f.). Die dritte Entwurfsstufe arbeitet jetzt, da das historische
Gerüst des Texts einmal erstellt ist, Szenen bzw. Szenenteile »privaten‹ In-
halts« ein. Die vierte, den Text weiter ausfüllende Entwurfsstufe besteht

aus »Erweiterungsstufen«: Büchner integriert Teile aus der *Galerie historique*, aus Mercier, Nodier, aus dem Supplement-Heft V von *Unsere Zeit* und aus dem Anfang Februar ausgelieferten 2. Band von Heines *Salon* (*Zur Geschichte der Religion und Philosophie in Deutschland*, DHA 8/1 S. 61f.), möglicherweise noch aus anderen Quellen. Die fünfte Entwurfsstufe ist dann die »Reinschrift H mit den dort nachweisbaren Überarbeitungsstufen« (ebd. S. 135). Die Überlagerung von Aufbau- bzw. Ausfüllungsstufen (»Ergänzungsentwürfe«) wurde von Poschmann schon früher für *Woyzeck* nachgewiesen (B 15; PW 1 S. 678ff.) und ist typisch für Büchners Konzeptionsverfahren. Hauschild geht in seiner Untersuchung der Werkgenese von einer längeren Konzeptionsphase aus: »Am Revolutionsdrama arbeitete Büchner vor und nach dem 1. Oktober, *Danton's Tod* entstand erst ab Mitte Januar« (Q 59, S. 113).

Büchner hat »buchstäblich bis zur letzten Minute vor Absendung seines Manuskripts« (H S. 436f.) daran gearbeitet: bis genau zu dem Moment, da er seine Flucht nicht länger hinauszögern kann. Nachdem Gutzkow Sauerländer zur Veröffentlichung des Dramas beredet hat, bietet er Büchner an, zu ihm nach Darmstadt zu kommen und gemeinsam eine Redaktion des Texts vorzunehmen, um die »ganz grellen und nur auf Eines bezüglichen Eindeutigkeiten« zu mildern, also ihm »die Veneria herauszutreiben« (3. 3. 1835; 395). Gutzkow ist nicht wohl dabei, »die Partie der Prüderie zu führen« (ebd.), er weiß aber, daß weder Sauerländer noch der Zensor den Text in der gegebenen Form gutheißen würden. Büchner rät Gutzkow von einer Darmstadtreise ab. Ein weiteres, von Gutzkow vorgeschlagenes Treffen kommt nicht mehr zustande, da Büchner inzwischen geflohen ist. Am 17. 3. 1835 schreibt Gutzkow ihm nach Straßburg: »Was Sie leisten können, zeigt Ihr Danton, den ich heute zu säubern [!] angefangen habe, und der des Vortrefflichsten soviel enthält« (398), am 12. 5. 1835: »Danton wird nun gedruckt« (404). Die Buchausgabe liegt aber erst Anfang Juli vor. Gutzkow teilt Büchner am 23. 7. 1835 mit: »Sauerländer trödelte lange mit dem Druck Ihres Danton. Für den Schreckenstitel [Dullers im Hinblick auf die Zensur geschickt kalkulierten Untertitel] kann ich nicht [...] Sie werden jetzt Exemplare haben, und meine von der Censur verstümmelte Anzeige. Ich trug S[auerlände]r auf, Ihnen den Correkturabzug zu schicken; denn ich habe ein böses Gewissen« (409). Inzwischen hat Büchner die Eltern präventiv am 5. 5. 1835 (403f.) auf sein Drama eingestimmt. Im Brief vom 28. 7. 1835 nimmt er eingehend zur Funktion des »dramatische[n] Dichter[s]« Stellung (409ff.; vgl. oben S. 57f.). Später schreibt ihm Gutzkow:

> »Ihr Danton zog nicht: vielleicht wissen Sie den Grund nicht? Weil Sie die Geschichte nicht betrogen haben: weil einige der bekannten heroice Dicta in Ihre Komödie [!] hineinliefen und von den Leuten drin gesprochen wurden, als käme der Witz von Ihnen. Darüber vergaß man, daß in der Tat doch mehr

von Ihnen gekommen ist, als von der Geschichte und machte aus dem Ganzen ein dramatisiertes Kapitel des Thiers.« (10. 6. 1836; 441)

In seinem Nachruf gibt Gutzkow eine Würdigung des Dramas, zugleich auch die Rechtfertigung seiner drastischen Eingriffe in den Text:

»Ich hatte vergessen, daß solche Dinge, wie sie Büchner dort hingeworfen, solche Ausdrücke sogar, die er sich erlaubte, heute nicht gedruckt werden dürfen. Es tobte eine wilde Sanscülottenlust in der Dichtung; die Erklärung der Menschenrechte wandelte darin auf und ab, nackt und nur mit Rosen bekränzt. Die Idee, die das Ganze zusammenhielt, war die rothe Mütze. [...] Als ich nun, um dem Censor nicht die Lust des Streichens zu gönnen, selbst den Rothstift ergriff, und die wuchernde Demokratie der Dichtung mit der Scheere der Vorcensur beschnitt, fühlt' ich wohl, wie grade der Abfall des Buches, der unsern Sitten und unsern Verhältnissen geopfert werden mußte, der beste, nämlich der individuellste, der eigenthümlichste Theil des Ganzen war. [...] Der *ächte Danton* von Büchner ist *nicht* erschienen. Was davon herauskam ist ein nothdürftiger Rest, die Ruine einer Verwüstung, die mich Ueberwindung genug gekostet hat.« (A 10,9, S. 337f.)

3.2 Die historische Bedeutungsschicht

Kein anderer Text Büchners ist für ein heutiges Publikum so schwer zugänglich wie *Dantons Tod*. Mit über 200 Jahren Distanz zu den Vorgängen von 1789 bis 1794 fehlt das Gerüst historischer Fakten, ganz zu schweigen von Detailkenntnissen von Personen, Zusammenhängen und Hintergründen. Der Text ist durchsetzt mit Zitaten, assoziativen Anspielungen, schlagworthaften Kürzeln und evokativen Bezugsfetzen, die den Konnex von Dramenhandlung und Dialog ins Revolutionsgeschehen einbinden. Schon im Thiers weniger belesene Zeitgenossen dürfte die Dechiffrierung von Anspielungen und Identifikation von Zitaten überfordert haben. Eine kurze Skizze der Ereignisse folgt zur Illustration der ersten, nämlich der *historischen* Bedeutungsschicht des Texts. Die unterstrichenen Passagen verweisen auf einige im Text gegebene Bezugsorte.

Der Revolution von 1789 gehen voraus: Hungersnöte, Industriekrisen und der allgemeine Staatsbankrott (100% Staatsverschuldung trotz enormer Steuerlasten), verursacht durch Verschwendung und Mißwirtschaft der Regierung Ludwigs XVI. Sanierungsanstrengungen des Finanzministers Jacques Necker sind fehlgeschlagen.

1789 Am 5. Mai werden die Generalstände in Versailles eröffnet. Am 17. Juni erklärt eine Koalition aus Drittem Stand, niederem Adel und Klerus die Generalstände zur Nationalversammlung und zur einzigen Volksvertretung. Erster Führer der revolutionären Bewegung ist der Graf von Mirabeau, Verfasser des *Essai sur le despotisme*. Am 9. Juni erklärt sich die Nationalversammlung zur Verfassungsgebenden Versammlung (Assemblée Constituante). Die Bevölkerung von Paris stürmt am 14. Juli die Bastille, als politisches Gefängnis Symbol des Despotismus. In der Folge flammen Bauern- und Plebejeraufstände im ganzen Land auf. Die Konstituante beschließt am 4./5. August die Abschaffung der Feudalordnung und Befreiung der Bauern. Der Ständestaat wird zum Klassenstaat umstrukturiert. Am 26. August erfolgt die Erklärung der Menschenrechte (Déclaration des Droits de l'Homme et du Citoyen) in 17 Artikeln, die in die Verfassung vom 3. September 1791 aufgenommen werden. Trotz der Einziehung von Kron-, Kirchen- und Emigrantengütern gelingt es der Konstituante nicht, der Massenverelendung abzuhelfen. Es bilden sich politische Interessengruppen (Clubs), darunter die radikalen Cordeliers, denen Marat, Danton und Desmoulins angehören, und die Jakobiner, »heilige Liga gegen die Feinde der Freiheit« und »Auge der Revolution«. Sie stehen unter dem Einfluß von Robespierre und Saint-Just und tragen die rote Mütze als Erkennungszeichen. Die Namen der Clubs leiten sich von ihren Versammlungslokalen her, die sich in Klöstern von inzwischen aufgelösten Orden befinden.

1791   Am 2. April stirbt Mirabeau. Damit entfällt jede Hoffnung für den König, sich im Rahmen der revolutionären Neuordnung zu behaupten. Sein Fluchtversuch vom 21. Juni scheitert, er wird nach Paris gebracht und zum »Automaten der Verfassung«, freilich mit Vetorecht, reduziert. Am 17. Juli versammeln sich die Cordeliers unter Führung von Danton auf dem Marsfeld und verlangen die Absetzung des Königs. Auf Anweisung der Konstituante läßt Lafayette die Demonstration von der Nationalgarde niederschlagen. Danton profiliert sich durch persönlichen Mut, taktisches Geschick und Beredsamkeit. Als »Meister revolutionärer Taktik« (Marx) wird er bald zum Helden der Revolution. Es folgt die vorübergehende Unterdrückung demokratischer Bestrebungen. Am 3. September wird die neue bürgerliche Verfassung verkündet: Frankreich wird zur parlamentarischen Monarchie, Menschen- und Bürgerrechte, Gleichheit vor dem Gesetz und der Bestand des Privateigentums werden festgeschrieben. Die Bevölkerung zerfällt in »aktive« und »passive« Bürger. Das Besitzbürgertum regiert kraft seines Vermögens (Zensuswahlrecht). Im Oktober formiert sich die neugewählte Gesetzgebende Versammlung (Assemblée Législative). Mit etwa 250 Abgeordneten haben die Girondisten als Vertreter des Besitzbürgertums die Mehrheit. Den stärksten Einfluß auf die Massen haben die Jakobiner, die nur ca. 30 Deputierte stellen.

1792   Aus Furcht vor den Umtrieben adliger Emigranten im Ausland erklärt die Regierung am 20. April Österreich den Krieg. Unter dem Eindruck erster Niederlagen gegen die österreichisch-preußische Koalition und im Zug gesteigerter Not im Inneren des Landes kommt es am 10. August zum Sturm auf die Tuilerien. Verhaftung der königlichen Familie und Auflösung der Konstituante. Danton wird Justizminister. Nach dem Fall von Verdun, das am 2. September von den Koalitionstruppen eingenommen wird, verschärft sich die Lage. Vom 2. bis 6. September werden etwa 1400 politische Gefangene und Kriminelle in den Gefängnissen von Paris ermordet. Verantwortlich ist in erster Linie Marat, Danton sanktioniert das Massaker als »Notwehr gegen Feinde im Inneren«, auch Robespierre vertritt in den folgenden Parlamentsdebatten die Meinung, es sei kein Unschuldiger getötet worden. Bei Valmy am 20. September ergibt sich zeitweilig eine Wende auf dem Schlachtfeld: der Sieg der Revolutionsarmee über die preußischen Truppen erwirkt Hoffnung auf das Fortbestehen der Revolution in der Bevölkerung. Vom neuen Konvent wird am 21. September die Republik ausgerufen und die Monarchie abgeschafft. Ein republikanischer Kalender beginnt mit dem Jahr I. Im neuen Konvent spalten sich die Kräfte in die unteren Ränge der Girondisten (das »Tal«) und die oberen Ränge der Jakobiner (der »Berg«), darunter Marat, Danton, Robespierre.

1793 Als erster Staatsakt der jakobinischen Herrschaft wird am 17. Januar 1793 das Todesurteil über Ludwig XVI. (Citoyen Capet) ausgesprochen. Ludwig XVI. wird am 21. Januar durch das Fallbeil (nach dem Arzt Joseph Ignace Guillotin: die Guillotine) hingerichtet. Im Februar treten England und andere Mächte der Koalition gegen Frankreich bei. Der Koalitionskrieg verschärft sich bis zum zum Sonderfrieden von Basel (1795), als Preußen die Koalition verläßt. Am 10. März wird auf Dantons Betreiben das Revolutionstribunal, am 6. April der Wohlfahrtsausschuß (Comité de salut public) gegründet. Der Wohlfahrtsausschuß setzt sich zunächst aus neun (Dezemvirn), dann aus zwölf Konventsdeputierten zusammen und dient der Beratung des Konvents und als Exekutive. (Ab 10. Oktober ausführendes Organ der Revolutionsregierung, ab 4. Dezember politisches und militärisches Führungsgremium der Republik.) Für die innere Sicherheit ist der Sicherheitsausschuß (Comité de securité) verantwortlich. Hiermit werden die Voraussetzungen für die *terreur*-Politik geschaffen. Marat, von den Girondisten vor das Revolutionstribunal gebracht, wird am 24. April freigesprochen. Am 31. Mai findet ein von der Pariser Kommune bzw. den Sansculotten geleiteter Volksaufstand statt, der die Befugnisse des Wohlfahrtsausschusses stärkt und zur Verhaftung von 29 Deputierten der Gironde führt. Am 27. Juli wird Robespierre nach Dantons und Delacroix' Ausscheiden in den Wohlfahrtsausschuß gewählt, am 6. September, nach dem Hungeraufstand in Paris, dann auch Billaud-Varennes und Collot d'Herbois. Der Wohlfahrtsausschuß kann allerdings die Not der Massen nicht lindern: im Land herrschen nach wie vor Hunger, galoppierende Inflation und Bürgerkrieg. Von der Teuerung und dem Mangel an Grundnahrungsmitteln ist vor allem die Stadtbevölkerung, insbesondere der Hauptstadt Paris, betroffen.

Am 24. Juni wird eine demokratische Verfassung vom Konvent verabschiedet, der in 33 Artikeln die Menschen- und Bürgerrechte in weiterrei-
chender Formulierung vorangestellt werden als in der Verfassung von
1791. Am 13. Juli wird Marat von Charlotte Corday ermordet und in der
Folge als Märtyrer der Revolution verherrlicht. Danton verkündet am 23.
August den Volkskrieg. Die totale Mobilmachung und eine Heeresreform
werden von Carnot geleitet. Frankreich kann das bereits verlorene Belgien
zurückgewinnen und Invasionsversuche der britischen Flotte abweisen.

Zugleich verstärkt sich die *terreur* gegen Feinde im Inneren. Das Revolutionstribunal als einziger politischer Gerichtshof tritt an Stelle kon-
ventioneller Justizverfahren. Bis zum Juli 1794 werden allein in Paris über
1250 politisch Verdächtige hingerichtet. Im September verschärft sich die
politische Front nach ›links‹ mit der Unterdrückung radikal egalitärer ja-
kobinischer Tendenzen: am 5. September Verhaftung des Frühkommuni-
sten Jacques Roux, des Führers der radikal egalitären *enragés*, der den
Klassengegensatz zwischen Besitzenden und Besitzlosen als Kriegszustand
(»Krieg zwischen Reich und Arm«) begreift, in dem die Armen zur Selbstverteidigung gezwungen sind. Die Pariser Kommune wird zur Vertretung
der notleidenden Massen. Während des Hungeraufstandes am 4. September ruft Chaumette dem Volk zu: »Das ist der offene Krieg der Reichen
gegen die Armen«. Am 30. Oktober Frontverschärfung nach ›rechts‹ mit
der Hinrichtung von 21 oppositionellen Girondisten. Spätestens zu diesem Zeitpunkt beginnt die Selbstzerstörung der bürgerlichen Revolution
von innen. Im November unternimmt Danton, der keinen Sinn im weiteren Blutvergießen sieht, erste Versuche, die Befugnisse des Wohlfahrtsausschusses einzuschränken, ein Ende der *terreur* und des Kriegs nach
außen zu bewirken. Zugleich wendet er sich, im Einverständnis mit Robespierre (der die Aufrichtigkeit der Hébertisten bezweifelt) und zusammen mit Desmoulins, gegen die ultraradikalen Sansculotten unter Hébert, die auf einer gerechten Güterverteilung bestehen. Am 24. Dezember
plädiert Desmoulins in seiner Zeitung *Le Vieux Cordelier* für die Entlassung von 200000 Untersuchungsgefangenen und die Einberufung eines
Gnadenausschusses. Am Folgetag verteidigt Robespierre das Vorgehen des
Wohlfahrtsausschusses in einer scharfen Konventsrede. Der Bruch zwischen Robespierre und Saint-Just mit der radikal egalitären und atheisti-
schen Fraktion Héberts einerseits und mit den jetzt zunehmend konterre-
volutionären Dantonisten (*indulgents*= Gemäßigte) andererseits zeichnet
sich ab.

1794 Am 13. März wird Hébert mit seinen Anhängern, am 16.
März Chaumette, der Führer der Pariser Kommune, verhaftet. Im Germinal (7. Monat des Revolutionskalenders= 21.3.-19.4.) spitzt sich die Krise
der Revolution zu. Am 24. März wird Hébert hingerichtet. Zuvor hat
wohl am 19. März der letzte Versuch einer Verständigung zwischen Dan-

ton und Robespierre stattgefunden. Es gelingt Danton nicht, Robespierre von der Notwendigkeit der Beendigung der *terreur* zu überzeugen. Am 30. März beschließen der Wohlfahrts- und der Sicherheitsausschuß die Verhaftung Dantons und seiner Anhänger, die am Folgetag geschieht. In dreitägiger Verhandlung vor dem Revolutionstribunal vom 2. bis 5. April werden diese des Hochverats schuldig befunden und nach dem Urteil am 5. April guillotiniert. Am 14. April werden Chaumette, Lucile Desmoulins und Héberts Frau hingerichtet. Am 8. Juni institutionalisiert Robespierre, seit dem 4. Juni Präsident des Nationalkonvents, den neuen Kult des Höchsten Wesens (*être suprême*). Die *terreur* erreicht einen letzten Höhepunkt im Juni/Juli: eine große »Reinigung« wird durchgeführt, das Revolutionstribunal fällt jetzt sein Urteil allein auf der Grundlage »moralischer Beweislast«. Die Gegner der *terreur* vereinigen sich im Konvent mit der korrupten Fraktion des Wohlfahrtsausschusses – Billaud, Collot und Barrère – gegen Robespierre. Er wird am 27. Juli (9. Thermidor) mit 21 Anhängern, darunter Saint-Just, verhaftet und am Folgetag ohne Verfahren guillotiniert. Nach dem »weißen« Terror der Thermidorianer, darunter die Reste der Dantonisten bzw. *indulgents*, Girondisten und Royalisten, fällt Frankreich schrittweise auf eine bürgerliche, besitzfreundliche Politik zurück. Der Jakobinerclub wird am 11. November 1794 geschlossen. Am 27. Mai 1797 wird der Frühkommunist Babeuf hingerichtet. Die Große Revolution hat sich erschöpft. Tautologisch wird ihr Ende proklamiert von Napoleon Bonaparte am 15. Dezember 1799. 1804 wird Bonaparte zum Kaiser der Franzosen gekrönt (vgl.: Walter Markov/Albert Soboul: *1789. Die Große Revolution der Franzosen*. Köln 1977; die noch immer gute Darstellung der Revolutionskrise von Wilfred B. Kerr: *The Reign of Terror 1793-4. The Experiment of the Democratic Republic and the Rise of the Bourgeoisie*. Toronto 1927, bes. S. 254ff.; Abrisse: Behrmann/ Wohlleben Q 14, S. 9ff.; MA S. 475ff.; PW 1 S. 456ff.).

Büchners Drama behandelt den Höhe- und zugleich Abstiegspunkt der Revolution in Form der selbstzerfleischenden Richtungskämpfe, die zur praktischen Alleinherrschaft Robespierres und der Ausschüsse und von dort aus zum Ende der Revolution führten. Die Revolution war in ein kritisches Stadium gelangt. Die Fraktion Robespierres konnte sich zwar erfolgreich gegen die Konsolidierungsbestrebungen der Dantonisten einerseits und andererseits gegen radikal egalitäre und kommunitäre Tendenzen der Sansculotten, insbesondere gegen die ihr suspekte Atheismuskampagne, behaupten. Sie war jedoch unfähig, ihr Ziel in Form der Verwirklichung einer sozialen Revolution zu erreichen. Ein Ausgleich der Klassengegensätze und damit der Abbau des Gefälles zwischen Besitzenden und Notleidenden war mit dem abstrakten Tugendbegriff Rousseauscher Prägung und mit der *terreur* nicht zu leisten. Die Revolution stagniert und zelebriert sich selbst im Tötungsritual und dem öffentlichen

Spektakel. *Dantons Tod* zeigt die Krise der bürgerlichen Revolution 1794:
als »einen Grenzpunkt nämlich, der nicht nur ein Weiter-geht-es-nicht
markiert, sondern zugleich die Problematik der Grundlagen der bürger-
lich-demokratischen Revolution überhaupt sichtbar werden läßt und geeignet ist, die Frage der Notwendigkeit einer neuen Revolution sozialen
Charakters auf umfassenderer Grundlage zu stellen« (P S. 96). Es geht
Büchner also, historisch und politisch gesehen, um die Frage nach dem
Scheitern dieser Großen Revolution, um den »gräßlichen Fatalismus der
Geschichte«, um jene »entsetzliche Gleichheit« in der Natur des Menschen, um jene »unabwendbare Gewalt, Allen und Keinem verliehen«, die
er im »Fatalismusbrief« (377) beklagt. Es geht ihm, auf der Erfahrungs-
grundlage der eigenen revolutionären Aktion und über jene hinaus im ästhetischen Spielraum, um eine Analyse der Probleme und Widersprüche,
die dieses von ihm verehrte, großartige Drama der Menschheitsgeschichte
von innen her zerstörten, es im Räderwerk der Tötungsmaschinerie leer-
laufen und schließlich im Sieg der Gegenrevolution tragisch enden ließen.

3.3 Ästhetik und Wirkung des Dramas

Büchner umschreibt in den beiden Realismusbriefen (403f. und 409ff.)
Teilaspekte seiner Ästhetik. So möchte der Text »der Geschichte treu bleiben und die Männer der Revolution geben [...] wie sie waren, blutig, liederlich, energisch und cynisch« (403). Hinzu kommt sein ›offenes‹ didak-
tisches Programm (»die Leute mögen dann daraus lernen« [410]), das er
mit dem Erwecken von »Abscheu und Bewunderung« (411) befördert.
Insofern bedeutet der den Text durchziehende Rückgriff auf beim Publikum etablierte – und gegenüber der Zensur ›zitierbare‹ – Quellentexte der
Restaurationsepoche wie die Revolutionsgeschichte des bürgerlichen Oppositionellen Thiers und *Unsere Zeit* auch Legitimation und Camouflage
des eigenen Projekts. Was für Büchner aber den *kritischen* Rezeptionspro-
zeß bürgerlicher Historiographie ausmacht, präsentiert sich seinem zeitgenössischen Leser als Gerüst approbierter Fakten. So konnte der Text sogar
als »dramatisirtes Kapitel des Thiers« (Gutzkow, 441; hierzu We S. 101ff.)
gelesen werden: ein Lektüreangebot, das 1835 den Rezeptionsvorgang
entschärfend programmieren muß.
   Daß Büchner eine grundsätzlich andere Wirkungsabsicht verfolgt,
liegt in Anbetracht seiner Revolutionsbegeisterung und seiner Mitteilung
an Gutzkow vom März 1835 (397f.) auf der Hand. Ob allerdings der
subversive Subtext beim Leserpublikum der Zeit sich unter der Last des
Zitatmaterials hätte behaupten können, sei dahingestellt. Büchners Beja-
hung der Revolution (die schon Gutzkow erkennt: vgl. den Nachruf)
schlägt mühelos durch. Seine Jakobinerkritik im Brennpunkt der Ereig-

nisse des Frühjahrs 1794 (vgl. MHL S. 108ff.) dagegen entfaltet sich erst bei der analytischen (man möchte sagen: retrospektiven) Lektüre, einer Lektüre, die viele Zeitgenossen überfordert hätte. Denn der Text, das wird im folgenden zu zeigen sein, greift in seiner Analyse der Verhältnisse von 1794 über Heine, Börne und den fortgeschritteneren Diskurszusammenhang von 1835 hinaus. *Dantons Tod* als »literarisch ›verhüllte‹ Kampfansage an die Gegner einer auf absolute, materielle Gleichheit zielenden Revolution, eine Kampfansage von tödlichen Ernst« (Wender Q 32, S. 223), ist in seiner Ästhetik und in seinem Wirkungspotential der Entstehungszeit weit voraus.

Die *Quellenadaption* ist in der Studienausgabe Mayers (B 10) belegt (vgl. dazu We; T.M. Mayer Q 45). Beck (1963) ging davon aus, daß ungefähr ein Sechstel des Texts aus den Quellen montiert sei. Bei neuerlicher Überprüfung scheint etwa ein Fünftel des Dramentexts direkt quellenabhängig (PW 1, S. 466: »können bis zu 20 Prozent des Textbestandes als wenig veränderter Quellentext identifiziert werden«). Eine statistische Quantifizierung der Textbestandteile ist jedoch wenig fruchtbar, nicht nur, weil sie »immun ist gegen Erkenntnisfortschritte« (We S. 148). Den verdeckten Zitaten ist mit einem Quantifizierungsschlüssel ohnehin nicht beizukommen. Die Aneignung des Quellenmaterials ist ein integraler und äußerst komplexer Prozeß der Werkgenese – neutrale, kritische und arbiträre Quellenverwendung sind keineswegs immer zu trennen – , an dessen Ende dann der Text Büchners *als Ganzes* steht. Das identifizierbare Zitat, die Allusion oder das gegen den Strich montierte Detail historischer Überlieferung werden zum integralen Bestandteil der Ästhetik des Texts, zugleich aber auch zum Objekt seiner Kritik. Derart sind sie fest eingebunden in seine Wirkungsstrategie. Kritische Aufarbeitung von Geschichte wird betrieben vermittels kritischer Vertextung bürgerlicher Historiographie. Die Annahme, daß unter der »Übermacht« der Zitate »der Subtext des Dramas« entstehe (Niehoff Q 56, S. 35), ließe sich vertreten. Insgesamt ist es aber die *selektive, kritische* Adaption der Quellen und historischen Diskurselemente, die dem Text den Wirklichkeitsanspruch eines »geschichtliche[n] Gemälde[s]« (403) und zugleich seinen Rang als Kontrafaktur der Historiographie verleiht.

Betrachtet man den *Arbeitsprozeß* Büchners bei der Quellenaneignung, so ist zu unterscheiden zwischen a) der Makrostruktur, d.h. den größeren Handlungseinheiten, deren Abfolge und Inhalt er seinen Strukturquellen entnimmt, b) der Mikrostruktur in Form der Montage bzw. Collage von kleinen Quellenelementen bzw. –splittern und c) der paraphrasierenden Übernahme von Details aus der »Überlieferungs- und Deutungsgeschichte« der Revolution, der der Text »ebensoviel« (We S. 148) verdankt wie den nachweislichen Zitaten. Bei der ersteren kann man von »einem überraschend simplen, gelegentlich fast mechanischen Additions- und Monta-

geverfahren« (Dedner Q 58, S. 135) sprechen. Derart dürfte Büchner die
Anordnung der Dramenhandlung und größere Teile der folgenden Szenen
Thiers verdanken: I,1; I,2; I,3; I,4; I,5; I,6; II,1; II,7; III,1; III,2; III,4;
III,5/6; III,8/9; IV,5; IV,7. In Teilen von I,6, II,3 und II,4 lehnt er sich
an *Unsere Zeit* an (Details vgl. We; Dedner ebd.; zu III,4 vgl. die Analyse
von Behrmann/Wohlleben Q 14, S. 54ff.; zu I,2 T.M. Mayer Q 45). In
der Mikrostruktur montiert Büchner stellenweise Bruchstücke bis hin
zum einzelnen Wort, der Phrase und zum Splitter einer Replik. Insgesamt
verläßt er sich am stärksten auf seine Vorlagen in den Szenen, die dokumentierte historische Vorgänge zeigen: die Reden, Konfrontationen und
das Gerichtsverfahren.

Mit Einschränkungen läßt sich sagen, daß Büchner relativ weniger
quellenabhängig arbeitet a) im Detail der Volksszenen (II,2; II,6; IV,4); b)
in den ›intimeren‹ Dialogen (partiell in I,5; partiell in I,6; II,5; IV,3) und
c) in den an der Peripherie des ›großen‹ Geschehens angesiedelten Gesprächen und Handlungsabschnitten (partiell in I,4; II,4; partiell in III,1;
III,7; IV,1; IV,6; IV,8 und IV,9). Aber auch hier finden sich minuziöse
Montagen. Wender gebraucht nach Nodier (le centon) den Begriff des
»Cento« (Flicken- oder Collagegedicht) für die Kombination von
»Sprachmaterial, das sich auf zum Teil weit auseinanderliegende historische Kontexte« (We S. 151ff.) bezieht, ebenfalls mit Nodier den des »Pastiche« für größere montierte Passagen aus dem Diskurs der Zeit. Alles in
allem, und hierfür dürfte auch die Eile des Autors verantwortlich zeichnen, ist der vierte Akt der am wenigsten montierte und quellenabhängige
des Dramas.

Soweit sie nicht dem Zufall bzw. den Restriktionen, unter denen
Büchner zu arbeiten hatte, zuzuschreiben sind, deuten seine Montagen
auf die folgenden drei Grundprinzipien der Bearbeitung hin:

a) *die Verdeutlichung der historischen Perspektive.* Die äußerst gedrängte
Spielhandlung des Dramas umfaßt nur acht oder neun Tage, nämlich die
Zeit vom 28. 3. bis zum 5. 4. 1794 (zu den Zeitverhältnissen vgl. We S.
211ff.; entsprechend Dedner Q 43, S. 109ff.). Am Verlauf dieser kurzen
Zeitspanne möchte es jedoch zu weiterreichenden Aussagen über den gesamten Revolutionsverlauf gelangen. Damit ist die rück- bzw. vorverwei-
sende Montage summierender bzw. expositioneller Äußerungen unum-
gänglich. Das betrifft Robespierres Rede im Jakobinerklub (I,3), die
Büchner, gestützt auf Thiers, weitgehend im Wortlaut der historischen
Konventsrede vom 5. 2. 1794 (»Über die Grundsätze der politischen Moral [...]«) wiedergibt. Wenn das Drama insofern von der historischen
Chronologie abweicht, als es Robespierres Rede sowie die wohl am 19. 3.
anzusetzende Aussprache Dantons und Robespierres (für deren Plazierung
als I,6 Büchner einen Tag in die Abfolge Thiers' einschiebt) umdatiert, so
werden beide dadurch als Verweiselemente in den Spielrahmen einbezo-

gen. Sie fassen wichtige Entwicklungen vor der Spielzeit zusammen und umreißen den gegebenen politischen und sozialen Konflikt. Damit verbunden ist

b) Büchners Bestreben, die *ideologischen und gesellschaftlichen Positionen* des Revolutionsverlaufs gemäß seiner eigenen Geschichtskonzeption zuzuspitzen und zu vertiefen. Zu diesem Zweck montiert er auch gegen den Strich seiner Vorlage. An diesen Stellen bedient er sich der Montage oder des Cento. Büchners Text - im Gegensatz zu seinen Quellen - erschöpft sich nicht im Aufzeigen der Fraktionskämpfe, sondern er untersucht genau die jeweiligen divergenten Positionen (vgl. We S. 208ff.). So erklärt sich der rigorose Umgang mit dem bürgerlichen Fundus überlieferter Daten und Geschehnisse von selbst: »Das geschichtliche Material, in dem mit den Selbstdeutungen der historischen Protagonisten zugleich herrschende Konstruktionsformen von Wirklichkeit überliefert sind, wird so in den Text eingefügt, daß sich seine immanente Widersprüchlichkeit radikalisiert« (Voges Q 51, S. 41). Schließlich verwendet Büchner

c) zum Zweck der *außerliterarischen Beglaubigung* die Montage von Versatzstücken. Vielfach wird in eine Passage der Splitter eines leicht identifizierbaren Zitats, ein Epigramm oder eine Parole eingearbeitet. Dies läßt sich gerade an den ›intimeren‹ Dialogen und den Volksszenen beobachten. Büchner erreicht mit dieser Versatzstücktechnik zweierlei: er stellt durch das Kürzel bzw. das Wort- oder Satzsignal (denn so mußte die Anspielung auf ein im Thiers belesenes Vormärzpublikum wirken) den Anschluß der jeweiligen Szene an das historische Geschehen her. Zudem verschafft er seiner Eigenschöpfung dadurch eine Beglaubigung im Kontext dokumentierter Wirklichkeit, die nicht auf sklavische Geschichtstreue, aber auf den impliziten Realitätsanspruch des Texts abzielt.

Die Quellenmontage reflektiert Büchners kritische Auseinandersetzung mit dem ihm zur Verfügung stehenden historiographischen Material: »Insofern bedeutet Montage immer zugleich Demontage« (Zons G 15, S. 290). Darüber hinaus gehört sie in ihrer vielfachen Arbitrarität zum ästhetischen Spielprinzip des Dramas. Sie unterstreicht das *Rollenspiel* der Figuren, die mühelos den Wechsel zwischen im Zitat der Quellen festgeschriebener historischer Aktion und Büchners detailrealistischer Erfindung bewältigen. Indem Büchner das Quellenmaterial dekonstruiert und es dann in den Kontext seiner Textwirklichkeit gezielt einbringt, unterstreicht er den Primat der Ästhetik über die Historiographie, des »dramatische[n] Dichter[s]« über den »Geschichtsschreiber« (410). Bei alledem, das betont er im gleichen Brief, untersteht der »Dichter« durchgängig dem Zwang der Wirklichkeit und der Geschichte selbst, die er »zum zweiten Mal erschafft«.

Man fragt sich nach der Arbeitsweise Büchners bei der *Quellenaneignung*. Der mikroskopische Quellenschnitt deutet auf ein systematisches und damit zeitaufwendiges Arbeitsverfahren. Ein Arbeitsverfahren, das mit veränderten Vorzeichen im *Mémoire*, in der Probevorlesung und im *Woyzeck* ebenfalls zu beobachten ist. Vielleicht kann Büchner bei der Konzeption des Texts tatsächlich auf früher, etwa vom November 1833 bis zur Jahreswende 1834 (»Ich studierte [das Verb suggeriert intensive Aneignung] die Geschichte der Revolution« [377]), angefertigte Notizen zurückgreifen? Ein bereits vorliegender Fonds von Quellenexzerpten würde die spätere minuziöse Einarbeitung ins Drama im gegebenen engen Zeitraum erklären. Festzuhalten ist, daß die Spezifik der Quellenmontage sowie des Pastiche im größeren und der Collage bzw. des Cento Bestandteil der revolutionären Ästhetik des Dramas sind: Büchners Mittel, »der Geschichte, wie sie sich wirklich begeben, so nahe als möglich zu kommen« (410) und, sie kritisch weiterdenkend, in die Gegenwart vorzustoßen.

Dantons Tod ist ein handlungsarmer Text. Sprache und Handlung fallen oft in eins: Sprache reflektiert den vorgegebenen Handlungsgang, Handlung dagegen zerfließt im sprachlichen Reflex. Handlung überführt auch, wo sie auf den Sprecher zurückschlägt, Sprache als falsches Bewußtsein bzw. als (Selbst)Täuschung gegenüber der Wirklichkeit. Büchners anti-idealistischer Formbegriff kann sich auf die literarischen Vorbilder Shakespeares, des Sturm und Drang und Grabbes berufen. Wichtig ist das Modell Goethes. Für die Volksszenen gab neben Grabbes *Napoleon oder Die hundert Tage* Goethes *Egmont* Anregungen. Sogar mit Schiller, der ja prominent unter den von Büchner geschmähten »Idealdichtern« rangiert, liegen Berührungspunkte vor (Nachweise bei Hinderer C 5, S. 41 ff.). Die Struktur lehnt sich an die des *Götz von Berlichingen* an. Der von Lenz und Goethe auf der deutschen Bühne etablierte Abbau des traditionellen Szenenkonzepts ist bei Büchner unwiderruflich vollzogen. Die Einteilung in vier Akte bleibt zwar erhalten, sie reflektiert jedoch keine Entwicklungsstruktur. Sieht man von den erwähnten Anachronien und wenigen anderen Eingriffen in die geschichtliche Chronologie (Knapp Q 30; PW 1 S. 443f.; 555f., Anm. 61,25 zu Unstimmigkeiten durch Herausgebereingriffe) ab, unterliegen die zweiunddreißig Szenen des Dramas allein der vom Verlauf der historischen Geschehnisse vorgegebenen zeitlichen Abfolge.

Indem er der Einzelszene ein größeres Gewicht verleiht als dies in klassizistischen Dramen möglich ist, erreicht Büchner eine Straffung und zugleich die Relativierung der im Drama gezeigten Zeitabläufe: eine Technik, die er auch in seinen anderen Texten gebraucht. Individuell erlebte Zeit und geschichtliche Zeit reiben sich aneinander oder stehen sich indifferent gegenüber. Wenn Danton auf die Ermahnung Camilles »Rasch Danton wir haben keine Zeit zu verlieren« erwidert »Aber die Zeit verliert uns« (38), so verweist er direkt auf den im Drama spürbaren Gegensatz von objektiver und existentiell erfahrener Zeit. Büchner läßt häufig in Gesprächsszenen (I,1; I,5; I,6; II,3; II,4; II,5; III,1; III,7; IV,3; IV,5; IV,6) den Eindruck des zeitlichen Stillstands entstehen. Wender weist auf das komplexe Bezugsfeld von Einflüssen der französischen Romantik hin, die im Formalen und in der Ästhetik des Texts wirksam werden (We S. 149ff.). Neben Nodier sind heute vergessene Autoren wie Ludovic Vitet und Auguste Anicet-Bourgeois (beide werden 1829 bzw. 1832 ins Deutsche übersetzt) als Bezugspunkte möglich. Der französische Romantikdiskurs, der eine Hinwendung der Literatur zur Wirklichkeit fordert, setzt mit Stendhals Programmschrift *Racine et Shakespeare* (1823/25) ein und wird von Nodier, Musset, Dumas und Hugo aufgegriffen. Hugos 1827 veröffentlichtes Drama *Cromwell*, insbesondere die »Préface de Cromwell«, ist der einflußreichste Text dieser Bewegung. Darin fordert Hugo die Repräsentation von Wirklichkeit im Drama (»le drame peint la vie«), eine Ästhetik des Verismus (»la vérité«), die wiederum das Erhabene und das Groteske vereint (»le caractère du drame est le réel; le réel résulte de la combination toute naturelle de deux types, le sublime et le grotesque«). Ebenso plädiert er für eine Mischung der Genres (»mélange des genres«), für Lokalkolorit und eine direkte Widerspiegelung der Natur (»le drame est un miroir où se réfléchit la nature«). Als exemplarisch für diese Tendenzen der literarischen Moderne gilt Mussets *Lorenzaccio* (1834), teilweise auch dessen *On ne badine pas avec l'amour* (1834). In Büchners Ästhetik ist dieser Diskurs beständig greifbar.

Tragende Pfeiler im Text sind Verweiselemente, die über den Rahmen der Einzelszene hinausgreifen und entscheidende Konfliktebenen aufscheinen lassen. Hierzu zählen sowohl kurze Signale wie eingangs schon der Ausruf der Dame »Verloren!« und Dantons Metapher »ich liebe dich wie das Grab« (I,1) als auch längere Passagen wie Robespierres Rede in I,4, die den derzeitigen Stand der Revolution charakterisiert, zugleich aber auf ihr Scheitern vorverweist und den politischen Konfliktstoff des Dramas zusammenfaßt. Verweiselemente für die Einschätzung der revolutionären Politik und ihrer Auswirkungen auf die Massen sind in den Volksszenen gegeben. In III,6 wird das Komplott der korrupten Thermidorianer gezeigt und Robespierres Sturz über den Spielrahmen hinaus antizipiert. An dieser Stelle des Dramas ist schon der 9. Thermidor gegenwärtig.

Strukturierende Funktion hat das Prinzip der Wiederholung bzw. der »Äquivalenz« einzelner Szenen (Zeller Q 8). Wiederholung dient der Verdeutlichung. Sie zielt auch auf einen demaskierenden Effekt: etwa in III,9 und III,10, aber auch anfangs schon in I,2 wird derart die Manipulierbarkeit der Zuhörer im Revolutionstribunal und der hungernden Massen unter Beweis gestellt (Zeller ebd. S. 213f.). Die Äquivalenz von I,6 und II,5, die sich bis ins Zitat erstreckt, steht im Dienst der Vertiefung der Figuren

Dantons und Robespierres, deren quälende Geschichtserfahrung zwar unterschiedlich motiviert, aber doch aufeinander bezogen ist. In I,5 stellt Danton fest: »die Revolution ist noch nicht fertig«. Robespierres Replik »Die soziale Revolution ist noch nicht fertig« in I,6 klingt wie ein Echo. Aber das Quasi-Zitat verdeutlicht exakt die *entgegengesetzte* Vorstellung beider von einer Fertigstellung der Revolution und damit die unüberbrückbare politische Kluft. Selbstreferenzialität, Zitat im Zitat, die Durchlässigkeit der Szenen bis hin zum Szenenschnitt verleihen dem Text der Geschichte und der Revolution, so wie er im Drama behandelt wird, einen *work-in-progress*-Charakter. Büchner schreibt den historischen Gegenstand seines Stücks nicht fest, »[v]ielmehr sucht er ihn faßbar zu machen als Gegenstand noch zu leistender kollektiver, gesellschaftlicher Verarbeitung« (P S. 93). Insofern ist die Ästhetik des Dramas direkt eingebunden in sein Projekt einer retroaktiven Kritik der Vorgänge des Frühjahrs 1794: »Das Stück widerlegt alle Versuche, Wirklichkeit in geschlossenen Bildern zu begreifen« (Voges Q 51, S. 41).

Der dramatischen Struktur entspricht die Anlage der *Dialoge*, in denen Büchner über die zeitgenössische Repräsentation der *éloquence révolutionnaire* hinausgeht. Ziel der einzelnen Replik ist zugleich lebendige Vergegenwärtigung der jeweiligen Figur und Relativierung der vertretenen Positionen im diskursiven Widerspruch. Beispiele für den Vorgang liefern die Gespräche der Revolutionäre sowie die differenziert ausgearbeitete Auseinandersetzung der beiden Bürger in III,10. Derart wird auch durch sprachbildliche Komik Energie freigesetzt, die nirgendwo humoristischer Beschwichtigung, sondern der Enthüllung sozialer Mißstände dient (vgl. die Dialoge in I,2, die Bildsprache der Bürger in III,10 [»Köpfe statt Brot, Blut statt Wein«], der Hunger der Kinder in IV,7, der durch das blutige Spektakel gestillt werden soll usw.). Komik changiert zum Tragikomischen bzw. Grotesken. Dieses bildet eine der Kommunikationsebenen des Texts. Komik kann ebensogut der Differenzierung klassenspezifischen Verhaltens dienen. Im Panoptikum der Promenade (II,2) läßt das Drama die Klassen der Besitzlosen und der Besitzenden Revue passieren. Beide charakterisieren ihre jeweiligen Verhältnisse in der unfreiwillig komischen Entäußerung. Das Los der Armen spiegelt sich in Simons blindem Glauben an die Revolution und seiner komischen Imitation der Römeralllüren der Revolutionäre. Pointiert gezeichnet ist die Diskrepanz der Klassen im Lied des Bettlers und dem sich daraus entspinnenden Dialog mit den beiden Herren. Vollends entlarvend dann der Theaterdialog der beiden Herren, der im »Kunstgespräch« der nächsten Szene von Camille weitergeführt und von Danton abrupt in eine Kritik der »kaltblütigen« Kunst des Malers und Robespierristen Jacques-Louis David übergeleitet wird. [Zum Komplex der Ästhetik der Revolutionsära vgl. Wender: »Anspielungen auf das zeitgenössische Kunstgeschehen in *Danton's Tod*« in:

E 15, S. 223ff.; Martin Selge: »Kaltblütig. Jacques-Louis David aus der Sicht von Büchners Danton« in: E 15, S. 245ff.] Der Szenenschnitt ist nicht ohne politischen Nebensinn. Nicht von ungefähr flanieren Danton und Camille mit den Reichen (den »ehrlichen Leuten«) auf der Promenade: Danton, der seinen Glauben an die Revolution verloren hat, gehört zur Klasse der Müßiggänger.

Büchners Sprache geht immer auf *visuelle Veranschaulichung* aus. »Unmittelbare Wahrheit« (der Begriff stammt aus den Cartesius-Studien [176f.]; Vollhardt [J 17] geht ihm philosophisch und ästhetisch nach) enthüllt sich vielfach in der Konvergenz von Sprache und Anschauung. Am 10. Juni 1836 schreibt Gutzkow an Büchner: »Seien Sie nicht ungerecht gegen dies Studium [der Medizin]; denn diesem scheinen Sie mir Ihre hauptsächliche Force zu verdanken, ich meine, Ihre seltene Unbefangenheit, fast möcht' ich sagen, Ihre Autopsie, die aus allem spricht, was Sie schreiben« (441). Gutzkow spielt hier auf die Sprachbildlichkeit des Texts an, die integraler Bestandteil der Ästhetik ist. Wülfing (H 36) untersucht diesen Aspekt und bezieht ihn auf Büchners naturwissenschaftlich geschulte Perzeption. Wenn Büchner im ersten Realismusbrief von einem »geschichtliche[n] Gemälde [!], das seinem Original gleichen muß« (403) spricht, dann betont er in bezug auf Drama und Vorlage gleichermaßen die *visuelle* Komponente. Auch im zweiten Realismusbrief umschreibt er die Aufgabe des »Dichters« mit an*schaulichen* Kriterien, wenn dieser »uns gleich unmittelbar, statt eine trockne Erzählung zu geben, in das Leben einer Zeit hinein versetzt, und statt Charakteristiken Charaktere, und statt Beschreibungen Gestalten gibt« (410). Diese visuell-sensuelle Komponente der Kunst wird auch von den französischen Romantikern gefordert. Büchner dehnt sie aus auf die Sphäre der Erotik, der im Drama besonderes Gewicht zukommt (vgl. Horton Q 33).

Andererseits stellt gerade Danton schon eingangs das Selbstschauen als Erkenntnisgrundlage in Zweifel, wenn er zu Julie sagt: »Ja, was man so kennen heißt. Du hast dunkle Augen und lockiges Haar und einen feinen Teint und sagst immer zu mir: lieb Georg. Aber [...] da da, was liegt hinter dem? Geh, wir haben grobe Sinne. Einander kennen? Wir müßten uns die Schädeldecken aufbrechen und die Gedanken einander aus den Hirnfasern zerren« (13). Autopsie als unmittelbare Wirklichkeitsbekundung einerseits und Erkenntniszweifel andererseits fallen einander gegenseitig ins Wort. Das zitierte Beispiel zeigt, wie sehr der ›medizinische‹ Autopsie-Aspekt sich im Drama geltend macht: als Diagnostik und als sezierendes Eingreifen in die lebendige Form, die sich dem »Kennen« widersetzt. Die zahlreichen anatomischen Anspielungen von den »Quecksilberblüten« übers »Zahnweh« und den »Tripper« bis zum hippokratischen Gesicht sind nicht nur visuell von den Tafeln inspiriert, die Büchner bei der Arbeit am Drama obenauf liegen hat (Moritz Ignaz Weber: *Anatomischer At-*

las des Menschlichen Körpers in natürlicher Größe, Lage und Verbindung der Theile. [...] Düsseldorf 1833-1835 [KM, S. 191]). Auch Büchner, wie sein Danton, »macht Mosaik«. Er stellt das *Sichtbare* der menschlicher Natur, das Häßliche wie das Schöne, Erotik, Krankheit und Tod, unvermittelt neben das, was dem Selbstschauen *nicht* zugänglich ist, immer im Bestreben, die Totalität außerliterarischer Wirklichkeit zu erfassen. Oesterle weist darauf hin, daß der Text »mit dem vielfach variierten Todes- und Schmerzthema ästhetisch auch die Unlustgefühle in die Revolutionsproblematik einbezieht« (Q 60, S. 63). Es geht der antiidealistischen Ästhetik Büchners immer um die menschliche Natur in der Vielfalt ihrer Entäußerungen, zuvorderst um ihr Leiden. Nicht ohne Grund legt er Payne den Satz in den Mund: »Das leiseste Zucken des Schmerzes und rege es sich nur in einem Atom, macht einen Riß in der Schöpfung von oben bis unten« (58).

In seiner revolutionären Ästhetik ist *Dantons Tod* ein *Drama der Gegensätze.* Quellenmontage fällt in eins mit eigener Erfindung. Komisches reibt sich am blutigen Ernst. Schönheit und Tod sitzen eng beieinander. Autopsie und Infragestellen des Wahrgenommenen durch kognitive Überprüfung im Sinn Descartes' konterkarieren einander. Geschichte wird ihrer *fatalité* entzogen, indem sie neu durchgespielt wird. Das heroische Geschichtsbild wird mit seinen Akteuren persifliert, und doch bleibt ihnen ein Anflug von Größe. Es »erscheint das Drama der Revolution (unbeschadet der Tragödie, die es enthält) zugleich auch als deren Komödie« (P S. 102). Das historische Rollenspiel dieser Akteure wird entlarvt als fatale Selbsttäuschung der bürgerlichen Revolution. Zugleich ist die Rollenproblematik nicht nur dramatischer, sondern existentieller Kernpunkt für Büchner und für sein eigenes Selbstverständnis als Revolutionär. Bedenkt man, daß er zur Entstehungszeit von *Dantons Tod* selbst mitten in der – potentiell lebensbedrohlichen – revolutionären Aktion steht, so wird klar, daß der Text die nahtlose Verlängerung revolutionärer Praxis in den ästhetischen Denk- und Spielraum ist. Äußerstes persönliches Betroffensein durch die hier reflektierten Problemkomplexe geht direkt in die innovative Ästhetik des Dramas ein.

Die Frage der *Genrezuordnung* muß gestreift werden. Büchner selbst nennt sein Stück im Untertitel: »Ein Drama«. Man hat versucht, den Text einem bestimmten Genre zuzuschreiben. Von Bormann schlägt ein »Trauerspiel« im Sinn Benjamins vor (Q 41). Meier liest den Text als »politisches Trauerspiel« der Zeit (Q 46). Bezüge zu Goethes *Egmont* und Schillers *Wallenstein*, die gewisse Affinitäten zu diesem Genre unterstreichen, sind untersucht worden. Über die Feststellung, daß *Dantons Tod* eher dem Muster des *Wallenstein* verpflichtet ist und stellenweise als »Gegenentwurf« (Grimm) des *Egmont* oder als Anti-*Fiesco* gelten könnte, ist man nicht hinausgelangt. Büchners Text scheint sich einer griffigen Genrezuordnung zu sperren. Sicher hätte er ihn »ein Trauerspiel« nennen und damit den Anschluß an diese Tradition signalisieren können. Daß er statt dessen den Begriff »Drama« wählt, muß ernst genommen werden. Büchner stellt sich mit dieser programmatischen Abbreviatur in den Kontext der französischen Avantgarde, in dem Wender seine innovative Form des Geschichtsdramas lokalisiert (E 12, S. 117). Hugo, Nodier und Musset gebrauchen den Begriff »un drame« für praktisch alle ihre Bühnenstücke der Zeit: um im Anschluß an Shakespeare einem Typus Rechnung zu tragen, der Freizügigkeit mit dramaturgischen Kategorien, eine Mischform ›tragischer‹ und ›komischer‹ Elemente, den Einbezug des Schicksalhaften wie des Zufälligen (Zeller Q 52, S. 164f. zitiert die Vorrede zu *Marie Tudor*: »la fatalité, la providence, le génie, le hasard«), des Grotesken, des Häßlichen wie des Unschicklichen erlaubt, um die Totalität von »Leben« und »Wirklichkeit« auf die Bühne zu stellen – »la verité«. Büchners Verismus geht aber über seine Vorbilder hinaus, wie eben seine Ästhetik überhaupt oft Tendenzen des 20. Jahrhunderts tangiert. Aber die Bedeutung dieser Vorbilder sollte deswegen nicht unterschätzt werden. Natürlich ist auch Gutzkow mit diesem Diskurs vertraut. So erklärt sich seine oben zitierte Verwendung des Begriffs »Komödie« (441) für das Drama keineswegs als Fehlleistung, sondern als impliziter Verweis auf *diese* literarische Moderne der Zeit, der er Büchner zurechnet.

Wie sehr dieser Diskurs Büchners eigener Ästhetik entspricht, und wie schnell er ihn sich aneignet, geht aus den Briefstellen hervor, in denen er das Bild der »Komödie« gebraucht (S. 58f.). Ein an sich keineswegs ›komischer‹ Sachverhalt (358, 365, 377) wird in rascher Umblende auf den theatralischen Kern reduziert: den Kern der Vergeblichkeit, der lachhaften Ritualisierung und damit der beliebigen Wiederholung, wie ihn die Komödie bloßlegt. Mit der Komödienmetapher und der damit implizierten Theatralisierung von Wirklichkeit wird dieser »Prozeß der Entheroisierung der dramatischen Gestalt« (P S. 109) durch den Diskurs des Stückes fortgeschrieben. Denn dieser »ist fundiert in einem neuen Wirklichkeitsbegriff, der aus der ideologiekritischen Analyse einer umfassenden Theatralisierung der Politik gewonnen wird« (Voges Q 51, S. 11). Robespierre gründet seine Verdammung der Hébertisten auf »das erhabne Drama der Revolution« (23), die Bürger gefallen sich in Römerrollen, Simon und das Volk persiflieren Fetzen aus der Mythologie und diversen Tragödien, Collot d'Herbois fordert schon in I,3: »Es ist Zeit die Masken abzureißen« (22). Aber die Masken fallen nicht, es wird Theater gespielt bis zum bitteren Ende, wenn man »zuletzt im Ernst« guillotiniert wird. Danton und Camille (»Setzt die Leute aus dem Theater auf die Gasse: ach, die erbärmliche Wirklichkeit!« [45]) sind sich dieses Rollenzwangs und der schreienden Diskrepanz zwischen Spiel und Realität bewußt. Sie können ihnen dennoch nicht entgehen.

Das Drama der Revolution, in dem die Gegensätze von Rolle und Wirklichkeit sich andauernd verwischen und aneinander reiben, diese »Neuinszenierung eines alten Theaterstücks« (Hinderer), greift auf das Konzept des *theatrum mundi* zurück. Büchner erfüllt es jedoch mit einem radikal neuen ideologie- und kunstkritischen Inhalt: er »demonstriert die ideologische Verblendung der politischen Akteure, kritisiert aber mit der Theatralisierung der Politik zugleich eine ästhetisierende Aneignung gesellschaftlicher Wirklichkeit« (Voges Q 51, S. 33). Indem er aber diese »erbärmliche Wirklichkeit« konsequent per Autopsie durchs theatralische Spiel durchschlagen läßt, thematisiert er den Zusammenhang von reinszenierter, »erlebter« und »erlittener« Geschichte (Ueding Q 22, S. 219ff.). Insofern stellt sich sein Drama nicht nur (selbst)kritisch dem Problem der Reproduzierbarkeit historischer Realität auf der Bühne, es befragt diese Realität auch beständig auf ihre inhärenten Rollenzwänge und auf ihre gesellschaftlichen Widersprüche in Form der Leidensprozesse der einzelnen sowie der »großen Masse«. Hier entsteht eine Ästhetik des Dramas, die erst viel später, etwa in Stücken von Peter Weiss und Heiner Müller, wieder aufgegriffen wird.

3.4   Interpretationsperspektiven

3.4.1 Die politischen und sozialen Positionen

Für die Lektüre des Texts zentral sind seine politischen und sozialen Positionen. Die vom Titel her suggerierte Konzentration der Rezeption auf den Tod Dantons und seiner Anhänger verweist ostentativ auf die im Dramenspielraum behandelten Vorgänge um die Entmachtung, Verurteilung und Exekution der Fraktion der *indulgents*. In jedem der vier Akte vollzieht sich ein entscheidender Schritt auf dieses Ende hin. Drehpunkt der dramatischen Handlung ist Danton. Er steht in 16 der insgesamt 32 Szenen auf der Bühne, in seiner Person laufen diverse Fäden des Spielverlaufs zusammen. In seiner Person und in denen seiner Anhänger, die jeweils differenziert gezeichnet sind, konzentriert sich zugleich Büchners Kritik der bürgerlichen Revolution. Diese Kritik, die »schonungslos die klassenbedingte Borniertheit der bürgerlichen Positionen frei[legt]« (Voges Q 51, S. 8), bildet den Subtext des Dramas. Das heißt nicht, daß die Dantonisten ohne Mitgefühl und als ›negative‹ Figuren gezeichnet sind. Die Autopsie Büchners verleiht ihnen auch sympathische Züge. Der von Danton artikulierte Rückverweis auf ihre Leistungen für die Revolution in ihrer Aufstiegsphase sichert ihnen ohnehin ihren Platz »im Pantheon der Geschichte« (62). Im bürgerlichen und in Teilen des republikanischen Diskurses der dreißiger Jahre nimmt der Volksheld Danton eine weitaus positivere Stellung ein als Robespierre, dessen Name mit der *terreur* gleichgesetzt wird. Insofern schon ist der ›liberale‹ Danton als Mittelpunktsfigur – nicht als Identifikationsangebot! – für ein liberal-republikanisches Publikum der Zeit glücklich gewählt.

Büchner selbst hat mit dieser Position nichts gemein. Dennoch berühren sich eigene Erfahrungen mit denen des Dramenpersonals, also auch der Dantonisten. Diese *Erfahrungskorrespondenz* zwischen Autor und Figur geht so weit, daß Büchner seinem Danton Worte aus dem »Fatalismusbrief« in den Mund legt: »Was ist das, was in uns hurt, lügt, stiehlt und mordet?« (49, vgl. 377). Im Persönlichen wie im Spielkontext kommt der gemeinsame Bezugspunkt (»Das *muß* ist eins von den Verdammungsworten, womit der Mensch getauft worden« [ebd.]) immer wieder »auf das Verhältnis von Individuum und Geschichte« zurück, auf die Frage, »wer Geschichte macht und nach welchen Gesetzen, wie gehen Menschen mit Geschichte, mit ihrer Geschichte um, wie Geschichte mit ihnen« (Ruckhäberle Q 21, S. 170). Der vielstimmige »dramatische Perspektivismus« (Voges), der alle Positionen im Drama *scheinbar* gleichwertig zu Wort kommen läßt und die Dantonisten dabei immer im Blick behält, hat in der Forschung zu Fehldeutungen geführt. Der Text wurde als »Charakterdrama« Dantons (Viëtor G 9, S. 151ff.) gedeutet. Die Titelfigur wurde vielfach als Sprachrohr des Autors gesehen. Extreme Interpretationen wollen *Dantons Tod* als revolutionsfeindliches Stück lesen (Anneliese Bach [1955/56], Wolfgang Martens [1960; 1969]). Dantons »Verzweiflung« – oft auf dubiose religiöse oder ›nihilistische‹ Gründe befragt – wird als Verurteilung der Revolution gedeutet und eine vergleichbare Einstellung des Autors dabei vorausgesetzt. Auch Hans Mayers viel differenziertere Sicht mündet noch in die unzulässige Gleichsetzung von Autor und Figur (G 6, S. 222). Erst Benn (G 13, S. 149ff.) weist darauf hin, daß Danton nirgendwo im Text die Revolution als solche verwirft. Im Gegenteil pocht er auf seinen Status als Held dieser Revolution. Sein Widerstand gegen die Fortführung der *terreur* ist zumindest anfangs psychologisch, nicht politisch motiviert. An der Notwendigkeit der Revolution wird (von der Position Büchners ganz zu schweigen) nicht der geringste Zweifel laut. Zur Debatte stehen ihre Ziele und die Möglichkeiten ihrer Durchsetzung im Frühjahr 1794, damit verbunden die Frage nach revolutionärem Handeln überhaupt. Der kurze Exkurs zeigt, daß es nicht zulässig sein kann, per naiver Identifikation von Autor und Figur nach simplen Schlüssen auf ein politisches ›Programm‹ im Drama zu fahnden. *Dantons Tod* ist kein Lehrstück. Insofern programmatische Aussagen zur Geschichte der Revolution der Spielwirklichkeit überhaupt abzuziehen sind, entfalten sie sich nur in der Multiperspektive der verschiedenen Positionen und in der differenzierten Bewertung dieser Positionen durch die Strategien des Textes.

An der Auseinandersetzung zwischen Danton und Robespierre werden die politischen Positionen des Germinal 1794 greifbar. Daß beide sich nur einmal auf der Bühne direkt gegenüberstehen, ändert nichts an ihrer historisch vorgegebenen Zuordnung. Um Danton gruppiert sind seine Anhänger Camille Desmoulins, Legendre, Hérault-Séchelles, Lacroix und Philippeau. Im Gefängnis treten vorübergehend Fabre, die Girondisten Mercier und Payne sowie Chaumette hinzu. Letzterer gehört ins Lager Héberts und nimmt dadurch eine Sonderstellung ein. Er verläßt die Bühne, ohne Danton zu begegnen. Entsprechend umgibt auch Robespierre ein Kreis von Gefolgsleuten. Bemerkenswert ist, daß er unter den Mitarbeitern des Wohlfahrtsausschusses allein im Dialog mit St. Just gezeigt wird. Couthon, der zweite Vertraute des historischen Robespierre, hat keine Rolle im Stück. Unter den Mitgliedern des Wohlfahrtsausschusses sind es die Thermidorianer Barrère, Collot d'Herbois und Billaud-Varennes, die in III,6 den Sturz Robespierres planen. Die Anhänger Robespierres sind, im Gegensatz zu den Dantonisten, wenig profiliert: »Sie vergegenwärtigen das Funktionieren eines politischen Mechanismus, als dessen öffentlicher Repräsentant Robespierre und als dessen treibende Kraft St. Just erscheint« (Werner Q 37, S. 21). Fouquier-Tinville und Herrmann sind Funktionäre, Amar und Vouland gesichtslose Drahtzieher in der Kommandozentrale der *terreur*. St. Just ist eine der Schlüsselfiguren des Dramas. Nicht nur kontrastiert er Robespierre, der bei allem Tugendfanatismus und bei aller politischen Unbeugsamkeit auch *homo melancholicus* ist und von Skrupeln geplagt wird. St. Just ist die verkörperte Staatsraison und damit über jeden Selbstzweifel erhaben. Er formuliert politische Grundsätze, die über den Spielrahmen hinaus Gültigkeit besitzen. Insofern liefert er, gleichsam die linke Hand Robespierres, einen harten Gegensatz zu Camille, der rechten Hand Dantons. Camille vertritt das Erbarmen. Er ist es, der durch seine Freundschaft mit Robespierre die Brücke zwischen den Lagern bildet.

St. Just erscheint in Büchners Zeichnung als ironische Inkarnation des »eherne[n] Gesetze[s]« aus dem »Fatalismusbrief«: er glaubt es zu »erkennen« (vgl. die zweimalige Nennung des Begriffs »Gesetz« in II,7 [54]). Daß er es nicht »beherrscht«, erweist sich aus seinem eigenen Sturz am 9. Thermidor. St. Just ist es auch, der den im *Hessischen Landboten* entfalteten Gewalt-Gesetz-Diskurs im Drama weiterführt und damit unmißverständlich auf das *Zentralproblem der revolutionären Gewaltanwendung* hinweist. Bedenkt man Büchners »durchgängiges Bemühen um die sorgfältige Unterscheidung der verschiedenen Motive des Tötens in der Revolution« (Wender Q 32, S. 226), so ist festzuhalten, daß St. Justs Legitimation der revolutionären Gewalt als solche an keiner Stelle des Textes widerlegt wird (zu Büchners eigener Position vgl. oben zum *Hessischen Landboten*; Schulz in Grab K 15, S. 76ff.). Es ist die Fragwürdigkeit der gesetzlich institutionalisierten terroristischen Anwendung dieser Gewalt ›von oben‹ im Germinal 1794, die das Drama zeigt.

Das Stück setzt ein auf der Höhe der Fraktionskämpfe. Dies ist historisch der »Zeitpunkt, an dem sich Bürgertum und Volk auf Grund zunehmend divergierender Interessen spalten« (Görlich/Lehr H 28, S. 53). Die jakobinische ›Mitte‹ der Ausschüsse hatte bereits im September 1793 die ›linken‹ *enragés* entscheidend geschwächt, auch die Gironde war nach dem Coup des Oktober als ›rechte‹ Opposition de facto wirkungslos geworden. Mit der Konsolidierung der Jakobinerdiktatur verstärkt sich der Kampf gegen oppositionelle Gruppierungen. Büchners Äußerung an Gutzkow 1835, freilich auf die Verhältnisse von 1835 bezogen, umreißt den Sachverhalt: »Die ganze Revolution hat sich schon in Liberale und Absolutisten geteilt und muß von der ungebildeten und armen Klasse aufgefressen werden« (400).

Die »Absolutisten« *im Drama* werden hier als diejenigen verstanden, die »in socialen Dingen von einem absoluten *Rechts*grundsatz ausgehen« (440), also Robespierre und St. Just (vgl. Wender in: E 12, S. 63), dessen Durchsetzung aber mit inadäquaten Mitteln betrieben und im Auseinanderklaffen von Anspruch und Wirklichkeit durch den Text kritisiert werden. Diesen »Rechtsgrundsatz« formuliert St. Just in II,7: »da Alle unter gleichen Verhältnissen geschaffen werden, so sind Alle gleich, die Unterschiede abgerechnet, welche die Natur selbst gemacht hat. Es darf daher jeder Vorzüge und Keiner Vorrechte haben, weder ein Einzelner, noch eine geringere oder größere Klasse von Individuen.« Im Kontext von 1835 zeichnet sich eine Verschiebung der Konnotationen des Begriffs »Absolutisten« ab (vgl. die Diskussion bei Holmes K 23; Q 64, S. 107ff.; PW 2 S. 1152f.)

Da das Problem der sich erhaltenden Klassengegensätze im Konzept der bürgerlichen Revolution nicht zu lösen ist, tritt die Vernichtung des Feinds im Inneren, somit die Erhaltung des politischen status quo, an Stelle des unerfüllten Auftrags der Massenbewegung. Die *terreur*, vordem verlängerter Arm der Volkserhebung, hat sich von dieser vollends gelöst und ist nunmehr ritualisiertes Instrument der Staatsgewalt. Der politische Prozeß wird zum Rollenspiel einer sich selbst erhaltenden Fraktion, die Guillotine zur Bühne des Revolutionstheaters. Die Revolution tritt auf der Stelle. Hébert und seine Anhänger sind am 13. 3. 1794 verhaftet worden. Danton weiß, daß der nächste Schlag ihm gelten wird, auch wenn er das zunächst nicht wahrhaben will: »Mein Name! Das Volk!« (31). Als er sich zur Aktion aufrafft (»Wir dürfen keinen Augenblick verlieren, wir müssen uns zeigen!« [34]) und einen erfolglosen Appell an die Sektionen richtet (II,1), wird deutlich, daß er zu lange gezögert hat. Erst in II,9 warnt er vor einer Invasion der »Fremden« als Folge der Fortsetzung der *terreur* und gelangt ansatzweise zu einer politischen Argumentation. Jetzt ist es zu spät.

In den drei ersten Szenen des ersten Akts werden die jeweiligen Positionen der drei politisch-sozialen Gruppierungen des Dramas umrissen und einander scharf kontrastiert.

1. Die *Dantonisten* sitzen mit einigen »Damen« am Spieltisch: die *haute volée* der Revolution. Als Vertreter eines neuen »Geldaristokratismus« haben sie den Kontakt mit dem Volk verloren. In den sinnlosen Zeitvertreib und das amüsant-anzügliche Rollenspiel bricht der von Skrupeln geplagte Philippeau mit der Nachricht von der Hinrichtung von »zwanzig Opfer[n]« ein. Mit seiner Forderung nach einem Gnadenausschuß und der Wiederaufnahme der ausgestoßenen Deputierten löst er die gesellschafts-politische Grundsatzerklärung der Dantonisten im Drama aus. Ein impliziter Bezugspunkt dieser Erklärung ist die Frage der revolutionären *Gewalt*, die den Text wie ein roter Faden durchzieht und die an Büchners eigene Überlegungen im »Fatalismusbrief« anschließt. Hérault übersieht in seinem Plädoyer für die Beendigung der Revolution, daß diese ihren sozialen Auftrag der Beseitigung der Klassengegensätze nicht erfüllt hat, daß nicht sie, sondern der Jakobinerstaat »in das Stadium der Reorganisation gelangt« (15) ist. Sein an Diderot und der Aufklärung orientiertes Programm eines liberalen, minimal reglementierten Systems etwa nach den Gründungsprinzipien der jungen amerikanischen Republik liest sich so:

> »Die Revolution muß aufhören und die Republik muß anfangen. In unsern Staatsgrundsätzen muß das Recht an die Stelle der Pflicht, das Wohlbefinden an die der Tugend und die Notwehr an die der Strafe treten. Jeder muß sich geltend machen und seine Natur durchsetzen können. Er mag nun vernünftig oder unvernünftig, gebildet oder ungebildet, gut oder böse sein, das geht den Staat nichts an. Wir Alle sind Narren es hat Keiner das Recht einem Andern seine eigentümliche Narrheit aufzudringen.
> Jeder muß in seiner Art genießen können, jedoch so, daß Keiner auf Unkosten eines Andern genießen oder ihn in seinem eigentümlichen Genuß stören darf.« (15)

Als politisches Programm zum gegebenen Zeitpunkt ist das bestenfalls unrealistisch, in den Augen der regierenden Ausschüsse und des Volks Hochverrat. Frankreich befindet sich im Krieg, die Lebensmittelversorgung ist praktisch zusammengebrochen, von Erhebungen und Hungeraufständen zu schweigen. Ein Rückgriff auf girondistische Bestrebungen der Aufschwungsphase ist in der jetzigen Krisenlage politischem Selbstmord gleichzusetzen. Hérault redet mit diesem Programm im Germinal 1794 dem »Geldaristokratismus« das Wort, denn nur dieser könnte sich eine *solche* Republik leisten und in ihr »genießen«. Büchner nennt den Aristokratismus »die schändlichste Verachtung des heiligen Geistes im Menschen« (379). Schärfer kann die Position der Dantonisten nicht kritisiert werden.

Wenn Camille diese liberale Vision der besten aller besitzbürgerlichen Welten dann mit seiner eigenen, aus Heines *Salon* II einmontierten Vorstellung eines hellenischen Pansensualismus (»Wir wollen nackte Götter, Bacchantinnen, olympische Spiele, und melodische Lippen: ach, die gliederlösende, böse Liebe!« etc. [15f.] DHA 8/1, S. 61f.) erweitert, geht vollends jeder Bezug zur Wirklichkeit des Germinal 1794 verloren. Man hat angenommen, daß die Heine-Montage Büchners eigene sensualistische und libertäre Einstellung reflektiert und daraus auf seinen Standort in der Sensualismus-Spiritualismus-Debatte Heines und Börnes geschlossen (MC S. 390ff.; MHL S. 123ff.; Görlich/Lehr H 28, S. 35ff.; P S. 90ff.). Das kann allerdings erst über die revolutionäre Befriedigung des »notwendige[n] Bedürfnis[ses] der großen Masse« (369) hinaus im Kontext einer *post*revolutionären Gesellschaft zutreffen (Knapp Q 30, S. 596f.). Als *direkter Anschluß* an Héraults verfehltes bürgerliches Programm muß die Replik Camilles gleichermaßen naiv und irreal klingen: »In Camille's speech, celebration of the pleasure principle is completely detached from any concern with the effects of deprivation« (Holmes Q 64, S. 105). Holmes untersucht den Zitatschnitt der Heine-Passage (ebd. S. 103ff.) und gelangt zu dem Ergebnis, daß Heine, wie Büchner, das Prinzip der proletarischen Revolution vertritt und daß er mit der Verwirklichung der »Gottesrechte des Menschen« die Beseitigung von Hunger, Not und Elend (»*le pain est le droit divin de l'homme*«, DHA 8/1, S. 61) meint. Büchners Montage, die zentrale Stellen aus dem Text Heines *eliminiert,* wirft ein scharfes (selbst)kritisches Licht auf Camilles voreiligen Sensualismus, der genießen will, solange noch die Massen hungern. Die Fortsetzung dieses Diskurses in I,5, von der gleich zu handeln ist, wird auf diesen Punkt zurückkommen. Auf Dantons Frage: »Wer soll denn all die schönen Dinge ins Werk setzen?« antwortet Philippeau: »Wir und die ehrlichen Leute« (16). Man weiß, daß die »honnêtes gens« die Feinde der Jakobinerrepublik sind. Mit diesem einen Satz ist das Urteil über die politische Position der Dantonisten gesprochen. Ihre restaurativen Züge lassen sie als »Thermidor-Perspektive im Germinal« (We S. 230ff.) erscheinen.

2. Im scharfen Kontrast zu den politischen Phantasien und dem Müßiggang der Dantonisten läßt Büchner in I,2 *das hungernde Volk* auf der Bühne erscheinen. Auch hier differenziert er sorgfältig zwischen dem Souffleur Simon, der in Römerpose und mit diversen Anleihen bei Lessing und Schiller die von der Not erzwungene Prostitution seiner Tochter wortreich und ohne jegliche Einsicht in die Ursachen beklagt, und den Bürgern, die ihren Hunger artikulieren. Im sansculottisch-hébertistischen Dialog des 1. und des 3. Bürgers (MHL S. 110) enthüllt sich der schneidende Gegensatz der Not zu den Parolen der Liberalen einerseits und zum Programm der »Absolutisten« andererseits:

»Erster Bürger [...] Ihr Hunger hurt und bettelt. [...] Ihr habt Kollern im Leib und sie [die Privilegierten] haben Magendrücken, ihr habt Löcher in den Jakken und sie haben warme Röcke, ihr habt Schwielen in den Fäusten und sie haben Samthände. Ergo ihr arbeitet und sie tun nichts, ergo ihr habt's erworben und sie haben's gestohlen [...] ergo sie sind Spitzbuben und man muß sie totschlagen.« (18)

Argumentation und Bildlichkeit stellen einen intertextuellen Bezug zum *Hessischen Landboten* her. Der 1. Bürger greift Elemente des aktuellen sansculottischen Diskurses von 1793/94 auf, der den Gegensatz von Arbeit und Privileg thematisiert: »Das Volk als arbeitendes Kollektiv beginnt sich als eigenständige Gruppe nach außen abzugrenzen, gegen Reichtum und Genuß, gegen die Emigranten, aber auch schon gegenüber den Gebildeten. Die Frontlinie der sozialen Revolution verläuft quer zu der der bürgerlichen« (Voges Q 51, S. 27f.). Der 3. Bürger kritisiert scharf die verschiedenen Stadien der Revolution und ihren noch immer unerfüllten sozialen Auftrag:

»Sie haben uns gesagt: schlagt die Aristokraten tot, das sind Wölfe! Wir haben die Aristokraten an die Laternen gehängt. Sie haben gesagt das Veto frißt euer Brot, wir haben das Veto totgeschlagen. Sie haben gesagt die Girondisten hungern euch aus, wir haben die Girondisten guillotiniert. Aber sie haben die Toten ausgezogen und wir laufen wie zuvor auf nackten Beinen und frieren.« (18f.)

Deutlicher könnte die Lage der Verlierer der Revolution nicht formuliert werden. Es kann als sicher gelten, daß die drei Bürger praktisch unverschlüsselt Büchners eigene Position artikulieren (MHL S. 110ff.). Das Volk, inzwischen mit den Menschen- und Bürgerrechten versehen, wird mit Versprechungen abgespeist, die zu immer neuen Anstrengungen geführt und bloß die jeweilige politische Machtkonstellation verändert haben. Seinen Hunger haben sie nicht gestillt. Mit Hébert hat es gerade einen Vertreter seiner Interessen verloren. Büchner bringt jedoch die Fraktion der Hébertisten kaum in den Spielraum des Dramas ein. Es geht ihm nicht darum zu zeigen, was hätte sein können: um die Möglichkeit etwa eines Siegs der politischen ›Linken‹ im Fraktionskampf. Das widerspräche seiner realistischen Ästhetik. Sondern er beharrt durch das Stück hindurch darauf, *das Volk als Gruppe leidtragender Individuen* zu zeigen: als Opfer eines Prozesses, dessen Entscheidungen über ihren Köpfen hinweg ausgetragen werden (Ueding H 17, S. 34ff.). Auch diejenigen Formen der organisierten Volksbewegung, die 1794 in der Kommune und den Sektionen durchaus existieren, werden im Drama nicht gezeigt. Blanquis »Krieg zwischen Reichen und Armen« findet im Rahmen der bürgerlichen Revolution nur als permanente Expropriation der Armen statt. Das Volk kann seinen ökonomischen Anspruch nicht als politisches Kollektiv

– das heißt klassenkämpferisch – anmelden. Es ist im Drama allein »der Potenz nach der mächtigste Handlungsträger, wenn diese Potenz auch noch nicht realisiert ist« (P S. 115f.).

Der Szenenschnitt in I,2 mit dem Auftritt Robespierres verweist gezielt auf diese bloß latente Potenz des Volkes. Hier wird sie abermals manipuliert, diesmal von dem »Unbestechlichen«. Sein Volkskult (»Armes tugendhaftes Volk!« etc. [20]), der hier in den Tugenddiskurs einmontiert ist, zeigt in seiner Herablassung, daß Robespierre dem Volk als eigenständige politische Kraft noch keine Gleichberechtigung zugesteht. Die »Augen« der »Gesetzgeber« sind »untrügbar«, sie lenken die »Hände« des Volks. Bis hin zu seiner Verurteilung Dantons in III,10 (der 2. Bürger greift hier auf die sansculottische Argumentation des 1. Bürgers in I,2 zurück) bleibt es ausführendes Organ der jakobinischen Machthaber. Nur vage zeichnet sich Hoffnung auf Befreiung in der Replik des 3. Bürgers ab: »Unser Leben ist der Mord durch Arbeit, wir hängen 60 Jahre lang am Strick und zappeln, aber wir werden uns losschneiden« (19).

Der »Riß zwischen der gebildeten und ungebildeten Gesellschaft« (440), die Kluft zwischen dem Aristokratismus der Dantonisten und dem verelendeten Volk wird in I,5 vollends offenbar. Danton formuliert seine Verachtung des Volks: »das Volk ist wie ein Kind, es muß Alles zerbrechen, um zu sehen was darin steckt« (31). Der Realpolitiker Lacroix beschreibt zynisch den materiellen Klassengegensatz zwischen Arbeitenden und Genießenden: »wir genießen, und das Volk ist tugendhaft d.h. es genießt nicht, weil ihm die Arbeit die Genußorgane stumpf macht, es besäuft sich nicht, weil es kein Geld hat und es geht nicht in's Bordell, weil es nach Käs und Hering aus dem Hals stinkt [...]«. Danton: »Es haßt die Genießenden, wie ein Eunuch die Männer« (ebd.). Auch zur Sensualismusdebatte in I,1 liefert dieser Austausch einen unmißverständlichen, lapidaren Nachtrag. Büchner benennt exakt das »Problem [...] des noch nicht eingelösten Sensualismus, das des undialektisch nicht mit Materialismus und sozialer Revolution zu verbindenden Sensualismus« (Ruckhäberle Q 21, S. 174). Alles andere ist Nachspiel: Dantons Konfrontation mit Robespierre, in der er unfähig ist, politisch zu argumentieren (I,6), seine glänzenden Reden vor dem Revolutionstribunal (III,4; III,9), in denen er sich auf vergangene Leistungen beruft. Im Endspiel Dantons enthüllt sich die Rollenproblematik des bürgerlichen Revolutionärs, sein Privatinteresse und seine Selbststilisierung zu monumentaler Größe.

3. Auch an *Robespierre* macht Büchner dieses Rollenproblem sichtbar, wenn er in seiner Rede im Jakobinerklub die Vernichtung der Fraktion der Hébertisten so rechtfertigt: »Sie parodierte das erhabne Drama der Revolution, um dieselbe durch studierte Ausschweifungen bloßzustellen« (23). (Selbst)Erhaltung des status quo wird zum »erhabnen« Text deklariert, der nicht mehr korrigiert werden darf, da er einmal durch Staatsge-

walt festgeschrieben ist. Auch das im Ansatz berührte *materielle* Mißverhältnis zwischen Not und Überfluß (»Ausplündrung des Volkes«) wird nicht hinterfragt, sondern unmittelbar in die *moralische* Distinktion von Laster und Tugend umfunktioniert. Robespierre geht es um »den Konvergenzpunkt zwischen Moral und Politik« (Fink Q 44, S. 182). Er nennt dabei durchaus die neureichen Revolutionsgewinnler beim Namen: den »Geldaristokratismus« der Dantonisten, indirekt auch die Korruption der Thermidorianer. Dennoch trifft zu, daß Robespierres Tugendbegriff nicht ausschließlich ein »ethischer Begriff im engeren Sinne, sondern ein politischer und sozialer Begriff ist« (Jancke G 12, S. 186). Nicht nur schließt die Gleichsetzung von Armut und Tugend (»Armes, tugendhaftes Volk« [20]) an sansculottische Distinktionen an und benennt das materielle bzw. moralische Gefälle der Klassen in ihrem Selbstverständnis. Auch in der Konfrontation mit Danton in I,6, in der die Tugenddebatte des ersten Akts gipfelt, argumentiert Robespierre moralisch *und* sozial-politisch: »Die soziale Revolution ist noch nicht fertig [...] Die gute Gesellschaft ist noch nicht tot, die gesunde Volkskraft muß sich an Stelle dieser nach allen Richtungen abgekitzelten Klasse setzen. Das Laster muß bestraft werden, die Tugend muß durch den Schrecken herrschen« (32). Der Begriff der »sozialen Revolution«, der dem Diskurs der dreißiger Jahre entstammt, wird von Büchner an dieser Stelle seiner Quelle anachronistisch einmontiert (Wender Q 62, S. 125). In seinem Brief an Gutzkow vom Juni 1836 (439f.) formuliert Büchner seine eigene Liberalismuskritik mit praktisch den gleichen Begriffen. Über die Erfahrungskorrespondenz zwischen Autor und Figur hinaus scheint diese Montage in der überaus wichtigen Aussprache Programmcharakter zu haben, denn Robespierre (»das Dogma der Revolution« [39]) bezieht sich auch auf den oben (S. 76) zitierten Artikel 11 von Buonarrotis »Analyse der Lehre Babeufs« (»Die Revolution ist nicht beendet [...]«), dessen gedankliche Substanz vorher schon in den *Hessischen Landboten* eingeht (Wender ebd.). Und St. Just formuliert in II,7 und im Anschluß an Robespierres Rede im Nationalkonvent sein bereits zitiertes (S. 111) radikal egalitäres Programm, das dem »absoluten *Rechts*grundsatz« (440; vgl. auch 378ff.) Büchners entsprechen dürfte.

So besehen, ist die Position der »Absolutisten« weitaus differenzierter gezeichnet, als es der Tugendkult, die Messiaskritik und die den Text durchziehende Tugenddebatte zunächst vermuten lassen. Wo im Drama Büchners eigene – im Briefwerk und in der Flugschrift dokumentierte – politisch-soziale Positionen zur Sprache kommen, legt er sie, neben Vertretern des Volks, Robespierre und St. Just in den Mund.

Auch in der Frage der Legitimation – nicht der Institutionalisierung – revolutionärer Gewalt liegen Überschneidungen mit Büchners Auffassung vor (vgl. 366ff. und den Gewalt/Recht-Diskurs im *Landboten*). Im Monolog Robespierres in I,6, spiegelverkehrt zum Monolog Dantons in II,5, wird die ethische Seite dieses Problems intensiv reflektiert (vgl. Holmes K 23, S. 251ff.). Im Gegensatz zu Danton, der auf das ihn letztlich absolvierende universal-theatralische Marionettenbild rekurriert (»Puppen sind wir von unbekannten Gewalten am Draht gezogen; nichts, nichts wir selbst!« [49]), besteht Robespierre auf dem notwendigen politischen und dem sozialen (»Weg mit einer Gesellschaft, die der toten Aristokratie die Kleider ausgezogen und ihren Aussatz geerbt hat« [34]) Fortgang der Revolution und damit auf seiner Verantwortlichkeit. Danton setzt sich vorübergehend zur Ruhe im Verweis auf das (auch von Büchner vertretene) Konzept der »Notwehr« und eine letztlich undurchdringliche Kosmologie. Robespierre dagegen reflektiert die »Zerrissenheit des in der Geschichte zum Handeln gezwungenen Subjekts, das seine bewußten Handlungen mit dem objektiven [...] Gang der geschichtlichen Ereignisse koordinieren muß« (Görlich/Lehr H 28, S. 57) und dadurch in Kollision mit seinem subjektiven ethischen Richtmaßstab gerät. Beide werden von ähnlichen Schreckbildern und Gewissenszweifeln geplagt. Für Robespierre überwiegt jedoch das Leiden am kollektiven gesellschaftlichen Unrecht den individuellen »Leidensdruck« (ebd.). Nur deshalb kann er die »Sünde« auf sich nehmen und in der »Qual des Henkers« (37) sich selbst verleugnen. Die beiden Dialoge und die sie vertiefenden Monologe in I,6 liefern ein glänzendes analytisches Porträt der Robespierre-Figur, die Büchner in ihrer vollen Widersprüchlichkeit auslotet. Hartnäckig schlagen Skrupel durch. Sie werden entweder mit der Parole oder dem Verweis auf den Stand der Revolution beschwichtigt. Gerade im Schwanken zwischen Selbst*zweifel* (»wie meine Gedanken einander beaufsichtigen« [34]) und Selbst*gerechtigkeit* haftet der Figur ein unerledigter Rest des Nicht-Definierbaren an, der über den Diskurshorizont von 1835 in die Historiographie der Jahrhundertmitte und darüber hinaus weist.

In seiner Rechtfertigung der Verurteilung der Hébertisten betont Robespierre, daß diese »der Gottheit *und dem Eigentum* [Hervorhebung GPK] den Krieg« (I,3) erklärten. Warum legt Büchner ihm dieses Argument in den Mund? Ist dies ein Hinweis auf die begrenzte Position der bürgerlichen jakobinischen Mitte bzw. ihr Scheitern an der Eigentumsfrage? Oder handelt es sich um ein verbales Zugeständnis von Büchners Figur an diejenigen, die sich einer egalitären Lösung des Eigentumsproblems widersetzen? Man denkt daran, daß der historische Robespierre sich 1793 mit seiner radikalsten Fassung der Menschenrechte nicht durchsetzen kann. Für Holmes »it is perfectly possible to see in Büchner's Robespierre someone who believes he has to pay lip-service to the right of property in order to consolidate the political authority through which the social revolution can eventually be effected« (Q 64, S. 110). Büchners Robespierre-Bild ist schließlich nicht nur durch seine bürgerlichen Quellen, sondern durch die babouvistische Tradition, insbesondere des Robespierristen Buonarroti, geprägt, die in Robespierre einen direkten Vorläufer Babeufs sieht. In den Augen Buonarrotis hatte dieser 1794 nicht die notwendige *politische Macht*, um die Sozialrevolution voranzutreiben. An seiner Intention und Fähigkeit besteht für ihn kein Zweifel. Es ist andererseits denkbar, daß Büchner diese These nicht teilt und seinen Widerspruch, wie Holmes (ebd. S. 147ff.) annimmt, verschleiert in seine Kritik des Messiaskults (20; 37) einbindet. Insgesamt bleibt also die Figur Robespierres – wie die von ihr vertretenen Positionen – schillernd und schwer zu deuten.

Entsprechend sind auch die anderen Positionen des Dramas multiperspektivisch einander zugeordnet und kaum aus dem Gesamtkontext zu isolieren. Büchners Detailrealismus wertet die Nebenfiguren über ihre begrenzte Funktion im Handlungsgefüge auf. Dumas, der zynische Mörder, die Thermidorianer Barrère, Collot und Billaud sowie die überlebenden Dantonisten und Girondisten (vgl. Wender in: E 12, S. 54) sind die wirklichen »Banditen der Revolution« (410; und die historische Aussage des 9. Thermidor: »Les bandits triomphent!«): gewissenlos und nur auf den eigenen Vorteil bedacht. Dantons Lebensmüdigkeit resultiert daraus, daß er die Sinnhaftigkeit des geschichtlichen Handelns verloren hat und sich nur noch im Genuß und in der Negativität definieren kann. Diese Einstellung wird nicht geteilt von seinen Anhängern, die durchaus ein politisches Programm vertreten – wie verfehlt es derzeit auch ist. Danton zieht sie mit in den Tod. Gerade an den *indulgents* wird aber immer wieder die Dimension des menschlichen Mitgefühls sichtbar. Sie ist zentral in Büchners Werk. Besonders Camille reflektiert diese Dimension: »wie lange soll die Menschheit im ewigen Hunger ihre eignen Glieder fressen?« (39). Er ist es auch, dessen »Lippen das Wort Erbarmen gesprochen« (60) haben. Freundschaft und Zärtlichkeit verbindet die Gruppe der Dantonisten, buchstäblich bis zur letzten, vom Henker vereitelten Umarmung Dantons und Héraults. Insofern trifft es zu, daß der Selbstzerfleischung der Revolution, dem »restlosen Scheitern öffentlicher Beziehungen« im Drama »auf provozierende Weise das Gelingen privater Beziehungen gegenübergestellt« (Voges Q 51, S. 50) wird. Aber wie sieht dieses »Gelingen« im einzelnen aus?

3.4.2 Die Frauenfiguren

Verkörpert wird die private Sphäre jeweils unterschiedlich durch die drei Frauenfiguren im Stück, die sämtlich den Dantonisten zugeordnet sind. Julie erscheint gleich zu Anfang mit Danton auf der Bühne. Sie formuliert ihr idealistisches Weltbild (»Glaubst du an mich?«; »Du kennst mich

Danton« [13]), das in ihrer Liebe zu Danton ruht. Lucile spricht die vor-
letzte Replik im Text: »Die Episoden mit Julie und Lucile fassen das
Stück also ein« (Behrmann/Wohlleben Q 14, S. 154). Julie Danton ist gegen Büchners Quellen gearbeitet: die historische Sebastienne-Louise Gély
überlebte Danton (und Büchner) und heiratete 1797 einen Adligen. Auch
in der Zeichnung von Lucile Desmoulins unternimmt Büchner radikale
Korrekturen am historischen Vorbild der Figur, das durchaus in die Revo-
lutionsereignisse verwickelt war (vgl. den Beitrag von Ilona Broch in: E 7,
S. 241ff.). Beide Frauen werden im Drama nur indirekt, durch Bedrohung und Verlust ihrer Männer, vom Revolutionsgeschehen berührt: »Ihr
Sterben liegt in der Konsequenz ihrer Leidensgeschichte: der erlittenen
Geschichte« (Ueding Q 22, S. 222). Erlittene Geschichte bedeutet aber
im Blick auf diese Frauengestalten nicht das Scheitern an einer aussichts-
losen historischen Konstellation, sondern die freie Entscheidung gegen
das Leben und für den Tod: »Das liebeleere Leben aber ist der Tod«
(ebd.). Das Drama verleiht so allein seinen liebenden Frauengestalten eine
Unabhängigkeit des Gefühls, die sie ohne Rücksicht auf geschichtliches
Rollenspiel handeln läßt. Julie und Lucile sind zugleich Erinnerung und
Hoffnung. Ihr Tod – deutlich hier die Anlehnung an romantische Muster
und Shakespeare – artikuliert das Bedürfnis nach einer die *terreur* über-
dauernden Verheißung von Schönheit.

In strategischer Äquivalenz bringt das Stück Julie (I,1; II,5; IV,1; IV,6)
und Lucile (II,3; IV,4; IV,8; IV,9) insistierend ins Blickfeld. Julie erhält
Züge der Juliet aus Shakespeares *Romeo and Juliet*. Lucile scheint der
Ophelia aus *Hamlet* nachempfunden. Auch wenn beide in jugendlicher
Schönheit gezeichnet und ihren Männern in fragloser Liebe bis in den
Tod ergeben sind, scheinen sie, bei allen Gemeinsamkeiten, einander
auch zu kontrastieren. Lucile ist die naivere. Im Grunde ist Camilles Tun
ihr fremd, sie begreift den Sinn seiner Worte nicht: »ich seh [!] dich so
gern sprechen« [...] »weißt du auch, was ich gesagt habe?« [...] »Nein
wahrhaftig nicht« (45). Ihr Blick setzt die Körpersprache Camilles in
Emotion um. In IV,4, wenn sie Camille als Gefangenen durchs Fenster
sieht, berührt sie der Wahnsinn. Wenn sie jetzt das Lied der »zwei Stern-
lein« singt, verweist sie auf die vom bevorstehenden Tod des Geliebten
unberührte Natur, ein Bild, das sie nach der Hinrichtung wieder aufgreift: »Die Erde müßte eine Wunde bekommen von dem Streich« (88).
Aber der »Riß in der Schöpfung« wird nur von ihr erfahren: »Alles wie
sonst, die Häuser, die Gasse, der Wind geht, die Wolken ziehen. – Wir
müssen's wohl leiden« (89). Im raschen Szenenschnitt treten erst die drei
Weiber, Vertreterinnen des verelendeten Volks, die beiden Henker, nach
verbrachtem Tagwerk singend, und dann wieder Lucile ins Bild.

Für sie bedeutet der Tod die Vereinigung mit Camille. Der Wahnsinn
ist von ihr abgefallen, und sie setzt ihren eigenen Tod kaltblütig ins Werk.

Sie kann sich »die enorme Freiheit herausnehmen, für einen Moment ihren eigenen Tod zu inszenieren oder, besser gesagt, vorauszuspielen« (Buck Q 42, S. 52). So ungewöhnlich wie das antiklimaktische Ende des Dramas ist – im Nachspiel von IV,8 und IV,9 überschreitet Büchner die Grenzen Shakespeares und der französischen Avantgarde –, so radikal auch der Schritt, mit dem Lucile ein einziges Mal aus der privaten Sphäre in die Öffentlichkeit tritt: mit dem Ruf »Es lebe der König!« (90) provoziert sie den eigenen Tod. Die Antwort »Im Namen der Republik« übertönt ihren Protest gegen die Tötungsmaschinerie. Mit diesen zwei Sätzen fällt das (vor)letzte Wort des Dramas. Unversöhnlich prallen darin der Autonomieanspruch des Subjekts und die politische Realität aufeinander. Büchner setzt mit seiner »Coda« (Ken Mills) des Texts noch einmal einen scharfen kritischen Akzent auf den blinden Automatismus institutionalisierter Gewalt.

Julie Danton erweist sich, gegenüber der fast kindlich naiven Liebe Luciles zu Camille, in II,5 als Partnerin Dantons, wenn sie ihn an sein mutiges Handeln im September 1792 erinnert: »Du hast das Vaterland gerettet« (49). Sie ist es, die ihm dabei hilft, Alptraum und Angstvision abzuschütteln. Sie schickt ihm eine Locke zum Zeichen ihres Einverständnisses, mit ihm zu sterben: »sag' ihm er würde nicht allein gehn« (77). Danton versteht das Zeichen: »ich werde nicht allein gehn, ich danke dir Julie« (80). Julie weiß genau: »Es ist aus« (77). Ihr Suizid ist nichts anderes als »die Erfüllung von Dantons unzweideutigem Wunsch« (Schmidt Q 49, S. 290) bzw. »self-definition through a man to the point of self-extinction« (Boa H 41, S. 165). Sie ist die intellektuellere und festere der beiden Frauen. Wie Lucile, so ist aber auch sie in ihrer Autopsie der belebten Natur Produkt und Reflex dieser Naturschönheit. Wie Lucile »gelingt es ihr, den Tod zu ästhetisieren, indem sie der Todeserfahrung ihren einzigartigen sprachlichen Stempel aufdrückt« (Schmidt ebd. S. 301). Sie befindet sich jedoch, im Gegensatz zu Lucile, in Harmonie mit der Schöpfung und kann den »Riß« zwischen persönlichem Verlust und der sie umgebenden Lebenssphäre überbrücken. Wenn sie in IV,6 im Augenblick ihres Freitods ans Fenster tritt, erblickt sie die Schönheit der untergehenden Sonne. Sogar dann, wenn das Bild buchstäblich erstirbt, changiert es nicht zum Grauenhaften, sondern zum friedlichen Verlöschen. Selten ergibt sich eine sprachbildlich so bestechende Kongruenz von Wahrnehmung und Erscheinung wie in dieser Szene. Das Stichwort liefert Julie der Diderot verpflichtete Schriftsteller und Essayist Hérault: »Freue dich Camille, wir bekommen eine schöne Nacht. Die Wolken hängen am stillen Abendhimmel wie ein ausglühender Olymp mit verbleichenden, versinkenden Göttergestalten« (86). Aus dem Grauen der bevorstehenden Hinrichtung scheint unvermittelt das Schöne auf. Es bleibt jedoch auch hier an die menschliche Wahrnehmung, ans Schauen gebunden.

In ihrer ungebrochenen idealistischen Natur sind Julie und Lucile gegen den detailrealistischen Strich des Dramas gezeichnet. Sie sind vorderhand Kontrastfiguren zu den anderen Charakteren, die alle in das Netz geschichtlicher Notwendigkeit eingebunden sind. In ihrer stereotypen Reinheit liefern sie auch einen ostentativen Gegensatz zur krassen Sexualität, die per Wort und Geste immer wieder ins Bild gebracht wird. Büchner bewahrt sie – sogar in den beiden Todesvorstellungen, die eine Art der Hochzeitsbildlichkeit gebrauchen – sorgfältig vor jedem Anflug des Erotischen und schließt damit an den »Dualismus von ›amour de tendresse‹ und ›amour physique‹ in den Liebeskonzeptionen des achtzehnten Jahrhunderts« (Buck Q 42, S. 19) an. In ihrer Idealisierung, in ihrer asexuellen und nur auf den Mann ausgerichteten Persönlichkeit haftet den beiden Frauen ein Realitätsdefizit an. Reddick sieht sie als »servile adjuncts and playthings of men« (G 27, S. 199f.) und betont damit die »›regressiven‹ Seiten der weiblichen Charaktere Büchners« (Schmidt Q 49, S. 293). Julie und Lucile sind »phallokratisch« (Fink) entworfen. Kann es dann wirklich zutreffen, daß sie »bereits unvermittelter, ungespaltener einen Teil richtigen Lebens im falschen zu leben« (von Becker Q 13, S. 87 in Anspielung auf Adorno) scheinen? Zu fragen wäre dann, was das »richtige« und das »falsche« sei. Kann man ihre absolute Identifizierung mit dem Mann und den Verzicht auf jedwede eigene Identität – von der geschichtlichen zu schweigen – nur positiv deuten als »sich selbst und ihrer Gefühle unentfremdete Menschen« (ebd. S. 88)? Als »utopisches Zeichen eines lebbaren Lebens« (Buck Q 42, S. 42) haben sie eine wichtige Funktion im Drama. Als Menschen aus Fleisch und Blut überzeugen sie keineswegs, da sie nicht ohne die männliche Bezugsfigur existieren können. Das bedeutet allerdings, daß Liebe, wenn sie im Text tatsächlich als »Praxis gesellschaftlichen Handelns« und als »Modell einer alternativen gesellschaftlichen Existenz« (Voges Q 51, S. 56) gezeigt wird, nicht über die Reminiszenz an den Idealismus hinausgelangt, solange sie in der weiblichen Selbstaufgabe anfängt und im Tod endet.

Als dritte Frauenfigur des Texts ist Marion als Kontrast zu Julie und Lucile gearbeitet, weniger direkt auch als Komplement der Sensualismuskonzeption Camilles in I,1. Im Gesamtkontext des Dramas bildet der einzige Auftritt Marions in I,5 den Kontrapunkt zur Auseinandersetzung Dantons und Robespierres in der folgenden Szene. Marion ist eingebunden in den größeren sexuellen Diskurs des Dramas, der es wie eine idée fixe durchzieht (»Büchner is more haunted and more obsessed by sexuality than any other writer of his period« [Reddick G 27, S. 167]). Anders als die im Szenenschnitt eingeführten »Quecksilbergruben« Rosalie und Adelaide, die sich, wie Simons Tochter, aus Hunger auf der Straße prostituieren, gehört Marion dem Bürgertum an. Büchner zeigt somit auch an den Freudenmädchen die bestehenden Klassenunterschiede. In einem langen Monolog berichtet Marion von ihrem sexuellen Erwachen und der Verlusterfahrung ihres ersten Liebhabers, der sich ihretwegen ertränkte: »Das war der einzige Bruch in meinem Wesen« (28). Ihre Persönlichkeit kennt keinen Ablauf chronologischer Zeit, keine geschichtliche Notwendigkeit oder soziale Bindung, nur den Genuß der Sinne, den sie zur religiösen Bestimmung erklärt: »wer am Meisten genießt, betet am Meisten« (ebd.).

In der Befreiung von herkömmlichen Moralbegriffen (Petersen H 15) und in der schrankenlosen Selbstverwirklichung Marions hat man Umrisse einer »Utopie der erotischen Ich- und Besitzlosigkeit« (Ullman T 11, S. 64) gesehen. Aber für eine Utopievorstellung gibt sie zu wenig her: sie ist vollkommen selbstbezogen und »ignoriert die Solidarität, die eigentlich menschliche Moral, die für Büchner die Gesellschaft erst konstituiert« (Fink Q 44, S. 187). Man erfährt nicht genug über Marion, weder über den »Bruch« in ihrer Biographie, noch über ihre Lebensumstände, um ihr Bild zu konkretisieren. Holmes gibt zu bedenken: »it is difficult to be sure how much of her speech is authentic confession, how much a professional artifice« (Q 64, S. 132). Es ist möglich, daß Marion glaubt, das Lustprinzip zu verkörpern, von dem sie spricht. Aber gerade im totalen Fehlen jeder Zwischenmenschlichkeit, die über die augenblickliche Befriedigung hinausgeht, stellt sie dieses wieder in Frage: »Weit eher als die sexuelle Emanzipation wird in Marion die a-soziale Natur, die gescheiterte Vermittlung von Natur und Gesellschaft, thematisiert« (Voges Q 51, S. 51). Zudem bleibt sie, dank ihres Berufs, Sexual*objekt* des männlichen Partners: ihre Identität ist nicht autonom, sondern von außen her (»derived identity«, Boa H 41, S. 166) durch eine patriarchalische Gesellschaft bestimmt, die Lustgewinnung als Ware vermarktet.

Es ist demnach problematisch, Marion als programmatische Figur des Dramas, erst recht als Wortführerin Büchners, zu deuten. Denn es ist nicht »solch naturhafte Liebe«, die »von Marion [...] verwirklicht und in Fleisch und Blut dargelebt und verkündet wird« (Grimm H 21, S. 309), sondern gerade die *Unfähigkeit* zur Liebe, die sie, im Verein mit ihrer Sexualität, von den anderen Frauengestalten trennt. Ist es wirklich eine »zarte Liebesgeschichte« (Buck Q 42, S. 25), die Danton und Marion verbindet? Oder ist es die Begegnung zweier Menschen, die, jede(r) auf andere Weise, einen »Bruch« in ihrem »Wesen« erfahren haben, der sie in der sozialen bzw. geschichtlichen Lebenssphäre funktionsunfähig macht, und die deshalb nur einige Augenblicke aus der Zeit heraustreten und genießen wollen?

Die Marion-Szene als Programm der »Wiedereinsetzung der Sinnlichkeit« (Buck Q 42, S. 32), Marion als Fürsprecherin »von Büchners Befreiung des Eros, von seiner sexuellen Auflehnung« (Grimm H 21, S. 309) scheint den Befund des Texts zu strapazieren. Selbstverständlich nimmt

Büchner mit seinen Vorbildern der französischen Moderne auch sexuell
libertäre Anstöße auf, die der muffigen Prüderie der bundesdeutschen
Vormärzzensur kraß zuwiderlaufen. Zudem läßt Marion sich deuten »as
a young man's fantasy of the totally sensuous woman« (James Q 25, S.
17). Dies ist eine sehr naheliegende Deutung, wenn man Büchners Alter bedenkt. Von einem *Programm* der sexuellen Befreiung fehlt in der
Biographie Büchners (man bedenke die frühe, den Gepflogenheiten der
Zeit gemäß ›korrekte‹ Bindung an Wilhelmine Jaeglé) und in den Briefzeugnissen aber jede Spur. Der sexuelle Diskurs des Dramas spricht für
sich: als detailrealistisch pointierte Repräsentation der in den Quellen be-
legten Wirklichkeit der Revolutionsära (vgl. Horton Q 33, S. 293ff.). Andernorts unterstreicht er die Verelendung des Volks. In der Marion-Szene
entfaltet er sich dagegen ein einziges Mal im Drama wertfrei, d.h. ohne
Signale sprachlicher Entfremdung. Als auch nur denkbarer utopischer Gegenentwurf zur Spielwirklichkeit von 1794 hat der erotische Autismus
Marions ebenso wenig Bestand wie das Beispiel von Lucile und Julie.
Auch wenn Marion nicht Selbstmord begeht, erscheint sie doch nicht
mehr auf der Bühne. Die Frauenfiguren in *Dantons Tod* sind noch unfähig, die Distanz zwischen Hure und Heiliger glaubhaft zu überbrücken.
Von hier aus zur Marie in *Woyzeck* ist es ein langer Weg.

3.4.3 Philosophiegespräche

Die letzten Positionen des Dramas werden im Kerker statuiert. Während
im vierten Akt draußen Julie, Lucile, Bürger und Vertreter des Volks die
Szene beherrschen, wird im Gefängnis geschichtlicher Stillstand spürbar.
Das Scheitern an der Geschichte stürzt die Dantonisten in Tiefsinn und
Weltschmerz (Cowen Q 4): man philosophiert, um sich die Zeit bis zum
Sterben zu vertreiben. Auch das ist eine Ästhetisierung des Todes. Die
»Philosophiegespräche« (III,1; III,7; IV,5) lassen diverse *philosophische
Diskurse der Zeit* Revue passieren. Danton ist noch einmal der Wortführer
in der Negativität seiner Argumentation. Sein eigenes Versagen an der Re-
volution wird nicht auf objektive Ursachen hin reflektiert. Statt dessen
verwirft er die Geschichte wie den gesamten Schöpfungsplan als absurde
Konstruktion. Aber weder die von ihm proklamierte Position des geschichtlichen Determinismus noch die vergeblich angestrebte Ersatzmeta-
physik des Nichts können ihm Ruhe und Frieden gewähren.

Am ersten »Philosophiegespräch« (III,1) nimmt Danton noch nicht
teil. Hier tritt Mercier zum ersten, Payne und Chaumette zum einzigen
Mal auf die Bühne. Mercier und Payne sind Girondisten. Büchner bringt
also Vertreter der drei bisher in den fatalen Richtungskämpfen unterlegenen Gruppen zusammen auf die Bühne. Mercier und Payne werden ihre

Haft überleben: ein Hinweis auf die »fatalité« der historischen Zählebig-
keit der besitzbürgerliche Position? Im Vorverweis auf den 9. Thermidor
erinnert Danton deutlich an das bevorstehende Ende der Revolution: »ich
lasse ihm [Robespierre] keine 6 Monate Frist, ich ziehe ihn mit mir« (83).
Es wird aber nicht politisch argumentiert, abgesehen von dem kurzen
Austausch Merciers und Paynes über Danton (»Er ist der böse Genius der
Revolution, er wagte sich an seine Mutter, aber sie war stärker als er.« –
»Sein Leben und sein Tod sind ein gleich großes Unglück« [59]), in dem
Büchner die Verurteilung der *indulgents* ausgerechnet den Girondisten in
den Mund legt. Denn Dantons »Leben« als Revolutionär ist vorbei, sein
»Tod« macht es ihm unmöglich, dem »Geldaristokratismus« weiter dien-
lich zu sein.

Die politische Position des historischen Chaumette bleibt aus dem
Spiel. Statt dessen gibt der ängstliche Atheist, der sich selbst gern Anaxagoras nannte, den Anstoß zu einer den zweiten Teil des Stücks in Fragmenten durchziehenden Debatte um Gottesbegriff und Schöpfung, die
Büchner als Forum einer Auseinandersetzung mit Theorien der philosophischen Aufklärung nutzt. Bedenkt man, daß er einmal spielerisch die
Philosophie als Ausdruck der »Armseligkeit des menschlichen Geistes«
(420) ansieht, dann wirft das von vornherein ein ironisches Schlaglicht
auf die philosophischen Anstrengungen der gefangenen Revolutionäre. Im
Rahmen seiner vielschichtigen Kritik an den Dantonisten wird an den
»Philosophiegesprächen« aus abstraktem Blickwinkel ein letztes Mal sichtbar gemacht, daß insbesondere der Spinozismus Dantons eine letztlich
unhaltbare, dem Idealismus im fatalen Zirkelschluß über dessen rationale
Auslegung verpflichtete Position darstellt. Derart scheinen die sozialen
und politischen Aporien Dantons geradewegs in die Metaphysik verlängert. Der von Payne - der historische Thomas Paine propagiert in seiner
Schrift *The Age of Reason* (1794) einen unorthodoxen Deismus - gelieferte
negative Gottesbeweis stützt sich bis zum wörtlichen Zitat auf Büchners
Cartesius- (bes. PW 2 S. 184ff.; 241ff.) und Spinoza-Studien (bes. 286ff.;
291ff.). Payne unterzieht sich nicht der Mühe, eine rationale Widerlegung der Theodizee zu formulieren, sondern er beruft sich auf das
menschliche *Gefühl* als letzte Instanz der Widerlegung Gottes: »nur der
Verstand kann Gott beweisen, das Gefühl empört sich dagegen. Merke
dir es, Anaxagoras, warum leide ich? Das ist der Fels des Atheismus. Das
leiseste Zucken des Schmerzes und rege es sich nur in einem Atom,
macht einen Riß in der Schöpfung von oben bis unten« (58). Diese Äußerung dürfte weitgehend Büchners eigener Position entsprechen.

Büchner läßt Philippeau die unorthodox christliche These einer See-
lenwanderung vertreten, die dieser sehr differenziert in das von Herder
entworfene Konzept der Palingenesis einbringt (Taylor J 21, S. 111ff.).
Bemerkenswert ist, daß das Bild der »Herbstzeitlose« keineswegs ideali-

stisch, sondern wiederum materialistisch in der sinnlichen Autopsie von Anschauung und Geruch gezeichnet ist (»Von Blumen, die versetzt werden, unterscheiden wir uns nur dadurch, daß wir über dem Versuch ein wenig stinken« 72,10ff.). Hier bezieht sich Büchner übrigens explizit nicht nur auf Herders Essay »Vom Erkennen und Empfinden der menschlichen Seele« (1778), der die erste Spinoza-Debatte ausgelöst hatte, sondern im weiteren auf dessen Schrift *Gott* (1787), in der er die Metempsychose entwickelt (Taylor Q 65, S. 233ff.).

Im Gegensatz zu Philippeau findet Danton keine Zuflucht in Gott. Aber auch die Vorstellung eines Nichts, in der er sich zur Ruhe setzen könnte, gleitet ihm durch die Finger: »Der verfluchte Satz: etwas kann nicht zu nichts werden! und ich bin etwas, das ist der Jammer!« (72). Wenn Danton sich selbst als Atheisten bezeichnet, so kann er damit dennoch nicht den spinozistischen Teufelskreis seines Denkens durchbrechen, der ihn zwingt, »to recognize authentic death as an ontological impossibility« (Taylor J 18, S. 13). Sein vergebliches Ringen mit dem Theismus – auch in der äußersten Konsequenz, dem Leugnen jeder Sinnhaftigkeit – berührt sich hier mit dem Weltschmerzproblem und, im Drama damit untrennbar verbunden, der Schuldproblematik (Cowen H 8). Die Gespräche münden in vollkommene »Illusionslosigkeit« (Behrmann/Wohlleben Q 14, S. 113) und in eine erschütternde Ratlosigkeit, wenn im letzten Gespräch in IV,5 nur »noch Attitüden sozusagen probiert, doch als solche durchschaut und dann verworfen werden« (ebd.). Die Weltschmerz-Metaphorik Camilles gerät zur unfreiwilligen Kritik seines eigenen Privilegiertseins und zur Kritik der Dantonisten als saturierte Revolutionsgewinnler: »wir Alle sind Schurken und Engel, Dummköpfe und Genies und zwar alles in einem« [...] Wir haben uns Alle am nämlichen Tische krank gegessen und haben Leibgrimmen« (84).

Danton verharrt in der Aporie seines paradoxen spinozistischen Atheismus: »Die Welt ist das Chaos. Das Nichts ist der zu gebärende Weltgott« (86). Das letzte Wort der »Philosophiegespräche«, bezeichnenderweise aus dem Mund Dantons, legt noch einmal schonungslos in der philosophischen Platitüde die Unhaltbarkeit seines Denkens bloß. Denn das Nichts kann nicht geboren werden, da die Welt *ist*. Allein schon insofern ist es unmöglich, das Nichts zu *denken*, geschweige denn an es zu *glauben* wie an einen *deus absconditus*. Wenn es ans Sterben geht, ist die Philosophie ohnehin mit ihrer Weisheit am Ende. Das Leiden der den Tod erwartenden bürgerlichen Revolutionäre an einem von ihnen nicht zu bewältigenden geschichtlichen Problem arbeitet sich ab an der Debatte um eine unzulängliche Schöpfung, die den Menschen ein Leben ohne Schmerz entweder verweigert oder nur auf Kosten anderer erlaubt. Die letzten Gespräche der Revolutionäre sind derart nichts anderes als der Versuch, durch die Kraft des Gedankens an den Ordnungsprinzipien dieser Schöpfung zu rütteln: die Verlängerung der Revolution in die Metaphysik.

4. »Lenz«

Biographische Erzählung (Entwurf). Entstehung: vermutlich Frühjahr bis Herbst/Winter 1835. Erstdruck: »Lenz. Eine Reliquie von Georg Büchner« mit Vorw. u. Nachw. v. Karl Gutzkow in: *Der Telegraph für Deutschland* 2 (Januar 1839) in 8 Fortsetzungen in den Nrn. 5, 7-11, 13, 14 nach einer Abschrift Wilhelmine Jaeglés (A 10,8). Der Titel stammt von Gutzkow. Büchners Manuskript sowie Jaeglés Abschrift sind verloren. Ein späterer Druck in N basiert ebenfalls auf Gutzkows Erstdruck, der »einen Text von sehr hoher Authentizität bietet« (Gersch B 14, S. 59; zur Textkritik: Marburger Denkschrift F 6; T.M. Mayer F 9; Gersch R 13; Spieß R 16; T.M. Mayer R 21; Schaub B 16; PW 1 S. 791ff.; Dedner F 19; Gersch R 40; Wender R 43). Zitiert wird *Lenz* nach PW 1/der Studienausgabe Gerschs (B 14)/und DL.

4.1 Entstehung, Textlage, Quellen

Büchners Interesse an dem Sturm-und-Drang-Autor Jakob Michael Reinhold Lenz (1751-1792) datiert sicher schon in seine erste Straßburger Zeit (vgl. S. 15). In einem Brief an Wilhelmine Jaeglé Mitte März 1834 zitiert er zwei Strophen aus dem Lenz-Gedicht »Die Liebe auf dem Lande« (383). Die Anfangszeilen des Gedichts sind »im Büchner/Weidig-Kreis als meistbenutzter Geheimschrift-Code für den Kassiberwechsel mit den politischen Gefangenen« (MC S. 375) nachgewiesen. Daß Büchner verwandte Züge in Lenz gesehen hat, betont sein Bruder Ludwig, allerdings zu pauschal: »In Lenzen's Leben und Sein fühlte er verwandte Seelenzustände, und das Fragment ist halb und halb des Dichters eigenes Porträt« (N S. 47). In erster Linie betrifft das den beide verbindenden Zug von Melancholie und Weltschmerz, ebenfalls die topische Langeweile, die Jahrhundertkrankheit der Gebildeten (Lenz gestaltet sie in *Der neue Menoza*), die wiederum mit dem Melancholie-Komplex verbunden ist. Teils projiziert Büchner eigene Erfahrungen der Gießener Krise wie den »Starrkrampf« und das »Gefühl des Gestorbenseins« (381) in seine Figur. Teils sind in der Erzählung Empfindungen des historischen Lenz repräsentiert (vgl. etwa Dedners Hinweis auf das Gedicht »Mit schönen Steinen ausgeschmückt«, DL S. 131; Gerschs Beobachtung, daß Lenz sich in der Rolle des reuevollen Teufels Abbadona aus Klopstocks *Messias* sieht [R 40, S. 161ff.]).

In einem Brief an Büchner vom 12.5.1835 erwähnt Gutzkow erstmals das Lenz-Projekt: »Ihre Novelle Lenz soll jedenfalls, weil Straßburg dazu anregt, den gestrandeten Poeten zum Vorwurf haben?« (405), wieder am 23.7.1835: »Geben Sie bald ein zweites Buch: Ihren *Lenz* [...]« (409). Am 28.9.1835 mahnt Gutzkow dann: »[...] Lenziana subjektiv und objektiv [...] geben Sie uns, wenn weiter nichts im Anfang, *Erinnerungen an Lenz*: da scheinen Sie Tatsachen zu haben, die leicht aufgezeichnet sind.« (417) Büchners einzige erhaltene Äußerung zu diesem Projekt findet sich in einem Brieffragment an die Eltern vom Oktober 1835: »Ich habe mir hier allerhand interessante Notizen über einen Freund Goethe's, einen unglücklichen Poeten Namens *Lenz* verschafft, der sich gleichzeitig mit Goethe hier aufhielt und halb verrückt wurde. Ich denke darüber einen Aufsatz in der deutschen Revue erscheinen zu lassen.« (418f.) Durch das Verbot der Bundesversammlung vom 14.11.1835 wird die *Deutsche Revue* jedoch unterdrückt. Büchner versichert den Eltern am 1.1.1836: »Das Verbot der *deutschen Revue* schadet mir nichts. Einige Artikel, die für sie bereit lagen, kann ich an den Phönix schicken.« Andererseits schreibt er im gleichen Brief: »Ich gehe meinen Weg für mich und bleibe auf dem Felde des Drama's [...]« (422f.). Man kann vermuten, daß sich unter diesen »Artikeln« der Lenz-Entwurf befindet. Im zweiten Satz wird sich aber indirekt auch sein Entschluß ausdrücken, diesen vorerst zurückzustellen – zugunsten des *Woyzeck* oder des *Aretino*? (vgl. S. 30) Noch am 6.2.1836 erinnert Gutzkow Büchner an das Vorhaben: »Eine Novelle Lenz war einmal beabsichtigt. Schrieben Sie mir nicht, daß Lenz Göthes Stelle bei Friederiken vertrat. Was Göthe von ihm in Straßburg erzählt, die Art, wie er eine ihm in Commission gegebene Geliebte zu schützen suchte, ist auch schon ein sehr geeigneter Stoff« (429). Die Korrespondenz mit Gutzkow (420) und mit Boeckel (436ff.) deutet darauf hin, daß Büchner bereits im Herbst 1835 intensive Philosophiestudien betreibt. Im Frühjahr 1836 ist er dann nicht nur mit dem *Mémoire,* sondern auch mit seinem Lustspiel vollauf beschäftigt. Alles spricht dafür, daß er den *Lenz*-Entwurf zugunsten anderer Arbeiten im Winter 1835 beiseitelegt.

In seinem Vorwort zum Erstdruck stellt Gutzkow fest: »Leider ist die Novelle Fragment geblieben« (S. 34). Für die Forschung erweist sich dieser Satz in zweifacher Weise als folgenschwer. Von der Klassifizierung als »Novelle« wird noch zu handeln sein. Die Frage des Fragmentcharakters ist zu erörtern. Zweifellos ist *Lenz* ein Arbeitsentwurf und enthält Lücken. Das betrifft jedoch keineswegs den Schluß und mit einiger Sicherheit auch nicht den Anfang. Hartnäckig hat sich von Gutzkow und Wilhelm Schulz (»Fragment einer Novelle«, Nekrolog [A 10,9]) über Ludwig Büchner (N S. 31) zu Bergemann (»Also hat schon Gutzkow kein Beschluß vorgelegen« [B 1922 S. 685]), Herrmann (R 5, S. 267) und Lehmann (F 2, S. 24f.) bis in die jüngste Zeit die Annahme erhalten, »daß er

[Büchner] einen umfangreicheren Abschnitt aus Lenz' Leben bearbeiten wollte als im ›Lenz‹-Fragment überliefert ist« (H S. 508; dagegen schon Knapp D 4, S. 141f.). Betrachtet man die Ästhetik des Texts im Detail *und* im Zusammenhang mit Büchners Gesamtwerk, so wird klar, daß es sich bei dem gegebenen Schluß mit hoher Wahrscheinlichkeit um den intendierten chronologischen Endpunkt des Entwurfs handelt. Auch von Seiten der Textkritik wird das nicht bestritten. Es ist klar, daß keine den Schluß indizierende druckfertige Handschrift Büchners vorlag, sonst hätte gar keine Notwendigkeit für eine »saubere Abschrift« bestanden.

Man hat es also mit einem Konzept zu tun, das in seiner Gestalt und in seinem Stadium der Bearbeitung unterschiedlich beurteilt wird. Gersch sieht es »in einem fortgeschrittenen Entwurfstadium, doch unvollendet, teils skizzenhaft, teils ausformuliert, voller formaler Unregelmäßigkeiten, mit Arbeitslücken unterschiedlicher Art, mit stilistischen und darstellerischen Unfertigkeiten« (B 14, S. 59). Poschmann geht dagegen von einer weitergehenden »künstlerischen Gültigkeit der [...] überlieferten Arbeitsfassung« (PW 1 S. 794) aus. In Anbetracht von Büchners Ästhetik, die ja im Hinblick auf das Dargestellte durchweg den Charakter eines *work-in-progress* trägt, erscheint es kaum möglich, den Grad der Fertigstellung des Entwurfs exakt zu bestimmen. Dedners textkritische Untersuchungen beruhen auf der Annahme von drei »Arbeitsstufen« im Text (F 19, S. 8ff.). Das könnte den sukzessiven Aufbau der Erzählung in Form sich überlagernder Ausfüllungs- bzw. Entwurfsstufen erklären. Am Ende stünde dann die vierte, gerade eben vor Abbruch der Arbeit erreichte Stufe von Büchners Marginalien zur Ergänzung: »vermutlich aufgrund der Lektüre einer weiteren Quelle notierte Büchner Material für künftige Texterweiterungen« (ebd. S. 9). So etwa die in der Abschrift stehengebliebene Notiz »Siehe die Briefe« (Erstdruck A 10,8, S. 102). Jaeglés Abschrift stützte sich demnach auf »die ersten zwei Drittel als fertiger Text«, im letzten Drittel »waren ausgearbeitete Textteile durch längere Lücken im Manuskript [...] unterbrochen«, einzelne Passagen vielleicht separat entworfen (Dedner ebd.). Dedner setzt die Niederschrift des Entwurfs zwischen »Ende September« und »spätestens Ende November« 1835 an (ebd. S. 32). Auch seine hypothetische Entfaltung der »Erzählphasen« erhebt keinerlei Zweifel an der Gültigkeit des Schlusses. Eine Dedners Ergebnisse infrage stellende differenzierte Analyse der Textlage legt Wender vor (R 43). Er geht u.a. von der Annahme aus, daß die bei Büchner erhaltenen Datierungen im Erzählvorgang »›Wiedereinstiegspunkte‹ in die Episodenreihe« darstellen und somit »Relikte einer relativ frühen Textstufe sind« (ebd. S. 361f.). Vgl. v.a. auch Wenders Erörterungen zum »Frauenzimmer«-Motiv und seine Betonung des »Kontext[s] unglücklicher Liebe«, der durchgängig wirksam bleibt: »so wird die ›erotische Melancholie‹ durch den ›religiösen Wahn‹ nicht ersetzt, sondern ergänzt, und auch das in Übereinstimmung mit den Andeutungen der Quelle« (ebd. S. 369).

Büchners Primär- und Strukturquelle ist der Bericht des Pfarrers, Philanthropen und Pietisten Johann Friedrich Oberlin (1740-1826) aus Waldersbach über Ankunft und Aufenthalt (neunzehn Tage: vom 20.1. bis 8.2.1778) des siebenundzwanzigjährigen Dichters Jakob Michael Reinhold Lenz im Steintal (Ban de la Roche) der elsässischen Vogesen. Lenz, der 1771 in Straßburg Goethe traf und mit Friederike Brion zusammenkam, in die er sich - ohne Resonanz - verliebte, gelangte 1776 nach Weimar, das er auf Betreiben Goethes im Dezember wegen einer »Eselei« verlassen mußte. Die kaltherzige Abfertigung des exzentrischen Jugendfreundes durch den inzwischen etablierten Goethe hinterließ eine tiefe seelische Verwundung bei Lenz. Von dort aus ging er in die Schweiz zu Johann Kaspar Lavater (1741-1801) und Christoph Kaufmann (1753-1795) und erlitt 1777 einen ersten Schub akuter Schizophrenie. In der Hoffnung auf Genesung gelangte er im Januar 1778 zu Oberlin nach Waldersbach - hier setzt der Bericht ein -, wo die Krankheit zum abermaligen Ausbruch kam. Trotz der Bemühungen Oberlins und seiner Frau um den Kranken, der mehrere Suizidversuche unternahm, verschlimmerte sich Lenz' Zustand derart, daß Oberlin ihn nach Straßburg zu Freunden bringen ließ. Damit enden Oberlins Aufzeichnungen und Büchners biographische Erzählung. Von dort aus wurde Lenz 1779 nach Riga ins väterliche Haus gebracht. Er endete 1792 nach leidvoller Irrfahrt in Moskau, »von Wenigen betrauert und von Keinem vermißt« (Nachruf). Nach der erzwungenen Abreise Lenz' aus Waldersbach verfaßte Oberlin einen »Rechenschaftsbericht« (B 14, S. 64) für Freunde und Bekannte, denen er über die unglücklichen Umstände von Lenz' Erkrankung Aufschluß gab. Er wurde nach Oberlins Tod von August Stoeber abgeschrieben. Ein nach Diktat angefertigtes »Doppel« (ebd.) des Oberlin-Berichts wurde 1976 von Dedert, Gersch, Oswald und Spiess veröffentlicht (»Herr L......« R 8, R 40). Diese »Handschrift *Herr L......* [ist] der Grundlagentext [...] für die gesamte Überlieferungsgeschichte des Oberlin-Berichts [...] bis in seine abschriftliche Vermittlung als Vorlage für Büchners *Lenz*-Entwurf« (Gersch R 40, S. 12). Zu Oberlin und Lenz vgl. PW 1 S. 802ff.; den Beitrag von Jochen Hörisch in: E 7, S. 262ff.; Wender R 39; zu Oberlin: John W. Kurtz: *John Frederic Oberlin.* Boulder, CO 1976 (dt. Metzingen 1982); Erich Psczolla: *Johann Friedrich Oberlin 1740-1826.* Gütersloh 1979. Die Oberlin-Gedenkstätte ist in Waldersbach noch heute zugänglich.

Der Bericht Oberlins ist Büchner in Straßburg durch eine Abschrift August Stoebers bekannt geworden. Dieser hatte Auszüge daraus schon 1831 mit Briefen Lenz' an Johann Daniel Salzmann in Straßburg veröffentlicht (»Der Dichter Lenz. Mittheilungen«. In: *Morgenblatt für gebildete Stände* [25,1831] Nrn. 250-252, 260-261, 275, 280, 285-287, 290, 295, S. 997f., 1001-1003, 1007f., 1039). Auch Daniel Ehrenfried Stoebers französische Oberlin-Biographie ist bereits 1831 erschienen (vgl. oben S. 15). Oberlins Aufzeichnungen (Stoeber verwendet den Begriff »Aufsatz«, der mit Büchners früher, noch genreunsicherer Klassifizierung [419] korrespondiert) werden im vollen Wortlaut erst später von August Stoeber in der Zeitschrift *Erwinia. Ein Blatt zur Unterhaltung und Belehrung* [...] 1/2/3 (1838/9) S. 6-8, 14-16, 20-22

als »Der Dichter Lenz, im Steinthale« abgedruckt. (Vgl. auch Stoebers späteres
Buch: *Der Dichter Lenz und Friedericke von Sesenheim* [Basel 1842], in dem
dieser S. IVf. die These vertritt, Lenz sei wegen seiner Liebe zu Friederike
»wahnsinnig geworden«.) Der *Erwinia*-Druck ist wiedergegeben in MA S.
520ff.; R 8, S. 35ff.; PW 1, S. 966ff.; DL S. 63ff.; Gersch R 40, S. 39ff.
Büchner dürfte mit den genannten Materialien im Frühjahr 1835 von August
Stoeber noch andere biographische Zeugnisse und Briefe erhalten haben (de-
tailliert zur Quellengeschichte Gersch R 40, S. 122ff.). Bekannt ist ihm ebenfalls Goethes Autobiographie *Dichtung und Wahrheit* mit den dort gegebenen
Erinnerungen an Lenz (III,11 und 14; Auszüge in MA S. 530ff.; B 14, S.
51ff.; DL S. 78ff.), die in seiner Erzählung kritisch verarbeitet werden. Der
französische Modeautor Paul Merlin (1788-1864) hat mit seinen beiden Er-
zähltexten *Promenades Alsaciennes* (Paris 1824) und *Le Pasteur Oberlin. Nouvelle Alsacienne* (Paris 1833) zwei weitere Quellen Büchners geliefert (Gersch/
Schmalhaus R 34; dort Textauszüge und S. 79 ein Quellenstemma; vgl. auch
R 40, S. 155). Hugos Roman *Notre Dame de Paris* (1831) hat die »thematische Erzählstruktur« (Köhn R 32, S. 667ff.) beeinflußt. Lenz' *Der Hofmeister*
(1774), *Die Soldaten* (1776) und *Der neue Menoza* (1774), vor allem die *Anmerkungen übers Theater* (1774) werden zitiert oder wenigstens gestreift. Büchner kennt Lenz' Werke aus der Ausgabe Tiecks (Berlin 1828). Goethes *Die
Leiden des jungen Werthers* haben zahlreiche Anklänge bis zum wörtlichen Zitat im Text hinterlassen. Nachweisbar sind Spuren von Tiecks Romanfragment
Der Aufruhr in den Cevennen (1824) und Novalis (Whitinger R 28), ebenso
der Descartes- und Spinozastudien Büchners. Zu literarischen Einflüssen vgl.
Hinderer C 5, S. 158ff.; PW 1 S. 816ff; zur Verarbeitung von Lenz-Texten
Hinderer R 9, S. 168ff.; R 30, S. 83ff. Ein außerliterarischer Bezugspunkt
und eine mögliche Informationsquelle ergab sich durch den Pfarrer Johann Jakob Jaeglé, der mit der Familie Oberlin gut bekannt war und auch Oberlins
Begräbnis in Fouday am 5.6 .1826 zelebriert hatte. Eine Inspirationsquelle ist
die von Büchner geliebte Vogesenlandschaft, die er nach einer Wanderung mit
Edouard Reuss und einigen Bekannten in seinem Brief vom 8.7.1833 (369ff.)
in beredten Bildern beschreibt. Ob er je im Ban de la Roche gewesen ist, läßt
sich nicht mit Sicherheit sagen.

4.2 Ästhetik und Wirkung der Erzählung

Büchners Verfahren der Quellenaneignung ist dem von *Dantons Tod* vergleichbar. Quellenadaption bedeutet auch in *Lenz* kritische und parteiliche Vertextung des vorgegebenen Stoffs in der Makrostruktur und bis ins
kleinste Detail. Der Adaption des Quellenmaterials liegt ein »konzeptio-
neller Dissens der Erzählung zum Bericht Oberlins, wie auch zur Oberlin-Biographie D.E. Stöbers und vor allem zur Aussage der genannten Be-
zugstexte von Goethe« (PW 1 S. 815) zugrunde. Im Gegensatz zur
Multiperspektive des Revolutionsdramas, die diverse Positionen zu Wort
kommen läßt und sie gegeneinander ausspielt, kommt es Büchner jetzt allein auf die Zentralfigur an. Er steht in seinem Betroffensein von vorn-

herein ganz auf der Seite von Lenz. In der »Nähe« des Autors zu seiner Figur und zugleich in der »Eigenständigkeit seiner Kunstperson« (Thorn-Prikker D 8, S. 192) liegt das Faszinosum der Erzählung. Büchner identifiziert sich nicht mit Lenz (und er sollte auch nicht mit ihm identifiziert werden), denn was Lenz »verzehrt, ist bei Büchner nur seelischer Untergrund, sind äußerste innere Gefährdungen, die gebannt werden« (Diersen R 31, S. 96). Dennoch ist seine durch emotionale und gesellschaftliche *Erfahrungskorrespondenzen* bedingte Anteilnahme an der Lenzfigur so eindeutig, daß er seine Quellen radikal und gewissermaßen einsträngig – immer auf die gefährdete und zerbrechende Existenz dieser Figur hin – umdeutet. Die Erzählung gibt somit »einen konsequenten Gegenentwurf« (Gersch/Schmalhaus R 34, S. 97) zu ihren Vorlagen. Das Verfahren der Umdeutung des auf Erklärung der Vorgänge und des eigenen Verhaltens bedachten Oberlin-Berichts zur ein- und mitfühlenden Schilderung der subjektiven Lenz-Erfahrung ist illustrativ für die Parteinahme Büchners für seine Figur.

Ein Vergleich des *Lenz* mit den Aufzeichnungen Oberlins unter formalem und inhaltlichem Aspekt verdeutlicht das Arbeitsprinzip Büchners und den Übergang von der distanzierten Faktizität des Berichts zur involvierenden Perspektive der biographischen Erzählung. Büchners Text ist um annähernd zwei Drittel umfangreicher als die Aufzeichnungen Oberlins. Jene beginnen mit Lenz' Ankunft in Waldersbach: »Den 20. Januar 1778 kam er hieher«. Der folgende Ablauf der Neunzehntagefrist wird in chronologischer Gliederung der Ereignisse von Oberlin in neun Erzähleinheiten (hier nach Stoebers *Erwinia*-Druck) so beschrieben:

1. 20.1. Ankunft. Einführung L.s als »Freund K[aufmanns]«. O. hat »einige Dramen gelesen«, doch L. will nicht danach beurteilt werden. Gespräche und Gesellgkeit. L. wird im Schulhaus untergebracht.

2. 20.1. »Die darauf folgende Nacht« hört O. den Schulmeister L. ins Bett verweisen. L. ist die ganze Nacht wach und springt in den Brunnentrog. Der Schulmeister und seine Frau vermuten einen Suizidversuch, aber L. kann sie beruhigen.

3. 21.1. »Den 21.« Reise mit O. nach Belmont, wo O. ein Begräbnis zelebriert. Nach der Rückkehr ins Steintal kritisiert L. O.s Predigt. L. möchte selbst predigen. O.s Reflexionen über seine Predigtpraxis.

4. 25.1. »den darauf folgenden Sonntag, den 25sten« hält L. »auf der Kanzel eine schöne Predigt, nur mit etwas zu vieler Erschrockenheit«. K[aufmann], der inzwischen mit seiner Braut angekommen ist, nimmt O. beiseite und fragt ihn nach L.s Betragen. O.: »Es kam mir dies alles etwas bedenklich vor, wollte da nicht fragen, wo ich sah daß man geheimnißvoll wäre, nahm mir aber vor, meinen Unterricht weiter zu suchen.«

5. 26.1. bis 5.2. »Am Montag, den 26.« Abreise O.s zunächst nach Köndringen und Emmendingen zu [Johann Georg] Schlosser [1739-1799] [der ihn am 2.2. mit Sicherheit genügend über L.s Krankheit aufklärt, um ihn zur Rückkehr zu bewegen], »sodann über Breisach nach Colmar«, wo er den 4. bei [Gottlieb Conrad] Pfeffel [1736-1809] verbringt [und wohl von L.s Versuch, am 3.2. ein totes Kind zu erwecken, hört], dann »zurück ins Steintal«. [Hier Einschub über die Ereignisse in O.s Abwesenheit, die ihm von seiner Frau berichtet werden:]

[2.2.] L. fastet den ganzen Tag.

3.2. »den 3. Hornung« Versuch der Auferweckung eines toten Kindes namens Friederike in Fouday. Verwundung L.s am Fuß.

4./5.2. »in der Nacht aber, zwischen dem 4. und 5. Hornung, sprang er wieder in den Brunnentrog, um, wie er nachher gestand, die Wunde aufs Neue zu verschlimmern.« L. wohnt jetzt im Pfarrhaus.

[5.2.] »Den Tag hindurch« Zeichnen, Lektüre der Bibel, Gespräch mit Frau O.

6. 5. 2. »Den 5. Hornung kam ich von meiner Reise zurück«. L. ist zunächst »bestürzt«, dann »entzückt«. Gespräch mit O. Dieser ermahnt L. zur Aussöhnung mit dem Vater. Einblicke in L.s desolaten psychischen Zustand (Unruhe, Beklemmung, psychotische Schuldgefühle. O. sieht dies als »Erinnerung gethaner, mir unbekannter Sünde«) [Das Motiv der Gottferne als Grund psychischer Störung klingt an.]. L. fragt nach dem »Frauenzimmer« [Friederike Brion] und gesteht seine Liebe zu ihr und seiner Mutter. L. beruhigt sich allmählich. Er verlangt nach körperlicher Züchtigung, die O. ihm verweigert. »Um Mitternacht« erwacht O. von L.s Rufen des Namens »Friedericke«. L. rennt durch den Hof, »stürzte sich, wie gewöhnlich, in den Brunnentrog [...] endlich wurde er still«.

7. 6.2. »Freitag den 6.« Abreise O.s und seiner Frau nach Rothau. Vorher hatte sich L. zum ersten Mal »zum Fenster herunter gestürzt«. O. läßt Sebastian Scheidecker, »Schullehrer von Bellefosse«, kommen, um L. zu »hüten«. L. und Scheidecker gehen nach Fouday, wo L. das Grab des Kindes Friederike besucht. Scheidecker verständigt seinen Bruder Martin, der sich mit ihm in die Beaufsichtigung L.s teilt. Auf dem Rückweg nach Waldersbach entkommt L. »und sprang [...] wie ein Hirsch gen Fouday zurück«, wo er sich als Mörder ausgibt und fesseln läßt. Die Brüder Scheidecker bringen ihn zurück nach Waldersbach. Beruhigung L.s am Abend. L. betet die Nacht hindurch.

8. 7.2. »Den folgenden Morgen, Samstag den 7.« Gespräch mit O. L. schreibt Briefe. »Gegen Abend« wird O. zu einem Patienten in Bellefosse

geholt. Nach seiner Rückkehr abermaliger Fenstersturz L.s. O. entschließt sich zur Bewachung: »Nun, dachte ich, hast du mich genug betrogen, nun mußt du betrogen, nun ist's aus, nun mußt du bewacht seyn.« Wenig später Suizidversuch L.s mit einer Schere. O. spricht L. zu und macht ihm Vorhaltungen. Nach zehn Uhr treffen die beiden von O. erforderten Männer ein. Reflexionen O.s über L.s Zustand: »Denn fürchterlich und höllisch war es was er ausstund, und es durchbohrte und zerschnitt mir das Herz, wenn ich an seiner Seite die Folge der Prinzipien die so manche heutige Modebücher einflößen, die Folgen seines Ungehorsams gegen seinen Vater, seiner herumschweifenden Lebensart, seiner unzweckmäßigen Beschäftigungen, seines häufigen Umgangs mit Frauenzimmern, durchempfinden mußte.« [Interessant der Ausfall gegen »heutige Modebücher« (der *Werther*, Lenz' eigene Stücke?), der wiederum einen stillschweigenden Bezugspunkt für Büchners »Kunstgespräch« liefert.] Um drei Uhr nachts wird L. so unruhig, daß die beiden »Wächter« ihn nicht halten können. O. läßt einen dritten Mann rufen. Er entschließt sich, L. fortzubringen und läßt seinen Wagen vorbereiten. Alle nehmen Anteil am »rührenden« Abschied L.s

9. [8.2.] Abtransport L.s nach Straßburg »mit drei Begleitern und zwei Fuhrleuten«. Reflexionen und Rechtfertigung O.s

Der Bericht setzt in den hier umrissenen neun Erzähleinheiten den Akzent auf die äußeren Vorgänge. Daneben gibt er Reaktionen der von dem Geschehen Betroffenen, vor allem Oberlins selbst und seiner Frau. Gespräche und Reflexionen Lenz' werden kurz behandelt. In den Überlegungen Oberlins über die geistige Zerrüttung Lenz' stehen Fragen von Schuld, Sünde, Gehorsam, Lebenswandel im Vordergrund: die Tendenz also, die geistige Krankheit bei allem Mitgefühl als »Gottes Strafe« (Dedner F 19, S. 52) für menschliches Fehlverhalten zu deuten. Dabei vermittelt Oberlin »eine sehr dichte Darstellung des Krankheitsverlaufs« (Wender R 39, S. 110). In der Aneignung Büchners wird die Ich-Erzählung des Berichts durch eine übergeordnete Erzählperspektive ersetzt. Das Schwergewicht - mehr als die Hälfte des Texts - liegt aber auf der persönlichen, internen Erfahrung der Titelfigur, die zwar in der dritten Person erfaßt wird, deren psychischer Zustand jedoch sprachlich nahtlos aus dem äußeren Befund heraustritt. Büchners narrative Gestaltung der Außensicht und, gleichsam synoptisch, der internen Befindlichkeit, ist für den Leser zugleich packend und involvierend. Schon Gutzkow erkennt die radikale Innovation des Erzählverfahrens:

> »Welche Naturschilderungen; welche Seelenmalerei! Wie weiß der Dichter die feinsten Nervenzustände eines, im Poetischen wenigstens, ihm verwandten Gemüths zu belauschen! Da ist Alles mitempfunden [...] wir müssen erstaunen

über eine solche Anatomie der Lebens- und Gemüthsstörung. G. Büchner of-
fenbart in dieser Reliquie eine *reproduktive Phantasie*, wie uns eine solche
selbst bei Jean Paul nicht so rein, durchsichtig und wahr entgegentritt.« (Erstdruck A 10,8, Nachwort S. 110f.)

(Es versteht sich, daß Gutzkow das Skandalon der in der Erzählung entwickelten radikalen Religionskritik zur Zeit der Erstveröffentlichung sehr wohl bewußt ist. Nicht ohne Grund bezeichnet er im Vorwort Lenz als »Mitglied einer als frivol und transcendent [das Maß des Erlaubten überschreitenden]
bezeichneten Literaturrichtung« [S. 34]. Mit dieser Verbeugung gegen den
Sturm und Drang möchte er zugleich das Junge Deutschland aufwerten, dem
ja auch Frivolität, Gottlosigkeit und Unsittlichkeit vorgehalten werden.)

Mit den Stichworten der »Anatomie« (vgl. oben zur »Autopsie« S. 105)
und der »reproduktive[n] Phantasie« beschreibt Gutzkow die Ästhetik
Büchners akkurat. Büchner legt seine eigene humane Ästhetik Lenz im
»Kunstgespräch« in den Mund: »Man versuche es einmal und senke sich
in das Leben des Geringsten und gebe es wieder, in den Zuckungen,
den Andeutungen, dem ganzen feinen, kaum bemerkten Mienenspiel«
(234/14/17). Seine Arbeitsweise beschreibt er ebenfalls dort: »man kann
die Gestalten aus sich heraustreten lassen, ohne etwas vom Äußern hin-
einzukopieren, wo einem kein Leben, keine Muskeln, kein Puls entgegen schwillt und pocht« (235/15/17). Das ist nicht der Kunsttheorie
des historischen Lenz abgeleitet. Zumindest in diesen zwei Sätzen
kommt programmatisch Büchner selbst zu Wort. Wenn Gerhart Hauptmann und dann die Expressionisten die Zeitnähe der Erzählung bemerken, Arnold Zweig 1923 in einem Satz des *Lenz* erkennt, daß dort »die
moderne europäische Prosa [beginnt]« und Autorengenerationen der
Spätrezeption bis hin zu Heiner Müller (»Prosa aus dem 21. Jahrhundert«) die Gegenwärtigkeit und das Zukunftweisende des Texts feststel-
len, so geht es ihnen immer wieder sowohl um die Thematik als auch
um das narrative Verfahren, das aus Nähe und Betroffensein herkommt
und Nähe und Betroffensein beim Leser erwirkt. *Lenz* »ist nicht einfach
eine literarische Umsetzung des Oberlin-Berichts, sondern eine umfassend die Tradition reflektierende und transzendierende Umschaffung
und Neuschaffung« (Gersch B 14, S. 72). Wie verfährt Büchner bei dieser Umgestaltung?

Büchners »Erzählverfahren ist offenkundig über die gesamte Texter-
streckung [...] gleich: Zwischen die quellennah gestalteten Erzählteile tritt
jeweils genuiner Büchnertext, der Anregungen nicht nur des Oberlin-
Berichts, sondern auch anderer Quellen aufnimmt und zu einem Psycho-
gramm von hohem literarischen Rang verarbeitet« (Wender R 43,
S. 366). Ganz oder weitgehend unabhängig von seinen Quellen gestaltet
er drei thematische Komplexe, die, einander überlagernd, das Geschehen
bestimmen: 1. den zentralen Leidens- und Angstdiskurs, der den Text bis

zum Ende durchzieht und sich auffächert in die zugeordneten Themen: a) die eigentliche Pathographie; b) punktuell auftauchende Aspekte früherer Traumatisierung (der »Frauenzimmer«-Komplex, der »Vater«-Komplex, der indirekt auch Goethe einschließt); c) den religionskritischen Diskurs als Resultante religiöser Wahnvorstellungen. 2. Die gescheiterte soziale Integration. 3. Den Kunstdiskurs. Büchners Erzählung folgt im ganzen der Chronologie seiner Vorlage, deren präzise Zeitangaben werden jedoch vielfach verwischt: »Den andern Tag«, »Am folgenden Morgen«, »Um diese Zeit« etc. (vgl. Dedner F 19, S. 19f., der das graduelle Abrücken vom chronikartigen Bericht nachweist). Im zweiten Teil des *Lenz* folgt Büchner seiner Quelle vergleichsweise viel enger. Dies liegt in erster Linie am weniger ausgearbeiteten letzten Drittel des Entwurfs, teilweise könnte es auch den Rückgang in Lenz' Psyche und seine fast völlige Isolierung signalisieren (Pütz R 4, S. 17ff.). Die folgende Übersicht in Stichworten folgt nicht der textkritischen Einteilung von Gersch/Spieß in »Bewußtseinstage« oder derjenigen Dedners in »Erzählphasen«, sondern unterteilt den Text in 13 narrative Sequenzen, die jeweils einen Wechsel in der chronologischen Abfolge, Ortswechsel oder zentrale Ereignisse (vergleichbar dem dramaturgischen Strukturprinzip, das die Erzählung im Ansatz durchaus besitzt) bezeichnen. Sie korrespondieren nicht immer mit der Einteilung des Texts in Absätze in der heutigen Editionspraxis. Fraglich ist ohnehin, ob diese bloß Resultat von Jaeglés Gliederungsversuch bei der Abschrift des Konzepts ist.

1. »Den 20.« Wanderung durchs Gebirge. Erlebte Landschaftsbeschreibung, die den psychischen Zustand L.s reflektiert. (Büchner zeigt den Weg L.s ins Steintal, ebenso wie er die Abreise und räumliche Entfernung beschreibt [13]. Beide »bilden in ihrer Korrespondenz einen Rahmen, der sie [die Erzählung] deutlich als abgeschlossen zu erkennen gibt« [Diersen R 31, S. 99].) Visionen, Angst- und Lustzustände. Einführung des Motivs des Wahnsinns im Bild eines apokalyptischen Reiters: »Es war [...] als jage der Wahnsinn auf Rossen hinter ihm« (226/6/8).

2. Ankunft im Pfarrhaus. Vorstellung, Gespräch mit O. Beruhigung: »nach und nach wurde er ruhig« (227/7/9). Beginn der sozialen Integration: »er war gleich zu haus«. Nachts klaustrophobischer Angstzustand, Panik und horror vacui: »eine unnennbare Angst erfaßte ihn [...] Alles finster, nichts« (227/7/10). Brunnensturz.

3. »Den andern Tag ging es gut.« Reise mit O. Erlebte Landschaft. Besuch der Gemeindeanlagen. Gespräche mit O. Angstzustände bei der Dämmerung: »gegen Abend befiel ihn eine sonderbare Angst [...] der Alp des Wahnsinns setzte sich zu seinen Füßen« (229/9/11). Klaustrophobie und Panik, Brunnensturz. Bibellektüre und religiöser Trost.

4. »eines Morgens ging er hinaus«/«Er ging des Morgens hinaus« (Bruch oder Überschneidung zweier Textebenen im Entwurf. Arbeitsnotiz Büchners?) Erlebte Landschaft, Beruhigung im Gedanken an die Mutter. Der Wunsch zu predigen. Vorbereitung der Predigt, »seine Nächte wurden ruhig«.

5. »Der Sonntagmorgen kam«. Vorübergehende Integration: »es war als löste sich alles in eine harmonische Welle auf« (231/11/13). Lenz predigt. Sein »Starrkrampf« fällt von ihm ab, Schmerz und zugleich ein »süßes Gefühl unendlichen Wohls« überkommt ihn (Anklänge an Büchners Gießener Krisenbriefe an Wilhelmine Jaeglé S. 53f.). Beruhigung in der Nacht.

6. »Am folgenden Morgen« Gespräch mit O.: L.s Mutter ist ihm in der Nacht erschienen. Gespräche über Erscheinungen und Empfindungen.

7. »Um diese Zeit« trifft Kaufmann mit seiner Braut im Steintal ein. Gefährdung der sozialen Integration. L.s. Kunstgespräch. Anachronistisch einmontiert: »die idealistische Periode fing damals an« (233/14/16). L. formuliert im Kunstdiskurs auch Positionen, die nicht von seinem historischen Vorbild stammen. Abgelehnt werden Idealkünstler, die die Welt verklären, aber auch solche, die nur die Wirklichkeit »geben«. Die Aufgabe von Kunst: »Leben« »nachzuschaffen«. Kaufmann bringt Briefe von L.s Vater und drängt ihn »selber zur Rückkehr [nach Riga]. Streit mit Kaufmann.

8. »Am folgenden Tag« Abreise Kaufmanns und O.s. L., der sich an O. klammert, hat Angst vor dessen Abwesenheit. Er begleitet ihn ein Stück. Erlebte Landschaft. In abendlicher Dunkelheit kommt L. zu einer Hütte, in der ein krankes Mädchen gepflegt wird. Er verbringt die Nacht dort. Morgens bricht er auf und »kam heim«. Gespräche mit Frau O. Das »Frauenzimmer«-Motiv als Ausdruck früheren Traumas tritt jetzt auf. Religiöse »Quälereien«.

9. »Am dritten Hornung« erfährt er vom Tod eines Kindes in Fouday. Er fastet einen Tag. »Am vierten« geht er in Sack und Asche nach Fouday. Der Auferweckungsversuch schlägt fehl: »Da stürzte er halb wahnsinnig nieder, dann jagte es ihn auf in's Gebirg« (242/22/25). Akute Traumatisierung. Atheismuserfahrung in der erlebten, nunmehr völlig surrealen Landschaft, horror vacui. »Am folgenden Tag« faßt ihn »ein großes Grauen vor seinem gestrigen Zustande«: er steht am »Abgrund«. Angstgefühle.

10. »Einige Tage darauf kam Oberlin aus der Schweiz zurück«. O. mahnt ihn jetzt zur Heimkehr zum Vater. L. beschwört ihn, im Steintal bleiben zu dürfen: »Nur in Ihnen ist der Weg zu Gott« (243/23/26). L. gibt an, das »Frauenzimmer« und seine Mutter ermordet zu haben. O. sieht das

als Halluzination und kann ihn beruhigen. »Am Nachmittag« verlangt L. körperliche Züchtigung von O., die dieser verweigert. »Um Mitternacht« rennt L. durch den Hof, ruft den Namen »Friederike« und stürzt sich mehrfach in den Brunnen. Verschlechterung seines Zustands.

11. »Am folgenden Morgen« Gespräch mit O. Erfahrung des totalen Sinnverlusts in der »Langeweile«. »Den Nachmittag« Suizidversuch durch Fenstersturz. O. »erschrak heftig« und verständigt den Schulmeister in Bellefosse. Dieser geht mit L. nach Fouday zum Besuch des Grabes des Kindes. Auf dem Rückweg entkommt L. Sebastian und seinem Bruder und »sprang wie ein Hirsch gen Fouday zurück«. Dort gibt er sich als Mörder aus. Er wird schließlich von seinen Begleitern ins Pfarrhaus zurückgebracht. Er betet »fast die ganze Nach hindurch«. »Den folgenden Morgen« Gespräch mit O. Halluzinationen.

12. Weitere Verschlechterung von L.s Zustand. Scheitern der sozialen Integration: »die Welt, die er hatte nutzen wollen, hatte einen ungeheuern Riß [...] Er hatte *Nichts*« (246/27/30). Angst, Aphrasie und bizarre Wahnvorstellungen quälen ihn. Versuch, O.s Katze zu hypnotisieren. Die nächtliche Panik verstärkt sich »auf's Schrecklichste«: »der Wahnsinn packte ihn«. Auch tagsüber überkommen ihn jetzt Angst und Agitation. Wenn O. ihn auf Gott verweist, sagt L.: »aber ich, wär' ich allmächtig, sehen Sie, wenn ich so wäre, und ich könnte das Leiden nicht ertragen, ich würde retten, retten« (248/29/32). Halbherzige Suizidversuche, dann setzt Apathie ein. »Den 8. Morgens« bleibt L. im Bett und verweigert die Nahrung. »Gegen Abend« erneuter Suizidversuch durch Fenstersturz.

13. Abreise: »er war vollkommen gleichgültig«. Distanzierte Landschaftsschilderung. L. nimmt kaum etwas aus dem Wagen wahr. Der Schlußsatz »So lebte er hin« deutet das Ausmaß seiner Apathie und der Erstarrung in der Krankheit, aber auch die Hoffnungslosigkeit seiner weiteren Existenz an.

Der Vergleich zeigt, daß Büchner sukzessive die objektive Chronologie des Oberlin-Berichts demontiert zugunsten einer subjektiven zeitlichen Abfolge, die primär im *Bewußtsein* seiner Figur angesiedelt ist. Er gebraucht dabei keine Anachronien (nur der in Oberlins Bericht retroaktiv erzählte Zeitraum vom 2. bis 5. 2. wird in die lineare Erzählfolge eingebracht), aber er verschmilzt chronologische Einheiten und verwischt den Zeitnexus gezielt durch Ergänzungen bzw. Erweiterungen. Zu Beginn der vierten Erzählsequenz scheint eine gewisse Unschlüssigkeit vorzuliegen (»eines Morgens ging er hinaus«/»Er ging des Morgens hinaus«), die auf die Überlagerung zweier Textschichten hindeutet. Kurz vorher (»Doch je mehr er sich in das Leben hineinlebte, ward er ruhiger« [229/9/12]) scheint schon Büchners endgültige Entscheidung gegen den »Chronikal-

stil« gefallen zu sein (Dedner F 19, S. 19). Mit dieser Subjektivierung der
narrativen Chronologie verlagert sich automatisch der Erfahrungsbereich
der Erzählung praktisch ausschließlich auf Lenz. Namen werden weitgehend eliminiert. Als narratives – gleichsam musikalisches – Gestaltungsprinzip kann der Gegensatz von Angst und Beruhigung bzw. Ruhe und
Bewegung gelten (vgl. Kubitschek R 25, S. 88ff.; Hinderer R 30, S. 83
bzw. R 9, S. 168ff.). Pathographisch ausgedrückt heißt das: »die Erzählung verläuft in Schüben von psychischer Störung und psychischer Beruhigung« (Dedner F 19, S. 19).

Dieses Gestaltungsprinzip kann Büchner in Ansätzen bereits seiner
Strukturquelle entnehmen. Wo es aber dort von außen beobachtend in
die Erklärungsstrategie Oberlins eingebunden ist, wird es jetzt als erzähle-
rischer Rhythmus in Form einer auf- und absteigenden Kurve verinner-
licht: ästhetische Form und Inhalt der Erzählung fallen in eins. Im Blickpunkt steht jetzt nicht mehr die von Oberlin mitempfindend
dokumentierte Episode der Neunzehntagefrist, sondern allein der *erfahrene*
exemplarische Leidens- und Krankheitsweg einer gefährdeten Persönlichkeit, ihre vorübergehende Hoffnung auf Genesung und Integration und
ihr endgültiges Verstummen in der Leere. Die Figur Lenz wird zum »Prä-
zedenzfall« (P S. 164ff.), ihr Schicksal zum Anlaß, »die gewohnte Sicht,
die das Gegebene unbefragt als ›normal‹ zu akzeptieren bereit ist, radikal
in Frage zu stellen« (ebd. S. 176). Der Erzählvorgang, der immer auf Seiten Lenz' steht, erhebt seine Sicht der Dinge zum Maßstab einer Welt, die
buchstäblich aus den Fugen ist, deren ›Normalität‹ den Wahn zwar vorübergehend be-ruhigen kann, ihn am Ende aber dann in vollkommener
Erstarrung festschreibt. »Der Wahnsinn ist das ›Normale‹ und das ›Normale‹ Wahnsinn in einer Welt, wie Lenz sie vorfindet« (Kubitschek R 25,
S. 93).

Das zeigt sich bereits in der Anfangspassage – die wiederum mit dem
Ende in direktem Äquivalenzbezug steht –, in der von der Landschaftserfahrung und dem Seelenzustand Lenz' die Rede ist. Dort wird zwar (wie
im gesamten Text) in einer auktorialen Erzählhaltung berichtet, erlebte
Rede bzw. *psycho-narration* (Dorrit Cohn) unterläuft jedoch diese Erzählhaltung beständig. Büchner verwendet keinen inneren Monolog, aber seine Erzähltechnik tendiert bereits zu modernen Formen des *stream of
consciousness*. Die subjektive Erfahrung übertönt beständig die auktoriale
Erzählerstimme. Im Eingangsteil seien nur drei charakteristische Aspekte
genannt. Auf die Bildsprache kann hier nicht eingegangen werden (vgl.
Dedner H 30, S. 197ff.; Diersen R 31, S. 113ff.). Zu beachten ist einmal
die Verwendung des Wortes »so« (»so dicht«, »so träg«, »so plump«, »so
klein«, »so nahe«, »so naß«), die den jeweiligen Befund unmittelbar aus
der objektiven Sphäre in das Erleben der Figur einbringt: »hier kommt
die Empfindung Lenzens zum Ausdruck und wird unversehens auf den

Leser übertragen« (Thieberger R 22, S. 32; vgl. auch Hortons detaillierte Stilanalyse und das von ihm belegte Verfahren des »free indirect discourse« R 27). Lenz' Erfahrung einer beklemmenden, verkehrten Welt wird zur Lesererfahrung, wenn »die Stimmen an den Felsen wach wurden«.

Ähnlich verhält es sich mit Büchners Gebrauch des Pronomens »es«, das grammatikalisch gemeinhin der Vermittlung unpersönlicher Sachverhalte dient, wie etwa im dritten Satz der Erzählung: »Es war naßkalt«. Dann aber in vollkommen anderer Bedeutung: »drängte es ihm in der Brust«, »es drängte in ihm«, »Es war ihm alles so klein«, »riß es ihm in der Brust«, »es war eine Lust, die ihm wehe tat«, »dann zog es weit von ihm«, »es war als ginge ihm was nach«. Die Beispiele genügen, um die Verwendung von erlebter Rede bzw. *psycho-narration* zu veranschaulichen. Im Verein mit der Landschaftserfahrung und ihrer höchst evokativen Bildlichkeit zeigen sie zum einen, wie die Grenzen der Innen- und der Außenwelt im Erzählvorgang durchlässig werden. Zum anderen ermöglichen sie den direkten, scheinbar nicht ästhetisch vermittelten Einblick in die Psyche Lenz', die zum Identifikationsangebot an den Leser gemacht wird. Büchners Verfahren, »die Gestalten aus sich heraus treten zu lassen«, zielt in seinem Detailrealismus auf »Leben, Möglichkeit des Daseins«, die Darstellung der »Natur am Wirklichsten«: »Bei Büchner transzendiert sich daher das ästhetische Medium selbst und führt zu seinem Ausgangspunkt, der außerästhetischen Wirklichkeit, der realen Lebenspraxis, zurück« (Meier J 10, S. 132).

Illustrativ ist der Satz: »Müdigkeit spürte er keine, nur war es ihm manchmal unangenehm, daß er nicht auf dem Kopf gehn konnte.« Der Satz ist syntaktisch bewußt paradox formuliert, denn das »nur« drückt keinen adversativen Konnex aus, wie man erwarten sollte. Insgesamt ist die Stellungnahme in ihrer Polyvalenz zunächst verwirrend für den Leser, auf den zweiten Blick gibt sie jedoch schlaglichtartig Einsicht in die akausale, ver-rückte Befindlichkeit der Figur. Mehr noch: indem sie diese derart beiläufig schildert, wirbt sie um Verständnis, wenn nicht um Sympathie. Schließlich läßt der Satz »noch offen, ob Lenz das Verkehrte in einer richtig eingerichteten Welt [...] oder ob die Welt das Verkehrte ist« (Kubitschek R 25, S. 93). An anderen Stellen dient das Pronomen »es« der Beschreibung nicht durchschaubarer Phänomene und Zustände: »Es faßte ihn eine namenlose Angst in diesem Nichts«, »dann jagte es ihn auf, hinaus in's Gebirg«. Vergleichbare Wendungen finden sich in zahlreicher anderer Formulierung: »eine unnennbare Angst erfaßte ihn«, »gegen Abend befiel ihn eine sonderbare Angst«, »ein heftiger Schmerz faßte ihn an«. Das Ungeheuerliche enthüllt sich konsequent aus der Perspektive des Opfers. Sein Leiden wird radikalisiert durch den Mangel jeder Erklärung des »Unnennbaren«, zugleich aber auch durch das Fehlen von auch nur vermeintlichen Kausalitäten, die dieses Leiden (wie etwa in der Betrachtung

Oberlins) einsehbar machten: »Die Umwelt, die Gegenstände lösen sich im Subjekt in ein Neben- und Nacheinander von wechselnden Zuständen auf; sie sind deutlich kontrastiert, aber nicht dialektisch aufeinander bezogen oder auf eine mögliche Synthese hin ausgerichtet« (Hinderer R 30, S. 93f.). Lenz ist ratlos allein mit seinem Leiden, unfähig, eingreifend zu handeln. Gerade hier, im Verzicht auf jede billige Erklärung, liegt Büchners Parteilichkeit im Umgang mit seinen Quellen. Indem er sich in der systematischen Konzentration der Erzählung auf die Leiderfahrung seiner Figur und im Detail der *psycho-narration* die Innenwelt Lenz' zu eigen macht, gelangt er zur Gegendarstellung von Oberlins Bericht und, indirekter, zur Revision von Goethes Verdikt über den lästigen Freund.

Eine Anmerkung zum *Genre* des Textes. Die von Gutzkow eingeführte Klassifizierung der »Novelle« hat, wie gesagt, auf die Forschung ebenso lange eingewirkt wie seine Annahme des fehlenden Schlusses. Bis heute findet sich noch die These, daß »Büchner [sich] schon früh auf das Genre Novelle festlegte« (H S. 507; vgl. Thieberger R 22, S. 46f.; Kubik L 17, S. 46ff.; Schwann J 22, der S. 263ff. sogar von »einer Peripetie der Novelle« spricht). Köhn weist dagegen im Vergleich mit Hugo – wiederum der wichtige Einfluß der französischen Romantik – nach, daß in der Erzählung »›avantgardistische‹ Erzählformen ›affirmativ‹ fortgeführt, radikalisiert werden« (R 32, S. 681). Büchner selbst gebraucht den Novellenbegriff an keiner Stelle. Er spricht, wohl in Anlehnung an Stoebers Klassifizierung des Oberlin-Berichts, zunächst noch vage von einem »Aufsatz« (419), später von »Artikeln« (422). Mag sein, daß in einem nicht erhaltenen Brief Büchner tatsächlich vom Plan einer Novelle spricht, daß aber seine Genreunsicherheit im Verlauf der Arbeit am Text zunimmt. Gutzkows Kennzeichnung ist jedenfalls »ein Vor-Urteil, d.h. ein Urteil über einen Text, den er noch nicht kannte, als er ihn schon als Novelle bezeichnete« (Thorn-Prikker D 8, S. 181; vgl. Knapp D 4, S. 141).

Hinzu kommt, daß im Sprachgebrauch der Zeit »Novelle« für praktisch jeden kürzeren Erzähltext verwendet wird: »eine Bezeichnung, die alles oder nichts besagte und gut verkäufliche Prosa meinte« (P S. 173), ebenso wie der Begriff »Aufsatz« als Sammelbezeichnung für kompakte Veröffentlichungen dient (Schaub B 16, S. 68ff.). Betrachtet man die Ästhetik des Textes, so wird klar, daß sie sich jeder vorgegebenen Kunstform – denn eine solche ist die Novelle in ihrer Konzentration auf Ausschnitt, Ereignis und Wendepunkt – mit allen Fasern widersetzt. Ebenso wie *Dantons Tod* sich der griffigen Etikettierung entzieht, steht *Lenz* in der Erzählprosa des 19. und des 20. Jahrhunderts für sich. Der ebenso ›offene‹ wie lapidar unwiderrufliche Schluß gemahnt an den des Geschichtsdramas: hier wird Beunruhigung des Lesers auf die Spitze getrieben. Was zu Ende geht, bleibt als Frage mit scharfen Kanten in der Leserrealität stehen. Es liegt auf der Hand, »daß es zum exzeptionellen Status von ›Lenz‹ gehört, keine ›Novelle‹ zu sein« (P S. 174). Büchners aus der Betroffenheit herkommende radikale Wirklichkeitsprosa ins Korsett einer Novelle zu zwängen, bedeutet nach wie vor einen Rückschritt der Forschung.

4.3 Interpretationsperspektiven

Lenz ist der subjektivste und auf den ersten Blick der am wenigsten ›politische‹ Text Büchners. Insofern überrascht es kaum, daß eine Vielzahl von Deutungen sich auf den Aspekt der Künstlerpathographie fixiert und dabei die Radikalität seiner Leidenskritik und, damit untrennbar verbunden, seiner religions- und gesellschaftskritischen Positionen aus dem Blick verliert. Wenn Büchner das Leiden Lenz' ins Zentrum des Erzählvorgangs rückt, macht er es zugleich zum Maßstab für die Beurteilung der Instanzen, die diesem Leiden gegenüber versagen: der zeitgemäßen Auffassung psychischer Krankheit, der sozialen Umwelt, die sein Leiden verschärft, indem sie ihn ausstößt (Weimar/Goethe) oder vereinnahmen will (der Vater/Kaufmann) und derjenigen, die, im hilflosen Versuch zu helfen, ihn schließlich der Krankheit vollends ausliefert (Oberlins Haushalt). Eingebunden in diese Kritik diverser Systeme ist die Kritik des künstlerischen (und philosophischen) Idealismus, im Verein mit dem religiösen Komplex in der Sicht Büchners einer der vorrangigen geistigen Unterdrückungsdiskurse des späteren 18. Jahrhunderts. Büchner geht in der Durchdringung der Leidens- und Krankheitsphänomenologie ja nicht nur weit über seine beständig kritisch konterkarierte Oberlin-Vorlage hinaus, er überschreitet auch den »Diskussionsstand der zeitgenössischen Seelenheilkunde oder Psychiatrie entschieden« (Hinderer R 30, S. 89), wie er ihn in literarischer Verarbeitung in Goethes *Werther*, Wilhelm Waiblingers *Friedrich Hölderlins Leben. Dichtung und Wahnsinn* (1831) oder in zeitgenössischen französischen Texten wie Balzacs *Le chef-d'œuvre inconnue* (1831) und *Louis Lambert* (1832) vorfindet. Auch belebte Naturschilderungen und Darstellungen der »Wollust der Melancholie«, wie sie etwa Etienne-Pivert de Senancourt in seinem Briefroman *Obermann* (1804) (den Büchner wohl kennt) gibt, bleiben weit hinter der parteilichen Intensität des *Lenz* zurück.

Büchner arbeitet den Wissensstand der Psychiatrie seiner Zeit kritisch auf. Neben einem psychiatrischen Standardwerk von Johann Christian August Heinroth (1773-1843) (*Lehrbuch der Störungen des Seelenlebens oder der Seelenstörungen und ihrer Behandlung vom rationalen Standpunkt aus entworfen. 2 Bde., Leipzig 1818; vgl. auch: Die Psychologie als Selbsterkenntnißlehre. Leipzig 1827*) lassen sich andere Texte zumindest in der Umgebung Büchners lokalisieren:

Jean Etienne Dominique Esquirol, dessen Haupterk (*Des maladies mentales* [...]. 3 Bde, Paris 1838) allerdings erst nach Büchners Tod vorliegt (*Die Geisteskrankheiten in Beziehung zur Medizin und Staatsarzeikunde. In's Deutsche übertragen von W. Bernhard.* Bd. 2. Berlin 1839); Karl Christian Hille: *Esquirol's allgemeine und specielle Pathologie und Therapie der Seelenstörungen* [...] Leipzig 1827; Esquirol spricht von »lypemanie«=Melancholie und »monomanie«; (zur Psychiatrie der Zeit vgl. DL S. 121ff.; Schmidt R 41; Seling-Dietz R 42). Wichtig scheinen: Ph[ilippe] Pinel: *Traité médico-philosophique sur l'aliénation mentale.* Paris [2]1809 (bes. zu »manie ou délire général« S. 139ff., »mélancolie ou délire exclusif« S. 161ff., zu Übergängen von »mélancolie« zu »manie« und suizidalen Tendenzen S. 167ff.); [Etienne-Jean] Georget: *De la folie. Considérations sur cette maladie.* Paris 1820 (bes. zu »manie«, »monomanie«, »démence«); vielleicht: John Haslam: *Observations on Madness and Melancholy.* London 1809; möglich: A[ntoine] L[aurent] J[essé] Bayle: *Traité des Maladies du Cerveau et de ses membranes. Maladies Mentales.* Paris 1826 (bes. zur chronischen Meningitis).

Der zeitgenössischen wissenschaftlichen Literatur entnimmt Büchner die Begrifflichkeit und Symptomatik der von ihm beschriebenen Psychose. Das betrifft etwa die sich überlagernden Komplexe der erotischen und der religiösen »Melancholie«, die im Gefolge von Robert Burton (*The Anatomy of Melancholy.* Oxford 1621) auch als »Versündigungswahn« in die Schulmedizin eingegangen sind (zur »Unspezifik des historischen Melancholiediskurses« Schmidt R 41, S. 532ff.; vgl. Franz Loquai: *Künstler und Melancholie in der Romantik.* Frankfurt/M. 1984). Er übernimmt auch die Phänomenologie der »Starrsucht«, die er an seiner Figur aufzeigt (zur späteren Beschreibung des Syndroms und der psychiatrischen Begrifflichkeit vgl. Emil Kraepelin [1905] »Katalepsie«, »Echopraxie«, »Befehlsautomatie«; Eugen Bleuler [1911] »Schizophrenie«, nach ihm auch Morbus Bleuler genannt; Karl Jaspers [1953] Bewegungsdrang im Gegensatz zur Willensohnmacht [»narkoleptische Anfälle«]; Kurt Kolle [1955] »Autismus«, »Katatonie«). Motorisches Getriebensein, Rennen oder beschleunigter Gang (in der Schulmedizin als Symptom der »Melancholie« bzw. des Wahns beschrieben) kennzeichnet Lenz überall dort, wo sich innere Agitation und Panik entäußern. Allerdings hat die Untersuchung der Ästhetik des Texts den Befund erbracht, daß es Büchner gerade *nicht* um eine distanzierte, wissenschaftlich objektivierte Pathographie geht, allein schon deshalb, weil er die Prämissen der Schulwissenschaft seiner Zeit *in ihrer Gesamtheit* nicht teilt, die, grob gesprochen, geistige Krankheit zur moralischen Frage machen und dem Kranken vielfach die Verantwortung für sein Kranksein zuschieben (vgl. etwa Pinels »irrégularités« und »passions« S. 20ff.). Von freier Willensentscheidung des psychisch Kranken kann für Büchner nicht die Rede sein. Man sollte nicht vergessen, daß Geisteskranke im 19. Jahrhundert noch gefoltert wurden. (Daß in den USA Elektroschock heute noch als Schizophrenietherapie gebraucht wird, ist ein anderes Kapitel.) Insofern dürfte der Versuch einer exakten Quantifizierung ›poetischer‹ und ›naturwissenschaftlicher‹ Elemente im Text nicht nur von begrenztem heuristischem Wert sein, sondern dem Gestaltungsprinzip Büchners, dem es um die Autonomie der Erfahrung der Figur geht, entgegenzuarbeiten. (Zur Literatur der Zeit und der Darstellung von Geisteskrankheit vgl. Georg Reuchlein: *Bürgerliche Gesellschaft, Psychiatrie und Literatur. Zur Entwicklung der Wahnsinnsthematik in der deutschen Literatur des späten 18. und frühen 19. Jahrhunderts.* München 1986.)

4.3.1 Leidens- und Angstdiskurs

Zentralstellung im Text besitzt der Leidens- und Angstdiskurs. Ihm direkt zugeordnet ist die klinische Pathographie Lenz'. Mit dem Gesamtkomplex verschränken sich dann auch die Verwundung durch frühere Traumatisierung (das »Frauenzimmer«, die Zurückweisung in der unglücklichen Liebe, der »Vater«-Komplex, dem auch Goethe zuzurechnen ist), der religiöse Wahn bzw. die Religionskritik und schließlich die Bewertung der sozialen Umweltfaktoren. Die oben beschriebenen 13 Erzählsequenzen lassen sich zur Verdeutlichung der Leidensthematik in die Rahmenhandlung (1. und 13. Sequenz) und drei größere Entwicklungsphasen fassen, die jeweils eine Wende im psychischen Zustand Lenz' mit sich bringen. Der Erzählrahmen (1. Sequenz) beschreibt den Weg durchs Gebirge bis zur Ankunft im Pfarrhaus. Die erste Entwicklungsphase (Sequenzen 2-7) umfaßt die mit Oberlin verbrachte Zeit, Lenz' Konsolidierung und den Versuch der sozialen Integration bis zum Ende des »Kunstgesprächs«. In der zweiten Phase (Sequenzen 8-9) leidet Lenz unter der Abwesenheit Oberlins. Die dritte Phase (Sequenzen 10-12) zeigt die akute Verschlechterung seines Zustands nach Oberlins Rückkehr. Der Erzählrahmen wird geschlossen (13. Sequenz) mit Lenz' Abtransport nach Straßburg. Bemerkenswert ist, daß bereits der *Erzählrahmen* die Leidens- und Angstthematik sowie die Pathogenese praktisch komplett beschreibt. Zunächst ist Lenz »gleichgültig«. Dann wird die ›Verkehrtheit‹ der Welt thematisiert. Ein klaustrophobischer Zustand wird beschrieben, der sich in einer gewaltigen, ekstatisch-bizarren Naturvision entlädt, die im Einssein, einer unio mentalis mit dem »All« und in einer »Lust, die ihm wehe tat« gipfelt.

All das wird erzählt in einem einzigen atemlosen überlangen Satz (225/5/7), der die Kohäsion der halluzinatorischen Wahrnehmung unterstreicht und ihr eine interne Folgerichtigkeit verleiht: »Es war ihm alles so klein, so nahe, so naß, er hätte die Erde hinter den Ofen setzen mögen [...]«. Wenig später, es ist Abend, faßt Lenz »eine namenlose Angst in diesem Nichts«: Panik überkommt ihn im *horror vacui*, setzt sich um in Agitation und Bewegung und treibt ihn in rasender Flucht ins Dorf. Der

Wahnsinn hat ihn noch nicht erfaßt, aber »Es war als ginge ihm was nach, und als müsse ihn was Entsetzliches erreichen, etwas das Menschen nicht ertragen können, als jage der Wahnsinn auf Rossen hinter ihm.« Verschiedenes wird hier deutlich. Einmal wird die Nähe der differenten Empfindungen Gleichgültigkeit, Lust, Angst, Leiden an Panik und Beklemmung vorgeführt und in die halluzinatorische Wirklichkeitserfahrung des von akuter Erkrankung Bedrohten eingebracht: die Stichworte des Syndroms sind bereits sämtlich vorhanden. Dann aber, und das ist nicht ohne Bedeutung, zeigt Büchner von Anfang an, daß Lenz sich seiner psychischen Grenzsituation *bewußt* ist: er weiß um den Wahnsinn, der ihm auf den Fersen folgt. Er weiß auch, daß dieses »Entsetzliche« ihn zum Außenseiter macht, daß ihm eben das anhaftet, das »Menschen nicht ertragen können«, weder als Leidende noch als Beobachtende. *Dieses Wissen um seinen Zustand* hebt Büchners Figur kritisch vom Lenz in Oberlins Bericht ab und verleiht seinem Leidensweg die Würde, die ihm in der Quelle nicht zugestanden wird.

Betrachtet man die Stationen dieses Leidenswegs, die Etappen der Beruhigung und der krankhaften Erregung und das schließliche Verstummen in Leere und Apathie, fällt die sprachliche Konsequenz Büchners bei der Gestaltung der Abschnitte auf. Zentral ist die Zuordnung der Begriffe »Angst«, »Schmerz«, »Ruhe« und »Leere«. Schon zu Beginn der *ersten Entwicklungsphase,* in der Nacht nach seiner Ankunft im Pfarrhaus, packt Lenz wieder eine »unnennbare Angst« vor dem »nichts«, »er war sich selbst ein Traum«: er wird erregt, motorische Agitation treibt ihn umher, er stößt sich, und der körperliche Schmerz hat therapeutische Funktion: »der Schmerz fing an, ihm sein Bewußtsein wiederzugeben«. Auch am Abend des zweiten Tages überfällt ihn »eine sonderbare Angst«. »Wenn die Nacht das Sehen vergehen macht, beginnt die Domäne des Hörens« (Hörisch R 24, S. 270). Hier wird der Aspekt der traumhaften, also irrealen Perzeption von Wirklichkeit wieder aufgegriffen (»Alles so traumartig«, »als sei Alles nur sein Traum«), der bis zum Beginn des dritten Abschnitts leitmotivisch wiederholt wird, dann aber, mit der zunehmenden Psychose, aus der Begrifflichkeit Lenz' zurücktritt. Noch schwankt sein Zustand zwischen Besserung und Wahnsinn: »der Alp des Wahnsinns setzte sich zu seinen Füßen«. Büchner gebraucht den Begriff »Wahnsinn« an fünf Stellen.

Mit dem Aufenthalt im Steintal, »in der ruhenden Natur«, in der Anwesenheit Oberlins (»in diesem ruhigen Auge«), stabilisiert sich seine Seele: »je mehr er sich in das Leben hineinlebte, ward er ruhiger«. Oberlin übernimmt die Rolle des Seelsorgers und der Vaterfigur, er »besitzt all das, was Lenz fehlt und was er sucht: Ruhe, Einheit mit sich selbst und seiner Umwelt, gesellschaftliche Zugehörigkeit« (Hinderer R 30, S. 100). Zurück tritt jetzt auch die in den beiden ersten Sequenzen beschriebene

Empfindung der Leere. Lenz scheint auf dem Weg zur Genesung: »Es wurde ihm heimlich nach und nach [...] ein heimliches Weihnachtsgefühl beschlich ihn«. Die »harmonische Welle« beim sonntäglichen Kirchenbesuch verdeutlicht seine Integration zu diesem Punkt. Während seiner Predigt überkommt ihn wieder der Schmerz, zugleich ein Wohlbefinden: »sein ganzer Schmerz wachte jetzt auf [...] ein süßes Gefühl unendlichen Wohls beschlich ihn«. Das steigert sich angesichts der in Armut leidenden Gemeinde (»dieses von materiellen Bedürfnissen gequälte Sein«) zu einer Allerfahrung, die wiederum vom Schmerz getragen ist, dann aber in »Wollust«, d.h. in erotische Phantasien und sexuelle Erregung mündet (vgl. die Anlehnungen an den »Fatalismusbrief« 377f.). Die Predigt stellt den ersten Höhepunkt in der Konsolidierungsphase dar. Dennoch zeigt das folgende Einsamkeitserlebnis in der Nacht (»Alles war ruhig und still und kalt«), daß eine *dauernde* psychische Befriedung in diesen Augenblikken »jedesmal ins Leere laufender Erfüllung« (Ullman) nicht zu finden ist. Morgens ist er »ganz ruhig«, im Gespräch mit Oberlin findet er »Harmonie« und »Ruhe« »In Allem«. Auch die Differenz zwischen Oberlins religiöser Orthodoxie und Lenz' Formbegriff (vgl. S. 37ff. zu Büchners Probevorlesung) bringt nur vorübergehende Beunruhigung bzw. »ängstliche Träume«. Bis zur Ankunft Kaufmanns ist Lenz weitgehend Herr seiner Sinne. Eine fragile Balance scheint erreicht. Kaufmanns Anwesenheit wird zunächst als Bedrohung empfunden: »das bißchen Ruhe war ihm so kostbar«, und jetzt bricht seine Vorgeschichte unvermittelt in die Stabilisierung ein. Im »Kunstgespräch« liegt der zweite Höhepunkt von Lenz' Genesungskurve. Mit außerordentlicher Luzidität und Empfindlichkeit entwickelt er kunsttheoretische Positionen, von denen in Büchners Quellen nichts zu finden ist. Auch darin liegt eine gezielte Aufwertung der Figur gegenüber der Vorlage. Die Auseinandersetzung mit Kaufmann nach dem Ende des Monologs (»Nur ein bißchen Ruhe, jetzt wo es mir ein wenig wohl wird!«) signalisiert dann die Desintegration und die Abstiegsphase, die am folgenden Tag mit Oberlins Abreise einsetzt.

Die *zweite Entwicklungsphase* des Leidensdiskurses gipfelt in der Auferweckungsszene. Zuvor schon ist es Lenz »unheimlich«, ohne Oberlin zurückzubleiben. Das Wort wird in der Folge zweimal in der Hüttenepisode und später, bei der Langeweile-Erfahrung, nochmals gebraucht, wenn Lenz Oberlin »mit unheimlichen Augen« ansieht. Die äußere Trennung von Oberlin symbolisiert die jetzt zunehmende innere Entfernung der beiden. Oberlins Abwesenheit und das Fehlen seines religiösen Zuspruchs stürzt Lenz in eine »extreme Glaubenskrise« (Kubik L 17, S. 53), die über religiöse »Quälereien« direkt in den »religiösen Wahn« (ebd. S. 54) führt. Das nächtliche Erlebnis in der Hütte verunsichert ihn zutiefst. Genau in diesem Moment äußerster seelischer Labilität kommt ihm die Erinnerung an das »Frauenzimmer«, die unglückliche Liebe und die traumatische Abweisung. Hier bricht die verkapselte »erotische Melancholie« wieder auf. »Je leerer, je kälter, je sterbender« er sich fühlt, umso mehr verlangt er nach einem Glaubenserlebnis, das ihn aus der moribunden Verfassung erlösen könnte. Mit der mißlungenen Auferweckung und der resultierenden Traumatisierung »stürzte er halb wahnsinnig nieder«. Jetzt erfährt Lenz ein neuerliches Trauma, das den bis dahin rezessiven Verlauf seiner Psychose verschärft und beschleunigt (zum Begriff der Traumatisierung ausführlicher unten S. 205f.). Es folgt die Erfahrung der Absurdität und des Atheismus: der erste Tiefpunkt seiner Entwicklungskurve im Steintal. Hier liegt die Schnittstelle zur psychotischen Degeneration. Von diesem Augenblick, den Lenz noch zwischen wahnhafter Störung und überwacher Leidempfindung – »halb wahnsinnig« eben – erlebt, zur Zerstörung seiner Persönlichkeit ist es nur ein kurzer Weg. Das Gefühl der Leere (»es war ihm Alles leer und hohl«) überkommt ihn jetzt immer häufiger.

Mit der Rückkehr Oberlins setzt die *dritte Entwicklungsphase* ein: der Identitätsverlust und die schließliche Erstarrung in der Psychose. Oberlin, das weiß man aus Büchners Quelle, hat inzwischen von Schlosser Lenz' Vorgeschichte und seine Krankheit erfahren. Er ermahnt ihn zur Heimkehr und zur Aussöhnung mit dem Vater. Mit Oberlins Erinnerung an den Vater wird in Lenz auch der Gedanke an das »Frauenzimmer« wieder wach: man sieht, wie sich die Komplexe der nicht bewältigten Vergangenheit pathogen überschneiden. In dem nächtlichen panischen Verwirrungszustand ruft er dann auch »mit hohler, harter Stimme den Namen Friederike« aus. Dies ist der Höhepunkt und zugleich die letzte Erwähnung des Motivs der unglücklichen Liebe. Von nun an übernimmt Oberlin die Rolle des gestrengen Vaters und des »Therapeuten« (Kubik). Der Vertrauensverlust zu Oberlin bringt eine weitere rapide Verschlechterung von Lenz' Befinden. Agitation und »Langeweile«, die bereits an Apathie grenzt, wechseln in rascher Folge. Oberlin wird mit ihm »unwillig«. Lenz kann nunmehr nicht mehr unterscheiden, »ob ich träume oder wache«. In der Metapher »Hieroglyphen« verdichtet sich die halluzinatorische Erfahrung einer sinn-losen Welt. Mit dem Sinnverlust überkommt ihn die Leere, abermals der Glaubensverlust (man beachte die Begriffstrinität Haß-Liebe-Hoffnung in direkter Anspielung auf Glaube-Liebe-Hoffnung) und zugleich die Einsicht in die gescheiterte soziale Integration. An dieser Stelle überschneiden sich alle zentralen Diskurse des Texts:

> »alles was er an Ruhe aus der Nähe Oberlins und aus der Stille des Tals geschöpft hatte, war weg; die Welt, die er hatte nutzen wollen, hatte einen ungeheuern Riß, er hatte keinen Haß, keine Liebe, keine Hoffnung, eine schreckliche Leere und doch eine folternde Unruhe, sie auszufüllen. Er hatte *Nichts*.« (246/27/30)

Noch immer kämpft Lenz verzweifelt mit der Psychose, »unbeschreibliche Angst« führt zur Irrealität und Absurdität der Wahrnehmung (»Alles traumartig, kalt; er amüsierte sich, die Häuser auf die Dächer zu stellen, die Menschen an und auszukleiden, die wahnwitzigsten Possen auszusinnen«). Die verkehrte Welt gewinnt die Oberhand. Nachts fällt ihn die Krankheit wieder an: »der Wahnsinn packte ihn«.

Büchner schildert exakt den klinischen Befund der Persönlichkeitsspaltung in diesem letzten Ringen Lenz', wenn »ein mächtiger Erhaltungstrieb« sich der Krankheit entgegenstemmt: »es war als sei er doppelt und der eine Teil suchte den andern zu retten« (248/28/31). Am Ende versinkt er vollkommen in die Krankheit: »es war die Kluft unrettbaren Wahnsinns, eines Wahnsinns durch die Ewigkeit«. Oberlin, der »unendliches Mitleid« empfindet, kann sich doch nicht mit der »Profanation« des um Rettung flehenden Lenz abfinden. Er hat längst die Grenzen seines Verständnisses für den psychisch Kranken erreicht. Der *Schluß der Rahmenhandlung* zeigt den Abtransport Lenz' in Apathie und Stupor. Er ist »ganz ruhig«, »war vollkommen gleichgültig«, auch die Landschaft bewegt ihn nicht. Die Ruhe, in die er versunken ist, ist nicht die Ruhe Oberlins und der angestrebten Integration im Steintal, diese Ruhe ist »tödlich« (Kubitschek). Gegen Abend erfaßt ihn »eine dumpfe Angst«, am Ende verspürt er nur noch »eine entsetzliche Leere«: »sein Dasein war ihm eine notwendige Last.«

4.3.2 Destruktive Bezugssysteme

Büchner zeigt die Zerstörung einer Persönlichkeit durch eine Kombination interner und externer Faktoren. Er erklärt nicht, sondern er stellt im Gegenentwurf zu seinen Quellen wie im inneren Rhythmus bzw. der Eigendynamik des Erzählvorgangs *Bezugssysteme* her, die den Leser dazu veranlassen, das Geschehen auf seine möglichen Ursachen zu hinterfragen. Ein Teil dieser Ursachen liegt, wie aufgezeigt wurde, in der Vorgeschichte. Erwähnt werden die unglückliche Liebe zu Friederike und der Vaterkonflikt, der durch die Ankunft Kaufmanns im Bewußtsein Lenz' wieder aufflammt. Dem Vorwissen des Lesers überlassen bleibt der Bruch mit Goethe, der wohl ebenfalls traumatisch gewirkt hat. Das Stichwort »Friederike« muß beim zeitgenössischen Publikum Signalwirkung besitzen. Büchner rückt stillschweigend die selbstgerechte Abrechnung Goethes mit Lenz in *Dichtung und Wahrheit* (»whimsical«; »Umschweife seines Lebensganges«; »Selbstquälerey«; »der größten Fahrlässigkeit im Thun [...] den seltsamsten Angewohnheiten und Unarten«; »seine Liebe wie sein Haß waren imaginär«; »ein vorübergehendes Meteor«) zurecht, indem er einen *anderen* Lenz erschafft. Wenn Goethe tadelnd befremdliches Verhal-

ten registriert, belegt Büchners »Kontrafaktur« (Diersen) einfühlend die
zwanghafte Motivation auch der bizarrsten Handlungen seines Lenz. Soviel oder sowenig der Leser von der Vorgeschichte weiß, es wird mit Beginn der Erzählung klar, daß diese Existenz psychisch extrem bedroht ist.
Die vorherigen sozialen Hintergründe dieser Bedrohung werden bloß in
der Andeutung greifbar. Diese genügt allerdings, um eine mehrfache
Traumatisierung zu suggerieren.

Anders verhält es sich mit der Situation im Steintal. Die Entwicklung
des Leidens- und Angstdiskurses zeigt, daß Büchner die Kurve der vor-
übergehenden Beruhigung und der folgenden Pathogenese Lenz' als *überwiegend reaktiv* auf den Wechsel und die Einflüsse seiner sozialen Umwelt
begreift. Nähe und Entfernung zur Vaterfigur Oberlin bestimmen das
Krankheitsbild und den religionskritischen Diskurs. Hand in Hand mit
dieser Entwicklung geht der Versuch, das vorübergehende Gelingen und
das schließliche Scheitern der sozialen Integration. Schlüsselfigur in diesem Prozeß ständig aufeinander bezogener Bewegungen ist Oberlin.
Oberlins Bericht wird von Büchner bereits durch Auslassung kritisch revidiert: die religiösen und moralischen Verhaltensnormen (vgl. Oberlins Erzähleinheiten 6, 8), die als ursächlich gelten für psychische Gesundheit
bzw. Krankheit werden nicht in ihrem Wortlaut in die Erzählung aufgenommen. Büchners Kritik greift darüber hinaus. Dort, wo bei ihm diese
Normen in der Abbreviatur erscheinen, erweisen sie sich für Lenz als
krankheitsverschärfend. Das betrifft vor allem die Tage nach Oberlins
Rückkehr: »Dabei ermahnte er ihn, sich in den Wunsch seines Vaters zu
fügen, seinem Berufe gemäß zu leben, heimzukehren. [...] Ehre Vater und
Mutter u. dgl. m.« in Sequenz 10; das »Langeweile«-Gespräch in 11; die
»Profanation« in 12, sämtlich Tiefpunkte in Lenz' Krankheitskurve.
»Krankheitsausbrüche treten dann auf, wenn sich früher erlebte und nicht
verkraftete Zwangslagen in analogen Situationen wiederholen, und Oberlins und Kaufmanns patriarchalisches Auftreten als Erzieher trifft dabei
genau auf den Punkt« (Kubik L 17, S. 129). Oberlins psychologisches
Wertesystem – und damit das Instrumentarium des Großteils der Psychiatrie zu Büchners Zeit – wird durch den Text nicht nur umgewertet, sondern als potentiell destruktiv dargestellt.

Nachdem Oberlin von Lenz' Erkrankung erfahren hat (wichtig für
Büchners Religionskritik die Erwähnung von Lavater und Pfeffel, die beide mit Oberlin den zeitgenössischen Pietismus repräsentieren. Büchner ist
auch mit Briefen und Schriften Pfeffels bekannt), wandelt er sich, zumindest in der Perspektive Lenz', vom väterlichen Freund zur strengen Vaterfigur. Oberlin, »so freundlich wie imperial« (Hörisch R 24, S. 270), bemüht sich in tätiger Nächstenliebe (die die Erzählung respektiert) um
Lenz bis eben zu dem Punkt, wo seine christliche Position in ihrer funda-
mentalen Duldens- und Leidenskomponente angegriffen und in der Folge

abgelehnt wird, wo die innere Konsequenz der Pathologie Lenz zum Glaubensverlust und zur Profanation führt. Büchner zeigt hier sehr genau die Möglichkeiten und die Grenzen des christlich-theologischen Diskurses. Denn dieser hat ja Leiden als Vorbedingung zur Erlösung erhoben, den Schmerz als Mittel zum höheren Zweck geheiligt. Solange Lenz im Glaubenssystem Oberlins aufgehoben ist, gelingt es ihm gerade noch, sowohl das eigene Leiden als auch anderes menschliches Leiden (die materielle Armut der Gemeinde, versinnbildlicht im Lied »Leiden sei all' mein Gewinst« [231/11/14], das »unbeschreibliche« Leiden des Mädchens in der Hütte) zu ertragen und der positiven wahnhaft-religiösen Erfahrung zu integrieren. Wenn er dann aber (Sequenz 12: 248/29/32: »aber ich, wär' ich allmächtig [...]«) die Transzendenz und das Erlösungsversprechen in ihrem schroffen Widerspruch zum diesseitigen »Leiden« in Frage stellt, bricht er in der häretischen Verneinung des christlichen Diskurses die ohnehin kaum mehr tragfähige Brücke zu Oberlin ab. Von nun an *kann* Oberlin ihm nicht mehr helfen, er muß fort. Die »Pathologie, die Leidenslogik, [...] der Lenz, da ästhetisches und theologisches Pathos versagten, sich nunmehr verschreibt« (Hörisch R 24, S. 272), ist in den Augen Oberlins die äußerste »Profanation«. Eine Verständigung darüber hinaus findet nicht mehr statt. Im religionskritischen Diskurs des *Lenz* schließt Büchner dort an, wo *Dantons Tod* mit den »Philosophengesprächen« endet. Das ist bis ins wörtliche Selbstzitat nachweisbar. Die Radikalität der Lenzschen leidenschaftlich-kalten (»griff der Atheismus in ihn und faßte ihn ganz sicher und ruhig und fest«) Atheismus-Erfahrung, die beständig an der christlich barmherzigen – an keiner Stelle im Text verurteilten – Position Oberlins gemessen wird, geht jedoch über das Rollenspiel der Revolutionäre im Drama hinaus: von hier aus führt kein Weg zurück.

Analog verläuft die Kurve des sozialen Integrationsversuchs. Wenn Lenz nach der Ankunft im Pfarrhaus – die Erzählung setzt sie bildhaft gleich mit einer Rückkehr in die Kindheit, den praetraumatischen Zustand (227/7/9: »das heimliche Zimmer«) – und mit Beginn der ersten Entwicklungsphase »ruhig« wird und sich in der Anwesenheit Oberlins stabilisiert, ist es auch die *Tätigkeit*, die zur Therapie wird: »Dann rasch in's praktische Leben, Wege angelegt, Kanäle gegraben, die Schule besucht. Oberlin war unermüdlich, Lenz fortwährend sein Begleiter, bald im Gespräch, bald tätig am Geschäft« (228/9/11). Lenz' »Sehnsucht nach Konkretion« (Pütz) klammert sich an Oberlin. Es drängt ihn zur Tat. Das ist auch der Grund für seinen Wunsch zu predigen. Oberlin beruhigt ihn nach dem als bedrohlich empfundenen Eintreffen Kaufmanns. Hier legt Büchner ihm den folgenden Satz in den Mund, der zugleich die Empfindungen Lenz' reflektiert: »Auch war es Alles notwendig, daß er da war, er gehörte zu ihnen, als wäre er schon längst da, und Niemand frug, woher er gekommen und wohin er gehen werde« (233/13/16).

An dieser Stelle entsteht der Eindruck einer möglichen Permanenz, der wiederum mit dem Höhepunkt der Befindlichkeitskurve korrespondiert. In der psychiatrischen Forschung ist seit langem bekannt, daß *Lenz* den Krankheitsverlauf der Schizophrenie exakt beschreibt (Irle R 3; Lenz ist nicht manisch-depressiv, wie Dedner H 30, S. 189f. annimmt). Erst in neuerer Zeit, angeregt u.a. durch Studien von Michel Foucault (*Wahnsinn und Gesellschaft. Eine Geschichte des Wahns im Zeitalter der Vernunft.* Frankfurt/M. [10]1993) und Gilles Deleuze/Félix Guattari (*Capitalisme et schizophrénie.* Paris [2]1980), hat man sich stärker den *gesellschaftlichen* Faktoren zugewendet, die die endogene Pathologie von Schizophrenen günstig oder negativ beeinflussen. (Hierzu vgl. E. Fuller Torrey: *Schizophrenia and Civilization.* New York 1980; Martin Harrow/Donald Quinlan: *Disordered Thinking and Schizophrenic Psychopathology.* New York 1985; vergleichbare Ansätze auch in der Antipsychiatrie, etwa R. D. Laing: *Phänomenologie der Erfahrung.* Frankfurt/M. 1969.) Das Unzeitgemäße an der Sicht Büchners ist, daß er psychische Krankheit immer als Folge einer gestörten oder destruktiven sozialen Konstellation sieht, daß für ihn »Krankheit an die Außenwelt rückgebunden ist und [...] in direkter Beziehung zum Verhalten des gesellschaftlichen Umfeldes steht« (Kubik L 17, S. 129). Der Verlauf des Leidensdiskurses und der Pathologie ist daher nicht sinnvoll von der Kausalität der gescheiterten Integration zu trennen. Lenz kommt als Ausgestoßener im Steintal an. Er verläßt es, wiederum ausgegrenzt durch ein Normensystem (und die Vaterfigur, die es verkörpert), das er sich nicht bleibend zu eigen machen kann, eben *weil* es Ursache seines Leidens ist. In dem Moment, wo Oberlin »sich zum Fürsprecher der ›Vaterwelt‹ macht« (Diersen R 31, S. 99), ist der Integrationsversuch mißlungen. Jetzt ist die »unheilbare Entzweiung von Individuum und Umwelt« (P S. 176) besiegelt. Damit ist der katastrophale Krankheitsverlauf unaufhaltsam geworden.

Von der Betrachtung der religions- und gesellschaftskritischen Diskurse her ist der eminente Stellenwert des »Kunstgesprächs« im Text gesichert. Denn hier geht es ja nicht nur um Kunst, sondern vor allem um den Menschen und um die Untauglichkeit idealistischer Wert- und Normensysteme. Büchner meint mit der »idealistische[n] Periode« den »Bedeutungszusammenhang« (Pilger R 36, S. 150) von Kunst, Wissenschaft, Philosophie und Gesellschaft dieses Zeitraums. Er versteht »alle Idealismen [...] als axiomatische Dominanz der vera idea über die res, der substantia bzw. essentia über die essentia formalis« (Arendt R 29, S. 314f.). Der Erzählgestus impliziert rechtens, daß diese »Periode« sich in die Gegenwart der Erzählerpräsenz erstreckt. Die Situierung des langen Monologs (quantitativ entspricht er in etwa der 1. Erzählsequenz) am kritischen Punkt der Befindlichkeits- und Integrationskurve und vor der Abreise Oberlins unterstreicht seine Verweisfunktion im Text. Der Situation haftet ein Zug des *déjà vu* an: in seiner frühen Straßburger Zeit hatte der historische Lenz »in einer Gesellschaft guter Freunde« aus dem ersten Entwurf seiner *Anmerkungen übers Theater* »rhapsodienweis« vorgelesen. Der Text ist einer der Bezugspunkte des Monologs und wird bis zur wörtlichen Anlehnung eingearbeitet, insbesondere in seinen Postulaten von wirklichkeitsbezogener Kunst (»Den Gegenstand zurückzuspiegeln«), »Genauigkeit« und »Wahrheit«, in seiner Parteilichkeit »Er [der wahre Künstler] nimmt Standpunkt«, der Hochschätzung des »Karikaturmaler[s]« gegenüber dem »idealischen« und Ablehnung aller Idealisierung. Lenz' Geniebegriff wird nicht berücksichtigt. Im Hinblick auf Shakespeare und die Volkslieder berührt sich seine Vorliebe mit der Büchners.

Das heißt nun keineswegs, daß der historische Lenz ausschließlich und authentisch im Monolog zu Wort kommt. Büchner geht weit über dessen ästhetische Theorie hinaus und formuliert in seiner längsten zusammenhängenden fiktionalisierten (von den brieflichen war schon die Rede S. 57f.) Äußerung zur Kunst diverse eigene Positionen, die vom Begriff der *Form* (diese korrespondiert mit der Stellungnahme des Naturwissenschaftlers S. 37ff.) über die *mitepfindende Darstellung* zur Seele des Menschen, dem »Leben des Geringsten« reichen. Detailrealismus ist für ihn demokratische, humane Kunst: »Man muß die Menschheit lieben, um in das eigentümliche Wesen jedes einzudringen, es darf einem keiner zu gering, keiner zu häßlich sein, erst dann kann man sie verstehen« (235/15/17). Über den Idealismus heißt es: »Dieser Idealismus ist die schmählichste Verachtung der menschlichen Natur« (234/14/17) in direkter Korrespondenz zum brieflichen Verdikt über den Aristokratismus (379). Die scharfe politische Kontur ist nicht zu übersehen. Sie ist Büchners Eigentum. Büchner montiert auch hier wohl bis zum Zeilenschnitt aus diversen literarischen Bezugspunkten. Ein lückenloser Quellennachweis des Monologs steht noch aus (Hinweise bei Hinderer C 5, S. 165ff.; PW 1 S. 834ff.; Holub R 20; Hasselbach R 23, S. 29ff.; Arendt R 29; Oesterle R 35; Pilger R 36). Man wird kaum fehlgehen, wenn man die entscheidenden Postulate des Monologs mit Wilhelm Schulz (Grab K 15, S. 68) als Ausdruck von Büchners eigener Ästhetik ansieht. Dies wird bestätigt durch die Intertextualität mit anderen fiktionalen und brieflichen Stellungnahmen.

In Lenz' Abrechnung mit dem Klassizismus bzw. dem Idealismus, so wie Büchner sie ihm in den Mund legt, erreicht der Text einen Höhe- und Schnittpunkt seiner kritischen Strategien: »Das Kunstgespräch steht nicht länger als Ausdruck einer ästhetischen Theorie in der Erzählung, sondern das in ihm ausgesprochene widersprüchliche Verhältnis zur Wirklichkeit wird in einem kunst-transzendenten Sinn wichtig« (Thorn-Prikker D 8, S. 189). Der Monolog ist Lenz' Apologie seines eigenen leidvollen Mißverhältnisses zur ihn umgebenden Realität: eines Mißverhältnisses, das für ihn vorderhand nur in der Kunst aufgehoben werden könnte. Er ist Ausdruck des verzweifelten Sich-zur-Wehr-Setzens gegen gesellschaftliche Unterdrückungsdiskurse, die Lenz am ehesten in der Ästhetik, seinem eigenen Metier, beschreibbar werden. Im Monolog – auch hier steht Büchner auf seiner Seite – entfaltet er mit Leidenschaft seine Ästhetik des Widerstandes. »Leben« und »Fühlen«, »die beiden fast synonymen Zentralbegriffe« (Meier J 10, S. 103) in Büchners Ästhetik, und damit Gesundheit, wären potentiell im Bereich einer *humanen* Kunst zu finden.

In der Realität Lenz' sind sie dagegen aufs Äußerste angegriffen: von innen durch die Krankheit und von außen durch eine ihm lebensfeindliche gesellschaftliche und geistige (der Idealismus) Umwelt. Im Kunstmonolog, der ja *auch* ein Integrationsversuch ist, wird, wie im sozialen Integrationsbemühen, sein Glücksanspruch sichtbar: »man horchte auf [...] Er hatte sich ganz vergessen«. Das Vergessen seiner Notlage ist nicht von Dauer. Kaufmann bringt Briefe von seinem Vater. In Lenz' Antwort auf dessen Drängen beschreibt er exakt die Rollenzwänge der patriarchalischen, erfolgs- und erwerbsorientierten Sozialstruktur, aus der er geflohen ist: »Immer steigen, ringen und so in Ewigkeit Alles was der Augenblick gibt, wegwerfen und immer darben, um einmal zu genießen« (236/16/ 19). Er kritisiert indirekt damit auch das protestantische, aufs Jenseits hin orientierte Arbeitsethos der Gemeinde Oberlins. Hier scheint die ambivalente Bedeutung der Oberlinfigur auf, deren heilsamer Einfluß sich zusehends ins Gegenteil verkehren wird. Der abrupte Bruch zwischen dem utopischen Anspruch von Kunst und der ruinösen Wirklichkeit, der sich in der Konfrontation mit Kaufmann direkt nach dem »Kunstgespräch« auftut, deutet bereits auf die Schlußsequenz voraus: »the closing scene's juxtaposition of the ruined Lenz against a sunset landscape of poetic beauty« (Whitinger R 28, S. 335), nur daß ihm dort die »Möglichkeit des Daseins« unwiderruflich genommen ist. Lenz spricht im Monolog die Trope vom »Medusenhaupt« beziehungsvoll an (zur Auslegung des Bildes Holub R 20, S. 119f.; Schwann J 22, S. 95ff.). Am Ende scheint es, als hätte ihn der Blick der Medusa selber getroffen und in der Leere des Wahns gebannt.

Lenz hat diversen gelungenen künstlerischen Nachgestaltungen als Vorlage gedient. Von Gerhart Hauptmann über Heyms *Der Irre*, Trakls Prosa *Traum und Umnachtung,* Celans 1959 entstandenen Prosatext *Gespräch im Gebirg,* Bobrowskis Gedicht »J. R. M. Lenz« (1963), Peter Schneiders Erzählung *Lenz* (1973), das Genre der modernen literarischen Pathographie (Thomas Bernhard, Heinar Kipphardt [*März. Roman.* 1976], Walter Vogt u.a.m.) und Wolfgang Rihms »Kammeroper Nr. 2« *Jakob Lenz* (1979), Gerd Hofmanns *Die Rückkehr des verlorenen Jakob Michael Reinhold Lenz nach Riga* (in: G. H.: *Gespräch über Balzacs Pferd.*

Vier Novellen. Salzburg 1981, S. 7-39) zu den Verfilmungen von Moorse (vgl. Kanzog R 15) und Rockwell verläuft die wirkungskräftige Spur des in seiner Zeitgenossenschaft bleibend aktuellen Texts (Dokumente bei Schaub B 16, S. 106ff.).

5. »Leonce und Lena«

Lustspiel in drei Akten à vier, vier und drei Szenen. Entstehung: vermutlich Frühjahr bis September 1836. Erstdrucke: Teilabdr. in fünf Fortsetzungen »Leonce und Lena. Ein Lustspiel von Georg Büchner« in: *Der Telegraph für Deutschland* 1 (Mai 1838) Nrn. 76-80 m. verbindendem Text v. Karl Gutzkow nach einer »saubern Abschrift« von Wilhelmine Jaeglé (A 10,7). Vollständig gedr. (vielleicht nach einer Abschrift Luise Büchners) in den *Nachgelassenen Schriften* (S. 151ff.). Textlage: Büchners Manuskript sowie die Abschrift(en) sind verloren. Einige Fragmente einer früheren Entwurfsstufe liegen vor (B 17, S. 14ff.; PW 1 S. 131ff.). Zur Überlieferungsproblematik im einzelnen vgl. Lehmann F 2, S. 27-35; Marburger Denkschrift F 6, S. 113ff.; T.M. Mayer F 11, S. 89ff.; Woesler S 29; H. Zeller S 30; PW 1 S. 586ff. Zur unterschiedlichen Motivation (bei Gutzkow im Hinblick auf die politische und die Literaturszene 1838, bei Ludwig Büchner durch sich im nachrevolutionären Deutschland etablierende Schrift- und Geschmacksnormen bedingte) und den jeweiligen Kriterien der Überarbeitung der Drucke vgl. PW 1 S. 588ff. Zu Details vgl. die Studienausgabe T.M. Mayers (B 17). Im Hinblick auf die unsichere Überlieferung gilt Mayers Verdikt: angebracht ist »äußerste Skepsis gegenüber dem durch das engmaschig zensierende Sieb zweier Herausgeber überlieferten Wortlaut von Büchners Lustspiel auf allen Ebenen. Denn es steht mit Sicherheit nicht mehr alles da, was hier einmal geschrieben war« (F 11, S. 152). Uraufführung 31. 5. 1895, Intimes Theater in München. Zitiert wird *Leonce und Lena* nach PW 1.

5.1 Entstehung und Quellen

Der Entstehungszeitraum ist nicht genau einzugrenzen. Zum Cottaschen Preisausschreiben, erstmals am 16. 1. 1836 bekanntgemacht, dessen Einsendefrist (die Büchner überschreitet) dann auf den 1. 7. verlängert wird, vgl. oben S. 29f. Anzunehmen ist, daß Büchner, nachdem er das Manuskript zurückerhält, mit der Umstrukturierung auf drei Akte auch nachträgliche Korrekturen vornimmt und den Text im ganzen überarbeitet. Am 31. 5. 1836 schließt er die Druckfassung des *Mémoire* ab. Hat er bereits früher, vor der intensiven Schlußphase der naturwissenschaftlichen Arbeit, das Lustspiel konzipiert? Am 1. 6. teilt er Boeckel mit: »[...] und schreiben habe ich die Zeit nichts können« (437). Im gleichen Brief heißt es: »Ich muß eine Zeitlang vom lieben Kredit leben und sehen, wie ich mir in den nächsten 6-8 Wochen Rock und Hosen aus meinen großen weißen Papierbogen, die ich vollschmieren soll, schneidern werde.« Büchners finanzielle Notlage ist ernst. Die 300 Gulden des Lustspielpreises hätten ihm geholfen. Wenn aber wirklich (legte man die »weißen Papierbogen« buchstäblich aus) keinerlei Vorarbeiten bereitliegen, kann er kaum hoffen, den Einsendeschluß einzuhalten, sogar im Fall einer stillschweigenden verlagsinternen Nachfrist. Dies ist offenbar ein »Beispiel für Büchners maßlose Fehleinschätzung in Zeitdingen« (T.M. Mayer F 11, S. 91). Etwa gleichzeitig kündigt er Gutzkow Anfang Juni 1836 zumindest zwei Dramen an, die er als »Ferkeldramen« bezeichnet (439f.?; vgl. Gutzkows Replik 440f.). Büchner muß zu dieser Zeit sich bereits mit Plänen für den *Aretino* und/oder den *Woyzeck* getragen haben. Außerdem enthält der Brief, im Rahmen von Büchners Liberalismuskritik, *zumindest* zwei spezifische Bezugspunkte für die Deutung des Lustspiels: »die abgelebte moderne Gesellschaft« und »die entsetzlichste Langeweile«. In der Intertextualität wird hier wieder der Blick frei auf Positionen der Entwicklung und des Werks. An Wilhelm Büchner schreibt er am 2. 9. 1836:

> »Ich habe mich jetzt ganz auf das Studium der Naturwissenschaften und der Philosophie gelegt und werde in Kurzem nach *Zürich* gehen, um in meiner Eigenschaft als überflüssiges Mitglied der Gesellschaft [...] Vorlesungen über etwas ebenfalls höchst Überflüssiges, nämlich über die philosophischen Systeme der Deutschen seit Cartesius und Spinoza, zu halten. – Dabei bin ich gerade daran, sich einige Menschen auf dem Papier totschlagen oder verheiraten zu lassen [...]« (448).

Im ersten Satz, der bis ins wörtliche Zitat in die Nähe von *Leonce und Lena* verweist, kulminiert Büchners ironischer brieflicher Philosophiediskurs. Den ersten Teil des zweiten Satzes wird man auf das Lustspiel, den zweiten Teil könnte man auf den verschollenen *Pietro Aretino* beziehen (denn von Heirat ist zwar die Rede im ersteren, nicht aber vom Totschlagen), sicher »deutet« er »auch schon auf *Woyzeck* hin« (PW 1 S. 603; T.M. Mayer F 11, S. 91: »Büchners Tragödie und Komödie der Restaurationszeit entstanden etwa im selben Zeitraum«). Den Eltern schreibt er ebenfalls im September: »Ich habe *meine zwei Dramen* noch nicht aus den Händen gegeben, ich bin noch mit Manchem unzufrieden und will nicht, daß es mir geht, wie das erste Mal« (454), also wie mit der übereilten Fertigstellung und möglicherweise der entstellenden Redaktion von *Dantons Tod*. All das läßt darauf schließen, daß Büchner jedenfalls im September 1836 noch am Lustspiel arbeitet. Kurz vor »Beginn der tödtlichen Krankheit« (N S. 39) teilt er dann Wilhelmine Jaeglé mit, er werde »in längstens acht Tagen Leonce und Lena *mit noch zwei anderen Dramen* erscheinen lassen« (461). Die Überlieferung Ludwig Büchners könnte auch hier zweifelhaft sein. Zu lesen wäre dann statt »erscheinen lassen« etwa: ›in Druck geben‹. Wilhelm Schulz stellt in seinem Nekrolog fest: »später zu Zürich vollendete er ein im Manuskript vorliegendes Lustspiel, *Leonce und Lena*, voll Geist, Witz und kecker Laune« (A 10,9). Ein Leipziger Verlagskontakt scheint sich im Dezember 1836 aufgetan zu haben (HS S. 404ff.), der Büchner die Fertigstellung seiner Dramen nunmehr intensiv betreiben läßt. Es kommt nicht mehr dazu.

Als einziger Text Büchners basiert *Leonce und Lena* nicht auf historischen Quellen. Natürlich ist der »politische Erfahrungshintergrund« (PW 1 S. 607) des Großherzogtums als Inspirationsquelle vorhanden. Konkretisiert wird er in der Bauernszene (III,2; hier auch deutliche Intertextualität mit dem *Hessischen Landboten*) und in der Fürstenhochzeit (III,3), für die die Hochzeit des Erbgroßherzogs Ludwig von Hessen mit der Prinzessin Mathilde von Bayern als »direktes Modell« (MC S. 371) gedient hat. (Auszüge aus der *Chronik der Feierlichkeiten* [...] von Heinrich Küntzel und Friederich Metz in: KM S. 234f.; PW 1 S. 925ff.) An Stelle von historischen Vorlagen verwendet Büchner diverse literarische Quellen, Bezugspunkte, Modelle und Anspielungen, deren Vertextung er bis zum Feinschnitt und dem Cento betreibt. Das »literarische Zitat« ist im Lustspiel »das entscheidende ästhetische Bauprinzip und Teil der Kommunikationsstrategie« (Hinderer C 5, S. 133). In seinem Kommentar zur Erstveröffentlichung geht Gutzkow auf den offensichtlich der literarischen Tradition entlehnten Charakter des Texts ein. Seine Rechtfertigung der Publikation gleitet nolens volens in eine deutliche Abwertung über, mit der er sich nicht nur vom Lustspiel, sondern von Person und Sache Büchners distanziert. Sie sei hier im Auszug zitiert, da sie unter anderen Vorzeichen ähnliche Argumente der späteren Rezeption und Forschung vorwegnimmt:

»Das Lustspiel Leonce und Lena erinnert stark an Ponce de Leon von A. [!] Brentano; derselbe zarte Elfenmährchenton, dasselbe bühnenwidrige Mondscheinflimmern der Charakteristik, dasselbe lyrische Übergewicht der Worte über die Handlung [...] Auch dieses kleine Lustspiel ist wie *Dantons Tod* von G. Büchner nur ein schnell hingeworfener Versuch und würde, wenn man es ganz veröffentlichen wollte und – dürfte, nur die Hoffnungen *andeuten*, die man auf des jungen Dichters *Zukunft* setzen konnte.« (Vorwort S. 601 [A 10,7]) »Das ist Georg Büchners Leonce und Lena! Unsre grassirenden Bühnendichter könnten ruhig schlafen, selbst wenn der Dichter noch lebte; er würde ihnen keinen Schaden zugefügt haben! Das Ganze ist ein Hauch, ein Klang; es duftet und läutet, aber ›Mise en Scene‹ ist damit nicht möglich, selbst wenn A. Lewald käme. Erreichte Büchner auch nicht die klassische Höhe eines Angely, eines Nestroy, einer Birchpfeiffer, so haben wir doch in

ihm ein bescheidenes Talent entdeckt, welches allenfalls mit untergeordneten Kräften, etwa mit Achim von Arnim und mit Clemenz [!] Brentano verglichen werden dürfte.!« (Nachwort S. 640 [A 10,7]).
[In der ironischen Abwertung der Modeautoren Louis Angely und Charlotte Birch-Pfeiffer und im Vergleich mit Arnim und Brentano schleicht sich am Ende doch wieder eine gewisse Anerkennung Büchners ein.]

Mit gehöriger Einschränkung läßt sich sagen, daß Mussets Komödie *Fantasio* (1833), Brentanos *Ponce de Leon* (1804) und Shakespeares *As You Like It* bzw. *Wie es Euch gefällt* (in der Übersetzung A. W. Schlegels) *Leonce und Lena* als Primärquellen gedient haben. Allerdings übernimmt Büchner nicht die relativ komplexe Handlungsstruktur (bei Shakespeare und Brentano jeweils vier Paare, v. a. bei Shakespeare und Musset die Verwirrungen, Personen und Intrigen), sondern er reduziert das vorgefundene Komödienschema auf sein Skelett. Zwar folgt der Text in seinem Aufbau der Konvention, und die drei Akte umschließen eine Exposition (I); die Durchführung und weitere Verwicklung (II) in Form der Flucht der beiden Königskinder und des Selbstmordversuchs von Leonce; eine Zuspitzung und die schließliche Lösung in der Hochzeitsszene (III). Es fehlen aber weitgehend die äußeren Hindernisse, die Mißverständnisse und Kurzschlüsse, die die literarische Tradition, auch der Commedia dell'arte, vorsieht. Spannung im Sinn der Möglichkeit eines beinahe unglücklichen Ausgangs kann kaum aufkommen. Höhepunkte des dramatischen Geschehens werden nicht erzielt. Die Gründe liegen einmal darin, daß Büchner traditionelle Spannungsmomente - wie die Flucht Leonces und Lenas oder den Selbstmordversuch Leonces - der Konvention entsprechend plaziert, sie jedoch durch die burlesk-ironische Ausgestaltung entschärft. Zum anderen fehlt das der dramatischen Spannung notwendige Moment der »diskrepanten Information« (Hinze S 5) bei Figur und Zuschauer. Nur in der Schlußszene ist es präsent, bei der Hochzeit in Masken. Hier weiß der Zuschauer, was die Figuren nicht ahnen: daß es Leonce und Lena sind, die da, wie vorgesehen, verheiratet werden. Dies genügt jedoch nicht, dramatische Spannung zu erzeugen. Die Konsequenzen einer ›Fehlheirat‹ wären, entsprechend der Anlage des Lustspiels, ohnehin gering. Man sieht, daß Büchner bei der Quellenaneignung auch hier kritisch verfährt: sein Text stellt sich durch den dezidierten Verweis auf die literarische Tradition – die Übernahme von Namen, Motiven und Situationen sowie im Netzwerk von Zitaten und Anspielungen – ostentativ ins Gefolge der romantischen Literaturkomödie, die er jedoch gleichlaufend von innen her demontiert.

Die Zahl der bisher nachgewiesenen Quellen sowie literarischen und philosophischen Bezugspunkte ist hoch (vgl. hierzu Armin Renker [1924]; Hinderer C 5, S. 133ff.; PW 1 S. 614ff.; zur Quellenadaption: Sieß Q 9, S. 50ff.; Dedner H 30; Voss S 21; Hiebel S 26). Büchner zitiert direkt und indirekt u.a.

Shakespeares *Romeo and Juliet*, *Hamlet*, *The Merchant of Venice*, *Henry IV*, *Henry V* und *Love's Labour's Lost* (in Lenz' Übersetzung *Amor vincit omnia*), Tiecks *Der gestiefelte Kater* und *Zerbino*, Friedrich Schlegels *Lucinde*, *Die Nachtwachen des Bonaventura*, Mussets Komödien ohne *happy ending On ne badine pas avec l'amour* und *Les caprices de Marianne* (1833), Laurence Sternes *Tristram Shandy*, Goethes *Werther* sowie Texte von Adelbert von Chamisso, Jean Paul, Lenz, E. T. A. Hoffmann, Platen u.a.m. Einflüsse könnten auch vorliegen von Théophile Gautiers Roman *Mademoiselle de Maupin – Double amour* (1835), der für sexuell libertäre Tendenz und eine ›amoralische‹ Kunst plädiert, und Mussets Verserzählung *Rolla* (1833), die als Programmschrift des romantischen *ennui* gilt, der aus der Enttäuschung über postrevolutionäre gesellschaftliche Stagnation in der Julimonarchie resultiert. Auch philosophische Bezugsorte werden angespielt, insbesondere Descartes, Kant, Hegel, Fichte und Pascal. Hinzu kommen Selbstzitate aus *Dantons Tod*. Intertextuelle Verweise aufs Briefwerk sind vor allem zu den Referenzpunkten der »Faulheit« (367f.), des »subtilen Selbstmord[s] durch *Arbeit*« (397f.), der Philosophie (v. a. 448) und der Langeweile (436ff. u.a.) gegeben. Schröder sieht in der Multiplizität der Quellen und Zitate »das Hauptmerkmal der Eigenständigkeit« von *Leonce und Lena*, da der Text »sich auf kein dominierendes Vorbild festlegen« (S 4, S. 196) läßt. Er betont: »Die subjektive Nähe zu Musset und seinem Lebensgefühl herrscht sicherlich vor« (ebd.) und unterstreicht damit die enorme Bedeutung des französischen Romantikdiskurses. Daß Musset der *politischen* Tendenz Büchners *nicht* entspricht, ist evident. Denn am Ende von *Fantasio* triumphiert die Monarchie, während sie in *Leonce und Lena* von vornherein abgewirtschaftet hat. Es ist möglich, daß im Kontext der französischen Avantgarde ein bislang nicht entdeckter Text noch zu lokalisieren wäre, der Büchner – denn dies scheint für sein Arbeitsverfahren typisch – als Primärquelle gedient hat.

Büchner gibt in der »Vorrede« einen Hinweis auf seinen spielerisch skrupellosen Umgang mit tatsächlichen oder vorgeblichen Quellen, wenn er dem Tragödienschreiber Vittorio Alfieri (1749-1803) die Frage nach dem Ruhm (»E la fama?«), dem Komödienautor Carlo Gozzi (1720-1806) oder seinem fortschrittlicheren Bruder Gasparo Gozzi (1717-1785) die Frage nach dem Hunger (»E la fame?«) in den Mund legt. Ingo Fellrath (*Frankfurter Rundschau* v. 14. 8. 1995) führt die Stelle auf George Sands *Lettres d'un voyageur* (1834) zurück. Das Zitat wird aber von Büchner kritisch und rezeptionssteuernd aktiviert. Nicht nur wird hier das idealistische Konzept von Ruhm, Ansehen und Nachwelt als Parole demaskiert, sondern ihm tritt unversöhnlich die materialistische Forderung der Erfüllung von notwendigen Bedürfnissen des einzelnen und der vielen entgegen (Referenzpunkte in den Briefen 369, 439f.; zum Hunger Büchners 397f., zum Notleiden der »meisten Menschen« der Neujahrsbrief 1836, 422f.). Hier ist das subversive politische Programm des Lustspiels bereits exakt umrissen. Aber auch sein ästhetisches Verfahren »in bezug auf den teils demonstrativ ausgestellten, teils versteckten Zitatenanteil am Text und die Spiegelungstechnik des Zitierens selbst« (PW 1, S. 616) als sich

selbst reflektierendes Spiel mit Literatur- und Sprachkonventionen, die
rechtens der Vergangenheit angehören, enthüllt sich in der ironisch ver-
texteten Wechselrede.

5.2   Ästhetik, kommunikative Strategien, Bezugspunkte

Leonce und Lena ist von den Texten Büchners »am meisten (literaturpoli-
tisch) kalkuliert« (MC S. 411). Die sinnvolle Lokalisierung des Lustspiels
im Gesamtkontext des Büchnerschen Œuvres ist der Rezeption, der Büh-
nenpraxis und der Forschung lange Zeit schwergefallen. Von Anfang an
spaltet sich die Bewertung des Texts, grob gesprochen, in zwei Lager, die
in ihm entweder »ein melancholisches romantisches Lustspiel oder eine
politische Satire« (Hiebel S 31, S. 124, dort auch eine Übersicht der For-
schungstraditionen; vgl. auch Dedner S 25, S. 119ff.) sehen wollen. Erst
in den vergangenen zwei Jahrzehnten ist eine differenzierte Einschätzung
der Ästhetik und der Wirkungsstrategien des Lustspiels gelungen. Wir
wissen nicht, wie die Wettbewerbsfassung aussah, die Büchner an das
konservative Cottasche Verlagshaus einsandte. Es versteht sich, daß er ein
enormes Maß an literarischer Camouflage betreiben mußte, um überhaupt eine Chance bei der Preisvergabe zu haben. Das Projekt war: nicht
nur die *politische* Zensur zu unterlaufen, sondern dem *ästhetischen* Erwar-
tungshorizont des Gremiums zumindest scheinbar entgegenzukommen.
Damit erklärt sich übrigens, daß der »Polizeydiener«-Entwurf H1 ausge-
schieden wurde, da er der Realität des deutschen Spätabsolutismus allzu
nah auf den Leib rückt. Aber auch in der späteren Umarbeitung bleibt
Büchners Tarnung und die Konzeption der Literaturkomödie erhalten,
nicht zuletzt deshalb, weil ja weiterhin an eine Veröffentlichung in
Deutschland gedacht war.

Es ist nicht ohne Ironie, daß Büchners verschlüsselte kommunikative
Strategien derart effektiv sind, daß ihm nicht nur ein ihm wohlgesonne-
ner zeitgenössischer Rezipient wie Gutzkow (wie oben) auf den Leim
geht, sondern mit ihm diverse spätere Forschergenerationen von Gundolf
(»Rückfall in die bloße Literaturkomödie der Romantik«, G 5, S. 93) bis
zu Hans Mayer (»romantisch-ironisches Zwischenspiel« G 6, S. 307ff.)
und Sengle (»die mozartische Seite Büchners« G 20, S. 313). Von der
Verharmlosung des Lustspiels als epigonales Machwerk zu seiner existen-
zialistischen oder absurdistischen Deutung ist es für andere nur ein klei-
ner Schritt. Dagegen erkennt schon Wilhelm Schulz 1851 einen politischen Bezugsort des Texts und seine satirischen Widerhaken: »Versteht
sich, daß in diesem Lustspiele das Reich *Popo* [...] ein specifisch *deutscher*
Musterstaat ist« etc. (Grab K 15, S. 61). Eine Deutung *allein* als Gesell-
schaftssatire greift jedoch zu kurz. Der zeitweiligen Konzentration der

Forschung auf systemkritische und satirische Züge des Texts ist es aber zu verdanken, daß nach und nach auch die Komplexität seiner differenten literarischen und nichtliterarischen Bezugssysteme sichtbar wird (Mosler S 6; Jancke G 12; Thorn-Prikker G 17; Knapp S 9; Kurzenberger S 10; Poschmann S 11; Hermand S 16). Erst von hier aus ist seine Einordnung als neuer Typus jenseits der Konventionen politischer Satire und außerhalb der Genrespezifik zeitgenössischer Lustspiele möglich. Büchners Innovation liegt in der durchgängig (selbst)kritischen Selbstreferenzialität lustspieleigener Elemente, die er gezielt zur Formauflösung der Literaturkomödie *von innen* einsetzt. Zugleich schreibt er dem Text Verweispunkte ein, die *über den Spielrahmen hinaus* gesellschaftspolitische und ideologische Systeme der Zeit radikal kritisieren. Das *Sichtbare* im Lustspiel ist somit vorderhand satirisch-dekonstruktives Spiel mit der literarischen Tradition und mit der *durch diese Tradition* spielerisch denunzierten Welt höfischen Zeremoniells, ihrer Abgelebtheit und ihrer kaum mehr kommunikationsfähigen Sprache. Neben dem Sichtbaren kommt es aber hier aufs *Ausgesparte* an. »Büchner portraitiert ausschließlich den Überbau einer nicht ins Bild kommenden sozialen Basis, nur das Bewußtsein eines *elidierten*, d.h. ausgesparten Seins, nur den ›Schatten‹ einer im Dunkel bleibenden Gestalt« (Hiebel S 31, S. 127f.). Dieses Ausgesparte bezieht sich nicht nur auf den politischen und sozialen Bereich, sondern ebenso auf die Ideologeme des ästhetischen und philosophischen Herrschaftsdiskurses, die nur in Zitat und Anspielung aufblitzen. Von hier aus wird dann auch der Blick frei auf Büchners differenzierte und zwiespältige Romantikkritik.

Wichtig sind also zunächst die im Text ausgesparten oder im beziehungsreichen Zitat angerissenen Bezugsorte dieser Wirkungsstrategien. Als Projektionshintergrund des Lustspielscheins ist die Realität des *Hessischen Landboten* nicht wegzudenken: »ach die erbärmliche Wirklichkeit!« Das schon eingangs mit dem Bild »Das Leben der Vornehmen ist ein langer Sonntag [...] Das Leben des Bauern ist ein langer Werktag« enthüllte eklatante Mißverhältnis von Privileg und Ausbeutung, gesetzlichem Zustand und gewaltsamer Unterdrückung, das als agitatorische Wirkungsstrategie die Flugschrift durchzieht, wird im Lustspiel sozusagen zur Hälfte verdeckt. Allein in der Bauernszene (III,2) wird der Vorhang kurz gelüftet, aber auch hier freilich nur in grotesker Überzeichnung. Das Bild der »fürstliche[n] Puppe« bildet einen Referenzpunkt der höfischen Automatenwelt. Die Passage »Geht einmal nach Darmstadt und seht, wie die Herren sich für euer Geld dort lustig machen [...]« liest sich wie ein Subtext des Lustspiels, dort fällt auch das Stichwort vom »Erbprinzen«, und direkte Anklänge an III,2 sind gegeben. Erst vor *diesem* Projektionshintergrund wird der Kunstcharakter des Lustspiels als schneidend dissonante Provokation überhaupt verständlich.

Wenn auch implizit, so geht doch »die gesellschaftspolitische Perspektive eindeutig von unten« (Hermand S 16, S. 606) auf die höfische Faulenzer- und Langweilerwelt. Gerade durch ihre offenkundige Abwesenheit ist die »Fronarbeit als Lebensform des die Gesellschaft erhaltenden Volkes« doch präsent, auch wenn sie »in der Theaterprinzenwelt tabu« ist (Poschmann S 11, S. 128). Aber auch in seiner Intertextualität mit *Dantons Tod* (diverse Selbstzitate stellen den Zusammenhang her) liegt ein weiterer, nicht gleich offenkundiger Verweis auf den intendierten Anachronismus der Literaturkomödie. Büchners Drama der tragischen Selbstzerfleischung der Revolution im Jahr 1794 – einer Revolution, die immerhin dem Absolutismus den Garaus machen konnte und die Monarchie bleibend schwächte – greift in die Zukunft, während der deutsche Spätabsolutismus des Lustspielpersonals Relikt einer noch immer unbewältigten Vergangenheit darstellt. Aristokratismus und Idealismus bedingen einander für Büchner (an die Eltern, Februar 1834, 378ff. bzw. *Lenz* 234/14/17): politische Basis ist insofern von ästhetischem Überbau nicht sinnvoll zu trennen. Das wurde bereits an der Betrachtung des »Kunstgesprächs« im *Lenz* gezeigt. Schon von hier aus gesehen, ist der Wirkungs*zusammenhang* der sich selbst kritisierenden Kunstform des romantischen Lustspiels und der kritisch bloßgelegten Funktionsmechanismen der Herrschenden gesichert.

Auf Büchners spezifische Verwendung des Begriffs der »Komödie« wurde bereits hingewiesen (S. 58f.). Er gebraucht ihn nicht nur »im Sinne eines sarkastischen *Geschichts*-Begriffs« (Hiebel S 31, S. 128), sondern in den beiden zentralen Briefstellen (365; 376f.) in zunehmender Verschärfung (»Affenkomödie«) als parteiliche Kennzeichnung eines akuten *gesellschaftlichen* Mißstandes, dem vorerst nicht durch Veränderung beizukommen ist. In seiner Eklatanz und in der scheinbar beliebigen Wiedereinspielbarkeit gerinnt dieser für Büchner im Bild der Komödie. Er wird also verbal aus der Realität ausgegrenzt (weil sie nicht so sein *darf*) und in die Metapher einer Kunstform überführt, die kein wirklichkeitsveränderndes Potential besitzt, sondern jene in der Regel affirmiert. Komödie wird somit zur Abbreviatur bestehender *falscher* Ordnungssysteme. Wenn Büchner sich dieser Form bedient, dann schlägt durch seine Demontage der Komödienkonventionen nicht nur der Spott gegenüber dem literarischen und philosophischen Idealismus durch (den er im Zitat veralbert), sondern der Haß gegen das System, das sich in ihm präserviert: »Ich habe freilich noch eine Art von Spott, es ist aber nicht der der Verachtung, sondern der des Hasses. Der Haß ist so gut erlaubt als die Liebe, und ich hege ihn in vollstem Maße gegen die, *welche verachten*« (379). Die Metapher der Komödie, im »Engagement des Hasses« (Kurzenberger) geprägt, bezeichnet also für Büchner »unhaltbare Zustände« (Hermand). Insofern ist es richtig, *Leonce und Lena* auch als »Komödie aus Haß« (H S. 528ff.) zu lesen. In seinem letz-

ten Brief an Gutzkow vom Juni 1836, der recht genau mit der Arbeit am
Lustspiel zusammenfällt, beschreibt er nicht nur den »Geldaristokratismus«
der Zeit, sondern auch die spätabsolutistische Ordnung – sein Lustspielper-
sonal – als »die abgelebte moderne Gesellschaft«, die man getrost »zum
Teufel gehen lassen« kann: »Zu was soll ein Ding, wie diese, zwischen Himmel und Erde herumlaufen? Das ganze Leben desselben besteht nur in Versuchen, sich die entsetzlichste Langeweile zu vertreiben. Sie mag aussterben,
das ist das einzig Neue, was sie noch erleben kann« (440). Das hier skizzier-
te Koordinatensystem von Referenzpunkten für die ästhetische Konzeption
und die subversiven kommunikativen Strategien des Lustspiels dürfte die
Schwierigkeiten einer adäquaten Annäherung illustrieren.

Büchners »Kontrafaktur« (Hauschild) eines romantischen Lustspiels
bzw. seine »Re-Inszenierung der künstlerischen Genretradition und der in
ihr deponierten historischen Erfahrungskonstellationen« (Ludwig L 19, S.
229) setzt bereits bei der Auseinandersetzung mit der Struktur seiner Vorlagen an. Er reduziert den traditionellen *plot* der Vorlagen auf sein Skelett. Die eigentliche Lustspielhandlung beginnt aber nun keineswegs mit
I,1, sondern erst mit der Mitteilung des Staatsratspräsidenten an Leonce
in I,3, daß mit der morgigen Ankunft seiner Braut Lena zu rechnen sei
und daß der König am Tag der Vermählung die Regierungsgeschäfte an
ihn übergeben wird. I,1, I,2 und I,3 bis zum Auftreten des Staatsrats bilden derart ein *Vorspiel* zur eigentlichen Lustspielhandlung: einen beziehungsvollen Rahmen, der aber dieser Handlung »nicht integriert« (Wohlfahrt S 23, S. 109) ist und ihr von Anfang an querliegt. Schon dadurch
ergibt sich ein diskrepantes Verhältnis zur Lesererwartung. »Die Irritation
des Lesers oder Zuschauers scheint Bestandteil der ästhetischen Strategie
des Autors zu sein« (PW 1 S. 611). Büchner verstärkt nun diese Irritation, indem er dem Text am Ende von III,3 nach der zu erwartenden De-
maskierung und dem scheinbaren *happy ending* der Binnenhandlung (»O
Zufall!« – »O Vorsehung!«) mit der Zusammenführung des Brautpaars
noch ein *Nachspiel* anfügt, in dem Leonce und Valerio ihre Pläne für die
Zukunft des Königreichs Popo darlegen. Lena ist zu diesem Zeitpunkt
von der höfischen Welt wieder einvernommen und verstummt. Hier
schließt sich der Rahmen der Eingangsszenen.

Dieser Rahmen reduziert die ohnehin tranchierte Binnenhandlung
zum Spiel innerhalb des Spiels und unterstreicht damit den obsoleten
Charakter der Komödie der Irrungen und Wirrungen, da er ihr jede Autonomie als Kunstform abspricht. Durch den Rahmen steckt Büchner seine ideologie- und kunstkritische Position insofern ab, als er *die Interde-
pendenz von Spätabsolutismus und idealistischer Komödie* implizit unter
Beweis stellt: ohne Leonce und seinen Handlanger Valerio wäre das Spiel
im Spiel, die Binnenhandlung also, gar nicht erst möglich. Es fehlten sowohl die politischen Voraussetzungen als auch die Akteure für dieses

Spiel. Zugleich werden im Rahmen bestimmte Bezugspunkte für die ästhetische und gesellschaftliche Kritik des Texts expositionell eingeführt.
Dieses Vorgehen erinnert an *Dantons Tod*, wo auch die entscheidenden
Positionen im ersten Akt bereits klar artikuliert werden. Im Lustspiel handelt es sich dabei um die folgenden, miteinander verschränkten Diskurse:
a) der Langeweile als gesellschaftlich begründeter Lebensform, b) der parasitären Existenz, ihrer Legitimierung und ihrem vollkommenen Abgelöst-
sein von der Masse derer, die sie ermöglichen, c) die Kunst- und Philoso-
phiediskurse, die diese Lebensform verklären oder zumindest stützen. Im
Nachspiel werden diese Diskurse dann aufgefangen und in eine provo-
kante Anti-Lösung eingebracht. Deshalb ist auch die Schluß«utopie« Zielpunkt jeder Interpretation.

Handlung entfaltet sich auch im Lustspiel direkt durch Sprache. Im
Gegensatz zum Geschichtsdrama verwendet Büchner jetzt aber Sprache
häufig als Verweiselement auf Zusammenhänge, die *außerhalb* der Spiel-
welt angesiedelt sind. Das Zitat ist die Kommunikationsbasis im Lustspiel. Es gibt Auskunft über die Befindlichkeit der Figuren, die dadurch
als Reproduktion bestehender Traditionen festgeschrieben werden. Es
liefert auf lange Strecken den Dialog und bezieht ihn damit automatisch
per Allusion (Hiebel) im Bewußtsein des Rezipienten auf die literarische
Tradition, die es wiederum eben durch die Dürftigkeit dieses Dialogs parodiert. In seinem ostentativen Mangel an authentischer Kommunikati-
onsfähigkeit erweist das Zitat sich aber auch als widerständiges Sprachge-
baren, das der Entlarvung von Ideologemen, funktionslosen Topoi und
Leerformeln dient. Das »Zitat-Furioso« (Dedner) ist damit Gegenstand
der Darstellung und zugleich der Kritik. Was sich auf den ersten Blick als
relativ planloses Zitieren präsentiert, ist daraufhin zu »überprüfen, ob die
Anhäufung der Zitate tatsächlich so eklektizistisch ist [...] ob es nicht spezifischer Bestandteil des ästhetischen wie politisch-ideologischen Verfahrens ist, hier eben keine ›eigene‹ Sprache zu entwickeln, sondern gerade
durch ihre literarische Konstruiertheit auf die ihr innewohnende Mecha-
nik zu verweisen« (Ruckhäberle S 12, S. 138). Tatsächlich ist es der *Mangel* an jedweder Authentizität und der schier überwältigende Eindruck rezyklierter (und beliebig rezyklierbarer) Sprach- und Handlungselemente,
der die Lustspielwelt in ihren politischen und ihren künstlerischen Dimensionen als Produkt einer inauthentischen und verkommenen Sozial-
ordnung erscheinen läßt.

Die Zitatcollage stellt oft das sinnentleerte Versatzstück arbiträr neben
den beziehungsvollen Verweis auf literarische oder gesellschaftliche Referenzpunkte und produziert damit einen neuen Kontext, der im einzelnen
zu interpretieren ist. Auch der Witz, der Kalauer und das scheinbaren
nonsense produzierende Wortspiel können sich in ihrer entlarvenden
Funktion als kontextbildend erweisen. Wenn Büchner seine Lustspielfigu-

ren blödeln läßt, so wird oft noch in der Blödelei Sprachkritik an der Parole idealistischen Denkens wirksam. Geht man nun der Zitierweise in ihrer »Doppelstrategie zugleich literarischer und politischer Anspielungen« (Dedner S 25, S. 133; vgl. auch Berns S 18, S. 249ff.) im Detail nach, so ist es durchweg von Bedeutung, wer was in welchem Kontext zitiert, und wie das Zitierte, wenn überhaupt, konterkariert wird.

Beispiele müssen genügen. Die rezeptionssteuernde Funktion der Vorrede wurde schon erläutert. Ihr zur Seite steht, ebenfalls kontextbildend und den Rezeptionsvorgang programmierend, das Shakespeare-Zitat »O wär' ich doch ein Narr [...]«. Daran schließt gleichsam als Replik Valerio mit seinem komisch-sarkastischen Rollenspiel aus dem höfischen (mit romantischer Bildlichkeit verbrämten) Leben an: »Ha, ich bin Alexander der Große! Wie mir die Sonne eine goldne Krone in die Haare scheint, wie meine Uniform blitzt!« (97) etc. Hier auch die Anspielung auf den »Erbprinzen«. Er beläßt es jedoch nicht bei den »köstlichen Phantasien«, sondern benennt die tangiblen materiellen Privilegien des Hofes: »gute Suppe, gutes Fleisch, gutes Brot, ein gutes Bett und das Haar umsonst geschoren«. Mit dem Stichwort »im Narrenhaus nämlich« (meine Hervorhebung GPK) gibt Büchner den Schlüssel fürs Verständnis des gesamten Lustspiels: hier geht es um eine privilegierte Schicht, die sich durch den dominanten Literaturdiskurs verklärt. Sie ist aber, wie das sie erhaltende System, im Lustspiel nur (noch) im »Narrenhaus« denk- und spielbar – obwohl und gerade weil sie sich in der spezifisch deutschen Wirklichkeit der dreißiger Jahre zählebig erhält. In der Metapher des Narrenhauses wird die Sicht ›von unten‹ wirksam, die nun sowohl die höfische Welt als auch die ihr zuhandene Kunst einbezieht. Die Metapher spielt auch auf die *Nachtwachen* an, in denen das ›wirkliche‹ Leben in seiner Brutalität sich als das eigentliche Narrenhaus erweist.

Valerios Replik bezieht sich aber nicht nur zurück auf das Motto, sondern gleichfalls auf die von Leonce eingangs entworfene Langeweile-Problematik, die er damit als standes- bzw. narrheitsbedingt erklärt und in die Müßiggang-Debatte zurückführt. Schon vorher zitiert Leonce Friedrich Schlegels Roman *Lucinde* (in dem Schlegel die »Kunst der Faulheit« als adliges Privileg preist; zur »Nobilitierung der Langeweile« vgl. Jancke G 12, S. 262f.) und den frühromantischen Müßiggangs-Diskurs, der auch von Brentano weitergeführt wird. Der sarkastische Zitatschnitt »führt die feinnervige, diffizile Behandlung der sozialen Erscheinung des Müßiggangs ad absurdum« (Wohlfahrt S 23, S. 129). Eng verbunden damit ist der hier standesgebundene Melancholiekomplex, auf den von Leonce durch Zitate aus *Ponce de Leon*, *Werther* und den *Nachtwachen* angespielt wird. Mit der Diskreditierung der absolutistischen Lebensform als Weltschmerz der »vollen Bäuche« (Lienhard Wawrzyn) und ihrer artifiziellen Malaisen geht also gleichlaufend die Diskreditierung des literari-

schen Überbaus der deutschen Romantik einher. Zugleich ist es wichtig
für seine Profilierung als Spielfigur, daß gerade *Leonce* diesen Überbau zitiert: er erweist sich als *deutscher* Lustspielprinz und als Narr deutsch-ro-
mantischer Couleur, nicht aber als ›weiser‹ Narr nach Shakespeareschem
Vorbild. Wenn Valerio, der ja gerade noch die absolutistische Ordnung
exakt als »Narrenhaus« diagnostiziert hat, sich solidarisch mit Leonces
Faulenzerdasein erklärt, zeigt er sich dagegen als doppelzüngiger, durchaus
überlebensfähiger Opportunist. Valerio ist der »Parasit eines Parasiten«
(Hiebel). Das ist eigentlich ein kosmopolitischer Typ, aber auch er
schreibt sich der *deutschen* idealistischen Philosophie mit seiner Kant-Al-
lusion »a priori? oder a posteriori?« (108) zu. Auch die Tätigkeitsangebo-
te, die Valerio Leonce unterbreitet (»Gelehrte«, »Helden«, »Genies«) entstammen der Topologie des Idealismusdiskurses. Das von Leonce am
heftigsten abgelehnte (»nützliche Mitglieder der menschlichen Gesellschaft«) ist dagegen sarkastisch-widerständig dem Pastiche idealistischer
Selbstverwirklichungskostümierungen einmontiert und wird sogleich
durch die dem Klassizismus und der Romantik abgezogene Südlandvision
Leonces (vgl. Voss S 21, S. 285ff.) konterkariert. Ich lese jedoch im Gegensatz zu Voss Büchners Arkadienzitate als sarkastisch.

In I,2 wird König Peter eingeführt. Seine Funktion in der Handlung
erschöpft sich in der Legitimation und Weitergabe von Dynastie und Erb-
folge. Er existiert nur im Vakuum des Hofs und des höfischen Zeremoniells, von der realen Welt ist er vollkommen getrennt. Peter verkörpert das
absolutistische Prinzip, wie Büchner es aus Darmstadt kennt: er ist allein
auf Selbsterhaltung des parasitären Systems bedacht, vertrottelt und gro-
tesk. Die repressiven und bösartigen Züge sowie die Unterdrückten kommen hier nicht ins Bild. Sie sind der stillschweigende Bezugspunkt der
Szene. Offener Zielpunkt der Absolutismuskritik ist das Lever als Bestandteil eines sinnlosen Rituals. In ihm erscheint »das höfisch-absolutisti-
sche Zeremoniell [...] selbst Modell politischer Ästhetik par excellence,
das den sinnlichkeitsstrategischen Bedürfnissen absolutistischer Herr-
schaftslegitimation und Machterweiterung entsprang und entsprach«
(Berns S 18, S. 220; dort auch zum Bezugsrahmen zeremonieller Anlässe
und zum Sprachzeremoniell). Interessant ist wiederum, daß Peter nicht
nur Tieck (allerdings gegen den Strich), sondern unverdaute Brocken
idealistischer Philosophie von Descartes über Spinoza bis hin zu Kant zitiert. Im komischen Verweis auf den gedanklichen Überbau und dessen
Systematik (»mein ganzes System ist ruiniert«) und auf die Schwundstufe
philosophischer Selbstlegitimierung im Zeugungsapparat des Monarchen
(»halt, [pfui!] der freie Wille steht [davorn] ganz offen«) benennt Büchner
die Obsoleszenz vorhandener Herrschaftsdiskurse.

Es ist evident, daß die Szene im Gestus des Levers und in der Sprache
Peters satirisch »einen politisch-historischen Diskurs mit einem philoso-

phisch-kulturellen zusammenführt« (Drux H 38, S. 345). Peter macht sich einen Knoten ins Taschentuch, um sich an sein Volk zu erinnern. In der Praxis heißt das dann, daß er den Staatsrat empfängt. Das ist nicht nur Büchners kaum kaschierter Witz auf Kosten des Spätabsolutismus, sondern im Kontext des Lustspiels ein deutlicher Fingerzeig, daß die Dinge im Reich Popo schlecht stehen. Peter, und mit ihm die höfische Ordnung, erscheinen »als besonders augenfällige Verkörperung von Langeweile und Totenstarre, von Momenten also, die die ›abgelebte moderne Gesellschaft‹ [...] insgesamt charakterisieren« (Dedner S 25, S. 134). Denn die Klasse der Bourgeoisie hat sich der zitierten ästhetischen und philosophischen Diskurse mit zunehmendem politischem und ökonomischem Einfluß längst bemächtigt. Es kann kein Zweifel bestehen, daß Büchner sie in seine Kritik des Absolutismus mit einbezieht (vgl. Drux H 38, S. 339). Daß darin ein impliziter Affront gegen das intendierte Publikum des Lustspiels liegt, versteht sich.

Das Tödliche der höfischen Welt wird in I,3 an der Intimsphäre vorgeführt. Leonce erniedrigt seine Geliebte Rosetta zum Objekt seiner Langeweile: »Nein, ich habe Langeweile, weil ich dich liebe. [...] Komm liebe Langeweile, deine Küsse sind ein wollüstiges Gähnen [...]« (101). Schließlich inszeniert er spielerisch ihren Tod (»Wie ihr das Rot von den Wangen stirbt, wie still das Auge ausglüht, wie leis das Wogen ihrer Glieder steigt und fällt! Adio, adio meine Liebe, ich will deine Leiche lieben« [102]) als Spiegelbild der tödlichen Leere seines Kopfes: »Siehst du, wie schön tot das arme Ding ist?« Die Morbidität und Nekrophilie der Szene wird sozusagen literarisch beglaubigt mit einem Brillantfeuerwerk der Anspielungen, das von Tieck über Jean Paul, Brentano, Musset, Novalis und die *Nachtwachen* direkt ins Zentrum der Topologie romantischer Todesästhetisierung bzw. Todessehnsucht führt. Assoziiert werden auch Texte wie E. T. A. Hoffmanns *Nachtstücke* und Eichendorffs *Marmorbild*. Im Hinblick auf das letztere möchte Leonce im umgekehrten Verfahren seiner lebendigen und ihn liebenden Partnerin das Leben austreiben und sie, gleich der ihn umgebenden Sphäre des Hofs, in tödliche Erstarrung versetzen. Damit ist Rosettas Rolle als Mätresse ausgespielt. Sie erscheint nicht mehr im Stück. Der ›schwarze‹ Romantikdiskurs als Verlängerung des Langeweile-Komplexes illustriert emotionale Öde und Dekadenz am Hof, zugleich stellt er sich selbstkritisch dar als lebensfeindliche Ästhetik. Konterkariert wird er nach Rosettas Abgang durch Leonces zynische Frage: »wieviel Weiber hat man nötig, um die Skala der Liebe auf und ab zu singen?« (103).

Eine detaillierte Studie der Zitataneignung und ihrer kritischen Strategien ist ein Desideratum. Zu untersuchen wäre auch, ob und inwiefern die Zitiertechnik der Binnenhandlung von derjenigen des Rahmens abweicht, nachdem einmal Leonce und Valerio aus der »antikomischen, tyrannischen Welt [...] in die Wunderlandschaft der Verwirrungen« (Dedner H 30, S. 167) geflohen sind und Lena – zumindest vorübergehend – als beinahe aktive Spielfigur die Bühne betritt. Als Hinweis soll genügen, daß Lena bei ihrem ersten Auftritt Büchners Lieblingsvolkslied »So viel Stern' am Himmel stehen« (I,4; vgl. Wilhelm Schulz in: Grab K 15, S. 68) zitiert, daß ihr ohnehin geringer Dialoganteil auffallend viele Mussetzitate und Anspielungen auf (den von Büchner zumindest in seinen Jugendjahren geschätzten) Tieck enthält, und daß Leonce, als er sich verliebt hat, zur anti-idealistischen, potentiell authentischen Äußerung findet, wenn er in deutlichem Anklang an den Kunstdiskurs im *Lenz* sagt: »Weißt du auch, Valerio, daß selbst der Geringste unter den Menschen so groß ist, daß das Leben noch viel zu kurz ist, um ihn lieben zu können?« (120). Man fragt sich allerdings, wo Leonce jemals diesem »Geringsten« begegnet sein könnte.

An der Betrachtung der ersten drei Rahmenszenen wurde deutlich, daß Büchners Zitatmontage Gesellschaftskritik und ideologisch-ästhetische Kritik fast untrennbar verschränkt. Sie gibt zudem bestimmten Figuren »ein eigentümliches literarisches Kolorit« (Berns S 18, S. 250), das ihre Funktion und Stellenwert über den Spielrahmen hinaus im Bewußtsein der Rezipienten definiert. Die These läßt sich vorerst also aufstellen, daß überall dort, wo bestimmte Symptomatiken des Absolutismus und der »abgelebten modernen Gesellschaft« insgesamt, ihrer Herrschaftsrituale und Befindlichkeiten im Zitat greifbar werden, der Ursprung dieser Zitate wiederum kritisch auf bestimmte Positionen des Idealismus verweist, die Büchner ablehnt. Andere Zitate, wie im Lena-Komplex, scheinen ›positiv‹ besetzt oder auch wertfrei verwendet. Zu klären wäre von hier aus Büchners Verhältnis zur literarischen Romantik. Dabei wird man bedenken müssen, daß ›die‹ Romantik – zu Lebzeiten Büchners noch eine höchst aktive wie heterogene ästhetische Bewegung – heute als retroaktiver Sammelbegriff eine Vielzahl divergenter Diskurse umfaßt. Allein insofern ist es problematisch, Büchner, der mit *Leonce und Lena* ein romantisches Lustspiel und zugleich dessen Aufhebung von innen her schreibt, ›der‹ Romantik schlankweg zu- oder abzurechnen.

Ist Büchner ein »entlaufener« (Hauschild) Romantiker? Eher schon ein expatriierter. Was er jedoch auf der Flucht mitgenommen hat, ist die dem Leben und dem Volk zugewandte Seite der deutschen Romantik: vielleicht Tieck, sicher Herder und die Volkslieder. Nicht von ungefähr hält er der »abgelebten modernen Gesellschaft« die »Bildung eines neuen geistigen Lebens im *Volk*« (440) entgegen. Daß er die andere, regressive, a-soziale, die bestehenden Herrschaftsverhältnisse verklärende Seite ablehnt, liegt auf der Hand. Hinzu kommt seine offensichtliche Affinität zum französischen Romantikdiskurs, dessen »wenigstens partiell revolutionären Gehalt« (Dedner S 25, S. 120) er erkennt und aufnimmt. Insofern ist Büchner durchaus auch Romantiker von der Couleur Mussets, Gautiers und Hugos, nicht aber vom Schlag Brentanos, Novalis' oder Schlegels. In seinem kritisch selektiven Verhältnis zur Romantik spiegelt sich die differenzierte Position Büchners gegenüber dem Idealismus im ganzen: »Die historische Signatur des repressiven und arroganten Idealismus, den Büchner [...] bekämpft, ist die reaktionäre Umwendung und Verkehrung des kritischen Idealismus zu einer Stütze des status quo« (Glück T 25, S. 94).

5.3 Interpretationsperspektiven

Vielleicht sind es gerade die Schwierigkeiten einer Annäherung an die komplexe Ästhetik des Lustspiels, die in der Forschung oft dazu geführt haben, bei der Deutung des Texts den Umweg über die Biographie Büchners einzuschlagen. Hier und da werden Autor und Figur sogar gleichgesetzt. Noch Voss nimmt an, daß »Büchner die Optik seines Prinzen Leonce teilt« bzw. daß »der Prinz [...] ganz von innen und identifikatorisch gesehen ist« (S 21, S. 358, 364). Tatsächlich sind wiederum gewisse *Erfahrungskorrespondenzen* gegeben, wie etwa die der Langeweile (371f.; 436ff.; 439f. indirekter 464), die allerdings bei Büchner absolut nichts mit Müßiggang oder Privilegiertsein zu tun hat, der Melancholie und der Neigung zur Schwermut, sowie der im »Fatalismusbrief« angesprochene Automatismus: »Seit ich über die Rheinbrücke ging, bin ich wie in mir vernichtet, ein einzelnes Gefühl taucht nicht in mir auf. Ich bin ein Automat; die Seele ist mir genommen« (378). Hier bahnt sich, mit der klar zu benennenden Kausalität der Rückkehr ins Großherzogtum, die Krise Büchners an (vgl. oben S. 19f.). Hinzufügen könnte man Büchners Unbehagen am patriarchalischen Herrschaftssystem (20. 8. 1832 an Edouard Reuss 358ff.), den ihm auflastenden Berufs- und Erfolgszwang und andere Motive (Flucht, Liebeserfahrung in der Fremde, Rückkehr in die verhaßte Enge), soweit sie nicht ohnehin in der literarischen Tradition vorgegeben sind (hierzu Dedner H 30, S. 177f.). Es gibt kaum eine Figur in Büchners Werk, in die nicht eigene Erfahrungen eingegangen wären: hierin liegt nicht zuletzt die Lebensnähe dieser Figuren. Eine Quantifizierung dieses Erfahrungsanteils wäre schwierig, ihr heuristischer Wert für die Textlektüre ohnehin gering. Aber gerade Prinz Leonce läßt sich kaum als auch nur halbwegs geradlinige ›Bezugsfigur‹ des Autors denken. Er ist zu sehr Kunstprodukt, zusammengesetzt aus »literarischen Gebrauchtwaren« (Poschmann), und zu offenkundig Zielpunkt der Gesellschafts- und Ideologiekritik des Texts, die, wie oben gezeigt wurde, schon im expositionellen Rahmen an ihm und seinem Vater entfaltet wird.

5.3.1 Parodie authentischer Erfahrung

Schlüsselfunktion für die Interpretation besitzt, wie gesagt, die Rahmenhandlung des ersten Akts bis zum Auftreten des Staatsrats, und damit dem Auslöser der Flucht, sowie der Schluß von III,3, der zum Rahmen zurückführt. Innerhalb der Binnenhandlung ist vor allem die Frage einer möglichen Wandlung Leonces und ihrer Konsequenzen zu klären. III,2 und III,3 stehen in einem kontrapunktischen Verhältnis zueinander: die Referenzialität der Verhaltensautomatik der Bauern, des Hofs und des Brautpaars unterstreicht diesen Zusammenhang. Die in I,1, I,2 und I,3 einmal etablierte »Organisationsweise eines bestimmten Verständigungsprozesses« (P S. 184) zwischen kritischer Reproduktion ästhetischer und politischer Realität und deren adäquater Deutung auf Seiten der Rezipienten läßt eigentlich keinen Zweifel daran aufkommen, daß die Flucht Leonces nicht aus authentischem »Leiden« (Dedner), sondern aus der Travestie dieses Leidens resultiert. Leonce flieht aus topischer Langeweile in einen ebenso topischen »Feudaltourismus« (Lienhard Wawrzyn), in eine als pubertär veralberte Abenteuer- und Südlandekstase.

Die Flucht aus dem »Narrenhaus« kleinstaatlich-deutschen Spätabsolutismus führt also keineswegs in die Realität, noch nicht einmal in die Spielwirklichkeit der von Büchner persiflierten Komödie, sondern geradewegs in die *Parodie* dieser Spielwirklichkeit: in ein Spielsurrogat, das sich wiederum nur als Abfolge der literarischen Tradition entlehnter Klischees präsentiert. Binnenhandlung und Rahmenhandlung sind Bestandteil der selben Wirkungsstrategie. Bedenkt man die erlebte Natur in anderen Büchnertexten, dann wird klar, daß der freie Raum im Lustspiel nur dürftigste Kulisse ist: »Welt und Natur werden von den Figuren nicht erfahren, sondern dienen als Projektionsflächen für das subjektive Befinden« (Wohlfahrt S 23, S. 110). Die Außenwelt wirkt zweidimensional und künstlich. Als rezyklierter und zitierter Raum reflektiert sie das Inauthentische der Figuren. Daß sie keinen Realitätsgehalt beansprucht, wird aus dem Dialog zwischen der Gouvernante und Lena ersichtlich, der zwei total differente Projektionen vorführt: »O die Welt ist abscheulich!« – »O sie ist schön und so weit, so unendlich weit.« (113) Dieser Austausch bildet ein Echo zu Valerio, der die Welt als »ein ungeheuer weitläufiges Gebäude« erfährt, und Leonce, dem es »wie in einem engen Spiegelzimmer« (111) zumute ist. Ähnlich diskrepante Raumerfahrung findet sich in II,1 (115,12ff./115,21ff.). Insbesondere im zweiten Akt, der in der Konzeption von Leonces Idealvorstellung (II,1), der Begegnung mit Lena (II,2) und dem Selbstmordversuch (II,3) in rascher Folge die topische Geschehnisfolge romantischer Komödien zusammendrängt, scheinen die Dimensionen von Raum und Zeit fast vollkommen außer Kraft gesetzt. Die Handlung entwickelt sich nicht linear, sondern sprunghaft surreal. Als

Konglomerat von situativen Versatzstücken stellt sich die Wandlung Leonces, die hier suggeriert wird, durch das Fehlen prozessualer Entwicklung und durch ihren Mangel an authentischer Erfahrung selbst wieder in Frage.

Daß diese Wandlung, ebenso wie Lena selbst, eine romantisch-parodistische Kopfgeburt Leonces sein könnte, deutet Valerio an, wenn er am Ende von II,2 den Referenzpunkt des Narrenhauses aufgreift: »Nein, der Weg zum Narrenhaus ist nicht so lang« (116). Leonces Vorstellung vom »Ideal eines Frauenzimmers« ist nicht nur satirisch auf klassizistische Schönheitsideale bezogen, sondern durch das Tieckzitat aus *Prinz Zerbino* dem Romantikdiskurs eingeschrieben. Hinzu kommt ein Verweis auf die *Chronik der Feierlichkeiten* mit einem Gedicht von Büchners ehemaligem Deutschlehrer Karl Baur (Berns S 18, S. 258f.), der im Zitatschnitt Realität aufblitzen läßt: »Sie ist unendlich schön und unendlich geistlos. Die Schönheit ist da so hilflos, so rührend, wie ein neugebornes Kind. Es ist ein köstlicher Kontrast: diese himmlisch stupiden Augen, dieser göttlich einfältige Mund, dieser geistige Tod in diesem geistigen Leib.« (112) Dieses Porträt ist mit beißender Komik gezeichnet. Es ist aber der Vorstellungswelt Leonces angemessen und verweist zugleich auf die Realität von Fürstenhochzeiten und auf die Spielwirklichkeit der Komödie, eine »Wirklichkeit, die nur noch als Parodie ihrer selbst aufgefaßt werden kann« (P S. 189). Ebenso selbstparodistisch angelegt ist die Begegnung von Leonce und Lena, sein Sich-Verlieben in die romantische »Stimme« und sein rollenhaftes Selbst im *Hamlet*-Zitat nach Lenas Abgang. Zur Groteske gerät die Liebesbegegnung der beiden Stimmen im nächtlichen Garten bei Mondschein. Wenn Leonce jetzt Lena in das schon mit Rosetta durchgespielte nekrophile Szenario todessüchtiger Erotik einspinnen will (»Schöne Leiche, du ruhst so lieblich auf dem schwarzen Bahrtuche der Nacht, daß die Natur das Leben haßt und sich in den Tod verliebt« [118]), wird das Inauthentische der Liebeserfahrung überdeutlich.

Denn Leonces Ekstase enthüllt sich wiederum komisch als romantische Todesästhetisierung, die ihre Erfüllung in der Entseelung der lebendigen Anderen sucht. Als Subtext mitzulesen ist dabei der von der Farce verdeckte Realitätsbezug der Szene: »das ist die Vererbung von Herrschaft und Gewalt zum Zweck der Fortsetzung der bestehenden Ausbeutungsverhältnisse, das ist die Zeugung eines weiteren ›Erbprinzen‹« (Hiebel S 31, S. 136). Auch der Selbstmordversuch Leonces mit seinen parodistischen *Werther*- und *Faust*-Anklängen und einem crescendo romantischer Todessehnsuchtsmotivik verpufft im Kalauer Valerios und im nachfolgenden Bedauern des Prinzen, der sich um seinen größten Auftritt geprellt sieht (119,13ff.). *In extremis*, in Sachen Liebe und Tod, scheint Leonce um wirkliche Emotion bemüht. Er kommt aber über die komische *Inszenierung* dieser Emotion nicht hinaus, da seine Rolle in der (Selbst)Parodie festgeschrieben ist.

Es fällt schwer, hier »den Höhepunkt der Handlung« (Wetzel S 14, S. 155) in einem Lustspiel zu sehen, das so radikal die Konventionen des Genres hintertreibt und damit auch dessen Höhepunkte als abgegriffene Theatergags bloßstellt. Büchner verzichtet bewußt auf eine Höhepunktsstruktur, wie seine Quellen sie besitzen. *Leonce und Lena* ist aufs Ende hin angelegt. Er verzichtet auch im Bruch mit der Tradition auf eine weitere Entwicklung von Lena und entwertet damit das Potential der Spielfigur. Wenn sie sich in I,4 angesichts der arrangierten Ehe mit dem leidenden Christus vergleicht, liefert sie ein komisches Pendant zu den Müßiggangsqualen Leonces. Lena ist eine privilegierte Fürstentochter, die ihren Status nicht hinterfragt. Durch diesen Status und das patriarchalische Gefüge ist sie prädestiniert für ihre Rolle als Braut, die sie dann auch fraglos übernimmt, sobald der ›Richtige‹ sich einstellt. Wie Leonce, so fällt auch sie kurzzeitig mit ihrer Flucht aus der Rolle, der Ausbruch erweist sich jedoch schnell als Selbsttäuschung. In der Sicht Leonces ist sie unbeschreiblich schön, für sich gesehen ist sie »Form ohne Inhalt, Identität ohne Individualität« (P S. 230). Lena ist, schlicht gesagt, der Gipfel der Langeweile. Nach den wenigen Worten, die ihr in III,3 noch vergönnt sind, verstummt sie: von der höfischen Gesellschaft (wieder)vereinnahmt, wird sie die ihr zugeschriebene Rolle im Zeremoniell und in der biologischen Erhaltung der Dynastie spielen.

Es bleibt die Frage der Wandlung Leonces. Der Prinz gelangt ein *einziges* Mal im Text zur potentiell authentischen Aussage (120,6ff.). Sein Menschsein unter Menschen leuchtet ihm vielleicht für einen Augenblick auf, er distanziert sich von »einer gewissen Art von Leuten, die sich einbilden, daß nichts so schön und heilig sei, daß sie es nicht noch schöner und heiliger machen müßten«. Idealismuskritik und Selbstkritik fallen hier in eines. Im Kuhhandel mit Valerio, der Minister werden möchte, zerstiebt jedoch dieser Moment luzider Introspektion sogleich. Leonce ist bereit, an den Hof von Popo zurückzukehren, sich zur Marionette machen zu lassen und sich in seine Rolle als Thronfolger zu fügen, wenn er dafür mit der ›Richtigen‹ vermählt wird. Seit Viëtor hat man vielfach eine *bleibende* Wandlung des Prinzen angenommen: »Der am Leben Leidende hat sich gewandelt, sich bekehrt zum Leben; die Liebe hat ihn geheilt. [...] [er] kann nun im Ernst das neue Bekenntnis sprechen: das Bekenntnis zum guten Sinn des Lebens, zu einem Leben der Liebe *mit* den Menschen, *für* die Menschen« (G 7, S. 178). Auch Fink bestätigt Leonces Wandlung (»Der Wandel könnte kaum totaler sein« [S 2, S. 502]), stellt aber fest, daß diese sich an der Wirklichkeit nicht bewährt. Dedner sieht eine »Dialektik von Krankheit, Krise, Tod und Neubeginn im zweiten Akt« (S 25, S. 167f.). Exakt an *diesem* Punkt der Betrachtung des Lustspiels sind zwei durchaus unterschiedliche, plausible Deutungsgänge möglich, die sich beide am Text erhärten lassen. Folgt man der Annahme einer dauerhaften Wandlung Leonces und geht man davon aus, daß sein authentisches Sprechen eine »Heilung« (Dedner) oder zumindest eine progressive Tendenz signalisiert, die in den dritten Akt und in die Zukunft hineinwirkt, scheint von hier aus das glückliche Ende des Stücks gesichert. Geht man dagegen davon aus, daß Leonces Erfahrung bloß dafür ausreicht, ihm einen Moment authentischen Bewußtseins zu gewähren, dann erweist sich der Schluß als Parodie des vom Genre her vorgesehenen *happy endings.*

5.3.2 »nichts als Walzen und Windschläuche«

Ich kann mich der ersten Deutung nicht anschließen und will daher die zweite Möglichkeit einer Lektüre des Lustspiels umreißen. Büchners parodistische Strategie ist in II durchweg präsent. Das Artifizielle der Liebes- und Selbstmordszenen steht der Annahme entgegen, daß der Text gerade hier stillschweigend auf die bis dahin demontierten Konventionen der romantischen Komödie einschwenkte und das in Versatzstücken effektiv persiflierte Entwicklungs- bzw. Auferstehungsmuster zur baren Münze erklärte. Leonces Selbstkritik bleibt isoliert und trägt keine Früchte. Ob in diesem Aufflammen und Verlöschen von Authentizität eine Widerständigkeit der Figur oder ein emanzipatorisches Strategem Büchners liegt (›auch Prinzen *könnten* Menschen sein, dürften sie nur aus ihrer vorgeschriebenen Existenz heraustreten...‹), wäre zu klären. Das Disproportionale von Äußerung und Erfahrung (Leonce hat sicher nie einen armen Menschen geliebt, ihm steht im Gegenteil die Prinzessin im Brautschmuck vor Augen) legt letzten Endes nahe, daß die Stelle als sarkastische Selbstparodie des prinzlichen Texts zu lesen ist. Tatsächlich wird dann in III konsequent die kritische Strategie des Lustspiels weitergeführt bis zum lustigen bitteren Ende. Leonces Rückkehr an den Hof signalisiert die Perpetuierung des status quo. Denn sogar ein *gewandelter* Prinz Leonce – wenn er es wäre – wird immer noch ein *absolutistischer* König Leonce sein. Das System bleibt erhalten. Eine »Revolution ›von oben‹« ist in der Tat »zu Büchners Zeiten eine Denkunmöglichkeit« (Gnüg H 42, S. 99). König Peter kann sich beruhigt von den Regierungsgeschäften zurückziehen: »Ich bin der glücklichste Mann! Ich lege aber auch hiermit feierlichst die Regierung in deine Hände, mein Sohn, und werde sogleich ungestört zu denken anfangen.« (128,8ff.) Der königliche Philosoph dürfte mit weiteren stupenden Beweisen für die Legitimation des absolutistischen Prinzips aufwarten.

Das Ende der Binnenhandlung kulminiert im Kontrast der Bauernszene und des höfischen Fests. Beide sind an Brentanos *Ponce de Leon* angelehnt, aber derart radikal umgearbeitet, daß der Bauernszene jedwede ko-

mödiantische Heiterkeit, der Hochzeit in Masken der märchenhaft-festli-
che Glanz fehlt. Die Bauernszene bildet einen Fremdtext im Lustspiel: »In
ihrem Inhalt, ihrer Typologie, ihrer Stimmungslage und ihrem Ausdrucks-
wert steht sie im Kontrast zu allen übrigen Szenen« (P S. 192). Hier
schlägt, dünn verhüllt, die Realität des *Hessischen Landboten* und des
Großherzogtums durch. Büchner »nähert sich« gegen seine Vorlage (die er
damit kritisiert) an dieser Stelle »dem Mimetischen« (Dedner S 25, S.
131) und der wissenschaftlichen »Autopsie«. Zugleich bildet die Szene ein
Verweiselement zum *Woyzeck*, der als Komplement des Lustspiels zu lesen
ist. Der bedrohliche Ton des Schulmeisters (»und zeigt die gehörige Rüh-
rung, oder es werden rührende Mittel gebraucht werden«) verdeutlicht
das Gewaltsame dieser Inszenierung. Das Versprechen »man hat euch gerade so gestellt, daß der Wind von der Küche über euch geht und ihr
auch einmal in eurem Leben einen Braten riecht« stellt einen intertextuellen Bezug zum *Landboten* (20,9ff./59,14ff.) her.

Berns weist auf eine Quelle für die Szene (Julius Bernhard von Rohr:
Einleitung zur Ceremoniel-Wissenschaft Der Großen Herren [...]. [Berlin
1729]) hin (S 18, S. 231). Das höfische Zeremoniell, das widerwillig
auch Angehörige des Volks als Statisten in seine Festivitäten einbezieht,
reduziert diese zu sprachlosen Automaten, denen sogar das eingedrillte
»Vivat!« nur mit Mühe über die Lippen kommt. Als Handlanger des Systems fungiert der Schulmeister. Der Landrat ist »Agent« des königlichen
Willens. Der blanke Hohn seiner Anweisungen ist ihm selber nicht bewußt: »im Programm steht: sämtliche Untertanen werden von freien
Stücken, reinlich gekleidet und mit zufriedenen Gesichtern [...]«. Büchner gestaltet diese Szene als zutiefst traurige Satire: hier wird die Zemen-
tierung der Unterdrückungsverhältnisse an ihren Opfern sichtbar. Der
Krieg der Habenichtse gegen ihre Ausbeuter und deren »Agenten« (um
den 6. 4. 1833, 366f.) findet nicht statt. Eher schlägt man sich »heut
Abend«, wenn ein wenig Schnaps abfällt, gegenseitig »mit unseren Fäusten Kokarden an die Köpfe«. Büchner geht in dieser Szene an die Grenze
des im Genre Möglichen und Erlaubten. Es überrascht nicht, daß er den
Entwurf H1, in dem der Bereich der Arbeit angesprochen wird (»Aber
dennoch sind die Ameisen ein sehr nützliches Ungeziefer und doch sind
sie wieder nicht so nützlich, als wenn sie gar keinen Schaden thäten«
[137]), und die im Absolutismus sprichwörtlichen »Polizeydiener« ins
Bild kommen, beiseitegelegt hat.

Noch bevor die Hochzeitszeremonie beginnt, werden Bezugspunkte in
der Realität des Spätabsolutismus angedeutet, die einem zeitgenössischen
Publikum unmittelbar greifbar sind: so die dreimalige Erwähnung des
»königlichen Worts« (124) und der Befund des Präsidenten: »Tröste Eure
Majestät sich mit anderen Majestäten. Ein königliches Wort ist ein Ding,
– ein Ding, – ein Ding, – das nichts ist« (124). Dies ein Verweis auf die

in der Wiener Bundesakte von 1815 versprochenen Verfassungen, die nie bewilligt wurden. So die Erstarrung und Automatisierung des Hofes, die groteske Gleichschaltung der Aktionen durch den Zeremonienmeister und der Verweis auf die in III,2 automatenhaft gedrillten, jetzt aber komplett ausgesperrten Untertanen: »Alle Untertanen werden aufgefordert, die Gefühle Ihrer Majestät zu teilen.« (124) Auch hier tangiert der Text mimetische Autopsie, die freilich gleich wieder in der blanken Satire des Fürstenspiegels aufgehoben wird.

Bezeichnenderweise ist es der zynische Schnorrer Valerio (jetzt als Gegenfigur zu Brentanos idealistischem Spielleiter Sarmiento gezeichnet), der diese Welt »in effigie« demaskiert. Wenn er eine Maske nach der anderen abnimmt, weiß er immer noch nicht, wer er eigentlich ist: »Bin ich das? oder das? oder das?« (Valerio greift hier einen alten Topos auf, der im erkenntnistheoretischen Diskurs der Postmoderne bei Michel Foucault wieder wirksam wird.) Und wenn er die »zwei weltberühmten Automaten« Leonce und Lena vorstellt, betont er das Inauthentische sowohl seiner Darbietung als auch der Personen, »da ich selbst gar nichts von dem weiß, was ich rede, ja auch nicht einmal weiß, daß ich es nicht weiß [...] und es eigentlich nichts als Walzen und Windschläuche sind, die das Alles sagen« (125). Immerhin weiß er, daß dieses »Männchen« und »Weibchen« zwar Automaten, aber »sehr edel«, »sehr moralisch« sind und auch ansonsten sich bestens in die höfische Automatik einfügen (Knapp S 9, S. 106f.; zur Differenzierung zwischen dem Marionettenbild des *Hessischen Landboten* und dem Automatismus vgl. Drux H 38, S. 337). Das Bild vom Menschen als Maschine kann Büchner bei Descartes gefunden haben, möglicherweise auch bei Julien Offray de Lamettrie (*L'homme-machine*. Leiden 1748). Ein naheliegender Bezugsort ist Heines *Zur Geschichte der Religion und Philosophie in Deutschland*, wo dieses Konzept diskutiert wird (DHA 8/1, S. 50f.). Die Leichtigkeit, mit welcher die fürstlichen Maschinen sich in ihr Schicksal finden (»das war die Flucht in das Paradies«), erweist nur, daß ihnen dieses Los in der Tat vorbestimmt ist. Wenn Leonce Lena (»O Zufall!!«) entgegenhält, daß alles dies Produkt der »Vorsehung« ist, dann rekurriert er auf den romantischen Fügungsdiskurs und zugleich aber auf das fatal vorbestimmte Gottesgnadentum. Wilhelm Schulz nennt das treffend den »Kulturzopf« und den »Vongottesgnadenzopf« (Grab K 15, S. 69f.).

Im Gegensatz zu Brentano und Musset, wo am Ende die Vereinigung der diversen Liebenden eine zumindest in der Komödie noch ›heile‹ Welt suggeriert, denunziert Büchners Schluß die Liebe seines Paares als ironische Zugabe bzw. als Zugeständnis an Genre und Publikumsgeschmack. Denn es ist ja nicht die Beharrlichkeit und Treue der Liebenden angesichts aller Widerstände und Verwicklungen, die dieses Ende erzwingt und rechtens verdient, sondern es wird mühelos instrumentiert von Valerio, der sich die Gefügigkeit der Automaten und den Automatismus des Zeremoniells zunutze macht. Was also an der Oberfläche wie ein romantisch-sentimentales *happy ending* anmutet, ist letzten Endes der *politische* Schluß einer gesellschaftspolitischen Komödie. Romantische Glückserfüllung wird im Blick auf die gesellschaftliche Realität der Automatenwelt drinnen *und* draußen als Illusion entlarvt. Büchner spiegelt das dem Genre obligate »Ende gut – alles gut« vor (nur Musset schreibt derzeit Komödien ohne *happy ending*, sie werden aber nicht aufgeführt) und parodiert es zugleich: alles bleibt beim alten. Wie miserabel dieses Alte ist, hat man gerade in III,2 gesehen. Seine Unveränderlichkeit unterstreicht Leonce mit der ebenfalls alten komödiantischen Schlußformel »denn morgen fangen wir in aller Ruhe und Gemütlichkeit den Spaß noch einmal von vorne an.« In dieser dreisten Provokation an die Rezipienten und damit »in der herausfordernden Vorführung der Notwendigkeit einer Lösung« (Poschmann H 18, S. 240) erreicht der Text abermals die Grenze des zu seiner Zeit Spielbaren.

Nach dem Vermählungsakt wird der eingangs errichtete Rahmen des Stücks geschlossen. Im Nachspiel werden die Diskurse des Müßiggangs, des parasitären Daseins der Privilegierten und ihrer Selbstverklärung durch Allusionen auf den romantischen Überbau wieder aufgegriffen. Leonce will die Zeit zum topischen Stillstand bringen und vermittels von Brennspiegeln Popo zum idealischen Südländchen machen. Sein Volk ist ihm nur Spielobjekt: »Nun Lena, siehst du jetzt, wie wir die Taschen voll haben, voll Puppen und Spielzeug?« (128) Staatsminister Valerio möchte gar die Arbeit unter Strafe stellen:

> »und es wird ein Dekret erlassen, daß, wer sich Schwielen in die Hände schafft, unter Kuratel gestellt wird; daß, wer sich krank arbeitet, kriminalistisch strafbar ist; daß jeder, der sich rühmt, sein Brot im Schweiße seines Angesichts zu essen, für verrückt und der menschlichen Gesellschaft gefährlich erklärt wird« (129).

Manche Interpreten sehen im Schlußdialog eine »Utopie« und in den Proklamationen Leonces und Valerios ein »Reich der Freiheit« (Dedner) erstehen. Es fällt schwer, sich dieser Deutung anzuschließen. Denn was da beschrieben wird, ist bestenfalls eine *folie à deux* oder, zählt man die stillschweigend kopfschüttelnde Lena mit, eine *folie à trois*. Es ist wieder und noch immer das »Narrenhaus« (98,1) des Spätabsolutismus. Wer, möchte man fragen, soll dieses Faulenzerdasein bezahlen? Valerio will Gesetze der Faulheit erlassen. Er vergißt dabei, daß seine eigene Existenz sich bereits dem vorhandenen Gesetz verdankt, einem »*Gesetz*, das die große Masse der Staatsbürger zum fronenden Vieh macht, um die unnatürlichen Bedürfnisse einer unbedeutenden und verdorbenen Minderzahl zu befriedigen« (366). Auf diesen im *Hessischen Landboten* durchgezogenen Diskurs

von Gesetz und Gewalt (»dies Gesetz ist eine *einzige, rohe Gewalt*« [367])
verweist Büchner in den letzten Repliken des Lustspiels. Es ist auch nicht
ohne Bedeutung, daß er in der hedonistischen Phantasie auf die Genußvi-
sionen der Dantonisten (I,1; vgl. Knapp Q 30, S. 597) – der Aristokraten
der Revolution – und intertextuell damit auch wiederum auf Heine
(DHA 8/1 S. 61) anspielt. Aber der Kampf Heines um die »Gottesrechte
des Menschen« ist noch nicht ausgetragen: was da aufscheint, ist nur eine
Mirage, ein Lichtgeflimmer am fernen historischen Horizont, der noch zu
erobern wäre. Soweit ist es bloß eine Hoffnung, die augenblicklich eben-
sowenig einzuholen ist wie das »königliche Wort« von der Konstitution.

Der Schluß des Lustspiels führt demnach keine Utopie vor, sondern er
schreibt in provokanter Gelassenheit die bestehenden Ausbeutungsverhältnisse fort. Die »Affenkomödie« parodiert sich selbst, so wie das politische System sich erschöpft im Ritual der Selbsterhaltung. Eine Alternative
besteht vorhanden nicht. Da, wo nun eine Lösung zu erwarten wäre,
kippt das Spiel am Ende in die lachhaft traurige Wirklichkeit um. Eine
Versöhnung des Gegensatzes zwischen Luxus und Auspressung findet
nicht statt. Das subversive Potential des Lustspiels entfaltet sich in seiner
durchgängigen Tendenz, in spielerisch-verfänglicher scheinbarer Unbefangenheit Verhältnisse aufzuzeigen, die ebenso selbstverständlich wie haar-
sträubend sind. Angesichts dieser Verhältnisse müßte einem schon das La-
chen vergehen.

Leonce und Lena ist bislang sieben Mal vertont worden. Die posthum
aufgeführte Oper *Leonce und Lena* von Paul Dessau (1979, Libretto: Thomas Körner) scheint die bedeutendste der Adaptionen. Dessau realisiert
die sozialkritisch-satirische Tendenz von Büchners Text und setzt dessen
kritische *literarische* Zitatästhetik in ein *musikalisches* Zitat- und Anspie-
lungsverfahren um, das die deutsche Romantik, insbesondere Carl Maria
von Weber, zum Bezugsort der Tonstruktur macht (Müller U 51, S.
253f.). Dessau erfaßt die Modernität seiner Vorlage, die das Ritual des
Machtwechsels (der nichts als Perpetuierung der Herrschaftsverhältnisse
ist) in einem ›geschlossenen‹ politischen System vorführt: ein Phänomen,
das sich beliebig an politischen und ökonomischen Konstellationen der
Gegenwart aufzeigen ließe. Die interessante »Masque« *Blind Man's Bluff*
(1972) des britischen Komponisten Peter Maxwell Davies, die sich lediglich auf III,3 stützt, unterstreicht die Motive der Ritualisierung, des Automatismus und des Ver-rücktseins der austauschbaren höfischen Akteure.
Im Kontext der britischen Monarchie kommt dieser freien Adaption
Büchners eine pointiert kritische Dimension zu.

6. »Woyzeck«

Tragödie (Entwürfe). Entstehung: vermutlich zwischen Juni 1836 und Januar 1837. Überlieferung: drei Handschriften (vier Entwurfsstufen in Form von drei Szenenfolgen und einem Blatt mit zwei Szenenentwürfen). Erstdruck: »Wozzeck. Ein Trauerspiel-Fragment von Georg Büchner«. Mit Vorwort von Karl Emil Franzos. In: *Mehr Licht! Eine deutsche Wochenschrift für Literatur und Kunst* 1 (1878) Nrn. 1-3 v. 5., 12., 19. Oktober (A 10,10). Der Titel *Wozzeck* stammt von Franzos und beruht auf einem Lesefehler. Dieser wird korrigiert in der Ausgabe von Witkowski (1920). Zur Überlieferungsproblematik und Textkritik vgl. B 1922 S. 699ff.; Lehmann F 2, S. 35ff.; Elema T 6; Krause B 4; Buch T 7; Richards T 9; Bornscheuer B 5, T 10; Kanzog T 12; Wetzel T 17; Schmid B 13; Kanzog F 5; Marburger Denkschrift F 6; Poschmann B 15; Schmid F 10, F 13; Poschmann F 12, F 14; Bockelmann F 17; Dedner T 34; T.M. Mayer F 18; Poschmann T 36, PW 1 S. 675ff.; T.M. Mayer T 37, F 20. Uraufführung: 8. 11. 1913, Münchner Residenztheater. Zitiert wird *Woyzeck* nach den »Entstehungsstufen« in PW 1. Der Text wird beständig verglichen mit der Faksimileausgabe von Schmid (B 13).

6.1 Entstehung, Voraussetzungen, Quellen, Textlage

Der Entstehungszeitraum der *Woyzeck*-Fragmente ist wie im Fall des Lustspiels nur indirekt zu erschließen. Im Neujahrsbrief 1836 an die Eltern heißt es: »Ich gehe meinen Weg für mich und bleibe auf dem Felde des Drama's [...] ich zeichne meine Charaktere, wie ich sie der Natur und der Geschichte angemessen halte, und lache über die Leute, welche mich für die Moralität oder Immoralität derselben verantwortlich machen wollen« (423). Zu diesem Zeitpunkt weiß Büchner noch nichts von der Cottaschen Lustspielausschreibung. Der Hinweis auf »Natur« und »Geschichte« scheint den *Woyzeck*-Stoff zu betreffen, ebenso die gleich zu besprechenden Eindrücke vom Christkindelsmarkt im selben Brief. Es liegt nahe, daß die Konzeptionsphase der Tragödie in diesen Zeitraum fällt. Ein Indiz für Büchners Beschäftigung mit dem Projekt dürfte eine Mitteilung an Gutzkow Anfang Juni 1836 sein, in der er den Begriff »Ferkeldramen« gebraucht (439f.?; Gutzkows Replik 441: »Von Ihren ›Ferkeldramen‹ erwarte ich mehr als Ferkelhaftes«). Als Bezugspunkt für seine Tragödie, ebenso wie für deren Gegenstück *Leonce und Lena*, findet sich gleichzeitig Büchners Diskreditierung der herrschenden Klassen (»die abgelebte moderne Gesellschaft«) und seine Forderung der »Bildung eines neuen geistigen Lebens im *Volk*« (440). Die Bemerkung »Dabei bin ich gerade daran, sich einige Menschen auf dem Papier totschlagen oder verheiraten zu lassen« (2. 9. 1836 an Wilhelm Büchner; 448) verweist nicht nur aufs Lustspiel, sondern mit einiger Sicherheit auf Vorarbeiten am *Woyzeck*.

Den Eltern berichtet er im September von »*zwei Dramen*« (454). Die letzte Erwähnung findet sich in dem erschlossenen Brieffragment vom Januar 1837 (461), in dem er Wilhelmine Jaeglé das bevorstehende Erscheinen von »*Leonce und Lena mit noch zwei anderen Dramen*« ankündigt. Ein möglicher Verlagskontakt in Leipzig im Dezember 1836 (HS S. 404ff.) dürfte ihn zur intensiven Weiterarbeit an seinen Dramen veranlaßt haben. Wilhelm Schulz erwähnt in seinem Nekrolog »ein beinahe vollendetes Drama« (A 10,9) im Nachlaß Büchners, bei dem es sich um *Woyzeck* handeln muß. Schmid erbringt den textuellen Nachweis, daß mit den erhaltenen Entwurfsstufen des *Woyzeck* »die Arbeit genau an diesen Stellen abgebrochen worden ist. Eine genetisch darüber hinausführende Arbeitsstufe, eine Reinschrift oder ein Druckmanuskript kann es nicht geben haben« (B 13, Kommentar S. 54). Man kann also davon ausgehen, daß Büchner bis zum Ausbruch der tödlichen Typhuserkrankung an seiner Tragödie gearbeitet hat. Aus konzeptionellen Gründen und im Hinblick auf die Textevidenz ist der Vorschlag einer weitaus früheren Datierung (Dezember 1833 bis Juli 1834) von De Angelis (T 39) nicht überzeugend.

Als Bezugsort ist *Leonce und Lena* zu sehen. Die Komödie eines verkommenen parasitären Systems und seiner ästhetisch-philosophischen Legitimation bildet das Komplement zur Tragödie aus dem Leben der Armut und der Unterdrückung. Beide Texte sind im selben Atemzug geschrieben. Das im Lustspiel Ausgesparte – die Basis der *Arbeit* nämlich, die das abstruse Privilegiertsein der herrschenden Klassen erst ermöglicht – kommt jetzt in den Blick. Auch im Briefwerk finden sich Referenzpunkte wie schon der Sozialdeterminismusbrief vom Februar 1834 mit den Schlüsselsätzen »weil es in Niemands Gewalt liegt, kein Dummkopf oder kein Verbrecher zu werden, – weil wir durch gleiche Umstände wohl Alle gleich würden, und weil die Umstände außer uns liegen« (378ff.): eine zu Büchners Zeit unerhörte Feststellung. Im gleichen Brief heißt es: »Der Haß ist so gut erlaubt als die Liebe, und ich hege ihn im vollsten Maße gegen die, *welche verachten*. [...] Ich hoffe noch immer, daß ich leidenden, gedrückten Gestalten mehr mitleidige Blicke zugeworfen, als kalten, vornehmen Herzen bittere Worte gesagt habe.« Wenn man *Leonce und Lena* eine »Komödie aus Haß« (Hauschild) nennen kann, dann ist *Woyzeck* als eine *Tragödie aus Liebe* anzusehen. »Neben das rezeptive Gefühl tritt die *Liebe* als Voraussetzung eines Kunstschaffens, das der Natur adäquat ist und seinen Realismus noch an den ›prosaischsten Menschen‹ [...] bewährt« (Vollhardt J 17, S. 208). Wilhelm Schulz über Büchners Liebe zum Volk:

»Der Mittelpunkt seiner Ueberzeugungen und aller Richtungen seines Stre-
bens war die aufrichtigste, die ächt demokratische, man kann sagen die religiöse *Achtung vor dem Volke*. [...] Seine Liebe zum Volke aber schuf ihm die
helle und scharfe Einsicht in das Volksleben [...] in das wirkliche und leibhaf-
tige, in die täglich wiederkehrenden Bedürfnisse, Wünsche und Gelüste der
Massen, in ihre damit zusammenhängenden Ansichten und Vorurtheile.«
(Grab K 15, S. 67)

Ein wichtiger intertextueller Bezugspunkt ist das »Kunstgespräch« im
Lenz, das Insistieren auf »Leben« und »Möglichkeit des Daseins« sowie
die programmatische Äußerung, die als Motto Büchners gesamtem Œuvre voranstehen könnte:

»Man versuche es einmal und senke sich in das Leben des Geringsten und
gebe es wieder, in den Zuckungen, den Andeutungen, dem ganz feinen, kaum
bemerkten Mienenspiel [...] Man muß die Menschheit lieben, um in das eigentümliche Wesen jedes einzudringen, es darf einem keiner zu gering, keiner
zu häßlich sein, erst dann kann man sie verstehen« (234f./14f./17).

Auch *Lenz* ist ein Komplementärtext zur Tragödie: als Psychogramme
menschlichen Leidensdrucks *und* sozialer Ausgrenzung entspringen beide
der Parteinahme ihres Autors für die Opfer von Destruktionsprozessen, in
denen ein komplexes Zusammenspiel endogener und externer Faktoren
die menschliche Existenz zerbricht. Im *Woyzeck* geht es um eben jenes
»Leben des Geringsten«, um die *materiellen* Grundlagen menschlichen
Daseins, um die Not der »meisten Menschen«, von der Büchner im gerade zitierten Neujahrsbrief 1836 den Eltern berichtet:

»Ich komme vom Christkindelsmarkt, überall Haufen zerlumpter, frierender
Kinder, die mit aufgerissenen Augen und traurigen Gesichtern vor den Herr-
lichkeiten aus Wasser und Mehl, Dreck und Goldpapier standen. Der Gedanke, daß für die meisten Menschen auch die armseligsten Genüsse und Freuden
unerreichbare Kostbarkeiten sind, machte mich sehr bitter.« (423) [Glück
zählt dieses Bild zurecht zu den »*Gravitationszentren von Büchners Phantasie*«
(T 22, S. 188).]

Armut und »der Mord durch Arbeit« (*Dantons Tod* I,2) sind die tagtäglichen Existenzbedingungen der »großen Masse«, wie Büchner sie zur Restaurationszeit beobachtet. Sie sind zugleich *Grundvoraussetzung* für den
tragischen Verlauf des *Woyzeck*. Woyzeck, der erste plebejische Protagonist
einer Tragödie in deutscher Sprache, rückt das Thema der Arbeit in den
Brennpunkt des Dramas, und zwar mit solcher Eindringlichkeit, daß viel
später noch die Naturalisten und diverse Autoren der Moderne in diesem
Text zeitgenössische Erfahrungen sehen: »In der Darstellung von Armut
und entfremdeter körperlicher Arbeit gelangte Büchner auf eine Stufe der
Konkretion, wie sie im deutschsprachigen Drama noch auf Jahrzehnte
undenkbar war« (H S. 548).

Über die Chronologie der *Quellenrezeption* Büchners zum Fall Woyzeck und zu verwandten Gerichtsfällen der Zeit sind nur Mutmaßungen möglich. Drei vieldiskutierte Kriminalfälle der Zeit liefern den externen Stoffbestand des Texts (vgl. die Dokumentationen von Bornscheuer B 6, S. 49ff.; Hinderer C 5, S. 174ff.; MA S. 599ff.; PW 1 S. 714ff., 930ff.; zum wissenschaftsgeschichtlichen Kontext Ludwig L 19, insbes. S. 263ff. über die »szientifische Authentizität des dramatischen Falles«):

primär: Der Fall Johann Christian Woyzeck. Der ehemalige Soldat, arbeitslose Perückenmacher, Friseur und Hilfsarbeiter, der zum obdachlosen Bettler geworden ist, ersticht am 2. 6. 1821 seine Geliebte Johanna Christiana Woost in Leipzig mit einer abgebrochenen Degenklinge. Tatmotiv: Eifersucht auf der Grundlage allgemeiner Wahnvorstellungen (zum »Lebenslauf eines Paupers« Glück T 27). Begutachtung des Gemütszustands des Angeklagten durch den Hofrat Dr. Johann Christian August Clarus (1774-1854): Woyzeck ist zurechnungsfähig und verantwortlich im Augenblick der Tat. Todesurteil am 11. 10. 1821. Appell Woyzecks. Ablehnung einer Begnadigung. Zweites Gnadengesuch mit gleichem Resultat. Zweites Gutachten des Dr. Clarus, das den Fall an die medizinische Fakultät der Universität Leipzig verweist.

Clarus vertritt den zeitüblichen Kantischen ethisch-normativen Standpunkt, daß mangelnde Anpassung an das gesellschaftliche Regelsystem und eigene Verschuldung zur Straftat führen, daß Woyzeck, »durch ein unstätes, wüstes, gedankenloses und unthätiges Leben von einer Stufe der moralischen Verwilderung zur andern herabgesunken, endlich im finstern Aufruhr roher Leidenschaften, ein Menschenleben zerstörte [...].« Seine Hinrichtung dient als mahnendes Beispiel: »Möge die heranwachsende Jugend bei dem Anblicke des blutenden Verbrechers, oder bei dem Gedanken an ihn, sich tief die Wahrheit einprägen, daß Arbeitsscheu, Spiel, Trunkenheit, ungesetzmäßige Befriedigung der Geschlechtslust, und schlechte Gesellschaft, ungeahnet und allmählich zu Verbrechen und zum Blutgerüste führen können«. Bei der Beobachtung des Angeklagten findet er: »[...] moralische Verwilderung, Abstumpfung gegen natürliche Gefühle, und rohe Gleichgültigkeit, in Rücksicht auf Gegenwart und Zukunft. – Mangel an äußerer und innerer Haltung, kalter Mismuth, Verdruß über sich selbst, Scheu vor dem Blick in sein Inneres, Mangel an Kraft und Willen sich zu erheben [...]« (PW 1 S. 939ff.). Woyzecks soziales Absinken im Zug von Pauperismus und verheerender Arbeitslosigkeit wird nicht als ökonomisches Phänomen gesehen, sondern als Haltlosigkeit und Abweichen von sozialen Normen. Auch psychosomatische Ursachen werden nicht geklärt, lediglich somatisch umschrieben: Woyzecks halluzinatorische Zustände werden gedeutet »als *Sinnestäuschungen,* welche durch Unordnungen des Blutlaufes erregt, und durch seinen Aberglauben und Vorurtheile zu

Vorstellungen von einer objectiven und übersinnlichen Veranlassung gesteigert worden sind« (ebd. S. 964f.). Der Zirkelschluß ist evident (zu Einzelheiten vgl. Glück T 32).

Bestätigung des Clarus-Gutachtens durch die medizinische Fakultät. Am 27. 8. 1824 Enthauptung Woyzecks auf dem Leipziger Marktplatz als öffentliches Spektakel. Bei der Obduktion wird der Körper des Hingerichteten als vollkommen gesund befunden, »nur das *Herz* war mit einer ganz ungewöhnlichen Menge von Fett umgeben.« Daraufhin Kontroverse in juristischen und medizinischen Fachzeitschriften, die auch die Fälle Woyzeck und Schmolling unter dem gemeinsamen Aspekt der Inkongruenz von Justiz und Gerichtsmedizin diskutiert. Gegenüber der Position von Clarus, Henke und Heinroth, die auf »Willensfreiheit und Verantwortlichkeit« (KM S. 239 vgl. dort auch die Dokumentation zum Fall Woyzeck) besteht, wird v. a. von Marc die Zurechnungsfähigkeit bezweifelt. Marc nimmt an, »daß der krankhafte Gemüths- und Körperzustand des W. einen Einfluß auf die Mordthat gehabt habe«. Heinroth hält ihm entgegen:

> »War die Herzkrankheit die Ursache der wilden Leidenschaftlichkeit, der moralischen Verwilderung, dieses Menschen? oder hatte umgekehrt das unmoralische, wüste Leben desselben den krankhaften Herzzustand erzeugt? [...] Und soll in diesem Falle die moralische Verworfenheit [...] aus *organischer* Krankheit erklärt und entschuldigt werden? aus Krankheit, die nur die *endliche Folge*, aber nicht der *Grund* von moralischer Depravation und der aus ihr fließenden psychischen Verworrenheit ist?« (B 6, S. 64)

sekundär: Der Fall Daniel Schmolling. Das Mädchen Henriette Lehne wird am 25. 9. 1817 bei Berlin von dem Tabakspinnergesellen Schmolling erstochen. Begutachtung Schmollings durch den zuständigen Amtsarzt Dr. Merzdorff auf Unzurechnungsfähigkeit zum Tatzeitpunkt. Verteidigungsschrift des Juristen Bode. Todesurteil durch das Stadtgericht Berlin. Zweite Verteidigungsschrift Bodes, auf der Grundlage eines Neugutachtens durch Dr. Horn. Bestätigung und schließliche Umwandlung des Todesurteils in lebenslängliche Haft. Schmolling ermordet am 19. 2. 1825 einen Mitgefangenen in der Haftanstalt Glatz. Anmerkungen des Juristen J. E. Hitzig zum Verfahren.

sekundär: Der Fall Johann Dieß. Am 15. 8. 1830 ersticht der Leinewebergeselle Dieß seine Geliebte Elisabetha Reuter in der Nähe von Darmstadt. Durch das Großherzogliche Medizinal-Colleg wird Zurechnungsfähigkeit bestätigt. Verurteilung zu 18 Jahren Haft am 7. 12. 1831. Tod Dieß' in der Haft am 23. 5. 1834. Darauffolgende Obduktion in der Gießener Anatomie. In seiner Veröffentlichung der Verteidigungsargumente und des Gutachtens bezieht sich Bopp auch auf die Fälle Woyzeck und Schmolling.

Als *Quellen* Büchners kommen in Betracht:

zum Fall Woyzeck:
– Johann Christian August Clarus: »Früheres Gutachten des Herrn Hofrath Dr. Clarus über den Gemüthszustand des Mörders Joh. Christ. Woyzeck, erstattet am 16. Sept. 1821. Nebst einem Vorworte des Herausgebers«. In: *Zeitschrift für die Staatsarzneikunde*, 5. Ergänzungsheft. Hg. v. Adolf Henke. Erlangen 11 (1826), S. 129-149 [=erstes Clarus-Gutachten]
– Johann Christian August Clarus: »Die Zurechnungsfähigkeit des Mörders Johann Christian Woyzeck, nach Grundsätzen der Staatsarzneikunde aktenmäßig erwiesen [...]«. In: *Zeitschrift für die Staatsarzneikunde*, 4. Ergänzungsheft. Hg. v. Adolf Henke. Erlangen 10 (1825), S. 1-97 [=zweites Clarus-Gutachten]
– Dr. C. M. Marc: *War der am 27ten August 1824 in Leipzig hingerichtete Mörder Johann Christian Woyzeck zurechnungsfähig? Enthaltend eine Beleuchtung der Schrift des Herrn Hofrath Dr. Clarus: »Die Zurechnungsfähigkeit des Mörders Johann Christian Woyzeck [...]«.* Bamberg 1825
– D. Johann Christian August Heinroth: *Über die gegen das Gutachten des Herrn Hofraths D. Clarus von Herrn Dr. C. M. Marc in Bamberg abgefaßte Schrift* [...]. Leipzig 1825
– Dr. C[arl] M[oritz] Marc, K. B. Physikus zu Bamberg, an Herrn Dr. und Professor J. C. A. Heinroth in Leipzig, als Sachwalter des Herrn Hofraths Dr. Clarus. *Die Zurechnungsfähigkeit des Mörders J. C. Woyzeck betreffend.* Bamberg 1826
– Johann Christian August Grohmann: »Über die zweifelhaften Zustände des Gemüths; besonders in Beziehung auf ein von dem Herrn Hofrath Dr. Clarus gefälltes gerichtsärztliches Gutachten«. In: *Zeitschrift für die Anthropologie* 1. Hg. v. Nasse. Leipzig 1825, S. 291-337
– B. H. G.: »Über die Zurechnungsfähigkeit des Mörders Johann Christian Woyzeck. Zusammenstellung und Beleuchtung der hierwegen von drei angesehenen Ärzten erschienenen Schriften«. In: *Zeitschrift für die Civil- und Criminal-Rechtspflege im Königreiche Hannover* 1. Hg. v. (S.) P. Gans. Hannover 1826, S. 126-153. Abdr. in: C. H. Richter (Hg.): *Ausgewählte Abhandlungen und Gutachten aus dem Gebiete der gerichtlichen Medicin.* Stuttgart 1838, S. 408-432

zum Fall Schmolling:
– Dr. Horn: »Gutachten über den Gemüthszustand des Tobacksspinnergesellen Daniel Schmolling, welcher am 25. September 1817 seine Geliebte tödtete«. In: *Archiv für medizinische Erfahrung im Gebiete der praktischen Medizin und Staatsarzneikunde* 1820. Berlin (März/April 1820), S. 292-367
– Dr. Bode (Verteidigungsschrift) In: Julius Eduard Hitzig (Hg.): »Vertheidigungsschrift zweiter Instanz für den Tabacksspinnergesellen Daniel Schmolling welcher seine Geliebte ohne eine erkennbare Causa facinoris ermordete. Ein Beitrag zur Lehre von der Zurechnungsfähigkeit«. In: *Zeitschrift für die Criminal-Rechts-Pflege in den Preußischen Staaten mit Ausschluß der Rheinprovinzen* [...]. Hg. v. Julius Eduard Hitzig [...]. Berlin 1 (2/1825), S. 261-376; das.:
– Ausführung der Criminal-Deputation des Stadt-Gerichts, S. 263-267
– Ausführung des Criminal-Senats des Kammer-Gerichts, S. 267-319; Hauptgutachter: E. T. A. Hoffmann

– Vertheidigungsschrift von Bode, Justiz-Commissarius, S. 319-349
– Ausführung des Ober-Appellations-Senats des Kammergerichts, S. 349-367
– Julius Eduard Hitzig: »Bemerkungen zu dem vorstehenden Fall. Betreffend
  die Frage: ob der erkennende Richter nach den Vorschriften der Criminal-
  Ordnung berechtigt sey, von einem ärztlichen Gutachten über die Zurechnungsfähigkeit eines Verbrechers, wenn ihm dasselbe nicht genügt, vollkommen zu abstrahiren?« S. 367-376

zum Fall Dieß:
– Bopp: »Zurechenbarkeit oder nicht? Actenstücke und Verhandlungen. Mit-
  getheilt von Advocat Bopp in Darmstadt«. In: *Zeitschrift für die Staatsarznei-*
  kunde 31. Hg. v. Adolf Henke. Erlangen 16 (2/1836), S. 378-398; Erinnerung
  des Hg. S. 398f.

Büchners kritische Aneignung von Quellenmaterialien ist radikal auf die
Zentralstellung des Protagonisten angelegt: es geht ihm um Woyzeck und
um den Wirkungszusammenhang von erdrückender Armut, erniedrigen-
der Arbeit und geistig-seelischer Erkrankung. Die anderen Figuren, mit
der Ausnahme von Marie, sind typisiert und vorwiegend Träger bestimm-
ter Funktionen im Drama. Woyzeck »erscheint tendenziell als ›ganzer‹
Mensch, während die anderen mehr oder weniger auf ihre Beziehung zu
Woyzeck spezialisiert sind, also in persönlicher, sozialer oder ideologischer
Hinsicht einen dominanten Charakterzug aufweisen« (Meier J 10, S. 81).
Die parteiliche Entwicklung der psychischen Krankheit Woyzecks stellt in
Büchners Quellenaneignung eine dezidierte Kritik primär an Clarus und
den Justizverfahren der Zeit dar. Die Position Clarus', die auf der Annahme persönlicher Verschuldung und Verfehlung beruht, berührt sich mit
der Oberlins und, indirekter, Goethes, die im *Lenz* kritisiert werden. Als
weiterer kritischer Bezugspunkt ist ebenfalls die psychiatrische Schulmedizin zu sehen, sicher auch Büchners Auseinandersetzung mit den Lehrbü-
chern des einflußreichen, zum Mystizismus neigenden Leipziger Psycholo-
gen Johann Christian August Heinroth (vgl. oben S. 141; DL S. 121ff.).
Heinroth war im Fall Woyzeck von der Anklage als Gutachter abgelehnt
worden, hatte jedoch in seiner Replik auf Marc die Partei von Clarus er-
griffen (zu der Kontroverse vgl. Ludwig L 19, S. 243ff.).

Während Büchners Kenntnis des Falls Woyzeck gesichert ist, läßt sich
auf seine Verwertung der Fälle Schmolling und Dieß nur indirekt aus der
Verwendung der gleich skizzierten Motive und Details schließen. In der
Kontroverse in medizinischen Fachzeitschriften, die der Hinrichtung
Woyzecks folgt, werden die Vorgänge um Woyzeck und Schmolling
mehrfach verglichen. Der gemeinsame Nenner ist einmal ein Konflikt
von Justiz und forensischer Medizin, dann, wie auch in bezug auf Johann
Dieß, der soziale Hintergrund: die drei Täter gehören ins Milieu der sozial extrem Unterprivilegierten. Sie sind entlassene Soldaten (Dieß wird
schon während des Militärdiensts von seinem Hauptmann wegen seiner

»Liederlichkeit und Zügellosigkeit« als »berüchtigtes Subject« bezeichnet), trotz ihrer Arbeitswilligkeit sozial sukzessive abgesunken und erwerbs- und obdachlos geworden. Die Tatwaffe ist die gleiche. In allen drei Fällen richtet sich die Destruktivität gegen die Geliebte, die im Fall Schmolling schwanger ist. In den beiden anderen Fällen hat eine frühere Geliebte ein uneheliches Kind vom Täter. Alle sind außerstande, die Heiratserlaubnis zu erhalten, da sie mittel- und wohnsitzlos sind. Vor allem in den Fällen Woyzeck (paranoide Wahnvorstellungen, Visionen, akustische Halluzinationen, Träume mit der Aufforderung zum Mord) und Schmolling (nächtliche Panikzustände, Agitation, möglicherweise Paranoia) sind geistige Krankheiten dokumentiert. Im Fall Dieß (»Jähzornausbrüche«, »Wahnsinn und Geistesverrücktheit«) deutet das Gutachten die Umrisse einer Pathologie an (zu weiteren Motiven und ihrer Entwicklung in den Entwurfsstufen vgl. Krause B 4, S. 164ff.; Bornscheuer B 6, S. 51ff.; Hinderer C 5, S. 190f.; PW 1 S. 714ff.). Als möglicher Bezugsort ist der Fall Pierre Rivière zu sehen. Der Geisteskranke ermordet seine Mutter, Schwester und seinen Bruder 1835. Er wird zunächst zum Tod verurteilt, dann zu lebenslänglichem Gefängnis begnadigt. Der seinerzeit in Frankreich vieldiskutierte Prozeß wird 1973 von Michel Foucault aufgegriffen.

Die Zahl der *literarischen Quellen* und Zitate ist gering. Neben einer Anzahl von Volksliedern werden Märchenmotive, Gedichte von Gottlieb Conrad Pfeffel, *Des Knaben Wunderhorn* und die Bibel zitiert. Büchners Hoffnung auf »die Bildung eines neuen geistigen Lebens im *Volk*« (440) wird hier sichtbar, ebenso seine klare Distanz zu Teilen der Romantik als Kunstform und Herrschaftsdiskurs. Wenige Anspielungen finden sich auf Lenz' *Soldaten* und *Der Hofmeister*: ein weiteres Indiz für die chronologische und gedankliche Nähe des *Woyzeck* und der Erzählung. Philosophische Bezüge liegen vor zu Descartes, Spinoza und dem französischen Arzt und materialistischen Philosophen der Revolutionsära Pierre Jean-George Cabanis (1757-1808), seiner Schrift *Coup d'œil sur les Révolutions et sur la Réforme de la Médecine* (Paris 1804 [Oesterle T 20, S. 207ff., 229ff.]) und seinem Hauptwerk *Rapports du physique et du moral de l'homme* (2 Bde., Paris 1802; dt. *Ueber die Verbindung des Physischen und Moralischen in dem Menschen*. 2 Bde., Halle 1804 [PW 1 S. 732]).

Büchners erstes Interesse am Fall Woyzeck resultiert vielleicht aus Gesprächen mit dem Vater. Der Gerichtsgutachter Ernst Büchner erbringt den Nachweis (»Gutachten über den Gemüthszustand eines Soldaten im Augenblick seines Vergehens im Dienste durch thätliches Vergreifen am Vorgesetzten«. In: *Zeitschrift für die Staatsarzneikunde* 10 [1825] S. 39-72), daß ein Soldat, der von seinem Korporal aus dem Schlaf geschreckt wurde und diesen angegriffen hatte, »in einem Anfall von vorübergehendem Wahnsinn« gehandelt haben könnte. Der Angeklagte wird aufgrund des fortschrittlichen Gutachtens freigesprochen, der Gefreite bestraft. Im gleichen Jahresband der Zeitschrift erscheint das zweite Clarus-Gutachten. Denkbar ist, daß Ernst Büchner, als Materialist der Schulmedizin seiner Zeit voraus, Georgs Aufmerksamkeit schon früh auf den Problemkomplex geistiger Krankheit, vielleicht sogar auf ihre sozialen Begleitumstände gelenkt hat. Hinzu kommt, daß Woyzeck und Ernst Büchner 1806/07 im gleichen holländischen Regiment gedient hatten. Hier könnte schon ein Konzeptionsmoment der Tragödie liegen. Ein Berührungspunkt mit Dieß ergibt sich aus dessen Obduktion in der Gießener Anatomie im Frühjahr 1834. Ob Büchner »buchstäblich mit dem Mörder konfrontiert« (H S. 554) wird, weiß man nicht. Mit Sicherheit wird der Fall von Kommilitonen und Lehrenden diskutiert und kann als Wegweiser für Büchners Lektüre der Kontroverse gedient haben, in der er diverse Parallelen der drei Tathergänge und ihrer Strafverfolgung vorfindet.

6.1.1 Textlage

In der Klärung der *Textlage* hat die Editionsphilologie der letzten Jahrzehnte enorme Fortschritte verbuchen können. Ludwig Büchner, der zusammen mit seinem Bruder Alexander den ersten Versuch einer Transkription unternimmt, findet die Fragmente »eines bürgerlichen Trauerspiels ohne Titel [...] durchaus unleserlich« und entscheidet sich, vor allem aus geschmacklichen Gründen, gegen die Aufnahme in seine Ausgabe (N S. 39f.; HS S. 84ff.). Der erste Herausgeber Karl Emil Franzos unterzieht die Handschriften einer Auffrischungskur mit Schwefelammoniak, die ihrem Zustand nicht zugutekommt (zum Überlieferungsweg und den Handschriften Schmid B 13, Kommentar S. 20ff.). Mit der kritischen Ausgabe Bergemanns hat man sich lange zufriedengegeben. Erst die Studien bzw. Editionen von Paulus (T 5), Elema (T 6), Lehmann (HA; F 2, S. 35ff.) und Krause (B 4, S. 73ff.) haben Befunde vermittelt, die u.a. dann zu Vorschlägen der Neubeurteilung der Textlage (Bornscheuer B 5, T 10; Buch T 7; Richards T 9, T 13; Wetzel T 17) geführt haben. Mit der Faksimileausgabe der Handschriften von Schmid (B 13: 1981; vgl. Kanzog F 5) tritt die Editionsphilologie in ein neues Stadium ein. Von hier aus sind weitere wichtige Resultate zu verzeichnen, darunter: Schmid zu »Probleme[n] der Textkonstituierung« (F 13), ebenso Dedner (T 34); Hartung (T 35); Poschmann (B 15, S. 81ff., F 14, PW 1 S. 675ff.) zu einer Neubewertung der Überlieferungsträger; Bockelmann (F 17); T.M. Mayer (F 18); Poschmann (T 36); T.M. Mayer (T 37) zu editorischen Grundsatz- und Detailfragen, darunter auch zur Frage von Büchners Schreibgewohnheit, der Abkürzungen bzw. Kürzel und des Dialekts, letztere eine der offenen Wunden der *Woyzeck*-Philologie. Bedenkt man, daß seit der ersten Entzifferung von Franzos 125 Jahre vergangen sind, wird man kaum zu hoffen wagen, daß in den nächsten Jahren oder Jahrzehnten eine Ausgabe zustandekommt, die *allen* philologischen und (Leser)Ansprüchen genügen kann. Das soll keineswegs als Kassandraruf verstanden werden, nur als berechtigte Skepsis angesichts der problematischen Überlieferung einerseits und als Anerkennung des gegenwärtigen Forschungsstands, der in vieler Hinsicht schon die »Grenze des Erreichbaren« (Hartung) tangiert. Die *Woyzeck*-Edition der Marburger Forschungsstelle Georg Büchner ist zu Recht als »Summe« (Mayer T 37, S. 221) der in Vorbereitung befindlichen Historisch-kritischen Ausgabe geplant.

Die Überlieferung des *Woyzeck* besteht aus drei Handschriften mit vier Entwurfsstufen: 1. den fünf Foliobogen der ältesten beiden Szenenfolgen (»Foliohandschrift«, gemeinhin unterteilt in Entwurfsstufen H1 und H2); 2. einem mit Sicherheit jüngeren (nach Poschmann: jüngsten, dort als »Ergänzungsentwurf« H4) alleinstehenden Quartblatt (Lehmann: H3), das zwei Szenenentwürfe enthält; 3. der nach Lehmann und Schmid jüngsten, nach Poschmann vorletzten (dort »Hauptfassung« H3) Szenenfolge auf sechs Doppelblättern (»Quarthandschrift«, von Lehmann und Schmid bezeichnet als Entwurfsstufe H4). Bei der Foliohandschrift handelt es sich offenbar um zwei nacheinander entstandene, auf Ergänzung angelegte Teile eines Entwurfs. Der erste Teil (H1) enthält einundzwanzig Szenen, die zweite Entwurfsstufe (H2) neun Szenen. Die Handschriften erscheinen hier in der Gegenüberstellung. Ich folge Poschmanns Siglierung der Handschriften und gebe in Klammern die Siglen von Lehmann und Schmid. Von Büchner gestrichene Szenen sind durch * gekennzeichnet:

H1		H2	
Bogen I:	1. Buden. Volk	Bogen III:	1. Freies Feld. Die Stadt in der Ferne*
	2. Das Innere der Bude		2. Die Stadt*
	3. Margreth allein		3. Öffentlicher Platz. Buden. Lichter
	4. Der Casernenhof*		4. Handwerksbursche*
	5. Wirthshaus*		5. Unterofficier. Tambourmajor
	6. Freies Feld*		
	7. Ein Zimmer*		
	8. Casernenhof		
	9. Der Officier, Louis*	Bogen IV:	6. Woyzeck. Doctor*
	10. Ein Wirthshaus*		7. Straße. Hauptmann. Doctor
			8. Woyzeck, Louisel*
		Bogen V:	9. Louisel, allein. Gebet*
Bogen II:	11. Das Wirthshaus		
	12. Freies Feld		
	13. Nacht. Mondschein		
	14. Margreth mit Mädchen vor der Hausthür		
	15. Margreth und Louis		
	16. Es kommen Leute		

Die in ihrer Anordnung und in der dramatischen Entwicklung relativ fortgeschrit-
tene Entwurfsstufe (Poschmann: »Hauptfassung«) liegt vor in der Handschrift

H3 (bzw. H4)

Das Quartblatt H4 (bzw. H3) enthält die folgenden zwei (m. E. in deutlichem
Abstand voneinander entstandenen) Szenen: 1. Der Hof des Professors; 2. Der Idiot.
Das Kind. Woyzeck.

Die Frage der Erstellung einer Lese- bzw. Bühnenfassung ist in der Forschung der letzten Jahrzehnte unterschiedlich beurteilt worden. Krause
lehnt die editorische Kombination eines derartigen Texts vollkommen ab
(B 4, S. 23; vgl. Bornscheuer B 5, S. 3; Kanzog T 12, S. 440f., F 5, S.
289). Dem ist entgegenzuhalten, daß der Text in erster Linie seinem Leser
gehört, und nicht dem Philologen. Die von der Sache (der Überlieferung)
und vom Forschungsstand her noch immer gegebene »Kluft zwischen
dem Gewissen der Philologen und den rein literarischen Interessen einer
breiteren Leserschaft« (Kanzog) darf der Rezeption des Texts nicht den
Weg versperren. Statt dessen sollte sie zu philologischer Redlichkeit an-
halten. Es muß den Lesern von vornherein klargemacht werden, wie und
in welcher Form und mit welchen Einbußen an Authentizität der ihnen
vermittelte Text sich von den Textzeugen herleitet. Jedes Szenenarrangement aus den Entwurfsstufen beruht auf konzeptionellen, strukturellen
und interpretatorischen Vorentscheidungen des Herausgebers. Diese sind
dem Leser zu erläutern. Es ist selbstverständlich »nicht möglich, die im

Entwurfsstadium steckengebliebene Arbeit des Autors nach dessen Intentionen zu Ende zu führen« (Schmid F 13, S. 213). Andererseits kann man von einer relativen Verbindlichkeit der Entwurfsstufe »auf höherer Ebene« (Schmid B 13, Kommentar S. 53) H3 für die intendierte Gesamtstruktur der Tragödie ausgehen. Den Mordkomplex überliefert nur H1. Über die Plazierung der beiden Szenen H4 ist viel einleuchtendes gesagt worden (zuletzt vgl. PW 1 S. 678ff., dagegen Hartung T 35), ob man freilich je zu einem Konsens gelangen wird, ist fraglich.

Setzt man jedoch voraus, »daß die überlieferten Handschriften [...] als Bestandteil *einer* zusammengehörigen Fassung betrachtet werden müssen, die über mehrere Stufen in einem kontinuierlichen, wenn auch mehrfach unterbrochenen Arbeitsprozeß entstanden ist« (Schmid B 13, Kommentar S. 52), setzt man weiterhin Büchners Festhalten an der *historischen Evidenz* seiner Quellen in bezug auf den Schluß voraus (gegen Krause B 4; Wetzel T 17), dann steht fest, daß eine Leseausgabe allein auf der Grundlage von H3 eingerichtet werden darf und man diese Entwurfsstufe nur dort aus H1, H2 und H4 ›ausfüllen‹ sollte, wo der Tod den Autor an der Weiterführung gehindert hat. Kontaminationen sind zu vermeiden, da sie einen Eingriff in den Arbeitsgang Büchners darstellen und die ohnehin fragile Überlieferung weiter belasten. Dies ein Einwand gegen die bewährte »Lesefassung« Lehmanns, deren 3. und 9. Szenen Kontaminationen enthalten (vgl. Knapp D 4, S. 64ff.), und die die Schlußchronologie von H1 verändert und H4,1 nicht plausibel plaziert. Poschmanns »Kombinierte Werkfassung« bietet einen den Entwurfsstufen nahen Text, der den heutigen Stand der *Woyzeck*-Philologie reflektiert. Der dort gegebene »rekonstruierte Handlungsablauf« stellt ein Forschungsergebnis dar, mit dem sich der Leser (dem die »Entstehungsstufen« sowie die Vorentscheidungen für die Erstellung der »Werkfassung« mitgeteilt werden) auseinandersetzen kann. Auch da sind Einwände möglich gegen die Plazierung von H4,1 und das Schlußarrangement, die hier nicht diskutiert werden können. Mit Sicherheit ist das letzte Wort in Sachen einer les- bzw. spielbaren Fassung nicht gesprochen (vgl. Dedner T 34, S. 158ff.; Hartung T 35, S. 205ff.).

6.2 Komposition und Ästhetik der Entwürfe

Die Entwurfsstufen sind, mit Ausnahme der Entwürfe des Lustspiels, das einzige erhaltene Arbeitskonzept Büchners. Hier ist ein Blick in die Werkstatt des Autors möglich. Die Philologie hat, insbesondere zur Hypostasierung der Genese von *Dantons Tod* und *Lenz*, von den Erkenntnissen profitiert, die die Betrachtung der auf Ergänzung, Erweiterung und Ausfüllung geschriebenen *Woyzeck*-Handschriften ermöglicht. Auch die Hauptfassung

H3, die wohl als »vorläufige Reinschrift« beginnt und Teile von H1 und H2 (10 Szenen) absorbiert, wird, da Büchner über die Grenzen der früheren Entwurfsstufen weiterdenkt und –schreibt, »zunehmend [zur] Niederschrift« (Lehmann F 2, S. 40). Dabei »erweist es sich als ungerechtfertigt, ihr als ›letzte Fassung‹ einen abschließenden und Weiteres ausschließenden Charakter zuzuschreiben« (PW 1 S. 688). Im ganzen sind die Entwurfsstufen als sich immer mehr verdichtende und in ihrer Motivation vertiefende szenische Kontrafaktur zu den Clarus-Gutachten (möglicherweise auch den Schmolling- und Dießdokumenten) zu lesen, die die psychischen, sozialen und (zwischen)menschlichen Zusammenhänge des fiktionalisierten Falls Woyzeck in die Konturen einer der Vollendung relativ nahen Tragödie einbringt. Einige Grundsatzentscheidungen waren vorderhand nötig. Handlungsort ist bei Büchner eine südhessische Garnisonsstadt. Die Sprache verweist auf Darmstadt, *nicht* auf Gießen. Christian Schulz situiert das Mordgeschehen im Darmstädter Wäldchen (»Links über die Lochschneise, am rothen Kreuz« [...]. In: *Darmstädter Echo, Magazin z. Wochenende* v. 20. 4. 1996). Auch der Professor (H4,1), der ja das Vorhandensein einer Universität bekundet und oft als Wilbrand-Karikatur gelesen wird, sowie die Anspielungen auf die Liebigschen Ernährungsexperimente sollten da nicht beirren: Büchner nimmt sich die poetische Freiheit, den akademischen genius loci Gießens und andere dort angestellte Beobachtungen mit seiner Heimatstadt zu verschmelzen (vgl. Dedner: »Gießener Erfahrungen in Büchners *Woyzeck*«. In: Gerhard R. Kaiser/ Gerhard Kurz [Hgg.]: *Literarisches Leben in Oberhessen.* Gießen 1993, S. 104-125). Tatwaffe ist ein Messer (H1). Der »Tambour Vitzthum«, bei Clarus ein einfacher Soldat und mit Woyzeck sozial gleichgestellt, wird zum Tambourmajor (einem Unteroffizier mit schneidiger Uniform) und Nebenbuhler (H2). Für die Figur der Großmutter (H1) dürfte neben der »Wittigin« Büchners Großmutter Louise Reuß Pate gestanden haben, der Jude Samson Schwabe für den Krämer (H3,15). Handwerksburschen, Schauplätze und diverse Details finden sich bei Clarus. Zum Narren Karl und anderen Realien vgl. KM S. 244ff. Büchners Doctor trägt von Anfang an Züge von Clarus, den er in Zitatfetzen karikiert.

Eine der wichtigsten Veränderungen betrifft das Paar Woyzeck und Marie und ihre Beziehung: »Aus den Affären des einundvierzigjährigen Woyzeck mit der sechsundvierzigjährigen Witwe und Gelegenheitsprostituierten Woost ist ein festes und lang andauerndes Liebesverhältnis zwischen zwei jüngeren Leuten ohne Heiratsaussicht geworden« (Hartung T 35, S. 216). Von hier aus und durch die Einführung des gemeinsamen Kindes gewinnt das Verhältnis für Woyzeck lebenserfüllende Bedeutung: Eifersucht wird als Reaktion auf Existenzbedrohung glaubhaft. Die folgenschwerste Veränderung gegenüber der Quelle ist Woyzecks Einordnung in ein komplexes System von Arbeits- und Abhängigkeitsverhältnis-

sen. Vorerst sei festgestellt, daß Büchners Figur in der Entwicklung der
Entwurfsstufen keineswegs ein arbeitsloser Pauper, sondern ein Pauper ist,
der in fünffacher (Über)Beschäftigung (als Soldat, Bursche des Hauptmanns, Versuchskaninchen des Doctors, Anschauungsobjekt des Professors sowie Faktotum, das auch Stöcke für die Offiziere schneidet) kaum
genug verdienen kann, um Frau und Kind zu versorgen. Hier wird der
»Mord durch Arbeit« praktiziert.

6.2.1 Die Entwurfsstufen

Die Entwurfsstufe H1 gibt in ihren 21 Szenen in klarem Kausalnexus
und linearem Handlungsaufbau den dramatischen Zusammenhang einer
»Eifersuchtstragödie im Soldatenmilieu« (H S. 562). Die Szenenfolge ist
mit einer Mordballade verglichen worden (Wetzel T 17, S. 377). In Frage
kommen auch die Genres von Moritat und Melodrama, wenn man die
zahlreichen Volksliedeinlagen und den umrißhaften, holzschnittartigen
Szenencharakter bedenkt (auf »Schauerelemente« weist hin Oesterle T 20,
S. 179ff.). Im Mittelpunkt dieser *Strukturstufe* steht noch das Eifersuchtsmotiv, das *fast* geradlinig (vgl. unten zu H1,12) zum Mord hinführt. Die
Schlußskizze H1,21 läßt einen Polizisten und den Barbier (eingeführt in
H1,10 als wissenschaftliches Versuchsobjekt und Vertreter eines materialistischen Wissenschaftsbegriffs) sowie den stummen Arzt und Richter auftreten und dürfte als Überleitung zur geplanten Obduktion und dem Prozeß zu verstehen sein. Nichts deutet darauf hin, daß Büchner von den
Tatsachen, wie er sie in »Natur« und »Geschichte« vorfand, abweichen
würde: auch sein Woyzeck wäre den in den Quellen vorgezeichneten Weg
über die Begutachtung zum »Nachrichter« (Clarus) gegangen.

In H1 klingen über das Eifersuchts- und Mordgeschehen hinaus bereits andere Motive bzw. Motivkerne an. In den beiden Jahrmarktsszenen
(H1,1,2) wird der Gedanke der sozialen Determination des Menschen angespielt, ebenso eine Reihe philosophischer Herrschaftsdiskurselemente:
»Von der Vernunftsatire geht einer der philosophischen Stränge der Texte
aus« (Diersen T 29, S. 149). Dieser wird aber erst in H2,6 an der Figur
des Doctors weiterentwickelt. Der Marktschreier zeigt am dressierten
Affen und Gaul die willenlose Vergesellschaftung des Menschen, insbesondere des Soldaten, und beruft sich zugleich mit deutlichen Clarus-An-
klängen (»die menschlich Societät«) auf dessen gesellschaftlich verankerten abstrakten Moralbegriff. Da aber das soziale Gefüge in H1 über die
enge Welt des Soldaten hinaus nicht definiert ist und die ökonomischen
Bedingungen nur angedeutet sind, bleiben die meisten Bezugspunkte der
Eingangsszenen noch im Raum stehen. Vor und in der Bude wird Theater
im Theater gespielt. Als Rahmen der folgenden Handlung gemahnt der

(in H2 und H3 dann an die dritte Stelle verwiesene) bezugsreiche Jahrmarktskomplex an den Eingangsrahmen des Lustspiels. Daß Büchner diesen grotesken Rahmen in den weiteren Entwurfsstufen aufgibt, ist als Indiz für seine das soziale Umfeld immer realistischer ausarbeitende, immer stärker auf die Durchdringung und Komplexität der Hauptfigur ausgehende Ästhetik zu werten: die Umstände sprechen im weiteren für sich, programmatische Vorauserklärungen können entfallen.

In H1,2 blitzen zwei Motive in äußerster Abbreviatur auf: Armut bzw. soziales Gefälle zwischen Unterofficier (der als Zeichen seines Bessergestelltseins eine Uhr trägt) und Magreth, ebenso die erste Berührung der beiden. Das wird in H1,3 fortgeführt, wenn Magreth über die Stellung des Unterofficiers reflektiert (»Ein Mann vor einem Andern«). In H1,4 wird Louis' erwachende Eifersucht und erstmals seine Agitation gezeigt, die jetzt noch nicht krankhaft ist. H1,5 führt dann den Beginn der halluzinatorischen Zustände im direkten Clarus-Zitat ein. Überhaupt finden sich in H1 auffallend viele wörtliche Anlehnungen an das (zweite) Gutachten, insbesondere im Krankheitsbereich. Der Komplex der Psychose ist hier bereits so stark verfestigt, daß er von Büchner insgesamt sechsmal gezeigt wird (5, 6, 7, 8, 11, 13), allerdings stehen zunächst noch die Halluzinationen sämtlich im Zusammenhang mit dem Eifersuchts- und Mordmotiv. In H1,11 wird die psychische Krankheit mit Woyzecks von Clarus weidlich ausgeschlachteter Neigung zum Alkohol verbunden (»Er ist besoffen«). Dieses Motiv wird in den weiteren Entwurfsstufen nicht ausgearbeitet. Das Armutsmotiv wird in H1,14 im (Anti)Märchen der Großmutter aufgegriffen, das ein komplexes Gegenstück zur Schluß»utopie« des Lustspiels darstellt. Das Eifersuchtsmotiv erscheint in der Skizze H1,12 zeitweilig abgeschwächt, da hier Louis das Messer in eine Höhle legt (»Du sollst nicht tödten«). Erst die Nachthalluzination in H1,13 mit der erneuten Mordaufforderung (»Stich, stich die W[oyzecke] todt«) gibt dann den Ausschlag zum Mord. Die von der Forschung mit guten Argumenten pro und contra diskutierte Frage, ob es sich bei H1 um einen bruchlos ›durchgeschriebenen‹ Text oder um mehrere, sich einander überlagernde Entwürfe handelt, ist bislang nicht geklärt. H1 trägt noch deutliche Spuren eines *draft-in-progress*: unterschiedliche Szenenform und -länge, intendierte Leerstellen, Lücken, Unschlüssigkeiten in der Motiv- und Charakterentwicklung, vielleicht sogar Fragen der genauen Weiterführung über den Mordkomplex hinaus. An der Chronologie der Szenen scheint jedenfalls nicht zu rütteln. Zur Folge der Szenen 18, 19 und 20 vgl. die schlüssige Begründung von Dedner (T 34, S. 155ff.).

H2 ist eine *Aufbau-* und *Ausfüllungsstufe*. Die neun Szenen der zweiten Entwurfsstufe sind länger angelegt. Hier gewinnt der Dialog als dramaturgisches Element und als Mittel der Personencharakterisierung an Gewicht. Die Figuren treten aus der in H1 noch fast zweidimensionalen

Anlage heraus, weitere Personen kommen hinzu. Umrisse einer Sozialstruktur werden entwickelt. Mit dem Tambourmajor, dem Doctor und dem Hauptmann entsteht ein »gesellschaftliche[s] Koordinatensystem« (Meier T 15, S. 27), in dem sowohl Woyzeck als auch die als Typen erfaßten Repräsentanten der Unterdrückungsverhältnisse ihre Rollen zugewiesen bekommen. Schon in H2,1 werden zwei wichtige Komplexe ausgearbeitet. Einmal die *Pathologie Woyzecks*, die jetzt breiter begriffen wird. Woyzeck halluziniert (die Clarus-Zitate dienen der Verfestigung der fiktionalen in der außerliterarischen Realität), seine Freimaurerfurcht deutet den Komplex einer krankhaften Kosmologie an. Die psychische Störung ist jetzt aus der in H1 noch gegebenen engeren Mordkausalität abgelöst und wird Bestandteil der Charakterisierung der Hauptfigur. Zweitens kommt der zentrale Bereich der *Arbeit* ins Bild. Hierdurch wird ein direkter Anschluß an den *Hessischen Landboten* möglich (vgl. Armstrong H 26). Woyzeck hetzt von einer Pflicht zur nächsten. Erst retroaktiv wird damit der in H1 schon angelegte rapide Bewegungsablauf, die »Hetze« (Dedner) von Figur und Geschehen einsichtig. Durch das Gehetztsein Woyzecks wird auch ein impliziter Konnex von Psychose=Agitation und Arbeitskontext=Überforderung hergestellt. Man erinnert sich, daß in der Schulmedizin der Zeit Getriebensein bzw. rasche Gangart als Symptom der »Melancholie« bzw. des Wahnsinns gilt (vgl. S. 142).

In H2,2 wird das Motiv der *sexuellen Anziehung* zwischen Louise (Margreth ist jetzt die Nachbarin) und dem Tambourmajor angespielt und der ökonomische Hintergrund der *Armut* ausgeführt. Das Kind kommt hinzu. Hier kann man sehen, wie Büchner von Stufe zu Stufe den sozialen Kontext über das in seiner Zeit Zulässige hinaus vertieft. In H2,2 heißt es noch: »Bist du auch nur e Hureki[nd]«, in H3,2 dann: »Bist doch nur en *arm* Hurenkind« (Hervorhebung GPK). Aber auch der Zusammenhang von ruinösem Arbeitsdruck und psychischer Labilität wird aus 2,1 weiterführend verfestigt: Woyzeck hat keine Zeit für ein Privatleben, er kann nicht bleiben, sondern muß zum »Verles« (Appell). In 2,5 ist die sich anspinnende Beziehung zwischen Louisel und dem Tambourmajor angedeutet. Die Szene 6 bringt den Doctor ins Spiel, der Woyzeck per Vertrag als Versuchsobjekt für seine bizarren Experimente gebraucht. Interessant ist, daß Woyzeck, selber Versuchsgegenstand, als Faktotum dem Doctor auch Frösche und andere Versuchstiere fängt. Der Doctor ist jetzt ein Konglomerat aus Clarus, Wilbrand, Liebig und denkbaren anderen Vertretern der Schulmedizin. (Zu literarischen und naturwissenschaftlichen Bezugspunkten Kubik L 17, S. 234ff.; zum Menschenversuch Glück T 24; zum Wissenschaftsdiskurs der Zeit Ludwig L 19, S. 232ff.) Sein Kauderwelsch halb- und wissenschaftlicher Terminologie (Kontrapunkt zum Kauderwelsch des Marktschreiers in H1,1,2) verdeckt nicht die Kaltherzigkeit seines Blicks, dem das menschliche Wesen bloß Objekt ist. Als

Somatiker hat er Kausalitäten im Sinn. Es geht ihm also nur um »Zwek-ke« (*Über Schädelnerven*, 157f.). Woyzeck halluziniert, der Doctor ist begeistert über dessen »schöne fixe Idee [...] köstliche alienatio mentis« (Clarus: »Uebrigens habe er einen Gedanken, den er einmal gefaßt habe, nicht leicht wieder los werden können«). Der von ihm entworfene Freiheitsdiskurs (»Woyzeck der Mensch ist frei, im Menschen verklärt sich die Individualität zur Freiheit«; analog 3,8) führt direkt zu Clarus zurück, verweist aber auch auf den größeren idealistischen Diskurshorizont, den Büchner im *Lenz* und in *Leonce und Lena* angreift. Insbesondere die Bezüge zu Schelling sind auffällig (Abels T 26, S. 638f.).

Erbsendiät und vertragsgemäße Harnverhaltungen tragen zum weiteren physischen Ruin Woyzecks bei, von der Entwürdigung zu schweigen. In der Szene 2,7 wird dann das Unterdrückergespann Doctor und Hauptmann als »Agenten« (um den 6. 4. 1833; 366f.) der bürgerlichen (der »abgelebte[n] moderne[n]«) Gesellschaft zusammen mit Woyzeck auf die Bühne gestellt. Wenn der Hauptmann perfide Anspielungen auf Louisels Untreue macht, zerbricht für Woyzeck die Welt: »Herr, Hauptmann, ich bin ein armer Teufel,- und hab sonst nichts – auf der Welt«. Während Woyzeck zwischen berechtigter Verzweiflung und krankhafter Perzeption hin- und hergerissen ist, beobachtet der Doctor kaltblütig die physiologischen Vorgänge (»Gesichtsm[us]keln starr, gspannt«), wiederum in Anlehnung an Clarus, und stellt entzückt fest: »Phänomen, Woyzeck, Zulag«. Die Szene ist von zentraler Bedeutung, wie noch zu zeigen sein wird. Von *diesen* Peinigern hat Woyzeck kein Erbarmen zu erwarten.

In der Hauptfassung H3, der nächsten *Aufbau- und Erweiterungsstufe*, liegen 16 ganz oder teilweise ausgeführte Szenen vor, davon sind 10 »Neufassungen von Vorformen in H1 und H2« (PW 1 S. 686). Büchner geht es um weitere Vertiefung der Personenzeichnung, der Motivzusammenhänge, den Kausalnexus des Dramas und um den *gesamten Wirkungskomplex der sozialen Konstellation*. Erst im Übergang von H2 zu H3 wird das Exemplarische an Woyzeck sichtbar, der nunmehr kein Einzel‹Fall‹ mehr ist, sondern an dem die Destruktivität eines ruinösen Sozialgefüges sichtbar gemacht wird, das eine psychisch labile Persönlichkeit in den Wahn und zum Mord treibt und am Ende vollends zerbricht. Woyzeck, der dem Druck seiner Lohnsklaverei erliegt, wendet sich nicht gegen seine Unterdrücker, sondern gegen die einzige, in der er sein kleines Glück gefunden hat. Auch hier bleibt er seiner Rolle als tragisch duldender Protagonist der Restaurationszeit treu. Damit »reflektiert [Büchner] die Tatsache, daß aus dem größten Elend doch nicht zwangsläufig der revolutionäre Umsturz folgte« (MC S. 415). Der tragische Ablauf, so wie er in H3 ausgebaut wird, »ergibt sich aus einer zunehmenden Zahl von Abhängigkeitsverhältnissen« (Poschmann B 15, S. 103f.). Überarbeitung, Wahn und Verhetzung drängen Woyzeck in die Isolation. Seine Eifersucht

verstärkt diese Isolation. Erst in H3,12, *nachdem* Woyzecks Not diese Es-
kalationskette durchlaufen hat, halluziniert er den Mordbefehl: als letzte
Steigerungsstufe menschlichen Elends wird er zum Totschlag getrieben.

Büchners Vertiefung der früheren Entwurfsstufen wird bereits an den
Szenenneufassungen deutlich. In H3,2 wird durch die Raffung der Szene
Woyzecks arbeitsbedingte Hetze und der Zusammenhang von Pathologie
und Ausbeutung weiter akzentuiert. Zugleich objektiviert Büchner die
Wahnvorstellungen mit einer Parallele zu seinem Lenz: »Es ist hinter mir
gegangen bis vor die Stadt« (Hervorhebung GPK; vgl. oben S. 139). Die
neue Szene 4 bringt mit den Ohrringen (ein Geschenk des Tambourmajors) die *soziale* Komponente von Maries Verhältnis mit dem Unteroffizier
ins Spiel und verdichtet den Motivzusammenhang von Arbeit, Armut
und Aufopferung Woyzecks: »Wir arme Leut. Das is wieder Geld Marie,
d. Löhnung und was von mein'm Hauptmann«. In 3,5 wird das Abhängigkeitsverhältnis vom Hauptmann ausgebaut und der Motivkomplex Ar-
mut-Arbeit durch das Motiv der Demütigung erweitert (die Szene korrespondiert direkt mit 3,8). Mit dem bürgerlich-idealistischen Moraldiskurs
liefert der Hauptmann ein Echo der Vorstellungen Clarus'. Woyzecks
Entgegnungen, die ebenso kohärent wie anrührend seine ökonomische
Lage beschreiben, bilden ein klares Sympathieangebot. Indem Büchner
hier Woyzeck aus dem »Leben des Geringsten« mit bestechender Rhetorizität argumentieren und die einfältigen Moralvorstellungen des Hauptmanns als klassenbedingtes Privileg bloßlegen läßt, überschreitet er abermals die Grenze des zu seiner Zeit Spielbaren. Der Proletarier Woyzeck
geht als geistig und ›moralisch‹ Überlegener aus der Debatte hervor.

Die ebenfalls neue Verführungsszene 6 zeigt Marie mit dem Tambourmajor und durchbricht das Sexualitätstabu der Restaurationsära. Allein an
diesen beiden Szenen werden der revolutionäre Inhalt *und* die revolutionäre Ästhetik des Stücks greifbar, die Ludwig Büchner von der Veröffentlichung abhielten. In Szene 7 wird der Eifersuchtskomplex, der jetzt
in das gesamte oppressive Sozialgefüge eingebettet ist, vertieft. Der Vertiefung dient auch 3,14, wo Woyzeck vom Tambourmajor verprügelt
und gedemütigt wird. Büchner übernimmt die Prügelszene mit Warnek-
ke aus dem 2. Clarus-Gutachten. Er läßt den Tambourmajor zitieren
»Der Kerl soll dunkelblau pfeifen«. (Diese obskure Wendung aus dem
Sächsischen ergibt im südhessischen Dialekt des Stücks keinen Sinn). Die
ebenfalls in dieser Form neuen Szenen 15 (der Messerkauf), 16 (Maries
Reue und der vergebliche Appell an die Transzendenz) und 17 (Woyzecks
Testament) führen logisch auf den Mordkomplex hin. Mit dem ausweglo-
sen Konflikt Maries und mit Woyzecks resignativem Abschließen mit seinem Leben (die *Lenz*-Anlehnung kritisiert im Selbstzitat des pietistischen
Lieds wiederum den christlichen Leidensdiskurs und das Transzendental-
versprechen) werden die anti-idealistischen Grundlagen des Stücks verfe-

stigt: eine wie immer geartete Erlösung oder Versöhnung findet hier nicht statt.

Die beiden Szenen des Quartblatts H4 stufe ich *vorläufig* mit Poschmann als »Ergänzungsentwürfe« ein, wobei ich hinsichtlich der Chronologie von H4,1 allerdings konzeptionelle Bedenken habe und mir eine Niederschrift nach H3 nicht gut vorstellen kann. Eine erheblich frühere Entstehung von H4,1 (nämlich schon *vor* H3) aufgrund der Papierbeschaffenheit vertritt überzeugend T.M. Mayer (F 20, S. 322ff.). Auch hier wird das letzte Wort bis auf weiteres nicht gesprochen sein. Zwischen der Niederschrift von H4,1 und H4,2 liegt jedenfalls offenbar eine längere Arbeitsunterbrechung. Beide Entwürfe führen konsequent konzeptionell bereits angelegte Handlungselemente weiter. In H4,1 schließt Büchner an den Menschenversuch des Doctors an und macht Woyzeck nun auch zum Demonstrationsobjekt des Professors. Hiermit wird ein weiteres Abhängigkeitsverhältnis eingebracht und der »Mord durch Arbeit«-Komplex eskaliert. Eskaliert werden aber auch die bereits in H2 und dann komplexer in H3 entwickelten Motive der Demütigung, der sozialen Isolierung und Herabwürdigung eines Menschen zum (Tast)Objekt. Armstrong zeigt den Verweis auf den *Hessischen Landboten*: »So vergehen sich die tastenden Hände der Herren in beiden Fällen zweifach: in einem Akt des Beherrschens und in einem Akt der Entmenschlichung« (H 26, S. 73). Gemeint ist die Stelle:

> »Dafür sitzen die Herren in Fräcken beisammen und das Volk steht nackt und gebückt vor ihnen, sie legen die Hände an seine Lenden und Schultern und rechnen aus, wie viel es noch tragen kann, und wenn sie barmherzig sind, so geschieht es nur, wie man ein Vieh schont, das man nicht so sehr angreifen will.« (14,1ff./56,28ff.)

Wenn Woyzeck, auf die Aufforderung des Doctors, die Ohren zu bewegen, schließlich sagt: »Ach Herr Doctor!«, dann drückt er damit aus, daß er einfach am Ende ist und nicht mehr weiter *kann*. Hier besteht wirklich »keine Hoffnung auf Verständigung mehr« (PW 1 S. 694). H4,2 ist nach dem Mordkomplex anzusetzen. Man denkt sich Woyzeck, wie er dem Narren Karl sein Kind zur Betreuung anvertraut und auf seine Verhaftung wartet. Er gibt Karl Geld für ein Stückchen Gebäck für Christian. Dies ist sicher die letzte Szene von Büchners Hand (vgl. Schmid B 13, Kommentar S. 34).

Die Ästhetik des Stücks beruht auf der schrittweisen, absolut zwingenden Entfaltung des *Wirkungszusammenhangs* (in der Abfolge von H3) psychischer, sozialer, ökonomischer und, damit kausal verbunden, zwischenmenschlicher Faktoren, die samt und sonders zur Zerstörung zweier Menschenleben führen. Die *Darstellung* von Armut, Arbeit, Krankheit, Sexualität (Heinroth: »moralischer Depravation«) einerseits und die *Bloß-*

stellung der bürgerlichen Herrschaftsverhältnisse andererseits als unbarmherzige Vernichtungsmaschinerie sind Bestandteil dieser Ästhetik. Büchners nicht-aristotelische Szenenfolge ist immer konzentrisch auf den leidenden Protagonisten, im Lauf der Entwurfsstufen dann auch mehr und mehr auf Marie ausgerichtet, die zum »Opfer dieser ganzen männlich dominierten Gesellschaft« (Hartung T 35, S. 222) wird. An der Finalität – oder, wenn man so will: der ›Geschlossenheit‹ – der Tragödienkonzeption kann kein Zweifel bestehen. (Für eine detaillierte Formanalyse vgl. Dedner T 34.) Büchners Schluß hätte den historischen Tatsachen entsprochen. Alles andere ist abwegige Spekulation.

6.2.2 Sprache und Körpersprache

Integraler Bestandteil der Ästhetik ist Büchners innovativer Gebrauch von Sprache. Im Widerspruch zu Schmid (F 13, S. 210ff.) sind im Text nicht drei, sondern fünf verschiedene Sprachebenen auszumachen: 1. das von Büchner mit Gusto entworfene Kauderwelsch des ›fahrenden Volks‹ (H1,1,2 bzw. H2,3); 2. die westjiddisch durchsetzte Mundart des Juden in 3,15; 3. Hochdeutsch; 4. der ›gemäßigte‹ Darmstädter Stadtdialekt, wie er etwa von Doctor und Hauptmann, den Repräsentanten der Bourgeoisie, aber auch von den anderen Figuren, stellenweise gesprochen wird; 5. mehr oder weniger ›reiner‹ Dilalekt, wie er sich punktuell, aber keineswegs konsequent bei Woyzeck und Marie, der Nachbarin, der Großmutter, den Kindern, Karl, den Handwerksburschen etc. findet. Der Dialekt ist Büchner von seinen Verwandten im Ried vertraut, auch in den sozial weniger privilegierten Familien in den Darmstädter Watzenvierteln und Tintenvierteln wird er gesprochen. Daß er ihn bestens beherrscht, zeigt die von T.M. Mayer mitgeteilte Übertragung von Schillers »Kriegslied« (F 18, S. 188f.). (Heutzutage ist er, dank Mobilität und Fernsehen, sogar in ländlichen Bereichen kaum mehr zu hören.) Büchners Eltern sprechen neben Hochdeutsch den Stadtdialekt der Gebildeten, der auch in ihren Briefen durchkommt (454ff.; 458ff.).

Büchner selbst spricht ebenfalls diesen Stadtdialekt und weiß, daß er eine Variable darstellt. Je nach Bildungsstand, affektiver Lage und Sprechsituation (unter sozial Gleichgestellten bzw. im Diskurs mit Gebildeteren und weniger Gebildeten) nähert sich der Stadtdialekt entweder der Hochsprache oder auch stärkerer Dialektfärbung an. Bei angestrengter Rede, im Deklamatorischen oder Lehrhaften überschreitet er die Grenze zum Hochdeutschen. Alles das ist etwa in den Kombinationen Doctor-Woyzeck-Hauptmann weitgehend ausgearbeitet. Es ist also nicht nur der verwirrende Wissenschaftsdiskurs, der idealistische Freiheitsdiskurs (Doctor) und der hämische Moraldiskurs (Hauptmann), der als Waffe gegen Woyzeck eingesetzt wird, auch in der sprachlichen Kommunikation stößt er an die Bildungsbarriere. Sein eigenes Räsonieren prallt an der Sprachmauer der Gebildeteren ab. Man hört ihn kaum an und macht sich über seine Sprache lustig, wie etwa in 2,6: Woyzeck: »Aber Herr Doctor wenn man nit anders kann?« Der Doctor äfft ihn nach: »Nit anders kann, nit anders kann«. Transkribiert man einmal einige der Repliken mit Hilfe von B 13 und einer sehr guten Lupe in Lautschrift, wird man, soweit Büchners Schriftzeichen sich eben entziffern lassen, zumindest die *Tendenz* der hier angedeuteten sprachlichen Differenzierung im Detail erkennen. Daß Büchner den Dialekt nicht konsequent verwendet, erklärt sich textintern durch die Situierung des Geschehens in einer Stadt und der ständigen Berührung auch der Figuren aus dem ›Volk‹ mit Stadtdialekt- und Hochdeutschsprechern, konzeptionell dadurch, daß eben kein ›Volksstück‹ intendiert ist, sondern eine Tragödie aus dem Leben des Volks.

Die Tatsache, daß »die *Woyzeck*-Fragmente alles andere als durchgehend mundartlich [...] angelegt sind« (T.M. Mayer F 18, S. 179), erschwert den Umgang mit der Überlieferung weiter (vgl. Mayer ebd.; Schmid F 13; Bockelmann F 17; Mayer T 37 für eine Erörterung der Problematik). Bei alledem läßt sich festhalten, daß es Büchner auf die *Differenzierung der Sprachschichten* ankommt. Indem er diese Sprachdifferenz als ideologisches Phänomen aufzeigt, verleiht er der Sprache des Volks ihre eigene Würde. Denn gerade diese gelangt vor allem im Mund von Woyzeck und Marie zur authentischen Aussage, während die Sprache der »lächerlichen Äußerlichkeit, die man Bildung, oder eines toten Krams, den man Gelehrsamkeit heißt« (Februar 1834; 379) in blankem Unsinn leerläuft oder als Unterdrückungsmechanismus fungiert.

Wichtig ist schließlich das noch wenig untersuchte ästhetische Mittel der Körpersprache, das Büchner hier in stärkerem Maß einsetzt als in anderen Texten. Eng verbunden damit ist wieder der Aspekt der »Autopsie«, der visuellen Perzeption seelischer Befindlichkeit oder, umgekehrt, der Projektion gewisser Bedürfnisse oder Abwehrmechanismen in das Gesehene. Von Woyzecks Verhetztsein, das in Gestus und Körpersprache die Entwurfsstufen durchzieht, war schon die Rede. In 2,6 und 3,8 ärgert sich der Doctor, weil Woyzeck gegen die vertragliche Abmachung »auf die Straß gepißt« hat und »*tritt auf ihn los*«. Der Einschüchterungsgestus veranlaßt Woyzeck zu einem nervösen, hilflosen Erklärungsversuch. Der Doctor maßregelt ihn: »Kerl er tastet mit sei Füßen herum, wie mit Spinnfüßen« (2,6), womit er sprachbildlich sein eigenes Forscherinteresse am Objekt, aber auch Woyzecks Verlegenheit zum Ausdruck bringt. In 3,8 fehlen Woyzeck die Worte, »*er kracht mit den Fingern*«. In 2,7 beobachtet der Hauptmann, der selber gerade die Straße herunter »keuchte«, den gehetzten Woyzeck (»er läuft ja wie ein offnes Rasiermesser durch die Welt«), macht ihm sadistisch Andeutungen von Louises Untreue und stellt dann fest: »Kerl er ist ja kreideweiß«. Woyzecks Zustand der totalen Verstörung drückt sich, nachdem ihm die verbale Mitteilung versagt, wieder in der Körpersprache aus: »*geht mit breiten Schritten ab erst langsam dann immer schneller*«. Überhaupt fühlt sich der Hauptmann leicht verunsichert durch Woyzecks Hetze: »Langsam, Woyzeck, langsam; ein's nach d. andern; er macht mir ganz schwindlich [...] er sieht immer so verhetzt aus. Ein guter Mensch thut das nicht« (3,5). In der Autopsie des Hauptmanns wird nun aber nicht nur der Zustand *Woyzecks* verbildlicht, auch sein *eigenes* Sich-zur-Ruhe-setzen-Wollen im fadenscheinigen Moraldiskurs erweist sich als ebenso banal wie störanfällig. Der Hauptmann stützt sich übrigens in dieser Szene wörtlich auf das 2. Clarus-Gutachten (v. a. »Bei der Untersuchung des Inquisiten«, den Teil, den auch der Doctor in Nachbarszenen mehrfach zitiert).

Körpersprache und verbaler Ausdruck in 2,8 und 3,6 sind direkt aufeinander bezogen. Wenn Franz in 2,8 seine Eifersucht nicht mehr beherrschen kann, »*geht*« er »*auf sie los*«. Louisel stößt ihn zurück: »Rühr mich an Franz!« In der Verführungsszene 3,6 fordert sie den Tambourmajor auf: »Geh' einmal vor dich hin« und beschreibt ihn (wie ähnlich vorher schon in 3,2) so: »Ueber die Brust wie ein Stier und ein Bart wie ein Löw«. Das ist in Autopsie umgesetzte Körpersprache des Mannes, zugleich die Versprachlichung von Maries sexueller Attraktion. Wenn er sie umfaßt, weist sie ihn zunächst »*verstimmt*« über sein selbstverständliches Besitzergreifen zurück, dann überläßt sie sich ihm mit den gleichen Worten, mit denen sie Woyzeck in 2,8 abgewiesen hat: »Rühr mich an!« In der Testamentszene 3,17 ist Andres, der erkennt, was da geschieht, »*ganz starr, sagt zu Allem*: Ja wohl«. Woyzeck sieht in 3,4 sein Kind im Schlaf schwitzen (»Was der Bub schläft. [...] Die hellen Tropfen steh'n ihm auf der Stirn; Alles Arbeit unter d. Sonn, sogar Schweiß im Schlaf. Wir arme Leut!«) und überträgt die Körpersprache des kleinen Jungen, so wie er sie versteht, in das trostlose Bild eines Lebens in Arbeit und Armut. Er bringt sie verbal auf den einzigen Begriff, der ihm empirisch zur Verfügung steht. Das Zusammenwirken von Wort, Blick, Gestus und Körper erreicht in *Woyzeck* eine ästhetische Perfektion, die in ihrem Sich-Einleben in den Erfahrungsbereich der jeweiligen Figur weit am Naturalismus vorbei in die Moderne vorstößt.

6.3 Interpretationsperspektiven

6.3.1 Ein mörderisches System

Die Tragödie aus dem »Leben des Geringsten« ist, in ihrem dezidiert revisionistischen Anschluß an Clarus und den historischen Fall Woyzeck, sicher in der Initialform auch »das Wiederaufrollen eines abgeschlossenen Verfahrens und [...] Gegenklage« (Glück T 33, S. 206) gegen das, was Büchner als Fehlurteil und Justizmord erkennt. Sie ist aber mehr. Denn die Dramenfigur, die sich im Arbeitsprozeß der Entwurfsstufen aus Umrissen der historischen Woyzeckperson herausschält und diese doch nie ganz hinter sich läßt, strebt gezielt weg vom »Einzelfall« und hin zum »Massenschicksal« (ebd. S. 211). Büchners Revision des Leipziger Gerichtsurteils – die vielleicht überhaupt der früheste gedankliche Anstoß für das Drama war – ist am Ende des erhaltenen Texts nur noch selbstverständliche *Voraussetzung* für dessen viel weiter ausgreifende Strategie. Insofern ist auch die Frage der Zurechnungsfähigkeit, die Initialzündung der Fachkontroverse und damit Grundlage von Büchners Realienangebot, schnell gelöst. Selbstverständlich ist Woyzeck für Büchner nicht zurechnungsfähig im Moment des Mords: das läßt sich bereits mit einiger Konsequenz an H1 ablesen. Allein dort ist die Pathologie noch fest in die Eifersuchtshandlung eingebunden und zielstrebig (man möchte sagen: teleologisch) auf den Mord ausgerichtet. Büchner gibt sich jedoch nicht mit dem Konnex von psychischer Krankheit und Gewalt zufrieden. Ihn interessiert, wie in seinen anderen Texten, der Stoff hinter dem Stoff.

Es geht ihm um das *System*, das als Subtext dem Geschehen zugrundeliegt und das dieses überhaupt erst ermöglicht. Die Entwurfsstufen zeigen, in ständig schärferer Konturierung und tieferer Durchdringung, den *Wirkungszusammenhang* dieses Systems und die Menschen, die ihm zum Opfer fallen. Nicht nur Marie und Woyzeck sind Opfer dieses Zusammenhangs, auch der kleine Christian wird elternlos aufwachsen. Der unsichtbare Antagonist des Stücks, der nicht die Bühne betritt, sondern nur im Zitat durch Doctor und Hauptmann greifbar wird, ist Clarus. Aber Clarus ist auch nur Bezugsfigur. Hinter ihm steht ein monolithisches Gesellschaftssystem, das sich durch Ausbeutung erhält und sich durch idealistische Herrschaftsdiskurse legitimiert und verklärt: ein System, das der *Hessische Landbote* agitatorisch anprangert (vgl. den dort aufgewiesenen Diskurs von Gesetz, Gewalt, Ordnung und Recht) und das im Lustspiel in Satire, Anspielung und im Verschwiegenen sich selbst bloßstellt. Clarus repräsentiert dieses System: seinen »Hochmut«, den »Aristocratismus« derer, die andere auf Grund von Bildung und Besitz verachten, die »Lächerlichkeit des Herablassens« (379), die gnadenlose Ahndung der Abweichung vom gegebenen moralischen Normensystem (»ausgestoßen von der Gesellschaft« [PW 1 S. 939]), die strafende, »*unverletzliche Heiligkeit des Gesetzes* [...] zum Schutz der Throne und der Hütten« (ebd.). Gerade die verlogene Anmaßung der letzten Phrase dürfte, wie Glück annimmt, Büchner »elektrisiert haben« (T 32, S. 435). Denn die Bewohner der »Palläste« haben schon seit jeher ihre eigenen Gesetze fortgeschrieben, die mit dem »Schutz« der »Hütten« herzlich wenig gemein haben. Sie tun es heute noch.

Im Verlauf der Arbeit am Woyzeck-Projekt wird Büchner die erschrekkende systemimmanente Konsequenz von Gutachten und Prozeß des historischen Falls immer deutlicher. Denn auf der Grundlage gesellschaftlicher Normen, die vorgeblich für alle gelten (sogar für die geistig Kranken!), eines kategorischen Moralimperativs und der Existenz einer freien Willensentscheidung – dies die Argumente Clarus' in äußerster Verkürzung – ist die Exekution Woyzecks nur der letzte Schritt einer in sich folgerichtigen Kausalitätskette. Von den sieben Wunden, die Johann Christian Woyzeck am 2. 6. 1821 mit einer abgebrochenen Degenklinge der Johanna Christiana Woost beibringt, bis zum Schwertschlag des Henkers auf dem Leipziger Marktplatz am 27. 8. 1824 ist es für die Justiz ein gerader Weg. Ein Exempel ist statuiert worden. Die spätere Kontroverse ist nur lästiges Nachspiel: ein begrenzter Konflikt, denn nicht die ideologischen *Grundlagen* der psychiatrischen Diagnostik werden hier debattiert, sondern nur deren korrekte *Anwendung*. Hätte Büchner allein den auf eine systemimmanente Kritik des Justizmords ausgehenden Nachweis mangelnder Zurechnungsfähigkeit geben wollen, dann wäre dieser, wie gesagt, mit H1 bereits schlüssig erbracht. Er erkennt aber zugleich, daß system*kritisch* gesehen nicht nur die »Fragestellung des Gutachtens grundsätzlich verfehlt« und die »Konzeption eines freien und autonomen Subjekts [...] eine Fiktion« (Meier T 15, S. 69) ist, sondern daß die Schuldfrage eben *nicht* systemimmanent im juristischen (und damit klassenspezifischen) Sinn, sondern auf breiterer gesellschaftlicher Basis zu untersuchen ist.

Man erinnert sich an den Sozialdeterminismusbrief vom Februar 1834: Büchner hat schon viel früher festgestellt, daß »die Umstände außer uns liegen«, »kein Dummkopf oder kein Verbrecher zu werden« (378). Warum er gerade von einem »Verbrecher« spricht (nicht vom »Stiefelputzer« etwa, der im gleichen Brief erwähnt wird), wird sich wohl nicht klären lassen. Der Ablauf der schrittweisen Klärung dieser »Umstände« wird durch die Genese der Entwurfsstufen belegt. Büchner baut das soziale Gefüge seiner Tragödie Stück für Stück auf mit dem Ziel, die Instanzen einer Gesellschaft in den Blick zu rücken, die als ganzes auf Gewalt (die »*ewige rohe Gewalt*« [367]) gegründet ist und die deshalb auch beim einzelnen nur Gewalt erzeugen kann.

Ihm kommt es auf das an, was dem Mord vorausgeht: auf die Lebensbedingungen eines Plebejers, der durch ein System sozialer Abhängigkeits- und Ausbeutungsverhältnisse sukzessive und »systematisch« (Glück) zugrunde gerichtet wird, bis er am Ende nicht mehr anders kann und zum »Verbrecher« wird. Es geht ihm um den *Beispielfall* Woyzeck, der für viele steht. Insofern überrascht es nicht, daß er, da der Mordkomplex und die Überleitung zum Gerichtsverfahren (1,21) in H1 einmal skizziert waren, in den folgenden drei Entwurfsstufen seine ganze Aufmerksamkeit der Vorgeschichte widmet, denn sie, nicht der Mord, ist für ihn der Schlüssel der Tragödie. Das Lustspiel ist auf seinen ironisch vernichtenden *Schluß* hin angelegt. Die Tragödienkonzeption beruht dagegen auf dem im Drucksystem der sorgsam aufgezeigten Ausbeutungs- und Repressionsverhältnisse unabwendbaren *Prozeß*, der auf das Ende hinführt.

Wie sehen nun die Lebensbedingungen des Plebejers Franz Woyzeck aus? Sie sind buchstäblich höllisch. Ullman stellt zutreffend fest: »mit dem, was Woyzeck als soziales Milieu umgibt, ist die unterste Hölle betreten« (T 11, S. 37). Zunächst einmal ist dieser ein einfacher Soldat, »unt[er]st Stuf von menschliche Geschlecht« (2,3). Das bedeutet: ein eisernes Reglement des Tagesablaufs, hirnlosen Drill, bei Vergehen Prügelstrafe oder Einsperrung und gegenüber jedem, der auf der militärischen Rangleiter höher steht, absoluten Gehorsam. Woyzecks stereotypes »Ja wohl« im Umgang mit sozial Höhergestellten (3,5; 3,8) ist verbaler Ausdruck seiner Abrichtung. Schon in 3,1 wird dieser Aspekt unterstrichen, wenn Andres von fern den Trommelwirbel zum Zapfenstreich hört und die beiden in die Kaserne hetzen (»Sie trommeln drin. Wir müssen fort«). Sogar *in extremis*, nachdem der Hauptmann ihm das Verhältnis Maries und des Tambourmajors eröffnet hat, fällt Woyzeck zuerst automatisch auf die eingedrillte Unterwerfungsformel »Ja wohl!« zurück. Wenn er dann dem Hauptmann nicht glauben will (»Mensch! Mensch! unmöglich«) und außer sich gerät, droht dieser ihm ohne Umschweife mit dem Erschießen (2,7). Büchner zeichnet das Soldatendasein seiner Zeit mit nur wenigen Strichen. Aber der Befund ist da: es handelt sich um eine brutale, unmenschliche Disziplinierungsmaschinerie, die kaum Raum für Eigenleben läßt. Das Militär ist die legale Verlängerung der Leibeigenschaft. Dennoch zogen viele mittel- und obdachlose Plebejer der Restaurationszeit die Armee dem Betteln oder dem Verhungern vor (zum historischen Hintergrund vgl. Glück T 23). Für ein zeitgenössisches Publikum ist damit die ökonomische Lage von Büchners Figur glasklar umrissen: Woyzeck gehört zur großen Masse der Ärmsten der Armen. Der historische Woyzeck hatte ja auch in seiner Notlage versucht, als Stadtsoldat unterzukommen, aber »weil sein Abschied nicht richtig gewesen« (Clarus), wird er von der Garnison nicht akzeptiert.

Büchners Woyzeck ist der Sold doppelt lebenswichtig, denn er unterhält auch Marie und sein Kind. Für eine behördliche Heiratserlaubnis verdient er allerdings nicht genug, er selbst hat zudem, da er in der Kaserne stationiert ist, nicht den obligaten ›festen‹ Wohnsitz. Auch Wachtdienst und Kasernierung (3,10; 3,13) werden nur skizziert. Der Effekt auf das Familienleben Woyzecks und seine karg bemessene Zeit mit Frau und Kind ist deutlich: »Ich muß fort« (3,2; 3,4). Bereits hier wird ersichtlich, daß sein Dasein von Pflichten restringiert wird, daß Woyzeck alles andere als ein frei handelnder Mensch ist und sein kann. Der dressierte »Aff«

und das Pferd in der Jahrmarktsbude (1,1,2; 2,3) (»ei Mensch, ei thieri-
sche Mensch und doch ei Vieh, ei bête [...] das Vieh ist noch Natur un-
verdorbne Natur«) sind beziehungsreich dem Abrichtungsdiskurs eingearbeitet, denn die »Natur handelt nicht nach Zwecken [...] sondern sie ist
in allen ihren Äußerungen sich unmittelbar *selbst genug*« (*Über Schädelnerven*, PW 2 S. 158). Der Füsilier Woyzeck *darf* jedoch nicht seiner Natur gemäß handeln, sondern er »reibt sich [...] in einer unendlichen Reihe
von Zwecken auf« (ebd.), die ihn eben dieser menschlichen Natur immer
weiter entfremden. Wenn er beim Hauptmann (3,5: »es kommt einem
nur so die Natur«) und beim Doctor (3,8: »wenn einem die Natur
kommt«) sich auf diese Natur beruft, stößt er auf taube Ohren. Denn
beide sind dem natürlichen Dasein durch ihre jeweilige gesellschaftliche
Funktion und deren Selbstlegitimierung ohnehin weitgehend abhanden
gekommen. In dem Freiheitsdiskurs des Doctors (3,8: »Woyzeck, der
Mensch ist frei, in dem Menschen verklärt sich die Individualität zur
Freiheit«) schlägt ihm nur der blanke Hohn entgegen.

6.3.2 Der tödliche Wirkungszusammenhang

Mit Woyzecks Stellung als ›gemeiner‹ Soldat ist der äußere Rahmen des in
sich noch weitaus komplexeren Wirkungszusammenhangs abgesteckt.
Man hat behauptet, daß Woyzeck fühllos oder starr sei, daß sein Soldat-
sein ihn in die Nähe der »gesetzlichen Mörder, welche die gesetzlichen
Räuber schützen« im *Hessischen Landboten* (14,20f./57,8ff.) rückt. Die
Annahme ist falsch. Büchner kritisiert ganz offensichtlich die *Institution*
der stehenden Heere der Restaurationsära, dieser zum Schutz der »Throne« gedrillten Divisionen, die eine Volkserhebung jederzeit niederschlagen
könnten. Der Hinweis auf den hessischen Prinzen Emil aus dem Mund
des Tambourmajors (3,6) kann als gesichert gelten (vgl. Glück T 24, S.
159), obgleich jeder beliebige »Prinz« als Bezugspunkt genügt. Seine
Zeichnung Woyzecks als leidendes *und* als mitfühlendes Subjekt setzt diesen ab von jedem Klischee. Sein Woyzeck ist nicht Soldat aus Neigung,
sondern aus Armut.
 Im Text ist *allein* Woyzeck in der gesamten Figurenkonstellation des
Mitgefühls fähig. Er ist es, nicht Marie, der in 3,4 trotz seines Ver-
hetztseins die schmerzhafte Lage seines schlafenden Kindes sieht. In der
Testamentszene 3,17 – er ist im Begriff, mit seinem ganzen Leben abzuschließen – vermacht er sein Hemd dem Freund Andres, er bedenkt
seine Schwester mit den wenigen Habseligkeiten. Ein letzter mitempfin-
dender Blick zurück gilt seiner blinden Mutter: »Mei Mutter fühlt nur
noch, wenn ihr die Sonn auf die Händ scheint« (auch Büchners Großmutter Reuß »sieht fast gar nichts mehr« [Brief von Caroline Büchner

vom 30. 10. 1836]). Anrührender könnte das nicht gesagt sein. In der Abbreviatur seiner unglaublich kompakten Ästhetik zeigt Büchner in Woyzeck den Menschen, der mit Lenz das Mitleiden in seinem Werk wie kein anderer verkörpert. In der Humanität Woyzecks liegt der eigentliche, außersprachliche Kontrast zur Inhumanität seiner bürgerlichen Peiniger und der Militärmaschinerie.

Teilweise eingebettet in das System der militärischen de-facto-Leibeigenschaft, aber auch über dieses hinaus in die Repräsentation größerer gesellschaftlicher Unterdrückungsmechanismen verlängert, ist der Komplex der *Arbeit*. Dieser wiederum ist flankiert durch die *Wissenschaft* auf der einen und die herrschenden *Unterdrückungsdiskurse* von der Abrichtung bis zu ihrer Sublimation, der Moral, auf der anderen Seite. Woyzeck trägt die gesamte Last dieses Drucksystems bis zu dem Augenblick, wo er darunter zerbricht. Dann wird er einer weiteren Herrschaftsinstanz übergeben: der Justiz. Diese kommt nur kurz in 1,21 in den Blick. Über den Ausgang besteht freilich kein Zweifel. Von Anfang an sieht man Woyzeck bei der Arbeit. Hier schneidet er Stöcke mit Andres. Ob diese nun »für den Major« (2,2) oder für das Disziplinarwesen der Kompanie bestimmt sind, spielt keine Rolle. Er bessert damit, wie durch den Burschendienst beim Hauptmann, seinen armseligen Sold auf. Nicht jede Aktivität der diversen Arbeitskontexte wird direkt auf der Bühne gezeigt, aber Arbeit und Armut sind ständig präsent. Jedes bißchen, das Woyzeck verdient, übergibt er Marie für den Haushalt (3,4). Das ihn ohnehin kräftemäßig überfordernde zusätzliche Arbeitsverhältnis als Faktotum wird jedoch weiter belastet durch die militärische Rangordnung: Woyzeck ist nicht nur (Lauf)Bursche, sondern sein Status als Füsilier verpflichtet ihn dazu, sich vom Hauptmann widerstandslos herabsetzen zu lassen. Es genügt also nicht, daß er seine Arbeitskraft verkauft, auch die Menschenwürde geht in Zahlung. Zur Entfremdung durch Arbeit kommt die Entfremdung als fühlendes Subjekt.

Der Hauptmann läßt sich von Woyzeck nicht nur bedienen, er demütigt ihn gezielt mit dem klassenspezifischen bürgerlichen Tugendgefasel und zeigt ihm damit, daß er sich per Tauschwert und Rang auch zu Herablassung und Verachtung als befugt betrachtet. Woyzecks Antwort greift gezielt am Herrschaftsdiskurs vorbei und benennt das bestehende Abhängigkeitsverhältnis exakt als schreienden ökonomischen Mißstand: »Wir arme Leut. Sehn sie, Herr Hauptmann, Geld, Geld. Wer kein Geld hat. [...] Unseins ist doch einmal unseelig in der und der andern Welt, ich glaub' wenn wir in Himmel kämen, so müßten wir donnern helfen« (3,5). Über die körperliche Ausbeutung hinaus sieht man, »wie Woyzeck ruiniert, wie seine Seele gleichsam geschleift und dem Erdboden gleichgemacht und wie er in das Extrem der Selbstentfremdung [...] hineingetrieben wird« (Glück T 22, S. 175). Der Hauptmann trägt in seiner Moral-

und Tugendrederei Züge von Clarus. Er verachtet Woyzeck wegen seiner
Armut und seinem Mangel an Bildung. Es ist dies die gleiche Verachtung
›von oben‹, die Clarus dem »Inquisiten« entgegenbringt und die er,
gleichsam in die soziale Horizontale abgebogen, der Woostin posthum in
den Mund legt (sie habe »ihn [Woyzeck] überhaupt wegen seiner Armuth
verachtet«). Man darf sich durch das dünne Furnier gespielter Gutmütig-
keit nicht täuschen lassen: der Hauptmann ist ein Sadist, eine zutiefst unsichere Persönlichkeit, dem die risikolose Erniedrigung des sensiblen
Woyzeck Befriedigung verschafft. In der Forschung ist viel zur Pathologie
Woyzecks gesagt worden. Die Pathologie seiner Peiniger ist ein ebenso er-
giebiger Gegenstand, insbesondere da Büchner sie stellvertretend setzt für
die Krankheit einer ganzen Gesellschaftsordnung.

Der »Mord durch Arbeit« am Körper und an der Seele wird durch das
vertragliche Verhältnis mit dem Doctor komplettiert. Ein Vierteljahr lang
ißt Woyzeck nur Erbsen, in der kommenden Woche »fangen wir dann
mit Hammelfleisch an«. Hier führt eine konsequente Entwicklungslinie
von 2,6 und 2,7 zu 3,8 bzw. zu 4,1, wo Woyzeck physisch und psychisch
am Ende angelangt ist: »Herr Doctor, ich hab's Zittern [...] Herr Doctor,
es wird mir dunkel« [...] »Ach Herr Doctor!« Und schließlich, als Woyzeck nicht mehr kann, herrscht ihn der Doctor an: »Bestie [!], soll ich dir
die Ohrn bewege«. Für »2 Groschen täglich«, also etwa den Preis einer
bescheidenen Mahlzeit, verdingt sich Woyzeck als Objekt eines Men-
schenversuchs bei dem ehrgeizigen, kaltherzigen Doctor, dem er auch
Frösche und andere Versuchstiere bringt. Die offensichtliche Stoßrichtung
auf Clarus wurde bereits erwähnt. Auch Wilbrand und Liebig, als Vertreter der beiden gegensätzlichen Hauptströmungen zeitgenössischer Naturwissenschaft, sind in das Doctorporträt eingegangen. Insbesondere die
Verweise auf Liebig, den Begründer des ersten experimentellen chemi-
schen Labors für das akademische Studium an der Gießener Universität
(Büchners Freund Clemm arbeitet in Liebigs Labor), sind deutlich.

Aber übers Biographische greift auch der Doctor hinaus auf eine in
manchen Lagern immens fortschrittsgläubige und dabei ebenso men-
schenverachtende Wissenschaft der Zeit und auf den eklatanten Widerspruch zwischen hohem philosophischem Anspruch einerseits und der
Geringschätzung des Menschen als Versuchsobjekt andererseits. *Diese*
Wissenschaft steht Büchner stellvertretend für die Inhumanität der mon-
archisch-patriarchalischen und der bürgerlichen Gesellschaft. Das heißt
übrigens nicht, daß man Büchner »Wissenschaftsfremdheit« attestieren
sollte (Sengle G 20, S. 277; dort auch S. 278 die zu enge Feststellung:
»Seine [Büchners] Naturwissenschaft ist in ihrem Kern Naturphilosophie«). Sondern es ist die beherrschende, zweckbesessene und antihumane
Wissenschaft, die im Menschenversuch die Grenze des ethisch Zulässigen
hinter sich gelassen hat und die das lebende Wesen, auch den Menschen,

»restlos verwertet« (Glück), die Büchner im Doctor angreift. Durch die Satire, die das eitle, rasende Geschwätz als bizarren Unterdrückungsdiskurs bloßstellt, bleibt immer das Bedrohliche der Figur greifbar, ebenso das System, für das sie steht. Hauptmann und Doctor sind Komplementärfiguren. Beide sind Exponenten eines Machtapparats, der dem mittellosen Menschen keine Chance gibt. Beide sind menschlich defekte Handlanger dieses kranken Systems und, in bezug auf Woyzeck, ausführende Organe eines insgesamt tödlichen Wirkungszusammenhangs. Und, wie eben dieses System, verbergen beide ihre Bösartigkeit in der Phrase: der eine in schlecht gespielter Bonhomie, der andere im Stakkato von Pseudowissenschaft und idealistischem Freiheitsklischee. Daß aber beide Sadisten sind, deren »kannibalischer Genuß am Leiden des anderen« (P S. 274) sie selbst degradiert, ist Büchners schärfstes Verdikt über das von ihnen repräsentierte Gesellschaftssystem. Mit Reformen ist *diesem* System nicht zu helfen.

Sicher enlarvt Büchner den Doctor »als den entmenschten Hauptschuldigen an Woyzecks Verfall« (Kubik L 17, S. 174; inkorrekt S. 181ff. zu Liebig und dem Wissenschaftskontext). In der »Umkehr der normalen Konstellation Arzt-Patient« (ebd. S. 71), in der der Arzt zum Zerstörer eines Menschenlebens im Zeichen einer fragwürdigen »Revolution in der Wissenschaft« (2,6; 3,8; vgl. Roth T 38) wird, lassen sich schon Konturen der noch viel schrecklicheren Verbrechen gegen die Menschlichkeit sehen, wie sie etwa von KZ-Ärzten und andernorts in der Moderne begangen wurden. Der Text, immer im Blick auf Büchners Quellen und die Entwurfsstufen, erlaubt jedoch nicht den Schluß, daß es *allein* der Menschenversuch und damit der Doctor ist, der Woyzeck »in eine Psychose getrieben hat« (Glück T 24, S. 151, schon 147ff.). Es ist auch nicht das Zureden des Doctors in 4,1, das Woyzeck »die Grenzlinie zur Psychose überschreiten« (ebd. S. 172) läßt. So sehr ich mit Glücks Parteinahme für Büchners Woyzeck einig gehe, der monokausalen Deutung der Pathologie kann ich nicht folgen.

Betrachtet man die Entwicklung der psychischen Krankheit von H1 aus bis zu H3 bzw. H4, wird klar, daß Büchner sie als *fait accompli* aus seiner Quelle bzw. seinen Quellen übernimmt und der Handlung voraussetzt. Woyzeck ist von Anfang an krank. Diese Krankheit führt, in Verbindung mit der Eifersuchtshandlung, in H1 zum Mord. In der Vertiefung von H2, H3 und H4,1 wird der Verlauf der Krankheit dann multikausal in den Wirkungs*zusammenhang* des Destruktionsprozesses eingebunden. Erst hierdurch enthält sie ihre tragische Dimension und erst von hier aus erscheint sie in ihrem *fatalen Resultat* sozial determiniert. Schon in H3,1 zeigt Büchner im ständigen Verweis auf das 2. Clarus-Gutachten, daß Woyzeck unter paranoiden Wahnvorstellungen (»die Freimaurer«) leidet, daß er bedrohliche und apokalyptische Halluzinationen (der rollende Kopf, die hohle Erde, Feuer und Posaunenklang) hat. Wenn er in H3,2, gehetzt von seinen Dämonen (»Es ist hinter mir gegangen bis vor die Stadt«) *und* vom Arbeitsdruck, bei Marie hereinschaut, sieht sie ihn als »So vergeistert« und sagt voraus: »Er schnappt noch über mit den Gedanken«. Hier liegt also die Pathologie bereits vor. Sie wird mit wenigen Strichen in H3,5 und H3,8 in dem Kausalzusammenhang von Armut, Überarbeitung, Ausbeutung, physischem Niedergang durch mangelhafte Ernährung und Entwürdigung verankert. Alle diese Faktoren dienen der *Eskalation eines vorhandenen Krankheitsverlaufs.* Bis zu diesem Punkt bleibt die Krankheit jedoch schwelend und Woyzeck kann sie irgendwie bewältigen. Auch wenn sie ihm wie sein Schatten folgt, hat sie noch nicht sein ganzes Dasein übernommen. Sie hält sich, von außen gesehen, unterhalb der Schwelle, wo sie umschlägt in flammende Paranoia und in Gewalt. In H3 fehlt genau das Glied der Kausalitätskette, in dem dieses Umschlagen motiviert wird: auf die Verführungsszene 3,6 folgt unvermittelt Woyzecks Eifersuchtsausbruch in 3,7. Wie hat er überhaupt Maries Untreue erfahren? Es ist klar, daß Büchner die nicht gestrichene Szene H2,7, die genau *diese* Kausalität liefert, zur Ausfüllung einer Endfassung vorgesehen hat. Von dieser Schlüsselszene hängt der weitere Krankheitsverlauf ab.

In H2,7 treten mit Woyzeck die beiden Repräsentaten des ihn zerreibenden Sozialgefüges ein einziges Mal gemeinsam auf die Bühne. Der »konzentrische Angriff« (Glück) wird hier körper(sprach)lich in Szene gesetzt. Doctor und Hauptmann sind einander keineswegs wohlgesonnen: als Vertreter von Bildungsbürgertum und Militär sind sie Rivalen im Kampf ums höhere Sozialprestige. Dem Doctor gelingt es, den Hauptmann mit seiner hämischen Apoplexprognose zu erschrecken. Dieser leitet jedoch seine Furcht und Aggression sogleich auf Woyzeck ab: ein instruktives Beispiel für die Sozialpathologie des Druckausgleichs, der immer nach ›unten‹ weitergeht.

Was nun geschieht, hat entscheidende Bedeutung für den Krankheitsverlauf Woyzecks. Denn die sadistische Eröffnung des Hauptmanns über Maries Verhältnis mit dem Tambourmajor stellt eine *Traumatisierung* dar, die Woyzecks Psychose aus dem schwelenden Stadium ins akute katapultiert. Die Erforschung der sogenannten »Schreckpsychose« (Emil Kraepelin) und später der »psychischen Traumata« (Josef Breuer/Sigmund Freud) setzt erst Ende des 19. Jahrhunderts ein. Heute kennt die Psychiatrie die Bedeutung der Traumatisierung, die als Auslöser eine latente Psychose in einen akuten Krankheitsschub befördern oder vorhandene Syndrome wie paranoide Tendenzen in ein komplexeres Krankheitsbild (etwa der Schizophrenie) überleiten kann. Büchner ist sich der im Krankheitsverlauf enorm gravierenden Bedeutung dieses Schreckerlebnisses bewußt. Mit direktem Bezug darauf läßt er den Hauptmann sagen: »es sind schon Leute am Schreck gestorben, am puren hellen Schreck«. *Das* ist der Augenblick, in dem Woyzeck, in den Worten Maries, überschnappt. Hier wird eine psychisch kranke, durch Arbeitsdruck und Nahrungsdefizit zerrüttete Persönlichkeit in die »Kluft unrettbaren Wahnsinns« (*Lenz*) gestoßen. Den Suizidgedanken spricht Woyzeck spontan aus (»Sehn sie so ein schön festen grauen Himmel, man könnte Lust bekomme, ein Klobe hineinzuschlage und sich daran zu hänge«), dann versagt ihm die Sprache. Hinter dem »Ich will drüber nachdenken« verbirgt sich jetzt die Sprachlosigkeit, nachdem sich sein Diskurs in der Frage des »Ja und nein« hoffnungslos festgefahren hat. In Woyzecks Verstummen, der äußersten Verzweiflungsstufe einer immer um den rechten Ausdruck ringenden »Pathologie der Sprache« (Abels), zeigt sich die Tiefe des Traumas.

Die Halluzinationen verstärken sich jetzt sukzessive mit der »aberratio mentalis partialis« in 3,8 und in 3,11, bis dann in 3,12 die Mordaufforderung folgt. Situativ bleibt sie in das musikalisch-rhythmisch-sexuelle Tanzboden-Kaleidoskop eingebunden, in das »Immer zu – immer zu« (3,11), das sich in Woyzecks Bewußtsein zur globalen Kopulationsvision steigert. Im halluzinatorischen Mordbefehl sind Sexualität und Gewalt in ein grausiges Oxymoron zusammengezwungen: »stich, stich die Zickwolfi[n] todt [...] immer, immer zu, stich todt, todt« (3,12). Auch Clarus hätte, wenn er es nur gewollt hätte, den psychotischen Schub des »Inquisiten« erkennen müssen, denn Büchner montiert hier bis zum wörtlichen Zitat aus dem Befund des 2. Gutachtens (»*Immer drauf, immer drauf!*«). Der durch die sexuelle Eröffnung des Hauptmanns in seiner gesamten Existenz, aber spezifisch auch in seiner Sexualbeziehung traumatisierte Woyzeck gerät in einen Ausnahmezustand psychotischer Agitation, in dem die Zerstörung der Sexualpartnerin zur zwangshaften Notwendigkeit wird. Die Intimsphäre, bislang der einzige nicht vergesellschaftete Lebensbereich, ist durch den Nebenbuhler, vor allem aber durch die öffentliche Bloßlegung des Betrugs zum Projektions- und Zielpunkt der wahnhaften Destruktivität geworden. Ein Sicherheitsventil ist geplatzt.

In der Gewalt, die Woyzeck schließlich ausübt, »schwingt die ganze angesammelte Gewalt mit, die ihm Tag für Tag zugefügt worden ist« (Poschmann T 30, S. 444). Daß Woyzeck diese Gewalt gegen seine Geliebte und damit letzten Endes gegen sich selbst richtet, bleibt vollkommen im Bild der Psychose. Es bleibt aber auch im Bild der Sozialpathographie. Denn die Gewalt, die ihm ein ökonomischer und gesellschaftlicher Wirkungszusammenhang durch dessen »Agenten« antut, kann er gerade *nicht* gegen diese Unterdrücker, erst recht nicht gegen das System richten. Woyzeck hat es nie gelernt, aufzubegehren. Sogar der hilflose Versuch, sich handgreiflich mit dem Tambourmajor (der sozial kaum in die Klasse der Unterdrücker zählt) auseinanderzusetzen, schlägt fehl: Woyzeck »blut« und muß das Feld räumen. Als gesellschaftlich und physisch Schwächster tötet er Marie und nimmt sich buchstäblich selbst damit das Leben. Da, wo Clarus keine »*Nothwendigkeit* des Handelns« einer kranken Seele sieht, erbringt Büchner den Nachweis der tragischen *Zwangsläufigkeit* dieses Handelns. Brutalisiert durch eine in ihrer Gewaltsamkeit kranke Gesellschaft, wird Woyzeck immer tiefer in die Krankheit getrieben, deren letzter Notschrei die Gewalt ist.

Mit Woyzeck schafft Büchner eine radikal neue Zentralfigur eines radikal neuen Dramentypus. Idealistische Wirkungs- und Bezugsmuster werden mit dem Zugrundegehen dieser Figur an Umständen, die »außer uns liegen« und dem tragischen Verlauf des Dramas so nachhaltig in Abrede gestellt wie nie zuvor auf der deutschsprachigen Bühne. Für Woyzeck führt kein Weg in die Transzendenz und in die Erlösung. Das pietistische Lied, das er in der Testamentszene H3,17 im Gedanken an seine Mutter zitiert, entlarvt das christliche Heilsversprechen als Parole: »Leiden« wird in der Trauer Woyzecks um seine Mutter und um sein jetzt abgeschlossenes Leben zur Grundbefindlichkeit der Armen. Nichts führt darüber hinaus. Das zeigt schon das (Anti)Märchen der Großmutter (1,14), in dem das arme (ökonomisch zu lesen) Kind alle märchenhaften Glücksversprechen als Illusion erkennen muß und am Ende ganz allein weinend zurückbleibt. Idealistische Verklärungsdiskurse versagen vor der Armut als Schicksal und als objektivem gesellschaftlichen Befund. Sie verhelfen nur den Besitzenden zur Erhaltung des status quo.

Ähnlich ergeht es Marie, der mit Abstand eindrucksvollsten Frauenfigur Büchners, wenn sie den Betrug bereut und Trost sucht im Gebet. Der transzendentalen Vergebung müßte der Vorsatz vorausgehen, nicht mehr zu sündigen. Marie aber *kann* diesen Vorsatz nicht fassen: »Herrgott! Herrgott! Ich kann nicht. Herrgott gieb mir nur soviel, daß ich beten kann« (3,16). Marie kann nicht beten, die Erlösung von ›oben‹ bleibt aus. Denn die Notlage, in der sie sich befindet, das Dilemma zwischen »Natur«, und das heißt: ihrer Sexualität, und der Loyalität gegenüber Woyzeck, der sich für sie aufopfert, ist in der materialistischen Sicht des Textes nicht mit dem Rekurs auf freie Entscheidung zu lösen. Marie hat Anspruch auf ihre Sexualität: einen Anspruch, den der durch Arbeit und physischen Niedergang aufgeriebene Woyzeck nicht mehr erfüllen kann. Nirgendwo im Text wird dieser Anspruch und Maries Versuch, durch ihr Verhältnis mit dem Tambourmajor um ein winziges Stückchen die soziale Rangleiter aus der erdrückenden Armut emporzuklettern, verurteilt. Im Gegenteil: Büchner zeichnet sie mit Sympathie (»Unsereins hat nur ein Eckchen in der Welt und ein Stückchen Spiegel«, die »Ohrringlein« [3,4]) und macht dabei deutlich, daß der eitle Tambourmajor sie doch nur als Sexual*objekt* (»Wildes Thier« [3,6]) betrachtet. Für Marie, wie für Franz und das Christianche, gibt es keinen Ausweg. So wie Marie mit ihrer Gewissensnot und Franz mit seinem Verzweiflungswahn allein steht, wird ihr

Kind an Ende allein zurückbleiben. Armut und Isolation sind für Büchner untrennbar verbunden.

Die Eifersuchtshandlung, das wurde gezeigt, ist nur Teil des größeren Wirkungszusammenhangs ruinöser Faktoren. Sie bleibt durchweg eingebunden in die systematische Destruktion Woyzecks und damit in den »übergreifenden objektiven antagonistischen Klassengegensatz« (P S. 257), den das Stück aufzeigt. Es ist der »Mord durch Arbeit«, der Woyzeck Marie abspenstig macht, letztlich nicht der Tambourmajor. Im Sinn einer traditionellen Dreieckskonfiguration gibt die Eifersuchtshandlung nichts her. Für Büchner ist sie, das zeigt schon der Übergang von H1 zu H2, nur *eine* Stoffschicht, die ins Gewebe der Tragödie eingearbeitet wird. Für Woyzeck ist die Untreue Maries und ihre schadenfrohe Proklamation durch den Hauptmann der letzte Schlag in einer Kette von Schlägen, der ihn vollends um den Verstand bringt. Woyzecks Funktion als tragische Figur ist »in dem Anspruch begründet [...] nichts als er selbst zu sein, was nicht mehr, aber auch nicht weniger verlangt als ›Möglichkeit des Daseins‹ als Mensch« (P S. 280). Aber gerade das wird ihm verweigert durch ein destruktives Gefüge von Abhängigkeiten, durch ein System, dessen Repräsentanten ihn zu Tode quälen.

Das alles ist überhaupt nur möglich, weil Woyzeck arm ist. Seine Armut verfolgt ihn buchstäblich bis zum Ende. Beim Messerkauf (3,15: »eine ökonomische Tod«) wird die Malignität dieses Systems wieder schlagartig sichtbar, wenn der jüdische Krämer, selber Angehöriger einer unterdrückten Minderheit und nur ein wenig besser situiert, Woyzeck primär wegen seiner Armut und sekundär als nicht Rechtgläubigen verachtet (vgl. Hartung T 35, S. 225f.). Auch hier noch ein Beispiel des sozialen Druckausgleichs nach ›unten‹, auch wenn das Gefälle äußerst gering ist. Die Opfer haben keine Solidarität. In der Testamentszene 3,17, wenn Woyzeck seine wenigen Habseligkeiten vergibt, wird das unbeschreibliche Ausmaß seiner Armut noch einmal greifbar. All das drängt, über das Mitgefühl mit den Opfern hinaus, zur *gesellschaftlichen Objektivierung eines Zustands*, der viele betrifft: eines Zustands, der vorderhand keine Alternative hat. Hierin liegt das Exemplarische der Figur, das sie beständig über die Bühnenbretter in die gesellschaftliche Wirklichkeit hinaustreten läßt. Auch in die Wirklichkeit von heute.

Woyzeck erzielt eine ungeheure Wirkung schon bei den Naturalisten, insbesondere bei Gerhart Hauptmann, dann bei Wedekind und Schnitzler, Brecht und zahllosen Autoren der Moderne bis hin zu Heiner Müller. Alban Bergs Oper *Wozzeck* (1925) hat ebenfalls entscheidend zur Rezeption von Büchners Tragödie beigetragen (vgl. Ullman T 11; ebenfalls: »Produktive Rezeption ohne Mißverständnis. Zur Büchner-Deutung Alban Bergs im ›Wozzeck‹«. In: U 20, S. 9-39; Müller U 51; die Beiträge in Petersen/Winter U 63). Unter den zahlreichen Bearbeitungen, Adaptionen und Wirkungsspuren der letzten Jahrzehnte seien nur herausgegriffen: Friedrich Dürrenmatts *Büchners Woyzeck. Zürcher Fassung* (1972), die sowohl im Szenenarrangement als auch in der weitgehenden hochsprachlichen Normierung von Büchners Text wegstrebt; Franz Xaver Kroetz' dem »neuen Volksstück« zugerechnete Stücke *Stallerhof* (1972) und *Geisterbahn* (1975), die Büchners Text stark verpflichtet sind; schließlich Werner Herzogs Filmadaption (1979), die den Fragmentcharakter und Woyzecks Ausgeliefertsein gegenüber dem sozialen Drucksystem zeigt, deren Hauptdarsteller Klaus Kinski aber in roboterhafter Überzeichnung der Sensibilität der Titelfigur nicht Gerechtigkeit widerfahren läßt. Woyzeck als (mit)fühlender Mensch kommt hier kaum zum Vorschein. Das Ambiente ist zu märchenhaft-idyllisch, und die *mise-en-scène* der erdrückenden Armut gelingt nicht. Maries Wohnung wirkt fast gutbürgerlich.

III. Auswahlbibliographie

Die Auswahlbibliographie gibt eine Übersicht vorwiegend neuerer Titel, die heute in Forschung und Lehre Verwendung finden und die zum Zustandekommen des Bandes beigetragen haben. Auch nur annähernde Vollständigkeit kann nicht angestrebt werden. Gelegentlich im Text erwähnte und mit Erscheinungsjahr belegte, hier nicht verzeichnete ältere Arbeiten sind immer zu erschließen aus den Bibliographien von Schlick (C 1), Cowen (C 2) und Knapp (C 6). Über die neuere Büchnerliteratur geben die seit 1981 im *Georg Büchner Jahrbuch* erscheinenden Bibliographien zuverlässig und umfassend Auskunft.

Forschungseinrichtungen

Büchner-Archiv der Hessischen Landes- und Hochschulbibliothek Darmstadt
Büchner-Sammlung im Heinrich-Heine-Institut Düsseldorf
Forschungsstelle Georg Büchner – Literatur und Geschichte des Vormärz – am Institut für Neuere deutsche Literatur und Medien der Philipps-Universität Marburg
Georg Büchner Gesellschaft
Koreanische Büchner-Gesellschaft
Nachlaß Georg Büchners im Goethe- und Schiller-Archiv Weimar

Abkürzungen

DVJs	Deutsche Vierteljahrsschrift für Literaturwissenschaft und Geistesgeschichte
EG	Etudes Germaniques
Euph	Euphorion. Zeitschrift für Literaturgeschichte
GBJb	Georg Büchner Jahrbuch
GRM	Germanisch-Romanische Monatsschrift
WB	Weimarer Beiträge
ZfdPh	Zeitschrift für deutsche Philologie

1. Ausgaben

A. Erstdrucke, Faksimile, frühe Sammelausgaben

1 [Georg Büchner/Friedrich Ludwig Weidig]: *Der Hessische Landbote. Erste Botschaft.* Darmstadt [Offenbach: Carl Preller], *im Juli 1834*
2 [Georg Büchner/Friedrich Ludwig Weidig/Leopold Eichelberg]: *Der hessische Landbote. Erste Botschaft.* Darmstadt [Marburg: N. G. Elwert], *im Nov. 1834*

3 Georg Büchner: *Danton's Tod.* In: *Phönix. Frühlings-Zeitung für Deutschland.* Frankfurt am Main, Nr. 73-77, 79-83 v. 26. März bis 7. April 1835 [Karl Gutzkow (Hg.)]

4 Georg Büchner: *Danton's Tod. Dramatische Bilder aus Frankreichs Schreckensherrschaft.* Frankfurt am Main 1835

5 Victor Hugo: »Lucretia Borgia. Maria Tudor. Deutsch von Georg Büchner«. In: *Victor Hugo's sämmtliche Werke.* Bd. 6. Frankfurt am Main 1835. S. 1-103; 105-229

6 Georg Büchner: »Mémoire sur le système nerveux du barbeau (Cyprinus barbus L.)«. In: *Mémoires de la Société du Muséum d'histoire naturelle de Strasbourg.* Tome second. Paris 1835 [1837]

7 Georg Büchner: *Leonce und Lena. Ein Lustspiel.* In: *Telegraph für Deutschland* 1 (Mai 1838) Nr. 76-80 [Karl Gutzkow (Hg.)]

8 Georg Büchner: »Lenz. Eine Reliquie«. In: *Telegraph für Deutschland* 2 (Januar 1839) Nr. 5, 7-11, 13-14 [Karl Gutzkow (Hg.)]

9 Georg Büchner: »Wozzeck. Ein Trauerspiel-Fragment«. In: *Mehr Licht! Eine deutsche Wochenschrift für Literatur und Kunst* Nr. 1-3, 5., 12., 19. Oktober 1878 [Karl Emil Franzos (Hg.)]

10 [Alle neun Erstdrucke, mit Büchner-Nachrufen von Wilhelm Schulz und Karl Gutzkow, in der Ausgabe:] *Georg Büchner. Gesammelte Werke. Erstdrucke und Erstausgaben in Faksimiles.* 10 Bde. Thomas Michael Mayer (Hg.). Frankfurt/ M. 1987

11 Georg Büchner: *Danton's Tod. Dramatische Bilder aus Frankreichs Schreckensherrschaft. Frankfurt am Main 1835. Faksimile der Erstausgabe* [...] (Darmstädter Exemplar). Erich Zimmermann (Hg.). Darmstadt 1981

12 *Georg Büchner: Nachgelassene Schriften.* [Ludwig Büchner (Hg.)]. Frankfurt/ M. 1850

13 *Georg Büchner's Sämmtliche Werke und handschriftlicher Nachlaß. Erste kritische Gesammt-Ausgabe.* Karl Emil Franzos (Hg.). Frankfurt/M. 1879; Berlin [2]1902

B. Moderne Ausgaben und Dokumente

1 *Georg Büchners Sämtliche Werke und Briefe* [...]. Fritz Bergemann (Hg.). Leipzig 1922 [erste krit. Gesamtausg.]; [2]1926; [3]1940; [4]1949; [5]1952; Wiesbaden [6]1953; Leipzig [7]1956; Wiesbaden/Leipzig [8]1958 ff. [ab der 2. Aufl. lediglich »Gesamtausg.«]

2 *Georg Büchner. Werke* [...]. Henri Poschmann (Hg.). Berlin 1964

3 *Georg Büchner. Sämtliche Werke und Briefe. Historisch-kritische Ausgabe* [...]. Werner R. Lehmann (Hg.). 2 Bde. [Hamburger Ausgabe] I Hamburg 1967 (*Dichtungen und Übersetzungen mit Dokumentationen zur Stoffgeschichte*); II Hamburg 1971 (*Vermischte Schriften und Briefe*); München [2]1979

4 *Georg Büchner, Woyzeck.* Egon Krause (Hg.). Frankfurt/M. 1969

5 *Georg Büchner - Woyzeck. Kritische Lese- und Arbeitsausgabe.* Lothar Bornscheuer (Hg.). Stuttgart 1972

6 [dazu:] *Georg Büchner. Woyzeck. Erläuterungen und Dokumente.* Lothar Bornscheuer (Hg.). Stuttgart 1972

7 *Georg Büchner, Friedrich Ludwig Weidig: Der Hessische Landbote. 1834.* Eckhart G. Franz (Hg.). Marburg 1973

8 *Georg Büchner, Friedrich Ludwig Weidig: Der Hessische Landbote. Texte, Materialien, Kommentar.* Gerhard Schaub (Hg.). München 1976
9 *Georg Büchner. Gesammelte Werke* [...] Gerhard P. Knapp (Hg.). München 1978; [11]1998
10 *Georg Büchner: Danton's Tod. Ein Drama. Studienausgabe.* Thomas Michael Mayer (Hg.). In: Peter von Becker (Hg.): *Georg Büchner. Dantons Tod. Die Trauerarbeit im Schönen. Ein Theaterlesebuch.* Frankfurt/M. 1980 [2]1985, S. 7-74
11 *Georg Büchner. Werke und Briefe* [...]. Karl Pörnbacher/Gerhard Schaub/Hans-Joachim Simm/Edda Ziegler (Hgg.). München 1980; [6]1997 [Münchner Ausgabe]
12 *Georg Büchner: Lenz und Oberlins Aufzeichnungen* [...]. Heinz-Dieter Weber (Hg.). Stuttgart 1980
13 *Georg Büchner: Woyzeck. Faksimileausgabe der Handschriften bearbeitet von* Gerhard Schmid (Hg.). Wiesbaden 1981
14 *Georg Büchner: Lenz. Studienausgabe.* Hubert Gersch (Hg.). Stuttgart 1984; [2]1998
15 *Georg Büchner: Woyzeck* [...]. Henri Poschmann (Hg.). Leipzig 1984; Frankfurt/M. [4]1991
16 *Georg Büchner: Lenz. Erläuterungen und Dokumente.* Gerhard Schaub (Hg.). Stuttgart 1987; [3]1996
17 *Georg Büchner: Leonce und Lena. Ein Lustspiel. Kritische Studienausgabe.* Thomas Michael Mayer (Hg.) [...]. In: Burghard Dedner (Hg.): *Georg Büchner: Leonce und Lena* [...].Frankfurt/M. 1987, S. 3-87
18 *Georg Büchner: Sämtliche Werke, Briefe und Dokumente in zwei Bänden.* Henri Poschmann u. Mitarb. v. Rosemarie Poschmann (Hg.). Bd. 1: *Dichtungen.* Frankfurt/M. 1992; Bd. 2: *Schriften, Briefe, Dokumente.* Frankfurt/M. 1999
19 *Georg Büchner: Briefwechsel. Kritische Studienausgabe.* Jan-Christoph Hauschild (Hg.). Basel 1993
20 *Georg Büchner/Friedrich Ludwig Weidig: Der Hessische Landbote. Studienausgabe.* Gerhard Schaub (Hg.). Stuttgart 1996
21 *Georg Büchner: Lenz. Eine Reliquie. Hamburg, Januar 1839.* Joseph Kiermeier-Debre (Hg.). München 1997
22 *Georg Büchner: Lenz* [...]. Burghard Dedner (Hg.). Frankfurt/M. 1998
23 *Georg Büchner: Woyzeck. Studienausgabe* [...]. Burghard Dedner (Hg.). Stuttgart 1999

2. Sekundärliteratur

C. *Bibliographien, Wortindices, Kommentare, Jahrbücher*

1 Werner Schlick: *Das Georg-Büchner-Schrifttum bis 1965. Eine internationale Bibliographie.* Hildesheim 1968
2 Roy C. Cowen: *Neunzehntes Jahrhundert* [1830-1880]. Bern 1970
3 Monika Rössing-Hager: *Wortindex zu Georg Büchners Dichtungen und Übersetzungen.* Berlin 1970
4 Klaus-Dietrich Petersen: »Georg Büchner-Bibliographie«. In: *Philobiblon* 17 (1973) S. 89-115

5 Walter Hinderer: *Büchner-Kommentar zum dichterischen Werk*. München 1977
6 Gerhard P. Knapp: »Kommentierte Bibliographie zu Georg Büchner«. In: E 2, S. 426-461
7 *Georg Büchner Jahrbuch*. Thomas Michael Mayer (Hg.). Frankfurt/M. 1981ff., ab Bd. 2 (1982) [=1983] Thomas Michael Mayer u. a. (Hgg.), ab Bd. 7 (1988/89 [=1991]) Tübingen [das *GBJb* enthält ausführliche Bibliographien der Büchnerliteratur seit 1977, sowie Aufsätze und Beiträge zur Forschungslage, zur Textkritik, Verzeichnisse von Theateraufführungen und akademischen Lehrveranstaltungen zu B., Dokumente und Rezensionen]
8 *Büchner und moderne Literatur*. Whang-Chin Kim u.a. (Hgg.) Seoul 1 (1988)ff. [Jahrbuch der (Süd)Koreanischen Büchner-Gesellschaft]

D. Forschungsberichte

1 Fritz Bergemann: »Georg-Büchner-Schrifttum seit 1937«. In: *DVjs* 25 (1951) S. 112-121
2 Hans Mayer: »Fragen der Büchner-Forschung«. In: H. M.: *Georg Büchner und seine Zeit*. Wiesbaden ²1960; Frankfurt/M. ³1972, S. 443-493 [G 6]
3 Bo Ullman: »Der unpolitische Georg Büchner. Zum Büchner-Bild der Forschung, unter bes. Berücksichtigung der ›Woyzeck‹-Interpretationen«. In: *Stockholm Studies in Modern Philology* N. S. 4 (1972) S. 86-130
4 Gerhard P. Knapp: *Georg Büchner. Eine kritische Einführung in die Forschung*. Frankfurt/M. 1975
5 Thomas Michael Mayer: »Zu einigen neueren Tendenzen der Büchner-Forschung. Ein kritischer Literaturbericht I«. In: E 2, S. 327-356
6 Whang-Chin Kim: »Kritische Betrachtungen zur Büchner-Forschung - besonders in bezug auf *Dantons Tod*«. In: *Zeitschrift für Germanistik* (Korea) 24 (1980) S. 70-94
7 Thomas Michael Mayer: »Zu einigen neueren Tendenzen der Büchner Forschung. Ein kritischer Literaturbericht II: Editionen.« In: E 3, S. 265-311
8 Jan Thorn-Prikker: »›Ach die Wissenschaft, die Wissenschaft!‹ Bericht über die Forschungsliteratur zu Büchners ›Lenz‹«. In: E 3, S. 180-194
9 Gerhard P. Knapp: »Neuere Büchner-Literatur für den fachdidaktischen Gebrauch«. In: *Diskussion Deutsch* 17 (92/1986) S. 568-580
10 Burghard Dedner: »Büchner Research: Problems and Perspectives«. In: E 17, S. 247-268
11 Thomas Michael Mayer: »Jan-Christoph Hauschilds Büchner-Biographie(n). Einwendungen zu Methode, Ergebnissen und Forschungspolitik.« In: *GBJb* 9 (1995/99) [=2000] S. 382-500

E. Sammelbände, Kataloge und Anthologien

1 Wolfgang Martens (Hg.): *Georg Büchner*. Darmstadt 1965; ³1973
2 *Text + Kritik: Georg Büchner I/II*. Heinz Ludwig Arnold (Hg.). München 1979; ²1982
3 *Text + Kritik: Georg Büchner III*. Heinz Ludwig Arnold (Hg.). München 1981
4 *Georg Büchner. Leben, Werk, Zeit. Ausstellung zum 150. Jahrestag des »Hessischen Landboten«*. Katalog. Thomas Michael Mayer u. a. (Hgg.). Marburg 1985; ³1987

5   Jan-Christoph Hauschild: *Georg Büchner. Studien und neue Quellen zu Leben, Werk und Wirkung* [...]. Königstein/Ts. 1985

6   *Georg Büchner. Atti del seminario 19 e 20 marzo 1985.* Palermo 1986

7   *Georg Büchner. Revolutionär, Dichter, Wissenschaftler 1813-1837. Der Katalog, Ausstellung Mathildenhöhe, Darmstadt, 2. August bis 27. September 1987.* Susanne Lehmann u.a. (Hgg.). Basel 1987

8   *Georg Büchner und seine Zeit. Ausstellung der Hessischen Staatsarchive* [Katalog]. Eckhart G. Franz u. a. (Hgg.). [Darmstadt 1987]

9   Jan-Christoph Hauschild (Hg.): *Georg Büchner. Bilder zu Leben und Werk. Ausstellung des Heinrich-Heine-Instituts zum 150. Todestag* [...]. Düsseldorf 1987

10 Klaus Bohnen/Ernst-Ullrich Pinkert (Hgg.): *Georg Büchner im interkulturellen Dialog. Vorträge des Kolloquiums vom 30. 9. – 1. 10. 1987 in der Universität Aalborg.* München 1988

11 Hans-Georg Werner (Hg.): *Studien zu Georg Büchner.* Berlin 1988

12 *Wuppertaler Büchner Tage. Zum 150. Todestag am 19. Februar 1987* [...]. Lothar Schwab (Hg.). Wuppertal 1988

13 *Büchner. Zeit, Geist, Zeit-Genossen. Ringvorlesung an der Technischen Hochschule Darmstadt im Wintersemester 1986/87* [...]. Darmstadt 1989

14 Fausto Cercignani (Hg.): *Studia Büchneriana. Georg Büchner 1988.* Milano 1990

15 Burghard Dedner/Günter Oesterle (Hgg.): *Zweites Internationales Georg Büchner Symposium 1987. Referate.* Frankfurt/M. 1990

16 *Georg Büchner. Interpretationen* [...]. Stuttgart 1990

17 Ken Mills/Brian Keith-Smith (Hgg.): *Georg Büchner – Tradition and Innovation. Fourteen Essays.* Bristol 1990

18 Burghard Dedner/Ulla Hofstaetter (Hgg.): *Romantik im Vormärz.* Marburg 1992

19 Henri Poschmann [...] (Hg.): *Wege zu Georg Büchner. Internationales Kolloquium der Akademie der Wissenschaften (Berlin-Ost).* Berlin 1992

F. Textkritik

1   Werner R. Lehmann: »Prolegomena zu einer historisch-kritischen Büchner-Ausgabe«. In: *Gratulatio. Festschr. Christian Wegner.* Hamburg 1963, S. 190-225

2   ders.: *Textkritische Noten. Prolegomena zur Hamburger Büchner-Ausgabe.* Hamburg 1967

3   Bo Ullman: »Georg Büchner. Textkritische Probleme«. In: *Moderna Språk* 64 (1970) S. 257-265

4   Axel Marquardt: »Konterbande *Lenz.* Zur Redaktion des Erstdrucks durch Karl Gutzkow«. In: *GBJb* 3 (1983) S. 37-42

5   Klaus Kanzog: »Faksimilieren, transkribieren, edieren. Grundsätzliches zu Gerhard Schmids Ausgabe des *Woyzeck*«. In: *GBJb* 4 (1984) S. 280-294

6   *Marburger Denkschrift über Voraussetzungen und Prinzipien einer Historisch-kritischen Ausgabe der Sämtlichen Werke und Schriften Georg Büchners.* Forschungsstelle Georg Büchner – Literatur und Geschichte des Vormärz – im Institut für Neuere deutsche Literatur der Philipps-Universität Marburg und Georg Büchner Gesellschaft (Hg.). [...] Marburg 1984

7 Jan-Christoph Hauschild: »Georg Büchner im Autographenhandel«. In: *Philobiblon* 29 (1985) S. 205-220

8 Terence M. Holmes: »Druckfehler und Leidensmetaphern als Fingerzeige zur Autorschaft einer ›Landboten‹-Stelle«. In: *GBJb* 5 (1985) S. 11-17

9 Thomas Michael Mayer: »Bemerkungen zur Textkritik von Büchners *Lenz*«. In: *GBJb* 5 (1985) S. 184-197

10 Gerhard Schmid: »Zur Faksimileausgabe von Büchners ›Woyzeck‹. Eine nachträgliche Problemerörterung«. In: *Impulse. Aufsätze, Quellen, Berichte zur deutschen Klassik und Romantik.* [...] Walter Dietze/Werner Schubert (Hgg.). Folge 8. Berlin 1985, S. 280-295

11 Thomas Michael Mayer: »Vorläufige Bemerkungen zur Textkritik von *Leonce und Lena*«. In: *S* 19, S. 89-153

12 Henri Poschmann: »Die *Woyzeck*-Handschriften. Brüchige Träger einer wirkungsmächtigen Werküberlieferung.« In: *E* 7, S. 333-337

13 Gerhard Schmid: »Probleme der Textkonstituierung bei Büchners ›Woyzeck‹«. In: *E* 11, S. 207-226, 331-334

14 Henri Poschmann: »Textgeschichte als Lesergeschichte. Zur Entzifferung der ›Woyzeck‹-Handschriften«. In: *WB* 35 (1989) S. 1796-1805

15 Susanne Lehmann: »Der Brand im Haus der Büchners 1851. Zur Überlieferung des Darmstädter Büchner-Nachlasses«. In: *GBJb* 6 (1986/87) [=1990] S. 303-313

16 Gerhard Schmid: »Der Nachlaß Georg Büchners im Goethe- und Schiller-Archiv Weimar. Überlegungen zur Bedeutung von Dichterhandschriften für Textedition und literaturwissenschaftliche Forschung«. In: *GBJb* 6 (1986/87) [=1990] S. 159-172

17 Eske Bockelmann: »Von Büchners Handschrift oder Aufschluß, wie der *Woyzeck* zu edieren sei«. In: *GBJb* 7 (1988/89)[=1991] S. 219-258

18 Thomas Michael Mayer: »Zu einigen neuen Lesungen und zur Frage des ›Dialekts‹ in den *Woyzeck*-Handschriften«. In: *GBJb* 7 (1988/89)[=1991] S. 172-218

19 Burghard Dedner: »Büchners *Lenz*: Rekonstruktion der Textgenese«. In: *GBJb* 8 (1990/94) [=1995] S. 3-68

20 Thomas Michael Mayer: »Zur Datierung von Georg Büchners philosophischen Skripten und *Woyzeck* H3,1«. In: *GBJb* 9 (1995-99) [=2000] S. 281-329

G. Gesamtdarstellungen, biographische Abrisse, Gesamtdeutungen

1 Karl Emil Franzos: »Über Georg Büchner«. In: *Deutsche Dichtung* 29 (1/1901) S. 195-203, 289-300

2 Arthur Moeller van den Bruck: »Georg Büchner«. In: A. M. v. d. B.: *Die Deutschen.* Bd. 1: *Verirrte Deutsche.* Minden 1904, S. 114-133

3 Joseph Collin: »Georg Büchner. Politiker, Dichter und Naturforscher«. In: *Hessische Biographien* [...]. Hermann Haupt (Hg.). Bd. I. Darmstadt 1914, S. 247-253

4 Max Zobel von Zabeltitz: *Georg Büchner, sein Leben und sein Schaffen.* Bonn 1915

5 Friedrich Gundolf: »Georg Büchner. Ein Vortrag«. In: *Zeitschrift für Deutschkunde* 43 (1929) S. 1-12 [in leicht modifizierter Fssg. in: *E* 1, S. 82-97]

6 Hans Mayer: *Georg Büchner und seine Zeit.* Wiesbaden 1946; Berlin 1947; Wiesbaden ²1960; Frankfurt/M. ³1972; ⁴1980

7 Karl Viëtor: *Georg Büchner. Politik, Dichtung, Wissenschaft.* Bern 1949

8 Ernst Johann: *Georg Büchner in Selbstzeugnissen und Bilddokumenten*. Reinbek 1958; [21]1989

9 J. P. Stern: »A World of Suffering: Georg Büchner«. In: J. P. S.: *Re-Interpretations. Seven Studies in Nineteenth-Century German Literature*. London 1964, S. 78-155

10 Erwin Kobel: *Georg Büchner. Das dichterische Werk*. Berlin 1974

11 Herbert Anton: *Büchners Dramen. Topographien der Freiheit*. Paderborn 1975

12 Gerhard Jancke: *Georg Büchner. Genese und Aktualität seines Werkes. Einführung in das Gesamtwerk*. Kronberg/Ts. 1975; [3]1979

13 Maurice B. Benn: *The Drama of Revolt. A Critical Study of Georg Büchner*. Cambridge 1976; [2]1979

14 Hermann Bräuning-Oktavio: *Georg Büchner. Gedanken über Leben, Werk und Tod*. Bonn 1976

15 Raimar St. Zons: *Georg Büchner. Dialektik der Grenze*. Bonn 1976

16 David G. Richards: *Georg Büchner and the Birth of the Modern Drama*. Albany/N.Y. 1977

17 Jan Thorn-Prikker: *Revolutionär ohne Revolution. Interpretationen der Werke Georg Büchners*. Stuttgart 1978

18 Wolfgang Wittkowski: *Georg Büchner. Persönlichkeit, Weltbild, Werk*. Heidelberg 1978

19 Thomas Michael Mayer: »Georg Büchner. Eine kurze Chronik zu Leben und Werk«. In: E 2, S. 357-425

20 Friedrich Sengle: »Georg Büchner (1813-1837)«. In: F. S.: *Biedermeierzeit. Deutsche Literatur zwischen Restauration und Revolution 1815-1848*. Bd. III: *Die Dichter*. Stuttgart 1980, S. 265-331,1092-1097

21 Julian Hilton: *Georg Büchner*. London 1982

22 Henri Poschmann: *Georg Büchner. Dichtung der Revolution und Revolution der Dichtung*. Berlin 1983; [3]1988

23 Reinhold Grimm: *Love, Lust, and Rebellion. New Approaches to Georg Büchner*. Madison, WI 1985

24 Burghard Dedner: »Georg Büchner«. In: Gunter E. Grimm/Frank Rainer Max (Hgg.): *Deutsche Dichter. Leben und Werk deutschsprachiger Autoren*. Bd. 5: *Romantik, Biedermeier und Vormärz*. Stuttgart 1989, S. 571-594

25 Jan-Christoph Hauschild: *Georg Büchner. Mit Selbstzeugnissen und Bilddokumenten* [...]. Reinbek 1992

26 ders.: *Georg Büchner. Biographie*. Stuttgart 1993; Berlin [2]1997

27 John Reddick: *Georg Büchner. The Shattered Whole*. Oxford 1994

H. Arbeiten mit übergreifender Thematik

1 Rudolf Majut: *Studien um Büchner. Untersuchungen zur problematischen Natur*. Berlin 1932 [Repr. Nendeln 1967]

2 Georg Lukács: »Der faschistisch verfälschte und der wirkliche Georg Büchner. Zu seinem 100. Todestag am 19. Februar 1937«. In: G. L.: *Deutsche Realisten des 19.Jahrhunderts*. Berlin [4]1953, S. 66-88 [dass. in: E 1, S. 197-224]

3 Paul Rilla: Georg Büchner. In: P. R.: *Literatur, Kritik und Polemik*. Berlin 1950; [2]1952, S. 134-144

4 Helmut Krapp: *Der Dialog bei Georg Büchner*. Darmstadt 1958; München [2]1970

5 Gerhart Baumann: *Georg Büchner. Die dramatische Ausdruckswelt.* Göttingen
   1961; ^{2}1976

6 Gonthier-Louis Fink: »Volkslied und Verseinlage in den Dramen Büchners«.
   In: *DVJs* 35 (1961) S. 558-593 [dass. in: E 1, S. 443-487]

7 Karl S. Guthke: *Geschichte und Poetik der deutschen Tragikomödie.* Göttingen
   1961 [zu B., Grabbe und Hebbel S. 179-217]

8 Roy C. Cowen: »Identity and Conscience in Büchner's Works«. In: *Germanic
   Review* 53 (1968) S. 258-266

9 Walter Müller-Seidel: »Natur und Naturwissenschaft im Werk Georg Büchners«. In: Ekkehard Catholy/Winfried Hellmann (Hgg.): *Festschr. Klaus Ziegler.* Tübingen 1968, S. 205-232

10 Carlo Mario Abutille: *Angst und Zynismus bei Georg Büchner.* Bern 1969

11 WalterJens: »Schwermut und Revolte. Georg Büchner«. In: W. J.: *Von deutscher Rede.* München 1969, S. 80-103

12 Henry J. Schmidt: *Satire, Caricature and Perspectivism in the Works of Georg
   Büchner.* Den Haag 1970

13 Henri Poschmann: »Das künstlerische Werk Georg Büchners«. In: *WB* 17 (7/
   1971) S. 12-49

14 Gerda E. Bell: »Windows: Study of a Symbol in Georg Büchner's Work«. In:
   Germanic Review 46 (1972) S. 95-108

15 Jürgen H. Petersen: »Die Aufhebung der Moral im Werk Georg Büchners«.
   In: *DVJs* 47 (1973) S. 245-266

16 Roland Galle: *Tragödie und Aufklärung. Zum Funktionswandel des Tragischen
   zwischen Racine und Büchner.* Stuttgart 1976

17 Cornelie Ueding: *Denken Sprechen Handeln. Aufklärung und Aufklärungskritik
   im Werk Georg Büchners.* Bern 1976

18 Henri Poschmann: »Bürgerliche Freiheitsideologie und soziale Determination.
   Zur materialistischen Fundierung der Dramaturgie Büchners«. In: Helmut
   Bock/Werner Feudel [...] (Hgg.): *Streitpunkt Vormärz* [...]. Berlin 1977, S.
   219-244, 310-313

19 Hans-Dieter Haenel: *Kettenkarussell und Spiegelkabinett. Determinanz der
   Form im Drama Georg Büchners.* Frankfurt/M. 1978

20 Whang-Chin Kim: »Das Leid im Werk Georg Büchners. Die symbolischen
   und die musikalischen Formen«. In: *The Journal of Comparative Literature and
   Culture* 2 (1978) S. 127-148

21 Reinhold Grimm: »Cœur und Carreau. Über die Liebe bei Georg Büchner«.
   In: E 2, S. 299-326

22 Walter Hinderer: »Porträt Büchners«. In: Horst Albert Glaser (Hg.): *Deutsche
   Literatur. Eine Sozialgeschichte.* Bd. 6. Reinbek 1980, S. 310-321

23 Wolfgang Proß: »Die Kategorie der ›Natur‹ im Werk Georg Büchners«. In:
   Aurora 40 (1980) S. 172-188

24 Hans-Jürgen Schings: *Der mitleidigste Mensch ist der beste Mensch. Poetik des
   Mitleids von Lessing bis Büchner.* München 1980

25 Heinrich Anz: »›Leiden sey all mein Gewinnst‹. Zur Aufnahme und Kritik
   christlicher Leidenstheologie bei Georg Büchner«. In: *GBJb* 1 (1981) S.
   160-168

26 William Bruce Armstrong: »›Arbeit‹ und ›Muße‹ in den Werken Georg Büchners«. In: E 3, S. 63-98

27 Karl Eibl: »*Ergo todtgeschlagen.* Erkenntnisgrenzen und Gewalt in Büchners
   Dantons Tod und *Woyzeck*«. In: *Euph* 75 (1981) S. 411-429

28 Bernhard Görlich/Anke Lehr: »Materialismus und Subjektivität in den Schriften Georg Büchners«. In: E 3, S. 35-62

29 Reinhold Grimm: »Georg Büchner und der moderne Begriff der Revolte«. In: *GBJb* 1 (1981) S. 22-67

30 Burghard Dedner: »Bildsysteme und Gattungsunterschiede in *Leonce und Lena, Dantons Tod* und *Lenz*«. In: S 19, S. 157-218

31 Theo Buck: »Das Groteske bei Büchner«. In: *EG* 43 (1988) S. 66-81

32 Hodda Issa: *Das ›Niederländische‹ und die ›Autopsie‹. Die Bedeutung der Vorlage für Georg Büchners Werke.* Frankfurt/M. 1988

33 Gonthier-Louis Fink: »Georg Büchner et la Révolution Française«. In: *Recherches Germaniques* 19 (1989) S. 69-101

34 Thomas Lange: »...für die Schule überhaupt geeignet? Georg Büchner in Lehrplan und Wirklichkeit des Deutschunterrichts«. In: E 13, S. 225-253

35 Peter Michelsen: »Das Leid im Werk Georg Büchners«. In: *Jhb. des Freien Deutschen Hochstifts* 1989, S. 281-307

36 Wulf Wülfing: »›Autopsie‹. Bemerkungen zum ›Selbst-Schauen‹ in Texten Georg Büchners«. In *WB* 35 (1989) S. 1780-1795; vgl. E 19, S. 45-60

37 Joachim Bark: »Bibelsprache in Büchners Dramen. Stellenkommentar und interpretatorische Hinweise«. In: E 15, S. 476-505

38 Rudolf Drux: »›Eigentlich nichts als Walzen und Windschläuche‹. Ansätze zu einer Poetik der Satire im Werk Georg Büchners«. In: E 15, S. 335-352

39 Jan-Christoph Hauschild: »Der Autor als Leser. Überlegungen zu Georg Büchners Literaturrezeption.« In: E 14, S. 107-123

40 Wulf Wülfing: »›Ich werde, du wirst, er wird‹. Zu Georg Büchners ›witziger‹ Rhetorik im Kontext der Vormärzliteratur«. In: E 15, S. 455-475

41 Elizabeth Boa: »Whores and Hetairas. Sexual Politics in the Work of Büchner and Wedekind«. In: E 17, S. 161-181

42 Hiltrud Gnüg: »Melancholie-Problematik im Werk Büchners«. In: E 14, S. 91-105

43 Rosmarie Zeller: »Büchner und das Drama der französischen Romantik«. In: *GBJb* 6 (1986/87)[=1990] S. 73-105

44 Michael Perraudin: »Towards a New Cultural Life: Büchner and the ›Volk‹«. In: *Modern Language Review* 86 (1991) S. 627-644

45 Heike Knoll: »Schwermütige Revolten. Melancholie bei Georg Büchner«. In: Carola Hilmes/Dietrich Mathy (Hgg.): *Protomoderne: künstlerische Formen überlieferter Gegenwart.* Bielefeld 1996, S. 99-112

I. Aspekte von Leben, Werk, Textkritik, vergleichende Arbeiten, Dokumente

1 Friedrich Sengle: »Grabbe und Büchner«. In: F. S.: *Das deutsche Geschichtsdrama. Geschichte eines literarischen Mythos.* Stuttgart 1952, S. 121-134

2 Martin Greiner: »Christian Grabbe und Georg Büchner«. In: M. G.: *Zwischen Biedermeier und Bourgeoisie. Ein Kapitel deutscher Literaturgeschichte.* Göttingen 1953, S. 181-218

3 Wilhelm Emrich: »Georg Büchner und die moderne Literatur«. In: W. E.: *Polemik, Streitschriften, Pressefehden [...].* Frankfurt/M. 1968, S. 131-172

4 Wolfgang Hildesheimer: »Über Georg Büchner. Eine Rede«. In: W. H.: *Interpretationen. James Joyce – Georg Büchner [. . .].* Frankfurt/M. 1969, S. 31-51

5 J. P. Stern: *Idylls and Realities. Studies in Nineteenth-Century German Literature*. New York 1971, S. 33-48

6 Heinz Fischer: *Georg Büchner. Untersuchungen und Marginalien*. Bonn 1972

7 Peter Berglar: »Der neue Hamlet. Ludwig Büchner in seiner Zeit«. In: *Archiv für Kulturgeschichte* 58 (1976) S. 204-226

8 Gerda E. Bell: »Georg Büchner's Last Words«. In: *German Life and Letters* 27 (1973/74) S. 17-22

9 M. B. Benn: »Büchner and Gautier«. In: *Seminar* 9 (1973) S. 202-207

10 Maurice B. Benn: »Büchner und Heine«. In: *Seminar* 13 (1977) S. 215-226

11 Manfred Durzak: »Lessing und Büchner: Zur Kategorie des Politischen«. In: Edward P. Harris/Richard E. Schade (Hgg.): *Lessing in heutiger Sicht* [...]. Bremen 1977, S. 279-298

12 Alfred Hoelzel: »Betrayed Rebels in German Literature: Büchner, Toller, and Koestler«. In: *Orbis Litterarum* 34 (1979) S. 238-258

13 Werner R. Lehmann: »Mythologische Vexierspiele. Zu einer Kompositionstechnik bei Büchner, Döblin, Camus und Frisch«. In: Ulrich Fülleborn/Johannes Krogoll (Hgg.): *Studien zur deutschen. Literatur. Festschr. Adolf Beck*. Heidelberg 1979, S. 174-224

14 Walter Hinck: »Büchner und Brecht«. In: E 3, S. 236-246

15 Jan-Christoph Hauschild: »(Un)bekannte Stammbuchverse Georg Büchners. Weitere biographische Miszellen aus dem Nachlaß der Gebrüder Stoeber«. In: *GBJb* 1 (1981) S. 233-241

16 Thomas Michael Mayer: »Bausteine und Marginalien«. In: *GBJb* 1 (1981) S. 187-223

17 Henri Poschmann: »Eine verhinderte Begegnung«. In: *Neue deutsche Literatur* 29 (11/1981) S. 58-74

18 Jan-Christoph Hauschild: »Erinnerung an einen ›außerordentlichen Menschen‹. Zwei unbekannte Rezensionen von Büchners Jugendfreund Georg Zimmermann«. In: *GBJb* 5 (1985) S. 330-346

19 Wilhelm Solms: »Büchners Tod in aktuellen Unterrichtsmodellen«. In: *GBJb* 5 (1985) S. 198-217

20 Wolfgang Baumgart: »Die Darmstädter Zwillinge [Büchner und Niebergall]. Ein Vortrag«. In: *Euph* 81 (1987) S. 376-390

21 Heinz Fischer: *Georg Büchner und Alexis Muston. Untersuchungen zu einem Büchner-Fund*. München 1987

22 Eckhart G. Franz: »Auf der Flucht und im Exil. Das Schicksal der Büchner-Freunde«. In: E 7, S. 210-217

23 E. G. Franz/J.-C. Hauschild/T. M. Mayer: *Genealogische Tafel der Familie Büchner* [...]. Basel [1987]

24 Armin Geus: »Georg Büchners letzte Krankheit. Ein Beitrag zur Geschichte des Typhus im 19. Jahrhundert«. In: E 7, S. 360-365

25 Walter Grab: »Statistik und Revolution. Geistige und politische Beziehungen zwischen Georg Büchner, Wilhelm Schulz und Karl Marx«. In: E 7, S. 356-359

26 Jan-Christoph Hauschild: »Büchners Braut«. In: E 7, S. 124-131

27 Erich Zimmermann: »Büchners Straßburger Freunde. Die Eugenia«. In: E 7, S. 132-135

28 Dieter Arendt/Günter Oesterle: »Georg Büchner als Medizinstudent und Revolutionär in Gießen oder ›eine hohle Mittelmäßigkeit in allem‹«. In: E 10, S. 19-50

29 Helmut Böhme: »Vom rückwärts gerichteten Fortschritt: Hessen im Vormärz und Büchner«. In: E 13, S. 9-72

30 Jan-Christoph Hauschild: »Schiffbruch und Lebensplan. Büchners Vaterbeziehung im Prozeß der Literarisierung«. In: E 15, S. 37-52

31 Thomas Michael Mayer: »Das Protokoll der Straßburger Studentenverbindung ›Eugenia‹«. In: GBJb 6 (1986/87) [=1990] S. 324-392

32 Jan-Christoph Hauschild: »Büchners letzte Stunden. Ein unbekannter Brief von Wilhelm Baum«. In: GBJb 7 (1988/89) [=1991] S. 381f.

33 Ein Haus für Georg Büchner. Heiner Boehncke/Hans Sarkowicz (Hgg.). Marburg 1997

34 Thomas Michael Mayer: »Georg Büchners Situation im Elternhaus und der Anlaß seiner Flucht aus Darmstadt Anfang März 1835«. In: GBJb 9 (1995-99) [=2000] S. 33-92

J. Philosophie und Ästhetik

1 Hans Mayer: »Georg Büchners ästhetische Anschauungen«. In: ZfdPh 73 (1954) S. 129-160 [dass. in: H. M.: Studien zur deutschen Literaturgeschichte. Berlin ²1955, S. 143-170]

2 Donald Brinkmann: Georg Büchner als Philosoph. Zürich 1958

3 Paul Requadt: »Zu Büchners Kunstanschauung. Das ›Niederländische‹ und das Groteske, Jean Paul und Victor Hugo«. In: P. R.: Bildlichkeit der Dichtung [...]. Hans-Henrik Krummacher/Hubert Ohl (Hgg.). München 1974, S. 106-138, 263-266

4 Wolfgang Wittkowski: »Georg Büchner, die Philosophen und der Pietismus. Umrisse eines neuen Büchnerbildes«. In: Jhb. des Freien Deutschen Hochstifts 1976, S. 352-419

5 Yun-Yeop Song: »Büchners Ästhetik des Häßlichen«. In: Zeitschrift für Germanistik (Korea) 21 (1978) S. 262-281

6 Silvio Vietta: »Selbsterfahrung bei Büchner und Descartes«. In: DVJs 53 (1979) S. 417-428

7 Peter Horn: »›Ich meine für menschliche Dinge müsse man auch menschliche Ausdrücke finden‹. Die Sprache der Philosophie und die Sprache der Dichtung bei Georg Büchner«. In: GBJb 2 (1982) S. 209-226

8 Joachim Kahl: »›Der Fels des Atheismus‹. Epikurs und Georg Büchners Kritik an der Theodizee«. In: GBJb 2 (1982) S. 99-125

9 Wolfgang Proß: »Spinoza, Herder, Büchner: Über ›Gesetz‹ und ›Erscheinung‹«. In: GBJb 2 (1982) S. 62-98

10 Albert Meier: Georg Büchners Ästhetik. München [1983]

11 Günter Oesterle: »Das Komischwerden der Philosophie in der Poesie. Literatur-, philosophie- und gesellschaftsgeschichtliche Konsequenzen der ›voie physiologique‹ in Büchners Woyzeck«. In: GBJb 3 (1983) S. 200-239

12 Rodney Taylor: »Georg Büchner's Materialist Critique of Rationalist Metaphysics«. In: Seminar 22 (1986) S. 189-205

13 Markus Kuhnigk: »Das Ende der Liebe zur Weisheit. Zur Philosophiekritik und Philosophenschelte bei Georg Büchner im Zusammenhang mit der zeitgenössischen Hegelrezeption«. In: E 7, S. 276-281

14 Terence M. Holmes: »Die Befreiung der Maschine: Büchners Kritik an der bürgerlichen Teleologie«. In: E 15, S. 53-62

15 Friedrich Vollhardt: »Das Problem der ›Selbsterhaltung‹ im literarischen Werk und in den philosophischen Nachlaßschriften Georg Büchners«. In: E 15, S. 17-36

16 ders.: »Straßburger Gottesbeweise. Adolf Stoebers *Idées sur les rapports de Dieu à la Nature* (1834) als Quelle der Religionskritik Georg Büchners«. In: *GBJb* 7 (1988/89) [=1991] S. 46-82

17 ders.: »›Unmittelbare Wahrheit‹. Zum literarischen und ästhetischen Kontext von Georg Büchners Descartes-Studien«. In: *Jhb. der deutschen Schillergesellschaft* 35 (1991) S. 196-211

18 Rodney Taylor: »Ludwig Feuerbach on Being as Death«. In: *Michigan German Studies* 19 (1993) S. 46-61

19 ders.: »Danton's Ontology of Suffering«. In: *Michigan German Studies* 20 (1994) S. 1-17

20 Michael Glebke: *Die Philosophie Georg Büchners.* Marburg 1995

21 Rodney Taylor: *Perspectives of Spinoza in Works by Schiller, Büchner, and C. F. Meyer.* New York 1995 [enth. u.a.: »Georg Büchner's Concept of Nature and its Relation to the Spinozan Absolute«, S. 39-69; »Danton's Self-Awareness as an Eternal ›Mode‹ of Substance«, S. 71-108; »Philippeau, Danton, and the Doctrine of Palingenesis«, S. 109-131]

22 Jürgen Schwann: *Georg Büchners implizite Ästhetik. Rekonstruktion und Situierung im ästhetischen Diskurs.* Tübingen 1997

K. Politik

1 Walter Haenisch: »›Friede den Hütten! Krieg den Palästen!‹ Georg Büchners ›Hessischer Landbote‹ und die ›Gesellschaft der Menschenrechte‹«. In: *Das Wort* 2 (1937) S. 27-34

2 Karl Viëtor: *Georg Büchner als Politiker.* Bern 1939; [2]1950

3 Edmond Dune: »Un poète materialiste: Georg Büchner«. In: *Critique* 9 (1953) S. 481-495, 601-611

4 Leonid Mamut: »›Friede den Hütten – Krieg den Palästen!‹ Zur Charakterisierung der politischen Anschauungen Georg Büchners«. In: *Staat und Recht* 8 (1959) S. 200-214

5 Hans-Georg Werner: »Die oppositionelle Dichtung des Vormärz und die bürgerliche Ordnung«. In: *Wiss. Zeitschr. d. Martin-Luther-Universität Halle-Wittenberg, gesellschafts- und sprachwissenschaftl. Reihe* 13 (8/1964) S. 557-569

6 Werner R. Lehmann: ›*Geht einmal euren Phrasen nach ...‹ Revolutionsideologie und Ideologiekritik bei Georg Büchner.* Darmstadt 1969

7 Hans-Joachim Ruckhäberle: *Flugschriftenliteratur im historischen Umkreis Georg Büchners.* Kronberg 1975

8 ders. (Hg.): *Frühproletarische Literatur. Die Flugschriften der deutschen Handwerksgesellenvereine in Paris 1832-1839.* Kronberg 1977

9 Thomas Michael Mayer: »Büchner und Weidig - Frühkommunismus und revolutionäre Demokratie. Zur Textverteilung des ›Hessischen Landboten‹«. In: E 2, S. 16-298

10 Anke Lehr: »Georg Büchner, deutscher Patriot und Ideologe einer Bauernrevolution? Einige Bemerkungen zu M. Smulovic«. In: E 3, S. 216f.

11 M. Smulovic: »Georg Büchners Weltanschauung und ästhetische Ansichten«. In: E 3, S. 195-215

12 Heinz Wetzel: »Ein Büchnerbild der siebziger Jahre. Zu Thomas Michael Mayer: ›Büchner und Weidig - Frühkommunismus und revolutionäre Demokratie‹«. In: E 3, S. 247-264

13 ders.: »Georg Büchner und ein polnischer General. Zwischen politischem Engagement und ironischer Distanz«. In: *Schiller-Jhb.* 25 (1981) S. 367-384

14 Hans-Joachim Ruckhäberle: *Bildung und Organisation in den deutschen Handwerksgesellen- und Arbeitervereinen in der Schweiz. Texte und Dokumente zur Kultur der deutschen Handwerker und Arbeiter 1834-1845.* Tübingen 1983

15 Walter Grab u. Mitarb. v. T. M. Mayer: *Georg Büchner und die Revolution von 1848. Der Büchner-Essay von Wilhelm Schulz aus dem Jahr 1851. Text und Kommentar.* Königstein 1985

16 Albert Meier: »Der Zusammenhang zwischen Politik, Poesie, Naturwissenschaft und Philosophie im Werk Georg Büchners«. In: E 6, S. 5-16

17 Thomas Michael Mayer: »Die ›Gesellschaft der Menschenrechte‹ und der *Hessische Landbote*«. In: E 7, S. 168-186

18 Erich Zimmermann: *Für Freiheit und Recht! Der Kampf der Darmstädter Demokraten im Vormärz (1815-1848).* Darmstadt 1987

19 Klaus Bohnen: »Büchner zwischen Poesie und Politik. Abschließende Bemerkungen zu einer unabgeschlossenen Diskussion«. In: E 10, S. 239-241

20 Gad Arnsberg: »Der dornige Pfad zur Revolution. Der Büchner/Weidig-Kreis und die württembergischen Verschwörer«. In: E 15, S. 84-109

21 Terence M. Holmes: »Georg Büchners ›Fatalismus‹ als Voraussetzung seiner Revolutionsstrategie«. In : *GBJb* 6 (1986/87) [=1990] S. 59-72

22 Thomas Michael Mayer: »Lebte Büchner in Straßburg 1835 ›ein halbes Jahr lang im Verborgenen‹?« In: *GBJb* 6 (1986/87) [=1990] S. 194-205

23 Terence M. Holmes: »Die ›Absolutisten‹ in der Revolution«. In: *GBJb* 8 (1990/94) [=1995] S. 241-253

L. Naturwissenschaft

1 Jean Strohl: *Lorenz Oken und Georg Büchner. Zwei Gestalten aus der Übergangszeit von Naturphilosophie zu Naturwissenschaft.* Zürich 1936

2 Hermann Helmig: *Der Morphologe Georg Büchner. 1813-1837.* Basel 1950

3 Jochen Walter Bierbach: *Der Anatom Georg Büchner und die Naturphilosophen.* Düsseldorf (=Med. Diss.) 1961

4 Fritz Ebner: »Georg Büchner«. In: *Medizinischer Monatsspiegel* 12 (6/1963) S. 123-129

5 Alexander Mette: »Medizin und Morphologie in Büchners Schaffen«. In: *Sinn und Form* 15 (1963) S. 747-755

6 M. H. Weinberg: »Georg Büchner. Arzt - Revolutionär - Dichter«. In: *Münchener Medizinische Wochenschrift* 105 (1963) S. 2353-2355

7 Jochen Golz: »Die naturphilosophischen Anschauungen Georg Büchners«. In: *Wissenschaftliche Zs. d. Friedrich-Schiller-Univ. Jena* 13 (1/1964) S. 65-72

8 Otto Döhner: *Georg Büchners Naturauffassung.* Marburg (=Phil. Diss.) 1967

9 Wolfgang Proß: »Naturgeschichtliches Gesetz und gesellschaftliche Anomie: Georg Büchner, Johann Lucas Schönlein und Auguste Comte«. In: Alberto

Martino [...] (Hg.): *Literatur in der sozialen Bewegung. Aufsätze und Forschungsberichte zum 19. Jahrhundert.* Tübingen 1977, S. 228-259

10 Otto Döhner: »Neuere Erkenntnisse zu Georg Büchners Naturauffassung und Naturforschung«. In: *GBJb* 2 (1982) S. 126-132

11 Sigrid Oehler-Klein: »›Der Sinn des Tiegers‹. Zur Rezeption der Hirn- und Schädellehre Franz Joseph Galls im Werk Georg Büchners«. In: *GBJb* 5 (1985) S. 18-51

12 Albert Meier: »Büchners naturwissenschaftliche Arbeiten«. In: E 6, S. 45-53

13 Wilhelm Doerr: *Georg Büchner als Naturforscher.* Darmstadt 1987

14 ders.: »Georg Büchner als Naturforscher«. In: E 7, S. 286-291

15 Christian Maaß: »Georg Büchner und Johann Bernhard Wilbrand. Medizin in Gießen um 1833/34«. In: E 7, S. 148-155

16 Engelbert Schramm: »Flucht in die Naturforschung? Büchners medizinische und naturphilosophische Schriften«. In: E 13, S. 117-138

17 Sabine Kubik: *Krankheit und Medizin im literarischen Werk Georg Büchners.* Stuttgart 1991

18 »Georg Büchner: *Mémoire sur le système nerveux du barbeau.* Übersetzung von Otto Döhner mit Anm. v. Otto Döhner u. Udo Roth«. In: *GBJb* 8 (1990/94) [=1995] S. 305-370

19 Peter Ludwig: *»Es gibt eine Revolution in der Wissenschaft«. Naturwissenschaft und Dichtung bei Georg Büchner.* St. Ingbert 1998

M. Schulschriften

1 Gerhard Schaub: *Georg Büchner und die Schulrhetorik. Untersuchungen und Quellen zu seinen Schularbeiten.* Bern 1975

2 ders.: »Georg Büchner und das Darmstädter Gymnasium«. In: *Trierer Beiträge aus Forschung und Lehre an der Universität Trier* 2 (1976) S. 7-14

3 ders.: »Büchners Rezension eines Schulaufsatzes *Über den Selbstmord*«. In: *GBJb* 1 (1981) S. 224-232

4 ders.: »Georg Büchner. ›Poeta rhetor‹. Eine Forschungsperspektive«. In: *GBJb* 2 (1982) S. 170-195

5 Ilona Broch: »Drei Marginalien zu Georg Büchners Schülerschriften«. In: *GBJb* 5 (1985) S. 286-291

6 Maria Teresa Morreale: »La ›Kato-Rede‹ di Georg Büchner nel ricordo della sorella Luise«. In: E 6, S. 91-110

7 Gerhard Schaub: »Der Rhetorikschüler Georg Büchner. Eine Analyse der Cato-Rede«. In: *Diskussion Deutsch* 17 (92/1986) S. 663-680

8 Robert Fleck: »Eine Schülerrede. Neun Wochen nach der Juli-Revolution«. In: E 7, S. 74-81

9 Terence M. Holmes: »Hero-Worship and the Common Life in Büchner's School Orations«. In: E 17, S. 77-88

10 Markus Kuhnigk: »Kometen, Sternkunde und Politik. Zur astronomischen Metaphorik in Georg Büchners *Kato*-Rede«. In: *GBJb* 7 (1988/89) [=1991] S. 260-281

11 Thomas Michael Mayer: »Georg Büchner. Shakespeare-, Goethe- und Follen-Zitate aus dem letzten Schulheft von 1831«. In: *GBJb* 7 (1988/89) [=1991] S. 9-44

N. Briefe

1 Walter Benjamin: »Kommentar zu Briefen aus dem bürgerlichen Jahrhundert. Georg Büchner an Karl Gutzkow, Ende Februar 1835«. In: W. B.: *Illuminationen. Ausgewählte Schriften.* Siegfried Unseld (Hg.). Frankfurt 1961, S. 293-296

2 Werner R. Lehmann/Thomas Michael Mayer: »Ein unbekannter Brief Georg Büchners. Mit biographischen Miszellen aus dem Nachlaß der Gebrüder Stoeber«. In: *Euph* 70 (1976) S. 175-186

3 Volker Braun: »Büchners Briefe«. In: *GBJb* 1 (1981) S. 11-21

4 Thomas Michael Mayer: »›Wegen mir könnt Ihr ganz ruhig sein...‹ Die Argumentationslist in Georg Büchners Briefen an die Eltern«. In: *GBJb* 2 (1982) S. 249-280

5 Jan-Christoph Hauschild: »Neudatierung und Neubewertung von Georg Büchners ›Fatalismusbrief‹«. In: *ZfdPh* 108 (1989) S. 511-529

6 Erika Gillmann/Thomas Michael Mayer/Reinhard Pabst/Dieter Wolf (Hgg.): *Georg Büchner an »Hund« und »Kater«. Unbekannte Briefe des Exils.* Marburg 1993

7 Peter Mesenhöller: »Ernst Dieffenbach: Briefe aus dem Straßburger und Zürcher Exil 1833-1836. Eine Flüchtlingskorrespondenz aus dem Umkreis Georg Büchners (Teil 1)«. In: *GBJb* 8 (1990/94) [=1995] S. 371-443

O. Übersetzungen

1 N. A. Furness: »Georg Büchner's Translations of Victor Hugo«. In: *Modern Language Review* 51 (1956) S. 49-54

2 Gerda E. Bell: »Georg Büchner's Translations of Victor Hugo's *Lucrèce Borgia* and *Marie Tudor*«. In: *Arcadia* 6 (1971) S. 151-174

3 dies.: »Traduttore - traditore? Some Remarks on Georg Büchner's Victor Hugo Translations«. In: *Monatshefte* 63 (1971) S. 19-27

4 Georg Hensel: »Das Maul mit Silber stopfen. Ein Vorschlag, endlich den Übersetzer Georg Büchner zu bemerken«. In: *Frankfurter Allgemeine Zeitung* Nr. 42 v. 19. 2. 1977

5 Roger Bauer: »Georg Büchner, traducteur de Victor Hugo«. In: *EG* 42 (1987) S. 329-336

6 Rosemarie Hübner-Bopp: »Das Brot des Übersetzers«. In: E 7, S. 282-285

7 dies.: *Georg Büchner als Übersetzer Victor Hugos. Unter Berücksichtigung der zeitgleichen Übersetzungen von »Lucrèce Borgia« und »Marie Tudor« sowie der Aufnahme Victor Hugos in der deutschen Literaturkritik von 1827 bis 1835.* Frankfurt/M. 1990

P. Der Hessische Landbote [vgl. insbes. auch B 8, E 4, K 9 sowie die Literatur zu K. Politik]

1 Friedrich Noellner: *Actenmäßige Darlegung des wegen Hochverraths eingeleiteten gerichtlichen Verfahrens gegen Pfarrer D. Friedrich Ludwig Weidig [...].* Darmstadt 1844

2 Ludwig Büchner: »Georg Büchner, der Sozialist«. In: *Zukunft* 16 (1896) S. 598-601

3 Eduard David: *Der Hessische Landbote. Von Georg Büchner. Sowie des Verfassers Leben und politisches Wirken.* München 1896

4 Egon Erwin Kisch: *Der Pfarrer Weidig.* Berlin 1957

5 Hans Magnus Enzensberger: *Georg Büchner. Ludwig Weidig. Der Hessische Landbote. Texte, Briefe, Prozeßakten.* Kommentiert v. H. M. E. Frankfurt/M. 1965; [2]1974

6 Kurt Immelt: »Der ›Hessische Landbote‹ und seine Bedeutung für die revolutionäre Bewegung des Vormärz im Großherzogtum Hessen-Darmstadt«. In: *Mitteilungen des oberhessischen Geschichtsvereins* N. F. 52 (1967) S. 13-77

7 Volker Klotz: »Agitationsvorgang und Wirkprozedur in Büchners ›Hessischem Landboten‹«. In: Helmut Arntzen (Hg.) [...]: *Literaturwissenschaft und Geschichtsphilosophie. Festschr. Wilhelm Emrich.* Berlin 1975, S. 388-405

8 Gerhard Schaub: »Statistik und Agitation. Eine neue Quelle zu Büchners ›Hessischem Landboten‹«. In: *Geist und Zeichen. Festschr. Arthur Henkel.* Herbert Anton [...] (Hg.). Heidelberg 1977, S. 351-375

9 Thomas Michael Mayer: »Georg Büchner und der ›Hessische Landbote‹. Volksbewegung und revolutionärer Demokratismus in Hessen 1830-1835. Ein Arbeitsbericht«. In: Otto Büsch/Walter Grab (Hgg.): *Die demokratische Bewegung in Mitteleuropa im ausgehenden 18. und frühen 19. Jahrhundert. Ein Tagungsbericht.* Berlin 1980, S. 360-390

10 ders.: »Die Verbreitung und Wirkung des *Hessischen Landboten*«. In: *GBJb* 1 (1981) S. 68-111

11 Wolfgang Promies: »Der Hessische Landbote. Reflektionen über einen ungemeinen Mythos«. In: E 13, S. 89-104

12 Walter Grab: »Georg Büchners *Hessischer Landbote* im Kontext deutscher Revolutionsaufrufe 1791-1848«. In: E 15, S. 65-83

Q. Dantons Tod

1 Karl Viëtor: »Die Tragödie des heldischen Pessimismus. Über Büchners Drama ›Dantons Tod‹«. In: *DVJs* 12 (1934) S. 173-209 [dass. in : E 1, S. 98-137]

2 Peter Szondi: »Dantons Tod«. In: P. S.: *Versuch über das Tragische.* Frankfurt/M. 1961, S. 103-109

3 Helmut Koopmann: »›Dantons Tod‹ und die antike Welt. Zur Geschichtsphilosophie Georg Büchners«. In: *ZfdPh* 84 (1965) Sonderh., S. 22-41

4 Roy C. Cowen: »Grabbe's *Don Juan und Faust* and Büchner's *Dantons Tod*: Epicureanism and Weltschmerz«. In: *Publications of the Modern Language Association of America* 82 (1967) S. 342-351

5 Walter Dietze: »Dantons Tod. Georg Büchner und Aleksej Tolstoj«. In: *WB* 15 (1969) S. 229-274, 620-654, 811-854

6 Thomas Michael Mayer: »Zur Revision der Quellen für ›Dantons Tod‹ von Georg Büchner«. In: *Studi Germanici* N. F. 7 (1969) S. 287-336; 9 (1971) S. 223-233

7 Ulrike Paul: *Vom Geschichtsdrama zur politischen Diskussion. Über die Desintegration von Individuum und Geschichte bei Georg Büchner und Peter Weiss.* München 1974

8 Rosmarie Zeller: »Das Prinzip der Äquivalenz bei Büchner. Untersuchungen

zur Komposition von ›Dantons Tod‹ und ›Leonce und Lena‹«. In: *Sprachkunst* 5 (1974) S. 211-230

9 Jürgen Sieß: *Zitat und Kontext. Eine Studie zu den Dramen ›Dantons Tod‹ und ›Leonce und Lena‹.* Göppingen 1975

10 Heinz Wetzel: »›Dantons Tod‹ und das Erwachen von Büchners sozialem Selbstverständnis«. In: *DVJs* 50 (1976) S. 434-448

11 Peter Michelsen: »Die Präsenz des Endes. Georg Büchners ›Dantons Tod‹«. In: *DVJs* 52 (1978) S. 476-495

12 Peter von Becker (Hg.): *Georg Büchner: Dantons Tod. Die Trauerarbeit im Schönen. Ein Theaterlesebuch.* Frankfurt/M. 1980; ²1985 [enth. neben der Studienausgabe des Dramas (B 10) drei größere, hier einzeln verzeichnete Aufsätze u. eine Reihe von Materialien u. Kurzbeiträgen]

13 ders.: »Die Trauerarbeit im Schönen. Notizen zu einem neu gelesenen Stück«. In: Q 12, S. 75-90

14 Alfred Behrmann/Joachim Wohlleben: *Büchner: Dantons Tod. Eine Dramenanalyse.* Stuttgart 1980

15 Gerhard P. Knapp: »Robespierre. Prolegomena zu einer Stoffgeschichte der Französischen Revolution«. In: Adam J. Bisanz/Raymond Trousson (Hgg.): *Elemente der Literatur. Festschr. Elisabeth Frenzel.* Stuttgart 1980, S. 129-154 [vgl. auch: »Der Mythos des Schreckens. Maximilien Robespierre als Motiv in der deutschen Literatur des neunzehnten Jahrhunderts«. In: Harro Zimmermann (Hg.): *Schreckensmythen – Hoffnungsbilder. Die Französische Revolution in der deutschen Literatur.* Frankfurt/M. 1989, S. 174-221]

16 Hans-Thies Lehmann: »Dramatische Form und Revolution. Überlegungen zur Korrespondenz zweier Theatertexte: Georg Büchners ›Dantons Tod‹ und Heiner Müllers ›Der Auftrag‹«. In: Q 12, S. 106-121

17 Dolf Oehler: »Liberté, Liberté Chérie. Männerphantasien über die Freiheit. Zur Problematik der erotischen Freiheitsallegorie«. In: Q 12, S. 91-105

18 Hans Adler: »Georg Büchner: Dantons Tod«. In: Harro Müller-Michaels (Hg.): *Deutsche Dramen. Interpretationen zu Werken von der Aufklärung bis zur Gegenwart.* Bd. 1. Königstein/Ts. 1981, S. 145-169

19 Gerhard P. Knapp: »Some Remarks about the Inherent Discrepancies between Georg Büchner's Drama and Gottfried von Einem's Opera *Dantons Tod«.* In: *Proceedings of the 9th Congress of the ICLA.* Innsbruck 1981, S. 257-259

20 Samuel Moser: »Robespierre, die Ausgeburt eines Kantianers. Immanuel Kants Philosophie als Schlüssel zum Verständnis der Robespierre-Figur in Georg Büchners Drama ›Dantons Tod‹«. In: E 3, S. 131-149

21 Hans-Joachim Ruckhäberle: »Georg Büchners *Dantons Tod* – Drama ohne Alternative«. In: *GBJb* 1 (1981) S. 169-176

22 Cornelie Ueding: »Dantons Tod – Drama der unmenschlichen Geschichte«. In: Walter Hinck (Hg.): *Geschichte als Schauspiel. Deutsche Geschichtsdramen. Interpretationen.* Frankfurt/M. 1981, S. 210-226

23 Theo Elm: »Georg Büchner: Individuum und Geschichte in ›Dantons Tod‹«. In: Theo Elm/Gerd Hemmerich (Hgg.): *Zur Geschichtlichkeit der Moderne. Der Begriff der literarischen Moderne in Theorie und Deutung. Fs. Ulrich Fülleborn* [...]. München 1982, S. 167-184

24 Walter Hinderer: »›Dieses Schwanzstück der Schöpfung‹. Büchners *Dantons Tod* und die *Nachtwachen des Bonaventura«.* In: *GBJb* 2 (1982) S. 316-342

25 Dorothy James: *Georg Büchner's ›Dantons Tod‹: A Reappraisal.* London 1982

26 Wolfgang Kaempfer: »Logisches und analogisches Bewußtsein in *Dantons Tod*

von Georg Büchner. Eine ›literaturanthropologische‹ Anwendung«. In: *Recherches germaniques* 12 (1982) S. 55-67

27 Gerhard P. Knapp: *Georg Büchner: Dantons Tod*. Frankfurt/M.1983; ⁴1994

28 Burghard Dedner: »Legitimationen des Schreckens in Georg Büchners Revolutionsdrama«. In: *Jhb. der deutschen Schillergesellschaft* 29 (1985) S. 343-380

29 Elke Haase Rockwell: »Todesthematik und Kontextstruktur in Georg Büchners Drama *Dantons Tod*«. In: *Colloquia Germanica* 18 (1985) S. 319-331

30 Gerhard P. Knapp: »›Dantons Tod‹. Die Tragödie des Jakobinismus. Ansätze einer Deutung«. In: *Diskussion Deutsch* 17 (92/1986) S. 581-598

31 Rodney Taylor: »The Convergence of Individual Will and Historical Necessity in Büchner's Danton«. In: *Neue Germanistik* 4 (2/1986) S. 25-43

32 Herbert Wender: »Der Dichter von *Dantons Tod*. Ein ›Vergötterer der Revolution‹«. In: E 7, S. 218-226

33 David Horton: »Die gliederlösende, böse Liebe‹. Observations on the Erotic Theme in Büchner's *Dantons Tod*«. In: *DVjs* 62 (1988) S. 290-306

34 Margarete Kohlenbach: »Puppen und Helden. Zum Fatalismusglauben in Georg Büchners Revolutionsdrama«. In: *GRM* N. F. 38 (1988) S. 395-410

35 Rodney Taylor: »History and the Transcendence of Subjectivity in Büchner's Robespierre«. In: *Neophilologus* 72 (1988) S. 82-96

36 Herbert Wender: *Georg Büchners Bild der Großen Revolution. Zu den Quellen von ›Danton's Tod‹.* Frankfurt/M. 1988

37 Hans-Georg Werner: »›Dantons Tod‹. Im Zwang der Geschichte«. In: E 11, S. 7-85, 299-301

38 Klaus F. Gille: »Büchners ›Danton‹ als Ideologiekritik und Utopie«. In: Arno Herzig u. a. (Hgg.): ›Sie, und nicht Wir‹. *Die Französische Revolution und ihre Wirkung auf das Reich.* Bd. 2. Hamburg 1989, S. 607-623

39 Richard Thieberger: »›Dantons Tod‹ und seine französischen Quellen: Eine historische und sprachliche Betrachtung«. In: E 13, S. 105-116

40 Hans-Georg Werner: »Büchners aufrührerischer Materialismus. Zur geistigen Struktur von ›Dantons Tod‹«. In: *WB* 35 (1989) S. 1765-1779

41 Alexander von Bormann: »*Dantons Tod*. Zur Problematik der Trauerspiel-Form«. In: E 15, S. 113-131

42 Theo Buck: *Charaktere, Gestalten. Büchner-Studien I.* Aachen 1990

43 Burghard Dedner: »Georg Büchner: *Dantons Tod*. Zur Rekonstruktion der Entstehung anhand der Quellenverarbeitung«. In: *GBJb* 6 (1986/87) [=1990] S. 106-131

44 Gonthier-Louis Fink: »Das Bild der Revolution in Büchners *Dantons Tod*«. In: E 15, S. 175-202

45 Thomas Michael Mayer: »›An die Laterne!‹ Eine unbekannte ›Quellenmontage‹ in *Dantons Tod* (I,2)«. In: *GBJb* 6 (1986/87) [=1990] S. 132-158

46 Albert Meier: »*Dantons Tod* in der Tradition des Politischen Trauerspiels«. In: E 15, S. 132-145

47 Reinhard Pabst: »Zwei Miszellen zu den Quellen von *Dantons Tod*«. In: *GBJb* 6 (1986/87) [=1990] S. 261-268

48 Riitta Pohjola: »›September!‹ Weitere Ergänzungen zu den *Danton*-Quellen«. In: GBJb 6 (1986/87) [=1990] S. 269-275

49 Henry J. Schmidt: »Frauen, Tod und Revolution in den Schlußszenen von Büchners *Dantons Tod*«. In: E 15, S. 286-305

50 Rodney Taylor: *History and the Paradoxes of Metaphysics in ›DantonsTod‹.* New York 1990

51 Michael Voges: »*Dantons Tod*«. In: E 16, S. 7-61

52 Rosmarie Zeller: »*Dantons Tod* und die Poetik des Geschichtsdramas«. In: E 15, S. 146-174

53 Ingo Fellrath: »›Der Freiheit eine Gasse!‹ Eine stoff- und wirkungsgeschichtliche Anmerkung zu *Dantons Tod*«. In: *GBJb* 7 (1988/89) [=1991] S. 282-296

54 Helmut Fuhrmann: »Die Dialektik der Revolution – Georg Büchners ›Dantons Tod‹«. In: *Jhb. der deutschen Schillergesellschaft* 35 (1991) S. 212-233

55 Gerhard Kurz: »Guillotinenromantik. Zu Büchners Dantons Tod«. In: *ZfdPh* 110 (1991) S. 550- 574

56 Reiner Niehoff: *Die Herrschaft des Textes. Zitattechnik als Sprachkritik in Georg Büchners Drama ›Danton's Tod‹ unter Berücksichtigung der ›Letzten Tage der Menschheit‹ von Karl Kraus*. Tübingen 1991

57 Burghard Dedner: »Verführungsdialog und Tyrannentragödie. Tieckspuren in Dantons Tod«. In: E 18, S. 31-89

58 ders.: »Georg Büchner: *Dantons Tod*. Zur Rekonstruktion der Entstehung an Hand der Quellenverarbeitung«. In: E 19, S. 133-158 [vgl. Q 43]

59 Jan-Christoph Hauschild: »›Danton's Tod‹. Zur Werkgenese von Büchners Revolutionsdrama«. In: *Grabbe-Jhb.* 11 (1992) S. 90-135

60 Ingrid Oesterle: »›Zuckungen des Lebens‹. Zum Antiklassizismus von Georg Büchners Schmerz-, Schrei- und Todesästhetik«. In: E 19, S. 61-84

61 Horst Turk: »›Aber die Zeit verliert uns‹. Zur Struktur der historischen Zeit am Beispiel von Büchners ›Danton‹«. In: Enno Rudolph/Heinz Wismann (Hgg.): *Sagen was die Zeit ist. Analysen zur Zeitlichkeit der Sprache*. Stuttgart 1992, S. 93-112

62 Herbert Wender: »›Die sociale Revolution ist noch nicht fertig‹. Beurteilungen des Revolutionsverlaufs in ›Danton's Tod‹«. In: E 19, S. 117-132

63 Harro Müller: »Theater als Geschichte – Geschichte als Theater. Büchners *Danton's Tod*«. In: H. M. (Hg.): *Giftpfeile. Zu Theorie und Literatur der Moderne*. Bielefeld 1994, S. 169-183

64 T. M. Holmes: *The Rehearsal of Revolution. Georg Büchner's Politics and his Drama Dantons Tod*. Bern 1995

65 Rodney Taylor: »Büchner's Danton and the Metaphysics of Atheism«. In: *DVJs* 69 (1995) S. 231-246

66 Waltraut Wende: »›Ein *Huhn* im Topf jedes Bauern macht den gallischen *Hahn* verenden‹. Zur politischen Unmündigkeit des Volkes in Georg Büchners *Dantons Tod*«. In: Peter Csobádi [...] (Hgg.): ›*Weine, weine du armes Volk‹. Das verführte und betrogene Volk auf der Bühne* [...]. Anif/Salzburg 1995. Bd. 2, S. 485-499

67 Rodney Taylor: »Saint-Just's Theodicy of History in *Dantons Tod*«. In: *Michigan German Studies* 23 (1997) [=1998] S. 163-180

R. Lenz

1 Karl Viëtor: »›Lenz.‹ Erzählung von Georg Büchner«. In: *GRM* 25 (1937) S. 2-15 [dass. in: E 1, S. 178-196]

2 Gerhart Baumann: »Georg Büchner: ›Lenz‹. Seine Struktur und der Reflex des Dramatischen«. In: *Euph* 52 (1958) S. 153-173

3 Gerhard Irle: »Büchners ›Lenz‹ – eine frühe Schizophreniestudie«. In: G. I.: *Der psychiatrische Roman*. Stuttgart 1965, S. 73-83

4 H. P. Pütz: »Büchners ›Lenz‹ und seine Quelle. Bericht und Erzählung«. In: *ZfdPh* 84 (1965) Sonderh., S. 1-22

5 Hans Peter Herrmann: »›Den 20. Jänner ging Lenz durchs Gebirg.‹ Zur Textgestalt von Georg Büchners nachgelassener Erzählung«. In: *ZfdPh* 85 (1966) S. 251-267

6 Edward P. Harris: »J. M. R. Lenz in German Literature. From Büchner to Bobrowski«. In: *Colloquia Germanica* 3 (1973) S. 214-233

7 Peter K. Jansen: »The Structural Function of the ›Kunstgespräch‹ in Büchner's ›Lenz‹«. In: *Monatshefte* 67 (1975) S. 145-165

8 Hartmut Dedert/Hubert Gersch/Stephan Oswald/Reinhard F. Spiess: »J. F. Oberlin: ›Herr L...‹. Edition des bisher unveröffentlichten Manuskripts. Ein Beitrag zur Lenz- und Büchner-Forschung«. In: *Revue des langues vivantes* 42 (1976) S. 357-385 [vgl. R 40, S. 7ff.]

9 Walter Hinderer: »Pathos oder Passion: Die Leiddarstellung in Büchners ›Lenz‹«. In: Alexander von Bormann (Hg.): *Wissen aus Erfahrung. Werkbegriff und Interpretation heute. Festschr. Herman Meyer.* Tübingen 1976, S. 474-494

10 Hubert Gersch: »Aus Forschung und Leere: Eine Haberpfeife ist eine Verlesung ist eine Habergeise ist eine Schnepfe«. In: *GBJb* 1 (1981) S. 243-249

11 Götz Großklaus: »Haus und Natur. Georg Büchners *Lenz*: zum Verlust des sozialen Ortes«. In: *Recherches germaniques* 12 (1982) S. 68-77

12 Ursula Mahlendorf: »Schizophrenie und Kreativität. Büchners Lenz«. In: Günter Ammon (Hg.): *Handbuch der Dynamischen Psychiatrie.* Bd. 2. München 1982, S. 793-808

13 Hubert Gersch: »Georg Büchners *Lenz*-Entwurf: Textkritik, Edition und Erkenntnisperspektiven. Ein Zwischenbericht«. In: *GBJb* 3 (1983) S. 14-25

14 Walter Hinderer: »Georg Büchner: Lenz (1839)«. In: Paul Michael Lützeler (Hg.): *Romane und Erzählungen zwischen Romantik und Realismus. Neue Interpretationen.* Stuttgart 1983, S. 268-294

15 Klaus Kanzog: »Norminstanz und Normtrauma. Die zentrale Figurenkonstellation in Georg Büchners Erzählung und George Moorses Film ›Lenz‹. Filmanalyse als komplementäres Verfahren zur Textanalyse«. In: *GBJb* 3 (1983) S. 76-97

16 Reinhard F. Spieß: »Büchners Lenz. Überlegungen zur Textkritik«. In: *GBJb* 3 (1983) S. 26-36

17 Richard Thieberger: »Lenz lesend«. In: *GBJb* 3 (1983) S. 43-75

18 Maximilian A. E. Aue: »Systematische Innerlichkeit. Überlegungen zu Georg Büchners und Peter Schneiders ›Lenz‹«. In: *Sprachkunst* 15 (1984) S. 68-80

19 Inge Stephan: »›Ein Schatten, ein Traum‹. – Lenz-Rezeption bei Büchner«. In: Inge Stephan/Hans-Gerd Winter (Hgg.): *›Ein vorübergehendes Meteor‹? J. M. R. Lenz und seine Rezeption in Deutschland.* Stuttgart 1984, S. 64-110, 234-239

20 Robert C. Holub: »The Paradoxes of Realism: An Examination of the *Kunstgespräch* in Büchner's *Lenz*«. In: *DVJs* 59 (1985) S. 102-124

21 Thomas Michael Mayer: »Bemerkungen zur Textkritik von Büchners *Lenz*«. In: *GBJb* 5 (1985) S. 184-197

22 Richard Thieberger: *Georg Büchner: Lenz.* Frankfurt/M. 1985

23 Karlheinz Hasselbach: *Georg Büchner. Lenz. Interpretation.* München 1986

24 Jochen Hörisch: »Pathos und Pathologie. Der Körper und die Zeichen in Büchners *Lenz*«. In: E 7, S. 267-275

25 Peter Kubitschek: »Die tödliche Stille der verkehrten Welt. Zu Georg Büchners ›Lenz‹«. In: E 11, S. 86-104, 302-306

26 Mark W. Roche: »Die Selbstaufhebung des Antiidealismus in Büchners *Lenz*«. In: *ZfdPh* 107 (1988) Sonderh., S. 136-147

27 David Horton: »Modes of Consciousness Representation in Büchner's *Lenz*«. In: *German Life and Letters* 43 (1989) S. 34-48

28 Raleigh Whitinger: »Echoes of Novalis and Tieck in Büchner's ›Lenz‹«. In: *Seminar* 25 (1989) S. 324-338

29 Dieter Arendt: »Georg Büchner über Jakob Michael Reinhold Lenz oder: ›die idealistische Periode fing damals an‹«. In: E 15, S. 309-332

30 Walter Hinderer: »Lenz. ›Sein Dasein war ihm eine notwendige Last‹«. In: E 16, S. 63-117

31 Inge Diersen: »Büchners *Lenz* im Kontext der Entwicklung von Erzählprosa im 19. Jahrhundert«. In: *GBJb* 7 (1988/89) [=1991] S. 91-125

32 Lothar Köhn: »Lenz und Claude Frollo. Eine Vermutung zu Büchners ›Lenz‹-Fragment«. In: *DVJs* 66 (1992) S. 667-686

33 Harald Schmidt: *Melancholie und Landschaft. Die psychotische und ästhetische Struktur der Naturschilderungen in Georg Büchners ›Lenz‹*. Opladen 1994

34 Hubert Gersch i. Zus. m. Stefan Schmalhaus: »Quellenmaterialien und ›reproduktive Phantasie‹. Untersuchungen zur Schreibmethode Georg Büchners: Seine Verwertung von Paul Merlins Trivialisierung des Lenz-Stoffs und von anderen Vorlagen«. In: *GBJb* 8 (1990/94)[=1995] S. 69-103

35 Ingrid Oesterle: »›Ach die Kunst‹ – ›ach die erbärmliche Wirklichkeit‹. Ästhetische Modellierung des Lebens und ihre Dekomposition in Georg Büchners *Lenz*«. In: Bernhard Spies (Hg.): *Ideologie und Utopie in der deutschen Literatur der Neuzeit*. Würzburg 1995, S. 58-67

36 Andreas Pilger: »Die ›idealistische Periode‹ in ihren Konsequenzen. Georg Büchners kritische Darstellung des Idealismus in der Erzählung *Lenz*«. In: *GBJb* 8 (1990/94) [=1995] S. 104-125

37 John Reddick: »›Man muß nur Aug und Ohren dafür haben‹. *Lenz* and the Problems of Perception«. In: *Oxford German Studies* 24 (1995) S. 112-144

38 Georg Reuchlein: ». . . als jage der Wahnsinn auf Rossen hinter ihm‹. Zur Geschichtlichkeit von Georg Büchners Modernität: eine Archäologie der Darstellung seelischen Leidens im ›Lenz‹«. In: *Jhb. für internat. Germanistik* 28 (1/1996) S. 59-111

39 Herbert Wender: »Was geschah Anfang Februar 1778 im Steintal? Kolportage, Legende, Dichtung und Wahnsinn«. In: *Lenz-Jhb.* 6 (1996) S. 100-126

40 Hubert Gersch i. Zus. m. Mitgliedern Münsterscher Forschungsseminare: *Der Text, der (produktive) Unverstand des Abschreibers und die Literaturgeschichte* [...]. Tübingen 1998

41 Harald Schmidt: »Schizophrenie oder Melancholie? Zur problematischen Differentialdiagnostik in Georg Büchners ›Lenz‹«. In: *ZfdPh* 117 (1998) S. 516-542

42 Carolin Seling-Dietz: »Büchners *Lenz* als Rekonstruktion eines Falls ›religiöser Melancholie‹«. In: *GBJb* 9 (1995-99) [=2000] S. 188-236

43 Herbert Wender: »Zur Genese des *Lenz*-Fragments. Eine Kritik an Burghard Dedners Rekonstruktionsversuch«. In: *GBJb* 9 (1995-99) [=2000] S. 250-370

S. Leonce und Lena

1 Gustav Beckers: *Georg Büchners »Leonce und Lena«. Ein Lustspiel der Lange-weile.* Heidelberg 1961

2 Gonthier-Louis Fink: »Leonce et Léna. Comédie et réalisme chez Büchner«. In: *EG* 16 (1961) S. 223-234 [dass. in dt. Übers. in: E 1, S. 488-506]

3 Hans Mayer: »Prinz Leonce und Doktor Faust. Büchners Lustspiel und die deutsche Klassik«. In: H.M.: *Zur deutschen Klassik und Romantik.* Pfullingen 1963, S. 306-314

4 Jürgen Schröder: *Georg Büchners ›Leonce und Lena‹. Eine verkehrte Komödie.* München 1966

5 Klaus-Peter Hinze: »Zusammenhänge zwischen diskrepanter Information und dramatischem Effekt. Theoretische Grundlegung des Problems und Nachweis an Georg Büchners ›Leonce und Lena‹«. In: *GRM* 20 (1970) S. 205-213

6 Peter Mosler: *Georg Büchners ›Leonce und Lena‹. Langeweile als gesellschaftliche Bewußtseinsform.* Bonn 1974

7 Wolfgang Martens: »Leonce und Lena«. In: Walter Hinck (Hg.): *Die deutsche Komödie.* Düsseldorf 1977, S. 145-159, 382f.

8 John R. P. McKenzie: »Cottaʼs Comedy Competition (1836)«. In: *Maske und Kothurn* 26 (1980) S. 59-73

9 Gerhard P. Knapp: »Difficile est satiram scribere. Büchners ›Leonce und Lena‹ – ein mißlungenes Lustspiel?« In: G. P. K. u. Wolff A. von Schmidt [...] (Hgg.): *Sprache und Literatur. Festschr. Arval L. Streadbeck.* Bern 1981, S. 99-111

10 Hajo Kurzenberger: »Komödie als Pathographie einer abgelebten Gesellschaft. Zur gegenwärtigen Beschäftigung mit ›Leonce und Lena‹ in der Literaturwissenschaft und auf dem Theater«. In: E 3, S. 150-168

11 Henri Poschmann: »Büchners *Leonce und Lena.* Komödie des status quo«. In: *GBJb* 1 (1981) S. 112-159

12 Hans-Joachim Ruckhäberle: »*Leonce und Lena.* Zu Automat und Utopie«. In: *GBJb* 3 (1983) S. 138-146

13 Ludwig Völker: »Die Sprache der Melancholie in Büchners *Leonce und Lena*«. In: *GBJb* 3 (1983) S. 118-137

14 Heinz Wetzel: »Das Ruinieren von Systemen in Büchners *Leonce und Lena*«. In: *GBJb* 4 (1984) S. 154-166

15 Jürgen Bolten: »Geschichtsphilosophische Einsicht, Langeweile und Spiel. Zu Büchners ›Leonce und Lena‹«. In: *Archiv für das Studium der neueren Sprachen und Literaturen* 137 (1985) S. 293-305

16 Jost Hermand: »Unhaltbare Zustände – Büchners ›Leonce und Lena‹«. In: *Diskussion Deutsch* 17 (92/1986) S. 599-613

17 Luc Lamberechts: »Georg Büchners ›Leonce und Lena‹. Illusionsloses Lustspiel über ein Theater der Illusionen«. In: *Studia Germanica Gandensia* 8 (1986) S. 108-123

18 Jörg Jochen Berns: »Zeremoniellkritik und Prinzensatire. Traditionen der politischen Ästhetik des Lustspiels *Leonce und Lena*«. In: S 19, S. 219-274

19 Burghard Dedner (Hg.): *Georg Büchner: Leonce und Lena. Kritische Studienausgabe, Beiträge zu Text und Quellen* [...]. Frankfurt/M. 1987

20 Ulrich Klingmann: »›Ich wollte mich an mein Volk erinnern‹. Utopie und Praxis in Georg Büchners ›Leonce und Lena‹«. In: *GRM* N. F. 37 (1987) S. 280-290

21 E. Theodor Voss: »Arkadien in Büchners *Leonce und Lena*«. In: S 19, S. 275-436

22 Hans H. Hiebel: »Georg Büchners heiter-sarkastische Komödie ›Leonce und Lena‹«. In: Winfried Freund (Hg.): *Deutsche Komödien. Vom Barock bis zur Gegenwart.* München 1988; ²1995, S. 110-128

23 Thomas Wohlfahrt: »Georg Büchners Lustspiel ›Leonce und Lena‹: Kunstform und Gehalt«. In: E 11, S. 105-146, 306-316

24 Christopher Daase: »›Da läugne einer die Vorsehung‹. Zur komischen Bedeutung der Valerio-Figur in *Leonce und Lena*«. In: E 15, S. 379-398

25 Burghard Dedner: »Leonce und Lena«. In: E 16, S. 119-176

26 Hans H. Hiebel: »Allusion und Elision in Georg Büchners *Leonce und Lena*. Die intertextuellen Beziehungen zwischen Büchners Lustspiel und Stücken von Shakespeare, Musset und Brentano«. In: E 15, S. 353-378

27 Martin Jessinghausen-Lauster: »Büchner, the Original Epigone. Tradition and Innovation in *Leonce und Lena*«. In: E 17, S. 89-108

28 Ernst-Ullrich Pinkert: »›Von geträumtem Makkaroni wird man nicht satt‹. *Leonce und Lena* und Heine«. In: E 15, S. 399-422

29 Winfried Woesler: »Die Textgestaltung von Büchners *Leonce und Lena*«. In: *GBJb* 6 (1986/87) [=1990] S. 216-232

30 Hans Zeller: »Zur kritischen Studienausgabe von *Leonce und Lena*«. In: *GBJb* 6 (1986/87)[=1990] S. 206-215

31 Hans H. Hiebel: »Das Lächeln der Sphinx. Das Phantom des Überbaus und die Aussparung der Basis: Leerstellen in Büchners *Leonce und Lena*«. In: *GBJb* 7 (1988/89) [=1991] S. 126- 143

32 Hans-Georg Werner: »›Meine Herren, meine Herren, wißt ihr auch, was Caligula und Nero waren? Ich weiß es‹. Die Funktionsveränderung romantischer Thematik und Motivik in Büchners *Leonce und Lena*«. In: E 18, S. 91-106

33 Heinz Hiebler: »Georg Büchners literarische Praxis in *Leonce und Lena*. Individuum und Kollektiv im Getriebe des materialistischen Idealismus«. In: Peter Csobádi [...] (Hgg.): ›*Weine, weine du armes Volk‹. Das verführte und betrogene Volk auf der Bühne* [...]. Anif/Salzburg 1995. Bd. 2, S. 501-519

34 Matthias Morgenroth: *Formen und Funktionen des Komischen in Büchners ›Leonce und Lena‹.* Stuttgart 1995

T. Woyzeck

1 Karl Viëtor: »Woyzeck«. In: *Das innere Reich* 3 (1936/37) S. 182-205 [dass. in: E 1, S. 151-177]

2 Wolfgang Martens: »Zur Karikatur in der Dichtung Büchners (Woyzecks Hauptmann)«. In: *GRM* 39 (1958) S. 64-71

3 ders.: »Der Barbier in Büchners Woyzeck. (Zugleich ein Beitrag zur Motivgeschichte der Barbiersfigur)«. In: *ZfdPh* 59 (1960) S. 361-383

4 Franz H. Mautner: »Wortgewebe, Sinngefüge und ›Idee‹ in Büchners ›Woyzeck‹«. In: *DVJs* 35 (1961) S. 521-557 [dass. in: E 1, S. 507-554]

5 Ursula Paulus: »Georg Büchners ›Woyzeck‹. Eine kritische Betrachtung zu der Edition Fritz Bergemanns«. In: *Jbb. der deutschen Schillergesellschaft* 8 (1964) S. 226-246

6 Hans Elema: »Der verstümmelte ›Woyzeck‹«. In: *Neophilologus* 49 (1965) S. 131-156

7 Wilfried Buch: *Woyzeck. Fassungen und Wandlungen.* Dortmund 1970

8 Werner R. Lehmann: »Beiträge zu einem Streitgespräch über den ›Woyzeck‹«. In: *Euph* 65 (1971) S. 58-83

9 David G. Richards: »Zur Textgestaltung von Büchners ›Woyzeck‹«. In: *Euph* 65 (1971) S. 49-57

10 Lothar Bornscheuer: »Neue Beurteilung der ›Woyzeck‹-Handschriften«. In: *GRM* N. F. 22 (1972) S. 113-123

11 Bo Ullman: *Die sozialkritische Problematik im Werk Georg Büchners und ihre Entfaltung im ›Woyzeck‹. Mit einigen Bemerkungen zu der Oper Alban Bergs.* Stockholm 1972

12 Klaus Kanzog: »Wozzeck, Woyzeck und kein Ende. Zur Standortsbestimmung der Editionsphilologie«. In: *DVJs* 47 (1973) S. 420-442

13 David G. Richards: *Georg Büchners Woyzeck. Interpretation und Textgestaltung.* Bonn 1975

14 Wolfgang Martens: »Über Georg Büchners ›Woyzeck‹«. In: *Jhb. der Wiener Goethe-Gesellschaft* 84/85 (1980/81) S. 145-156

15 Albert Meier: *Georg Büchner: ›Woyzeck‹.* München 1980

16 Ernst-Ulrich Pinkert: »Die Freiheit, kein Verbrecher zu werden. Das Gesellschaftsbild in Georg Büchners Dramenfragment »Woyzeck‹«. In: E.-U. P.: *Freiheit, die Brecht meinte. Aufsätze zur deutschen Literatur.* Aalborg 1980, S. 63-90

17 Heinz Wetzel: »Die Entwicklung Woyzecks in Büchners Entwürfen«. In: *Euph* 74 (1980) S. 375-396

18 Ernst-Henning Schwedt: »Marginalien zu ›Woyzeck‹«. In: E 3, S. 169-179

19 Hans-Georg Werner: »Büchners ›Woyzeck‹. Dichtungssprache als Analyseobjekt«. In: *WB* 27 (12/1981) S. 72-99

20 Ingrid Oesterle: »Verbale Präsenz und poetische Rücknahme des literarischen Schauers. Nachweise zur ästhetischen Vermitteltheit des Fatalismusproblems in Georg Büchners *Woyzeck*«. In: *GBJb* 3 (1983) S. 168-199

21 Nikolaus Dorsch/Jan-Christoph Hauschild: »Clarus und Woyzeck. Bilder des Hofrats und des Delinquenten«. In: *GBJb* 4 (1984) S. 317-323

22 Alfons Glück: »Der ›ökonomische Tod‹: Armut und Arbeit in Georg Büchners *Woyzeck*«. In: *GBJb* 4 (1984) S. 167-226

23 ders.: »Militär und Justiz in Georg Büchners *Woyzeck*.« In: *GBJb* 4 (1984) S. 227-247

24 ders.: »Der Menschenversuch: Die Rolle der Wissenschaft in Georg Büchners *Woyzeck*«. In: *GBJb* 5 (1985) S. 139-182

25 ders.: »›Herrschende Ideen‹: Die Rolle der Ideologie, Indoktrination und Desorientierung in Georg Büchners *Woyzeck*«. In: *GBJb* 5 (1985) S. 52-138

26 Norbert Abels: »Die Ästhetik des Pathologischen. Zu Georg Büchners ›Woyzeck‹«. In: *Diskussion Deutsch* 17 (92/1986) S. 614-640

27 Alfons Glück: »Der historische Woyzeck«. In: E 7, S. 314-324

28 ders.: »Der *Woyzeck*. Tragödie eines Paupers«. In: E 7, S. 325-332

29 Inge Diersen: »Louis und Franz. Magreth, Louisel, Marie. Zur Genesis des Figurenkreises und des Motivgefüges in den Woyzeck-Texten«. In: E 11, S. 147-192, 316-330

30 Henri Poschmann: »›Wer das lesen könnt‹ – Zur Sprache natürlicher Zeichen im ›Woyzeck‹«. In: E 11, S. 193-206, 330f. [vgl. auch E 15, S. 441-452]

31 Reinhold Grimm: »Der Abstieg des Helden in der Ruhm. Büchners *Woyzeck* und seine Verwandten«. In: E 13, S. 197-224

32 Alfons Glück: »Woyzeck – Clarus – Büchner (Umrisse)«. In: E 15, S. 425-440
33 ders.: »Woyzeck. Ein Mensch als Objekt«. In: E 16, S. 177-215
34 Burghard Dedner: »Die Handlung des *Woyzeck*: wechselnde Orte – ›geschlossene Form‹«. In: *GBJb* 7 (1988/89) [=1991] S. 144-170
35 Günter Hartung: »Die Technik der Woyzeck-Entwürfe«. In: E 19, S. 204-233
36 Henri Poschmann: »Textgeschichte als Lesergeschichte. Zur Entzifferung der Woyzeck-Handschriften«. In: E 19, S. 193-203
37 Thomas Michael Mayer: »Thesen und Fragen zur Konstituierung des *Woyzeck*-Textes«. In: *GBJb* 8 (1990/94) [=1995] S. 217-238
38 Udo Roth: »Das Forschungsprogramm des Doktors in Georg Büchners *Woyzeck* unter besonderer Berücksichtigung von H2,6«. In: *GBJb* 8 (1990/94) [=1995] S. 254-278
39 Enrico De Angelis: »*Woyzeck*: Büchners erstes Drama«. In: *GRM* 47 (1997) S. 91-100
40 Theo Elm: »Georg Büchner: *Woyzeck*. Zum Erlebnishorizont der Vormärzzeit«. In: *Dramen des 19. Jahrhunderts. Interpretationen*. Stuttgart 1997, S. 141-171

3. Rezeption und Wirkung

U. Rezeption und Wirkungsgeschichte

1 Eugen Kilian: »Georg Büchner auf der deutschen Bühne«. In: E. K.: *Aus der Werkstatt des Spielleiters*. München 1931, S. 193-200
2 Ralph P. Rosenberg: »Georg Büchner's Early Reception in America«. In: *Journal of English and Germanic Philology* 44 (1945) S. 270-273
3 Ingeborg Strudthoff: *Die Rezeption Georg Büchners durch das deutsche Theater*. Berlin 1957
4 Franz Theodor Csokor: »Büchners ›Woyzeck‹. Versuch einer Vollendung«. In: *Forum. Österreichische Monatsblätter für kulturelle Freiheit* 10 (1963) S. 90-95
5 Wolfram Viehweg: *Georg Büchners »Dantons Tod« auf dem deutschen Theater*. München 1964
6 Margaret Jacobs: »Franz Theodor Csokor: ›Büchners Woyzeck - Versuch einer Vollendung‹«. In: *Oxford German Studies* 1 (1966) S. 31-52
7 Helmut Schanze: »Büchners Spätrezeption. Zum Problem des ›modernen‹ Dramas in der zweiten Hälfte des 19. Jahrhunderts«. In: Helmut Kreuzer/ Käte Hamburger (Hgg.): *Gestaltungsgeschichte und Gesellschaftsgeschichte. Literatur-, kunst- und musikwissenschaftliche Studien*. Stuttgart 1969, S. 338-351
8 *Büchner-Preis-Reden 1951-1971*. Stuttgart 1972; ²1981
9 *Dichter über Büchner*. Werner Schlick (Hg.). Frankfurt/M. 1973
10 Dietmar Goltschnigg: »Csokors Drama ›Gesellschaft der Menschenrechte‹. Zur Rezeption und Wirkung Georg Büchners im Expressionismus«. In: *Jhb. des Freien Deutschen Hochstifts* (1974) S. 344-361
11 ders. (Hg.): *Materialien zur Rezeptions- und Wirkungsgeschichte Georg Büchners*. Kronberg/Ts. 1974
12 ders.: *Rezeptions- und Wirkungsgeschichte Georg Büchners*. Kronberg/Ts. 1975
13 Volker Klotz: »Büchners gebrochene Wirkungen«. In: V. K.: *Dramaturgie des Publikums* [...]. München 1976, S. 89-137

14 Erwin Streitfeld: »Mehr Licht. Bemerkungen zu Georg Büchners Frührezeption«. In: *Jhb. der Wiener Goethe-Gesellschaft* 80 (1976) S. 89-104

15 Horst Turk: »Das politische Drama des Danton. Geschichte einer Rezeption«. In: H. T.: *Wirkungsästhetik. Theorie und Interpretation der literarischen Wirkung.* München 1976, S. 107-137

16 Gernot Gruber: »Natur, Tod und Unendlichkeit in Woyzeck und Wozzeck«. In: Otto Kolleritsch (Hg.): *50 Jahre Wozzeck von Alban Berg. Vorgeschichte und Auswirkungen in der Opernästhetik.* Graz 1978, S. 68-77

17 Adriana Hass: »Georg Büchners Rezeption in Rumänien – eine Erschließung der Gegenwart«. In: *Revue roumaine d'histoire de l'art* 15 (1978) S. 109-119

18 Wolfgang Wittkowski: »Europäische Literaturrevolution ohne Büchner? Büchners Christlichkeit im Licht der Rezeptionsforschung«. In: *Literaturwissenschaftliches Jhb.* 19 (1978) S. 257-275

19 Armin Arnold: »Woyzeck in Andorra. Max Frisch und Georg Büchner«. In: Gerhard P. Knapp (Hg.): *Max Frisch: Aspekte des Bühnenwerks.* [...] Bern 1979, S. 297-311

20 Ludwig Fischer (Hg.): *Zeitgenosse Büchner. Georg Büchners Leben und Werk – als Thema und Stoff von Literatur – als Analogie zu aktueller Erfahrung* [...]. Stuttgart 1979

21 Wilhelm Heinrich Pott: »Über den fortbestehenden Widerspruch von Politik und Leben. Zur Büchner-Rezeption in Peter Schneiders Erzählung ›Lenz‹«. In: U 20, S. 96-130

22 Oskar Sahlberg: »Peter Schneiders Lenz-Figur«. In: U 20, S. 131-152

23 Volker Bohn: »›Bei diesem genialen Cynismus wird der Leser zuletzt ganz krankhaft pestartig zu Muthe‹. Überlegungen zur Früh- und Spätrezeption von ›Dantons Tod‹«. In: E 3, S. 104-130

24 ders.: »Dokumente der Frührezeption von ›Dantons Tod‹«. In: E 3, S. 99-103

25 Volker Braun: »Büchners Briefe«. In: E 3, S. 5-14 [vgl. auch N 3]

26 Walter Hinck: »Büchner und Brecht«. In: E 3, S. 236-246

27 Cornelia Petermann/Gerd Alfred Petermann: »Von Hölderlin zu Hemingway. Aspekte der Einordnung von Gaston Salvatores *Büchners Tod*«. In: Gerhard P. Knapp/Wolff A. von Schmidt [...] (Hgg.): *Sprache und Literatur. Festschr. Arval L. Streadbeck.* Bern 1981, S.141-148

28 Gerd Alfred Petermann: »›In unserm Lager ist Deutschland‹. Notizen zur Rezeption Georg Büchners im deutschen Exil 1933-1945". In: Gerhard P. Knapp/Wolff A. von Schmidt [...] (Hgg.): *Sprache und Literatur. Festschr. Arval L. Streadbeck.* Bern 1981, S. 149-153

29 Otto F. Riewoldt: »›... der Größten einer als Politiker und Poet, Dichter und Revolutionär‹. Der beiseitegelobte Georg Büchner in der DDR«. In: E 3, S. 218-235

30 Nicholas Tyrras: »Georg Büchner's *Dantons Tod* in the Re-Working of A. N. Tolstoi«. In: *Germano-Slavica* 4 (1982) S. 89-99

31 Hans-Thies Lehmann: »Georg Büchner, Heiner Müller, Georges Bataille. Revolution und Masochismus«. In: *GBJb* 3 (1983) S. 308-329

32 Dennis Tate: »›Ewige deutsche Misere‹? GDR Authors and Büchner's *Lenz*«. In: *GDR Monitor Special Series* 2 (1983) S. 85-99

33 Jörg Thunecke: »Die Rezeption Georg Büchners in Paul Celans *Meridian*-Rede«. In: *GBJb* 3 (1983) S. 298-307

34 *Büchner-Preis-Reden 1972-1983.* Stuttgart 1984

35 Rudi Dutschke: »Georg Büchner und Peter-Paul Zahl, oder: Widerstand im Übergang und mittendrin«. In: *GBJb* 4 (1984) S. 10-75

36 Christine Heiß: »Die Rezeption von *Dantons Tod* durch die deutsch-amerikanische Arbeiterbewegung im 19. Jahrhundert«. In: *GBJb* 4 (1984) S. 248-263

37 Helmut Kreuzer: »Georg Büchner und seine Wirkung. Aus einem japanischen Seminar über ›Dantons Tod‹«. In: *Siegener Hochschulblätter* 7 (1/1984) S. 38-54

38 Ernst-Ullrich Pinkert: »Langer Marsch, aufrechter Gang, Schmerzen verschiedener Art. Editorischer Kommentar zu Rudi Dutschkes Büchner-Zahl-Essay«. In: *GBJb* 4 (1984) S. 76-153

39 Irmela Schneider: »Zerrissenheit als Geschichtserfahrung. Überlegungen zu Georg Büchners *Lenz*, einer Erzählung von Peter Schneider und einem Roman von Nicolas Born«. In: *Text & Kontext* 12 (1/1984) S. 43-63

40 Ulrich Kaufmann: »Ein Vormärzdichter als Medium. Büchner bei DDR-Schriftstellern«. In: Hans Richter (Hg.): *Generationen, Temperamente, Schreibweisen: DDR-Literatur in neuer Sicht.* Halle 1986, S. 151-176

41 Gerd Albrecht: »Büchner und der Film«. In: E 7, S. 408-411

42 *Der Georg-Büchner-Preis 1951-1987. Eine Dokumentation* [...]. Dieter Sulzer u. a. (Hgg.). München ²1987

43 Armin Geus: »Die Rezeption der vergleichend-anatomischen Arbeiten Georg Büchners über den Bau des Nervensystems der Flußbarbe«. In: E 7, S. 292-295

44 Thomas Michael Mayer (Hg.): *Insel-Almanach auf das Jahr 1987. Georg Büchner.* Frankfurt/M. 1987

45 Jay Rosellini: »Kulturerbe und Zeitgenossenschaft. Volker Braun und Georg Büchner«. In: *German Quarterly* 60 (1987) S. 600-616

46 Gustav Beckers: »Bemerkungen zum Büchner-Bild der Büchner-Preisträger«. In: E 10, S. 216-238

47 Burghard Dedner: »Büchner im Kaiserreich«. In : E 10, S. 195-215

48 Lars Fremmelev: »Die Büchner-Rezeption in Dänemark«. In: E 10, S. 127-152

49 Frank Hörnigk: »Gewinn an Nähe: ›Dantons Tod‹ auf den DDR-Bühnen der siebziger und achtziger Jahre. Ein Vergleich«. In: E 11, S. 277-293, 339f.

50 Ulrich Kaufmann: »›Ein noch zu schreibendes Kapitel‹. Büchner-Aufnahme in der DDR im Spiegel neuerer Publikationen«. In: *Zeitschrift für Germanistik* 9 (1988) S. 457-463

51 Gerhard Müller: »›Affenkomödie‹ oder Georg Büchner als Musikdramatiker«. In: E 11, S. 241-257, 335f.

52 Dietrich Steinbach: *Geschichte als Drama. Georg Büchner: Dantons Tod. Heiner Müller: Germania Tod in Berlin. Friedrich Schiller: Wallenstein.* Stuttgart 1988

53 Michael Masanetz: »›Sein Werk in unseren Händen‹. ›Dantons Tod‹ in Literaturwissenschaft und Theaterkritik der DDR«. In: *WB* 35 (1989) S. 1850-1873

54 Gordon Burgess: »Büchner, Schneider and Lenz: Two Authors in Search of a Character«. In: E 17, S. 207-226

55 Burghard Dedner (Hg.): *Der widerständige Klassiker. Einleitungen zu Büchner vom Nachmärz bis zur Weimarer Republik.* Frankfurt/M. 1990

56 Dietmar Goltschnigg (Hg.): *Büchner im »Dritten Reich«. Mystifikation – Gleichschaltung – Exil. Eine Dokumentation* [...]. Bielefeld 1990

57 Jost Hermand: »Der erste ›Sozialrevolutionär‹ unter den großen deutschen Dichtern. Zum Büchner-Bild Arnold Zweigs und Adam Kuckhoffs«. In: E 15, S. 509-525

58 Brian Keith-Smith: »Georg Büchner and Kasimir Edschmid«. In: E 17, S. 183-205
59 ders.: »The Reception of Georg Büchner in Lyric Poetry«. In: E 17, S. 121-144
60 Bruce Watson: »Reception as Self-Definition. Hans Magnus Enzensberger's Edition of *Der Hessische Landbote* (1965)«. In: E 17, S. 227-245
61 *Büchner-Preis-Reden. 1984-1994.* Stuttgart 1995
62 Antal Mádl: »Büchner-Übersetzungen und -Rezeption in Ungarn«. In: *GBJb* 8 (1990/94) [=1995] S. 294-301
63 Peter Petersen/Hans-Gerd Winter (Hgg.): *Büchner-Opern.* Frankfurt/M. 1997

V. Dichtungen über Büchner

1   Otto Müller: *Altar und Kerker. Ein Roman aus den dreißiger Jahren. Den Manen Weidigs gewidmet.* Stuttgart 1884, 3 Bde.
2   Robert Walser: »Büchners Flucht«. In: *Die Schaubühne* 8 (2/1912) S. 174
3   Franz Theodor Csokor: »In memoriam Georg Büchner«. In: *Der Strom* 3 (14/1913) S. 199
4   Hermann Koch: »Vor der Flucht«. In: *Der Strom* 3 (14/1913) S. 218-222
5   Herbert Eulenberg: »Georg Büchner«. In: H. E.: *Letzte Bilder.* Berlin 1915, S. 259-268
6   Fritz Gross: *Georg Buechner* [sic]. *Stationen seines Lebens.* Berlin 1919
7   Siegfried von Vegesack: »Georg Büchner«. In: *Weltbühne* 16 (1920) S. 272
8   Franz Theodor Csokor: *Gesellschaft der Menschenrechte. Stück um Georg Büchner.* Berlin 1929
9   Theodor Heinz Köhler: *Die Reise nach Zürich.* Graz 1943
10 Georg W. Pijet: *Ein Komet stürzt ins Dunkle.* Berlin 1947
11 Heinz-Winfried Sabais: »Das Todesurteil. Eine Erzählung um Georg Büchner«. In: *Heute und Morgen* 1948, S. 777-780 [Repr. in: *Darmstädter Echo* v. 16. 9. 1989]
12 Franz Bauer: *Georg Büchner. Eine biographische Erzählung.* Berlin 1949
13 Günter Felkel: *Unsterbliche Flamme. Ein Drama um die letzten Stunden Georg Büchners.* Berlin 1949
14 Willi Fehse: »Der Feuergeist«. In: W. F.: *Der blühende Lorbeer. Ein Dichterspiegel in Geschichten und Anekdoten.* Ebenhausen b. München 1953, S. 102f.
15 Bernt Brennecke: *Ihr Maß ist voll. Eine historisch-biographische Erzählung über Georg Büchner.* Berlin 1954
16 Hans Jürgen Geerdts: *Hoffnung hinterm Horizont. Roman.* Weimar 1956; Berlin ²1987
17 Peter Hacks: »Büchner«. In: *Sinn und Form* 15 (1963) S. 205
18 Anton Büchner (Hg.): *Luise Büchner: Ein Dichter. Novellenfragment. Mit Georg Büchners Cato-Rede* [...]. Darmstadt 1964
19 Kasimir Edschmid: *Georg Büchner. Eine deutsche Revolution. Roman.* München 1966
20 Werner Steinberg: *Protokoll der Unsterblichkeit. Roman.* Halle1969; ⁵1986
21 Gaston Salvatore: *Büchners Tod. Stück.* Frankfurt/M.1972
22 Frederik Hetmann: *Georg B. oder Büchner lief zweimal von Gießen nach Offenbach und wieder zurück.* [...]. Weinheim 1981
23 Jan-Christoph Hauschild: *Büchners Aretino. Eine Fiktion.* Frankfurt/M. 1982

24 Peter Schünemann: *Zwieland. Erdachte Szenen aus Büchners Biographie.* Zürich
    1984
25 Gerd Hornawsky: Nachlaß oder Ein Besuch für die Vergangenheit. Berlin
    1985
26 Hermann Bräuning-Oktavio: *Georg Büchners Flucht und Ende. Schauspiel in
    drei Akten* [...]. Darmstadt 1987
27 Jan-Christoph Hauschild (Hg.): *Oder Büchner. Eine Anthologie.* Darmstadt
    1988
28 Rudolf Loch: *Georg Büchner. Das Leben eines Frühvollendeten. Biografie.* Berlin
    1988

Personenregister

Sammlung Metzler

Printed in the United States
By Bookmasters